Haftung wegen Bruchs der ärztlichen Schweigepflicht in Deutschland und in Korea

Recht und Medizin

Bd./Vol. 122

Zur Qualitätssicherung und Peer Review der vorliegenden Publikation

Die Qualität der in dieser Reihe erscheinenden Arbeiten wird vor der Publikation durch Herausgeber der Reihe geprüft.

Notes on the quality assurance and peer review of this publication

Prior to publication, the quality of the work published in this series is reviewed by editors of the series.

Hyung Sun Kim

Haftung wegen Bruchs der ärztlichen Schweigepflicht in Deutschland und in Korea

Eine vergleichende Untersuchung

PL ACADEMIC RESEARCH

Bibliografische Information der Deutschen Nationalbibliothek
Die Deutsche Nationalbibliothek verzeichnet diese Publikation in der Deutschen Nationalbibliografie; detaillierte bibliografische Daten sind im Internet über http://dnb.d-nb.de abrufbar.

Zugl.: Göttingen, Univ., Diss., 2013

Gedruckt auf alterungsbeständigem,
säurefreiem Papier.

D 7
ISSN 0172-116X
ISBN 978-3-631-66005-8 (Print)
E-ISBN 978-3-653-05184-1 (E-Book)
DOI 10.3726/978-3-653-05184-1

PL Academic Research ist ein Imprint der Peter Lang GmbH.

Peter Lang – Frankfurt am Main · Bern · Bruxelles · New York · Oxford · Warszawa · Wien

Diese Publikation wurde begutachtet.

www.peterlang.com

Vorwort

Die vorliegende Arbeit ist die überarbeitete Fassung meiner Dissertation, die im Wintersemester 2013/14 von der Juristischen Fakultät der Universität Göttingen angenommen wurde. Die mündliche Doktorprüfung fand am 26. November 2013 statt.

Ich möchte die Gelegenheit nutzen, meinem Doktorvater, Professor Dr. Andreas Spickhoff, herzlich für die intensive Betreuung zu danken, die ich während der Beschäftigung mit dem Thema meiner Dissertation von ihm erfahren durfte. Dankbar bin ich Professor Dr. Andreas Spickhoff auch für seine wertvolle Unterstützung während der Vorbereitung auf das mündliche Examen sowie natürlich auch für all das, was ich von ihm im Laufe meines Studiums gelernt habe. Wertvolle Unterstützung während des Studiums erhielt ich auch von Professor em. Dr. h.c. Dr. h.c. Dr. Werner Lehfeldt. Für seine Hilfe bei der Korrektur meiner Dissertation gebührt ihm besonderer Dank.

Professor em. Dr. iur. Dr. iur. h.c. mult. Dr. med. h.c. Erwin Deutsch danke ich für die zügige Erstellung des Zweitgutachtens.

Professor Dr. Hans Lilie danke ich für die Aufnahme meiner Arbeit in die von ihm herausgegebene Serie „Medizin und Recht".

Seoul, Oktober 2014 Kim, Hyung Sun

Inhaltsverzeichnis

Wegen der verwendeten Abkürzungen wird verweisen auf:
Kirchner, Hildebert: Abkürzungsverzeichnis der Rechtssprache, 6. Aufl., Berlin, 2008.

Einleitung

Die ärztliche Schweigepflicht beruht historisch auf dem Eid des Hippokrates, in dem das Schweigen des Arztes als „heilige Pflicht" charakterisiert wird[1]. Sie ist im Verhältnis zum Patienten von substantieller Bedeutung. Mittlerweile wird die ärztliche Schweigepflicht einerseits aus verschiedenen Rechtsgrundlagen, z. B. dem Verfassungsrecht, dem Strafrecht, dem öffentlichen Recht und besonderen Gesetzen sowie aus dem Standesrecht für Ärzte hergeleitet, andererseits verliert sie im Verhältnis zwischen Arzt und Patient an Bedeutung, weil sie durch unterschiedliche gesetzliche Regelungen eingeschränkt wird[2]. Da die Schweigepflicht des koreanischen Arztes grundsätzlich Gegenstand des Strafrechts ist, gibt es in Korea zu ihr noch keine zivilrechtliche Diskussion. Das koreanische Zivilrecht enthält keine Vorschriften über den ärztlichen Behandlungsvertrag, sondern die Vorschriften über die ärztliche Schweigepflicht liegen in Form von Sondergesetzen und im Strafrecht gewissermaßen vereinzelt vor. In der Medizin haben der beschleunigte technische Fortschritt und die zunehmende Arbeitsteilung zwischen Ärzten, Verrechnungsstellen und Patienten zur Folge, dass die Patienten der Gefahr des Informationsverrates ausgesetzt sind[3]. Seit der deutschen Schuldrechtsreform des Jahres 2002 werden in Deutschland die Besonderheiten der Arzthaftung vor allem im Hinblick auf §§ 280 ff. BGB nicht berücksichtigt[4]. In diesem Zusammenhang treten im Haftungsrecht komplexe Probleme auf. Dies liegt daran, dass sich alle Gesetze in Normzweck, Anwendungsbereich und Rechtsfolge voneinander unterscheiden. In Korea hat sich zu diesen Problemen bisher weder eine Rechtsprechung noch eine juristische Theorie herausgebildet. Daher ist es erforderlich, dass die uns gestellte Aufgabe sowohl auf der gesetzlichen wie auf der theoretischen Ebene erörtert wird.

1 *Deutsch/Spickhoff*, Medizinrecht, Rn. 634; *Grömig*, NJW 1970, 1209; *Kern*, MedR 2006, 205; *Marx*, GA 1983, 160, 161; *Roxin/Schroth/Braun*, Medizinstrafrecht, S. 224; *Schlund*, JR 1977, 265; *Stucki-Gallwoszus*, Pflichtenkollision von Schweigepflicht und Aufklärungspflicht des Arztes, S. 2, Fn. 1 für *Rieger*; *Lenckner*; *Eb. Schmidt*; *F. Sauter*; *W. Spann.*; *Spickhoff/Scholz*, Medizinrecht, § 10 MBO, Rn. 1; *Timm*, Grenzen der ärztlichen Schweigepflicht, 1988, S. 20; *v. Lewinski*, MedR 2004, 95; diesbezüglich näher *Bartsch*, Ärztliche Schweigepflicht und Zeugnisverweigerungsrecht, S. 13 ff.

2 *Deutsch/Spickhoff*, Medizinrecht, Rn. 640 f.

3 *Laufs*, Arztrecht, Rn. 420; *ders.*, NJW 1991, 1525; zu Risiken des Informationsverrates wegen bestimmter technischer Entwicklungen *Bull*, NJW 2006, 1619 f.; vgl. zum Kreis der Wissenden *Ulsenheimer*, Arztstrafrecht, Rn. 360, andererseits Rn. 370 und 372.

4 MüKo/*Müller-Glöge*, § 611 BGB, Rn. 99; *Spickhoff*, NJW 2002, 2530 ff.

In der vorliegenden Arbeit soll diese Aufgabe wie folgt gelöst werden: Im ersten Teil geht es darum, die Rechtsgrundlagen der ärztlichen Schweigepflicht in Deutschland und in Korea sowie die zwischen diesen Grundlagen bestehenden Beziehungen zu skizzieren. Der zweite Teil behandelt die Schweigepflicht, so wie sie als Tatbestand in § 203 StGB geregelt ist. Der dritte Teil ist einer Analyse der Rechtfertigung der Geheimnisoffenbarung gewidmet. Der vierte und letzte Teil behandelt die Rechtsfolgen der Verletzung der Schweigepflicht im Rahmen der zivilrechtlichen Grundlagen und die Haftung.

Teil 1: Rechtsgrundlagen der ärztlichen Schweigepflicht

A. Grundgesetz

I. Deutschland

Das allgemeine Persönlichkeitsrecht gewährleistet die Möglichkeit autonomer Selbstentfaltung und die nach außen gerichtete Selbstdarstellung[5]. Es sichert u. a. einen besonders geschützten Bereich privater Lebensgestaltung[6]. Das Persönlichkeitsrecht ist deshalb von zentraler Bedeutung für die Interaktion des Menschen mit seiner Umwelt, für seinen Schutz gegenüber unerwünschtem Einblick Dritter und in Bezug auf den Umfang und den Inhalt seiner Kommunikationsbeziehungen zu anderen Menschen[7]. Es umfasst auch das Recht des Einzelnen, selbst zu entscheiden, in welchem Umfang und bei welcher Gelegenheit er persönliche Lebenssachverhalte Dritten offenbaren möchte. Diese Befugnis wird zusammenfassend als „Recht auf informationelle Selbstbestimmung" bezeichnet[8]. Die informationelle Selbstbestimmung ist Voraussetzung der kommunikativen Kompetenz des Einzelnen[9]. Sie ist von besonderer Bedeutung, weil der Mensch als soziales Wesen nur im Ausnahmefall auf Kommunikation verzichten kann. Verfassungsrechtliche Grundlage des Persönlichkeitsrechts ist Art. 2 Abs. 1 GG. Dies leuchtet unmittelbar ein, denn die freie Entfaltung der Persönlichkeit muss die Entscheidung über Umfang und Inhalt der Kommunikation mit anderen einschließen. Auch die ärztliche Schweigepflicht wird im Allgemeinen aus dem allgemeinen Persönlichkeitsrecht hergeleitet. Allerdings wird zur Rechtsgrundlage des Persönlichkeitsrechts nicht nur auf Art. 2 I GG, sondern fast durchgängig auch auf Art. 1 I GG Bezug genommen[10]. Folgen

---

5 *Dreier/Dreier*, Art. 2 I GG, Rn. 69.

6 Vgl. BVerfG 90, 255, 261.

7 Vgl. BVerfGE 63, 131, 142; NK/*Simitis/Simitis*, § 1 BDSG, Rn. 36 m. w. N.; *Tinnefeld*, ZRP 2000, 11.

8 Grundlegend BVerfGE 65, 1, 41 f.

9 NK/*Simitis/Simitis*, a. a. O.

10 BVerfG 32, 373, 378 ff.; 89, 69, 82 f.; BVerfG NJW 2002, 2164; BGH NJW 2005, 1506; OLG München NJW 2000, 2593; AG Neuss NJW 1990, 2938; *Becker*, MDR 1974, 888; *Degenhart*, JuS 1992, 362; *Edenfeld*, ZEV 1997, 392; *Eser*, ZStW 1985, 41; *Fischer*,

ergeben sich vor allem für die Möglichkeit einer Beschränkung oder eines Eingriffs. Während die freie Entfaltung der Persönlichkeit von der Schrankentrias des Art. 2 I GG begrenzt wird, ist die Menschenwürde durch Art. 1 I GG vorbehaltlos gewährleistet. Auch wenn von einem einheitlichen allgemeinen Persönlichkeitsrecht ausgegangen wird, sind die Schutzbereiche von Art. 2 und Art. 1 GG deshalb auseinanderzuhalten[11]. Während Art. 2 I GG auf den Schutz einer aktiven Handlungsfreiheit ausgerichtet ist, dient Art. 1 I GG dem eher passiven Schutz der Persönlichkeitssphäre vor Beeinträchtigungen von außen. Beide Ziele stehen aber in einem wechselseitigen Zusammenhang[12]. Zu beachten ist auch, dass sich die Grundrechte ganz allgemein nicht vollständig von der Gewährleistung der Menschenwürde lösen lassen, sondern in unterschiedlichem Ausmaß, ganz besonders aber bei der Gewährleistung des allgemeinen Persönlichkeitsrechts, mit „Menschenwürdestandards" aufgeladen sind[13]. Eine Auslegung der Grundrechte muss deren „Menschenwürdekern" im Auge behalten. Die angeführte Diskussion ergibt sich aus der Frage, wie beide Artikel in systematischem Zusammenhang zu verstehen sind. Das Bundesverfassungsgericht hat hinsichtlich des Schutzes des „allgemeinen Persönlichkeitsrechts" die sog. Sphärentheorie[14] entwickelt. Die in Art. 2 I GG i. V. m. Art. 1 I GG geschützten Rechtsgüter gelten demnach im Kernbereich privater Lebensgestaltung – auch Intimsphäre genannt – als absolut „unantastbar"[15]. Die außerhalb des Intimbereichs liegende Privat- oder Geheimsphäre ist dagegen nicht mehr unmittelbar von Art 1. I GG

---

§ 203 StGB, Rn. 2; *Gallwas*, NJW 1992, 2786; *Heberer/Mößbauer*, MedR 2004, 138; *Heghmanns/Niehaus*, NStZ 2008, 60; HK-GS/*Tag*, § 203 StGB, Rn. 4; *Hess*, ZEV 2006, 481; *Kleinewefers/Wilts*, NJW 1963, 2345; *ders.*, VersR 1963, 990; *Kreuzer*, NJW 1975, 2233; *Kühnl*, JA 1995, 328; *Laufs*, NJW 1975, 1434; *ders.*, Arztrecht, Rn. 424; *Lackner/Kühl*, § 203 StGB, Rn. 1; *Laufs/Uhlenbruck/Schlund*, Handbuch des Arztrechts, § 69, Rn. 8, 15 und § 76, Rn. 1; *Michalowski*, ZStW 1997, 520 ff.; *Mangoldt/Klein/Starck/Starck*, Art. 2 Abs. 1 GG, Rn. 98; *Maunz/Dürig/Di Fabio*, Art. 2 Abs. 1 GG, Rn. 128; MK/*Cierniak/Pohlit*, § 203 StGB, Rn. 3; MüKo/*Armbrüster*, § 134 BGB, Rn. 55; *Roßnagel*, NJW 1989, 2306; Sch/Sch/*Lenckner/Eisele*, § 203 StGB, Rn. 3; *Schmid*, BB 1968, 954, Fn. 4; *Ulsenheimer*, Arztstrafrecht, Rn. 360; *Würtenberger*, JZ 1973, 784; vgl. nur gem. Art. 2 GG *Hollmann*, NJW 1978, 2332.

11 *Maunz/Dürig/Di Fabio*, Art. 2 Abs. 1 GG, Rn. 128 (S. 137).

12 *Maunz/Dürig/Di Fabio*, a. a. O.; vgl. *Stürner*, NJW 1981, 1758.

13 *Maunz/Dürig/Herdegen*, Art. 1 I GG, Rn. 26.

14 BVerfGE 27, 1, 6; 32, 373, 378 f.; 33, 367, 376 f.; dazu näher *Geis*, JZ 1991, 112 ff.

15 BVerfGE 80, 367, 373; BVerfGE 75, 369, 380, bei der Ehre.

geschützt, weil sie bereits einen Sozialbezug aufweist. Eingriffe sind möglich, müssen aber durch überwiegende Belange des Gemeinwohls gerechtfertigt sein[16]. Die Bezugnahme auf Art. 1 I GG verweist in diesem Bereich nicht auf eine anzuwendende Norm, sondern als Verweis auf die Menschenwürde auf einen bei der Auslegung von Art. 2 I GG besonders zu berücksichtigenden Aspekt[17]. Mit zunehmender Nähe zum Intimbereich steigen damit die Anforderungen an einen Eingriff[18]. Daten zu Anamnese, Diagnose, Therapie werden nicht zum unantastbaren Kernbereich gerechnet. Sie sind aber als Teil des privaten Bereichs in den Schutz durch Art 2 I GG i. V. m. Art 1 I GG einbezogen[19]. Eingriffe sind nur im überwiegenden Allgemeininteresse möglich[20]. Das Recht auf informationelle Selbstbestimmung wird nicht dem intimen Kernbereich zugeordnet und wird deshalb als „beschränkbar“ in Bezug auf die Kommunikationsfreiheit angesehen[21]. Andererseits soll es im Bereich der automatisierten Verarbeitung von Daten trotz seiner Zugehörigkeit zur sog. Sozialsphäre nur unter eng definierten Voraussetzungen einschränkbar sein. Der Schutz von Daten wird einheitlich gewährleistet, unabhängig von der Sphäre, aus der sie stammen[22].

II. Korea

Es ist nicht umstritten, dass die ärztliche Schweigepflicht des § 317 KStGB[23] auf *privacy right* des Art. 17 der koreanischen Verfassung (im Folgenden KV)[24] i. V. mit dem Art. 10 KV (Menschenwürde) beruht[25]. Der Schutzbereich des Geheimnisses und der Freiheit der persönlichen Lebenssphäre betrifft die zum

---

16 Vgl. BVerfGE 32, 373, 380 f.; BSG NJW 1986, 1574, 1577.

17 *Dreier/Dreier*, Art. 2 I GG, Rn. 68; *Mangoldt/Klein/Starck/Starck*, Art. 2 Abs. 1 GG, Rn. 57, 89.

18 *Maunz/Dürig/Di Fabio*, Art. 2 Abs. 1 GG, Rn. 131.

19 BVerfG MedR 2006, 586.

20 BVerfG a. a. O., 587.

21 Vgl. BVerfGE 32, 373, 379; BVerfG NJW 2002, 2164; BVerwG DVBl 1990, 707; *Gallwas*, NJW 1992, 2787; *Hoffmann-Riem*, JZ 2008, 1010; *Kunig*, Jura 1993, 602; *Wasmuth*, NJW 1989, 2301.

22 BVerfGE 65, 1, 45.

23 Englischer Text „CRIMINAL ACT“.

24 Englischer Text „CONSTITUTION OF THE REPUBLIC OF KOREA“.

25 *Joo, Ho No*, Die Pflicht des Arztes im Medizingesetz, S. 216; *Kim, Min Joong*, Bopyulshinmun (Die Zeitung für das Recht) vom 14.06.1990; *Kwon, Young Sung*, Lehrbuch des Grundrechts, S. 453 ff., 456; *Lee, Jae Sang*, Strafrecht BT, § 14/1.

konkreten Inhalt der Menschenwürde gehörende freie Entfaltung der Persönlichkeit und die Rechtsicherheit. Der Inhalt der Privatsphäre, die Ehre und das Vertrauen des Einzelnen usw., welche als beschränkbare Schutzgegenstände verstanden werden und deshalb dem Abwehrrecht unterliegen, sind unverletzlich. Im positiven Sinne zielt der Schutz des Geheimnisses und der Freiheit des Privatlebens auf die Gewährleistung der freien Entfaltung des Privatlebens und zugleich der freien Entscheidung der persönlichen Tätigkeit ab[26]. Auch Art. 17 KV umfasst das Recht auf Selbstverwaltung und -kontrolle der Information, d. h. das informationelle Selbstbestimmungsrecht über sich[27]. Daher ist das als negativ angesehene Geheimnis des Privatlebens ein Gegenstand der gesetzlichen Gewährleistung. Demgegenüber betreffen die Freiheit des Privatlebens und das informationelle Selbstverwaltungsrecht und -kontrollrecht die Rechtsfähigkeit[28]. Die Einschränkungen des Grundrechts auf Privatgeheimnisse werden in der Literatur nur wenig diskutiert. Allgemeine Einschränkungen sind in Art. 37 II KV geregelt. Da Gründe der „Staatssicherheit", der öffentlichen „Ordnung" oder des „Gemeinwohls" Eingriffe rechtfertigen, scheinen weitgehende Beschränkungen des Rechts auf Privatgeheimnisse möglich. Die Auslegung nähert sich jedoch dem deutschen Rechtsstandpunkt an, weil ebenso wie in Art. 1 I GG die Menschenwürde gem. Art. 10 KV unverletzlich ist[29]. Auch wenn das *privacy right* aus einem in Art. 37 II KV genannten Grund eingeschränkt wird, müssen solche Einschränkungen auf einem Gesetz beruhen.

B. Normzweck der Verletzung von Privatgeheimnissen

I. Deutschland

1. Individualschutzlehre

Die Begründungen der Individualschutzlehre unterscheiden sich je nachdem, ob ihr Schwerpunkt auf der verfassungsrechtlich diskutierten Sphärentheorie oder auf einer viktimologischen Betrachtungsweise beruht. Die auf der Sphärentheorie

---

26 KOGH, Urteil vom 24.7.1998, 96Da42789; *Kwon, Young Sung*, Lehrbuch des Grundrechts, S. 456; vgl. zur deutschen Auffassung *Geiger*, NVwZ 1989, 36.

27 KVerfGE, Urteil vom 26.5.2005, 2004Heonma190; Urteil vom 21.7.2005, 2003Heonma 282, 425; Urteil vom 24.11.2005, 2005Heonma112.

28 *Kwon, Young Sung*, Lehrbuch des Grundrechts, S. 455, 458.

29 BVerfG NJW 2002, 2165; *Gallwas*, NJW 1992, 2785; *Jarass/Pieroth*, Art. 1 GG, Rn. 16 f.; *Schmid*, BB 1968, 954; vgl. zur koreanischen Auffassung *Kwon, Young Sung*, Lehrbuch des Grundrechts, S. 389, 456.

beruhende Betrachtungsweise geht von dem einen „unantastbaren Bereich privater Lebensgestaltung" einschließenden informationellen Selbstbestimmungsrecht aus[30]. § 203 StGB reagiert darauf, dass die Privatperson von der Kommunikation und der Interaktion mit bestimmten Funktions- und Berufsgruppen abhängig ist. Es geht also nicht um ein Gemeinschaftsgut, sondern um den Schutz der Grundrechte aus Art. 2 I GG i. V. mit Art. 1 I GG[31]. In diesem Sinne schützt § 203 StGB die „Intimsphäre des Einzelnen"[32]. Im Gegensatz dazu besteht der Unterschied zu einer anderen Lehre darin, dass das allgemeine Persönlichkeitsrecht als „beschränkbar" gilt[33]. Diese Lehre verbindet das in § 203 StGB geschützte Rechtsgut mit der Privatsphäre[34]. Die Allgemeinheit wird nur „mittelbar" geschützt[35]. Demgegenüber kommt die viktimologische Betrachtungsweise zu derselben Auffassung, indem das Interesse des Einzelnen an dem Schutz seiner Geheimnisse gegenüber Dritten hervorgehoben wird. Die Gefahr für die Belange des Einzelnen liege in der „Besonderheit von faktischen Verhältnissen", in denen der Betroffene Rat und Hilfe zur Offenbarung von Geheimnissen in Anspruch nehmen müsse[36]. Die zweit- und die drittgenannte Variante der Individualschutzlehre stimmen darin überein, dass § 203 StGB den Schutz des individuellen

30 NK/*Kargl*, § 203 StGB, Rn. 4 m. w. N.; *Kühnl*, JA 1995, 328.

31 Vgl. BGH JZ 1994, 46, 47.

32 OLG Celle NJW 1965, 362, 363; *Grabsch*, Die Strafbarkeit der Offenbarung höchstpersönlicher Daten des ungeborenen Menschen, S. 18 ff.; *Kreuzer*, NJW 1975, 2233 m. w. N.; NK/*Kargl*, § 203 StGB, Rn. 3 f.; im Ergebnis ebenso *Heghmanns/Niehaus*, NStZ 2008, 60; SK/*Hoyer*, § 203 StGB, Rn. 3; dagegen Einwände Sch/Sch/*Lenckner*, § 203 StGB, 27. Auflage, Rn. 3; vgl. zur Spährentheorie *Schünemann*, ZStW 1978, 18 ff.

33 BVerfG DVBl 1972, 383; BVerfG MedR, 2006, 586; OLG Celle NJW 1965, 362, 363; AG Neuss NJW 1990, 2938; *Fischer*, § 203 StGB, Rn. 2; *Ulsenheimer*, Arztstrafrecht, Rn. 360; vgl. Erman/*N. Klass*, Anh. zu § 12 BGB, Rn. 117.

34 *Meurer*, in: *Szwarc*, AIDS und Strafrecht, S. 134; *Rogall*, NStZ 1983, 4 und 414; SK/*Rogall*, § 53 StPO, Rn. 10, 14; vgl. OLG Karlsruhe NJW 1984, 676; *Ostendorf*, JR 1981, 445 f.

35 *Fischer*, § 203 StGB, Rn. 2; HK-GS/*Tag*, § 203 StGB, Rn. 5; *Laufs/Uhlenbruck/Schlund*, Handbuch des Arztrechts, § 69, Rn. 17; *Meurer*, in: *Szwarc*, AIDS und Strafrecht, S. 133, 137; Sch/Sch/*Lenckner/Eisele*, § 203 StGB, Rn. 3; im Ergebnis ebenso BGH MedR 1991, 328; *Arzt/Weber/Heinrich/Hilgendorf*, Strafrecht BT, § 8, Rn. 29; *Spickhoff/Knauer/Brose*, Medizinrecht, §§ 203–205 StGB, Rn. 1.

36 HK-GS/*Tag*, § 203 StGB, Rn. 5; LK/*Schünemann*, § 203 StGB, Rn. 3; dazu näher *Schünemann*, NStZ 1986, 440 f.; im Ergebnis ebenso *Kuhlmann*, JZ 1974, 672; *Roxin/Schroth/Braun*, Medizinstrafrecht, S. 225; dagegen Einwände Sch/Sch/*Lenckner*, § 203 StGB, 27. Auflage, Rn. 3.

Interesses bezweckt[37]. Der zweitgenannten Lehre ist jedoch der Unterschied zwischen dem verfassungsrechtlichen und dem strafrechtlichen Schutzzweck entgegenzuhalten. Die Verfassungsnorm richtet sich auf das individuelle Interesse an der jeweiligen Freiheit. Die strafrechtliche Schutzpflicht kennt demgegenüber keinen individuell unterschiedlichen Schutz, weil im Strafrecht nur der Tatbestand der Rechtsgutsverletzung als strafbares Verhalten geregelt ist[38]. Deshalb ist es auch unzutreffend, das Vertrauen in die von § 203 StGB erfassten Berufsgruppen als „mittelbar" zu bezeichnen[39]. Gegenüber der viktimologischen Betrachtungsweise ist nicht nur die gleiche Kritik möglich, und diese Betrachtungsweise fehlt auch in Bezug auf den Geheimnisschutz Verstorbener[40].

2. Gemeinschaftsschutzlehre

Diese Lehre beruft sich in erster Linie auf den Schutz eines allgemeinen Vertrauens[41] in die Verschwiegenheit der Angehörigen bestimmter Berufe[42]. Das in § 203 StGB genannte Personal muss seine Aufgabe unter Beachtung strenger beruflicher Anforderungen erfüllen[43]. Der Arzt dient dem Gesundheitswesen und der Gesunderhaltung der Bevölkerung. In diesem Punkt wird das individuelle

---

37 Vgl. *Laufs/Uhlenbruck/Schlund*, Handbuch des Arztrechts, § 69, Rn. 17; *Roxin/Schroth/Braun*, Medizinstrafrecht, S. 224; *Solbach*, DRiZ 1978, 205; *Zimmermann*, FamRZ 1981, 932.

38 Sch/Sch/*Lenckner*, § 203 StGB, 27. Auflage, Rn. 3; vgl. LK/*Schünemann*, § 203 StGB, Rn. 4.

39 Vgl. MK/*Cierniak/Pohlit*, § 203 StGB, Rn. 4.

40 Dazu näher *Kühnl*, JA 1995, 331 f.; *Schmidt*, NJW 1962, 1746 ff.; vgl. ferner *Roxin/Schroth/Braun*, Medizinstrafrecht, S. 235.

41 KG v. 19.6.1992 – 13 U 262/92; *Flor*, JR 1953, 371; *Grömig*, NJW 1970, 1210; *Heckel*, NVwZ 1994, 227; *Kaufmann*, NJW 1958, 272; *Lenckner*, NJW 1964, 1187; *Schenkel*, NStZ 1995, 69; Sch/Sch/*Lenckner*, § 203 StGB, 27. Auflage, Rn. 3; *Schlund*, JR 1977, 269; *Schmidt*, NJW 1962, 1747; im Ergebnis ebenso *Kamps*, MedR 2005, 8; auch für das Zeugnisverweigerungsrecht gem. § 53 StPO KMR/*Neubeck*, § 53 StPO, Rn. 1.

42 BGH NJW 1968, 2290; OLG Köln NStZ 1983, 413; *Grömig*, a. a. O.; *Heckel*, a. a. O.; KMR/*Neubeck*, a. a. O.; *Schenkel*, a. a. O.; Sch/Sch/*Lenckner*, § 203 StGB, 27. Auflage, Rn. 3; *Schalast/Safran/Sassenberg*, NJW 2008, 1489; *Schlund*, JR 1977, 269; *Schmidt*, NJW 1962, 1747; *Scholz*, NJW 1981, 1988; vgl. zum Ausgangspunkt *Deutsch/Spickhoff*, Medizinrecht, Rn. 483, 634; *Marx*, GA 1983, 168 f.; *Maurach/Schroeder/Maiwald*, Strafrecht BT I, § 29 I, Rn. 4.

43 *Heckel*, a. a. O.; Sch/Sch/*Lenckner*, 27. Auflage, § 203 StGB, Rn. 3.

Geheimhaltungsinteresse dem Interesse der Allgemeinheit nachgeordnet[44]. Somit ist auch die Möglichkeit der freien Auswahl der Vertrauensperson kein entscheidendes Kriterium[45]. Aber es ist zweifelhaft, ob das allgemeine Vertrauen in die Verschwiegenheit des Arztes teleologisch an den Normzweck des § 203 StGB angeknüpft werden kann[46], denn das Vertrauen zwischen Arzt und Patient bezieht sich auf die Verschwiegenheit und die Dispositionsbefugnis[47]. In diesem Zusammenhang stehen die Kommunikation und die Interaktion der Ärzte mit ihren Patienten im Vordergrund[48]. Es geht freilich um das persönliche Geheimnis der Einzelnen und damit um dessen Interessenschutz[49]. Daher muss die Auffassung von *Cierniak/Pohlit* § 203 StGB als individualschützende Norm angesehen werden[50].

3. *Die Lehre des doppelten Schutzzwecks*

Diese Lehre wendet sich gegen die Betonung nur eines Schutzzwecks. Zwar steht das allgemeine Persönlichkeitsrecht im Vordergrund, § 203 StGB zielt aber neben dem Interesse des Einzelnen an seiner Geheimnissphäre auch auf den Schutz des Vertrauens der Allgemeinheit in die Integrität der in § 203 StGB genannten Berufsgruppen ab[51]. Daraus folgt, dass die Fusion von Elementen des Individualschutzes mit solchen des Geheimnisschutzes in einer modernen und kommunikativ verfassten Gesellschaft hervorgehoben werden sollte[52]. Daher

---

44 *Bartsch*, Ärztliche Schweigepflicht und Zeugnisverweigerungsrecht, S. 21 f.; *Steinberg-Copek*, Berufsgeheimnis und Aufzeichnungen, S. 17 ff.; *Timm*, Grenzen der ärztlichen Schweigepflicht, S. 20.

45 Sch/Sch/*Lenckner*, § 203 StGB, 27. Auflage. Rn. 3.

46 *Kühnl*, JA 1995, 332.

47 Vgl. LK/*Schünemann*, § 203 StGB, Rn. 14 ff.; MK/*Cierniak/Pohlit*, § 203 StGB, Rn. 4.

48 NK/*Kargl*, § 203 StGB, Rn. 3.

49 *Erdsiek*, NJW 1963, 633.

50 MK/*Cierniak/Pohlit*, § 203 StGB, Rn. 4.

51 OLG Oldenburg NJW 1982, 2616; *Bongen/Kremer*, NJW 1990, 2911; *Haffke*, GA 1973, 65, 83; *Kern*, MedR 2006, 205 für *Spickhoff*.; *Mankowski*, JZ 1994, 49; *Maurach/Schroeder/Maiwald*, Strafrecht BT I, § 29 I, Rn. 4; *Michalowski*, ZStW 1997, 522; MK/*Cierniak/Pohlit*, § 203 StGB, Rn. 5; *Otto*, Grundkurs Strafrecht, § 34, Rn. 26; im Ergebnis ebenso *Roßnagel*, NJW 1989, 2306; vgl. zum Ausgangspunkt *Spickhoff/Scholz*, Medizinrecht, § 10 MBO, Rn. 1; *Ulsenheimer*, Arztstrafrecht, Rn. 361; zur strafprozessualen Auffassung *Pfeiffer*, § 53 StPO, Rn. 1; ähnlich *Woesner*, NJW 1957, 692; zur verfassungsrechtlichen Auffassung *Ignor*, NJW 2007, 3403.

52 *Klose*, Die richterliche Kontrolle des Zeugnisverweigerungsrechts der Berufsgeheimnisträger am Beispiel des Arztes, S. 30 ff.; *Maurach/Schroeder/Maiwald*, Strafrecht BT

kann das individuelle Interesse durch den Rechtfertigungsgrund i. V. mit der Interessenabwägung hinter das soziale Interesse zurücktreten[53].

II. Korea

§ 317 KStGB regelt die ärztliche Schweigepflicht. Im Hinblick auf den Normzweck dieser Vorschrift findet sich noch keine Rechtsprechung. Das Problem wird lediglich im Schrifttum behandelt. Früher ist die Auffassung vertreten worden, dass sich § 316 KStGB (Geheimnisverletzung) und § 317 KStGB (Bruch des Berufsgeheimnisses) in ihrem geschichtlichen Hintergrund voneinander unterschieden und in keinem theoretischen Zusammenhang miteinander stünden. Daher gehöre das Geheimnis im Sinne des § 317 KStGB zu einem gemeinschaftlichen Rechtsgut[54]. Zurzeit werden die Individualschutzlehre und die Lehre des doppelten Schutzzwecks befürwortet. Nach der erstgenannten Lehre zielt § 317 KStGB nur auf den Schutz des in beruflicher Eigenschaft erlangten persönlichen Geheimnisses ab. Somit wird das allgemeine Vertrauen in die Verschwiegenheit der Angehörigen bestimmter Berufe nur mittelbar geschützt[55]. Gegen diese Auffassung werden aber Einwände erhoben: Nach einer Ansicht verliert die Einbeziehung der in § 317 KStGB genannten Personen an Bedeutung, wenn nur das persönliche Geheimnis als Rechtsgut geschützt wird. Somit sei auch das allgemeine Interesse an der Verschwiegenheit der Angehörigen bestimmter Berufe ein Schutzgegenstand. In diesem Sinne sei das Rechtsgut das persönliche Geheimnis, das offenbart werden und von Angehörigen bestimmter Berufe nicht verletzt werden dürfe[56]. Nach einer anderen Ansicht kann sich der Grund für das allgemeine Vertrauen in die Verschwiegenheit der Angehörigen bestimmter Berufe als mittelbar geschütztes Rechtsgut einzig darin finden, dass § 317 KStGB systematisch nur in den Abschnitt „Straftaten gegenüber dem persönlichen

---

I, § 29 I, Rn. 4, 27; MK/*Cierniak/Pohlit*, § 203 StGB, Rn. 5; ebenso wie zivilrechtliche Auffassung *Laufs*, NJW 1994, 1567.

53 Hier nur *Klose*, Die richterliche Kontrolle des Zeugnisverweigerungsrechts der Berufsgeheimnisträger am Beispiel des Arztes, S. 10 ff., 30 ff., diesbezüglich *Bartsch*, Ärztliche Schweigepflicht und Zeugnisverweigerungsrecht, S. 27.

54 *Kang, Ku Jin*, Strafrecht BT (I), S. 150; *You, Ki Cheon*, Strafrecht BT (Sang), S. 199.

55 *Cho, June Hyen*, Strafrecht BT, S. 217; *Jin/Lee*, Strafrecht Besonderer Teil, S. 273; *Jeong/Park*, Strafrecht BT, S. 17; *Kim/Sub*, Strafrecht BT, S. 235; *Lee, Hyung Guk*, Strafrecht BT (I), S. 346; *Park, Sang Gi*, Strafrecht BT, S. 226; *Yim, Woong*, Strafrecht BT, S. 233.

56 *Lee, Jae Sang*, Strafrecht BT, § 14/17.

Rechtsgut“ einbezogen werde[57]. Schutzgegenstand sei das Individualinteresse an der Geheimhaltung und zugleich das allgemeine Vertrauen in die Verschwiegenheit der Angehörigen bestimmter Berufe[58].

C. Zeugnisverweigerungsrecht und Beschlagnahmeverbot

I. Deutschland

Das Zeugnisverweigerungsrecht nach § 53 StPO, § 383 Abs. 1 Nr. 6 ZPO und das Beschlagnahmeverbot nach § 97 StPO schließen an die ärztliche Schweigepflicht nach § 203 StGB an. Diese Verbindung ergibt sich aus der strafrechtlich gesicherten Schweigepflicht des Arztes im Verhältnis zum Patienten einerseits und aus dem Schweigerecht im Verhältnis zum Gericht andererseits[59]. Demgegenüber ist der Unterschied zwischen § 203 StGB und § 53 StPO im Hinblick auf den Normzweck und den Tatbestand[60] und auf das prozessuale Geheimnis[61] im Auge zu behalten. Diese Forderung ist auch dadurch begründet, dass der berufliche Personenkreis in § 203 StGB einerseits und in §§ 53, 53a, 97 StPO andererseits unterschiedlich geregelt ist[62]. Daher können das Zeugnisverweigerungsrecht und das Beschlagnahmeverbot nach einigen strafprozessualen Auffassungen

---

57 *Bae, Jong Dae*, Strafrecht BT, 2007, S. 293; *Beck, Hyung Ku*, Strafrecht BT, S. 400; *Lee, Jung Won*, Strafrecht BT, S. 270; *Oh, Young Geun*, Strafrecht BT, S. 296.

58 *Jeong, Young Il*, Strafrecht BT, S. 186; *Lee, Jung Won*, Strafrecht BT, S. 270.

59 Vgl. BGH NJW 1960, 550, 552; *Arzt/Weber/Heinrich/Hilgendorf*, Strafrecht BT, § 8, Rn. 29; *Deutsch/Spickhoff*, Medizinrecht, Rn, 634, 651 ff.; *Holtz*, MDR 1980, 815; *Jakobs*, JR 1982, 361; *Kaufmann*, NJW 1958, 273; *Kreuzer*, NJW 1975, 2234; *Kühne*, JuS 1973, 686; *Lenckner*, NJW 1965, 321; *Schmidt*, NJW 1962, 1745; *Schünemann*, ZStW 1978, 62; Sch/Sch/*Lenckner/Eisele*, § 203 StGB, Rn. 29; *Stürner*, NJW 1981, 1757 f.; *Wasmuth*, NJW 1989, 2302; *Welp*, JR 1997, 35.

60 Dazu näher *Klose*, Die richterliche Kontrolle des Zeugnisverweigerungsrechts der Berufsgeheimnisträger am Beispiel des Arztes, S. 53 ff.; LK/*Schünemann*, § 203 StGB, Rn. 9, 125 m. w. N.; *Rengier*, BB 1980, 321; *Welp*, JR 1997, 36 ff.

61 *Amelung*, DNotZ 1984, 201; *Hanack*, JR 1986, 35; *Klose*, Die richterliche Kontrolle des Zeugnisverweigerungsrechts der Berufsgeheimnisträger am Beispiel des Arztes, S. 39 ff.; *Pfeiffer*, § 53 StPO, Rn. 2; *Rogall*, NStZ 1985, 374; a. A. *Schmidt*, NJW 1962, 1747.

62 *Kühne*, JuS 1973, 686 f.; KMR/*Neubeck*, § 53 StPO, Rn. 5 f.; *Lackner/Kühl*, § 203 StGB, Rn. 1; *Laufs/Uhlenbruck/Schlund*, Handbuch des Arztrechts, § 69, Rn. 12; LK/*Schünemann*, § 203 StGB, Rn. 9; LR/*Alexander Ignor/Camilla Bertheau*, § 53 StPO, Rn. 3, 8; *Meyer-Goßner/Schmitt*, § 53 StPO, Rn. 4; *Michalski/Römermann*, NJW 1996, 3236; SK/*Rogall*, § 53 StPO, Rn. 13 f.

gerade nicht aus der strafrechtlichen Schweigepflicht hergeleitet werden[63]. Dennoch ist es nicht erforderlich, dass die angeführten Unterschiede im Rahmen des Verhältnisses zwischen Arzt und Patient hervorgehoben werden, weil beide Vorschriften auch vom Vertrauensschutz des Patienten ausgehen[64]. Es kommt vielmehr darauf an, wie beide Vorschriften trotz Differenzen im Geltungsbereich und auf der Ebene der Rechtswidrigkeit harmonisch interpretiert werden können[65]. Beim Verhältnis zwischen § 53 StPO und § 97 StPO geht es in der Regel um die Interessenlage beim Zeugnisverweigerungsrecht gem. § 53 StPO um die Tragweite der Beschlagnahme gem. § 97 StPO in Bezug auf den Beschuldigten und auf den (Mit-)Gewahrsam des Arzthelfers[66]. Dies bezweckt in erster Linie den Schutz der grundrechtlich garantierten Geheimhaltungsinteressen des Patienten. Insoweit werden diese Vorschriften als komplementär gekennzeichnet[67].

II. Korea

Das Zeugnisverweigerungsrecht nach § 149 KStPO[68] und das Beschlagnahmeverbot nach § 112 KStPO stehen ebenfalls in einem komplementären Verhältnis zueinander. Im Vergleich mit dem deutschen Recht richtet sich der Blick der meisten koreanischen Juristen nur auf den Anwendungsbereich beider Paragraphen in Verbindung mit dem Normzweck. Zwar gehen diese Autoren davon aus, dass die Bedeutung des Zeugnisverweigerungsrechts verlorengehe, wenn die Aufzeichnungen über die Behandlung des Arztes beschlagnahmt werden könnten, § 112 KStPO ziele aber auf den Schutz des *privacy right* ab und nehme

---

63 KK/*Senge*, § 53 StPO, Rn. 3 f.; *Meyer-Goßner/Schmitt*, § 53 StPO, Rn. 4; *Rengier*, BB 1980, 321 f.; SK/*Rogall*, § 53 StPO, Rn. 12, 16; im Ergebnis ebenso *Bender*, MedR 2002, 627; *Klose*, Die richterliche Kontrolle des Zeugnisverweigerungsrechts der Berufsgeheimnisträger am Beispiel des Arztes, S. 38, 48 ff.

64 Vgl. *Baier*, JR 1999, 495 ff.; *Eser*, ZStW 1985, 44; *Ignor*, NJW 2007, 3404; *Kreuzer*, NJW 1975, 2234; *Kühne*, JZ 1981, 648; *Kühnl*, JA 1995, 328 f.; *Lorenz*, MDR 1992, 314 f.; *Maurach/Schroeder/Maiwald*, Strafrecht BT I, § 29, Rn. 28, 50; *Michalowski*, ZStW 1997, 529; *Schünemann*, ZStW 1978, 62.

65 Vgl. LG Augsburg NJW 1964, 1188; LK/*Schünemann*, § 203 StGB, Rn. 9; *Meurer*, in: *Szwarc*, AIDS und Strafrecht, S. 139; *Michalowski*, ZStW 1997, 526, 529; *Samson*, StV 2000, 55; *Ulsenheimer*, Arztstrafrecht, Rn. 385.

66 *Bandisch*, NJW 1987, 2204; *Michalowski*, ZStW 1997, 526 ff.; *Samson*, StV 2000, 56.

67 LR/*Schäfer*, § 97 StPO, Rn. 3; vgl. ferner LG Hildesheim NStZ 1982, 394, 395; *Amelung*, DNotZ 1984, 206 ff.; *Bringewat*, NJW 1974, 1740 ff.; *Eser*, ZStW 1985, 43; *Gülzow*, NJW 1981, 266; *Laufs*, Arztrecht, Rn. 422; *Lorenz*, MDR 1992, 314; *Michalowski*, ZStW 1997, 527, 543; SK/*Rogall*, § 53 StPO, Rn. 1.

68 Englischer Text „CRIMINAL PROCEDURE ACT".

auf das Vertrauen zwischen der in der Vorschrift genannten Person und dem Auftraggeber Bezug[69]. In diesem Sinne unterscheide sich sein Normzweck von dem Zeugnisverweigerungsrecht nach § 149 KStPO, der sich auf die berufliche Ethik auch ohne besondere Vertrauensbeziehung beziehe. Daher sei der Anwendungsbereich des § 112 KStPO enger als der des § 149 KStPO[70]. In Bezug auf den Normzweck des § 149 KStPO erscheint diese Argumentationsstruktur als unlogisch. Zum einen hängt das Geheimnis des Auftragsgebers mit einem *privacy right* und mit der beruflichen Tätigkeit zusammen, zum anderen gehört die berufliche Schweigepflicht auch zur beruflichen Ethik. Der Normzweck des § 149 KStPO knüpft an ein *privacy right* und zugleich an eine berufliche Ethik an[71]. In diesem Punkt ist es zweifelhaft, ob Schweigepflicht und Schweigerecht allein aus der beruflichen Ethik hergeleitet werden können. Es kann auch nicht geleugnet werden, dass § 317 KStGB und §§ 112, 149 KStPO den Vertrauensschutz zwischen Arzt und Patienten bezwecken und dadurch die berufliche Tätigkeit des Arztes schützen[72]. Vertraulichkeit und ärztliche Tätigkeit können nicht voneinander getrennt werden, weil die berufliche Tätigkeit ohne das Vertrauensverhältnis beim Abschluss des Behandlungsvertrags und bei der Offenbarung nicht möglich ist. Auch im Hinblick auf die methodische Betrachtungsweise ist dem angeführten Standpunkt nicht zuzustimmen. Der Schweigepflicht und dem Zeugnisverweigerungsrecht liegt die berufliche Ethik zugrunde, jedoch sollte für beide vonseiten des Selbstbestimmungsschutzes sowohl des Patienten als auch des Arztes eine gesetzliche Grundlage vorhanden sein. Im Verhältnis zu dem Arzt kann auch nicht geleugnet werden, dass personenbezogene Daten einem besseren Service für den jeweils gerade behandelten als auch für den zukünftigen Patienten hinsichtlich des wirtschaftlichen Interesses des Arztes einerseits sowie der Behandlung des Patienten andererseits dienen können. In diesem Sinne sind sie bei der Berufsausübung des Arztes auch von praktischer Bedeutung. Nach Art. 15 KV haben alle Koreaner das Recht auf Freiheit der Berufswahl. Daraus wird die freie Berufsausübung abgeleitet. Zudem richtet sich die verfassungsrechtliche Auffassung im Schrifttum

---

69 *Bae/Lee/Jeong*, Lehrbuch des Strafprozessrechts, § 112 KStPO, 20/11; *Shin, Dong Woon*, Lehrbuch des Strafprozessrechts, S. 835.

70 *Bae/Lee/Jeong*, Lehrbuch des Strafprozessrechts, § 112 KStPO, 20/11 für LR/*Schäfer*.; vgl. zur deutschen Auffassung *Bandisch*, NJW 1987, 2204 ff.; *Ulsenheimer*, Arztstrafrecht, Rn. 385a.

71 *Bae/Lee/Jeong*, Lehrbuch des Strafprozessrechts, § 149 KStPO, 48/48.

72 Vgl. *Park, Sung Jin*, Die Rechtspflicht des Arztes, S. 28.

eigentlich auf die Schranken der Berufsausübung[73]. Die Verletzung der Schweigepflicht steht nicht nur unter Strafandrohung gem. § 317 KStGB und gem. § 88 Medizingesetz (KMG)[74], sondern kann auch zum Entzug der Zulassung für einen Zeitraum von bis zu zehn Jahren nach § 317 KStGB oder zugleich bis zu zwei Monaten gem. § 4 „Die medizinische Regelung über die Disposition der Verwaltung (KMDR für V)" führen. Das Zeugnisverweigerungsrecht sollte als ein in Art. 37 I KV i. V. mit Art. 15 KV genanntes Grundrecht gewährleistet werden, sofern die Zeugnisverweigerung gegenüber dem Gericht als ein Recht angesehen wird. Diese Freiheit strahlt auf § 12 KMDG aus. Nach der Vorschrift dieses Paragraphen darf niemand in die Heilkunst eingreifen. In diesem Zusammenhang kann die personenbezogene Tatsache als Inhalt der Freiheit zur Ausübung der Heilkunst geschützt werden, zumindest soweit die Identifikation zwischen dem Geheimnisgeschützten und dem Patienten anerkannt wird. Daraus kann sich eine Grundlage des Zeugnisverweigerungsrechts des Arztes ergeben. Dieses Recht verweist auch auf das informationelle Selbstbestimmungsrecht des Arztes Art. 17 KV i. V. mit Art. 10 KV, weil es bei ihm eigentlich auf den Willen des Arztes ankommt. Darüber hinaus kann der Auffassung zugestimmt werden, dass das Gericht mittels der Gewährleistung des freiwilligen Zeugnisverweigerungsrechts sowohl die freie Berufsausübung als auch das informationelle Selbstbestimmungsrecht des Arztes berücksichtige und schütze. Umgekehrt darf dieses Selbstbestimmungsrecht das Recht des anderen nicht verletzen. In diesem Zusammenhang werden das *privacy right* des Patienten aus Art. 17 KV i. V. mit Art. 10 KV einerseits und die Schweigepflicht z. B. aus § 317 KStGB und § 19 KMG als gesetzliche Pflicht des Arztes andererseits abgeleitet.

D. Bundesdatenschutzgesetz

I. Deutschland

§ 1 BDSG bezweckt den Schutz vor dem durch unbefugte Datenverarbeitung verursachten Eingriff in den Freiheitsraum der informationellen Selbstbestimmung[75]. Das BDSG gilt für die Datenverarbeitung der nichtöffentlichen und der öffentlichen Stellen des Bundes[76]. Für die öffentlichen Stellen der Länder gilt

73 *Kwon, Young Sung*, Lehrbuch des Grundrechts, S. 573 ff.

74 Englischer Text „MEDICAL SERVICE ACT".

75 BT-Drucksache 7/1027, S. 1; *Auernhammer*, BB 1977, 205; dazu näher *Klippel*, BB 1983, 407 ff.

76 *Auernhammer*, BB 1977, 206.

das BDSG, soweit sie Bundesrecht ausführen oder als Organe der Rechtspflege außerhalb von Verwaltungsverfahren handeln. Für die öffentlichen Stellen der Länder gelten im Übrigen die Landesdatenschutzgesetze. Soweit solche Gesetze nicht bestehen, gilt das BDSG auch für die öffentlichen Stellen der Länder[77]. Die Tätigkeit der Ärzte ist – abgesehen von den Ausnahmen der bei öffentlich-rechtlichen Körperschaften angestellten oder der beamteten Ärzte (Amtsärzte, Ärzte in Justizvollzugsanstalten) – nicht öffentlich-rechtlicher Natur, so dass für ihre Datenverarbeitung das BDSG gilt. Die von § 203 StGB erfassten Vorgänge können dabei gleichzeitig Datenverarbeitung i. S. des BDSG sein. Notwendig ist dies jedoch nicht. Grundvoraussetzung der Anwendung des BDSG für nicht-öffentliche Stellen ist nach § 1 Abs. 2 Nr. 3 BDSG, dass Daten in Datenverarbeitungsanlagen oder aus Dateien verarbeitet werden. Dabei muss es sich nicht unbedingt um Daten handeln, die dem Arzt anvertraut worden sind. Die berufsrechtliche Verschwiegenheitspflicht des Arztes besteht in Bezug auf alle ihm anvertrauten Umstände, also auch auf solche, die nicht in Datenverarbeitungsanlagen oder in einer Datei (dazu würde auch die Karteikarte gehören) gespeichert und verarbeitet werden[78]. Nach einer Ansicht treten datenschutzrechtliche Vorschriften hinter die des Strafrechts zurück[79]. Somit gehe es um eine echte Tatbestandskonkurrenz[80]. Die Strafbarkeit gem. § 43 I Nr. 1 BDSG sei wegen der Spezialität des § 203 StGB von vornherein ausgeschlossen, wenn der Verstoß gegen das Datenschutzrecht gleichzeitig ein Bruch der Schweigepflicht ist[81]. In Bezug auf die materiellen Regeln des BDSG über die Datenverarbeitung stellt sich die Frage, ob das BDSG im Hinblick auf § 1 III BDSG für von der ärztlichen Schweigepflicht erfasste Daten gilt. Die strafrechtliche Sanktion für einen Bruch der Schweigepflicht stellt keine bereichsspezifische Datenschutzregelung im Sinne von § 1 III

---

77 *Deutsch/Spickhoff*, Medizinrecht, Rn. 616; *Gola/Schomerus*, § 1 BDSG, Rn. 19a.

78 Vgl. *Ulsenheimer*, Arztstrafrecht, Rn. 385c.

79 *Däubler/Klebe/Wedde/Weichert*, § 1 BDSG, Rn. 12 f.; *Weichert*, NJW 2004, 1696, so die kumulativ d. h. nebeneinander Anwendung von § 203 StGB und BDSG; diesbezüglich *Kilian*, NJW 1998, 787; *Rüpke*, ZRP 2008, 87; ferner zu zentralen Akten in der Sozialverwaltung *Heckel*, NVwZ 1994, 227; im Ergebnis ebenso mit „Zwei-Schranken-Prinzip“ *Mand*, MedR 2003, 394 m. w. N.; vgl. zum Ausgangspunkt *Deutsch/Spickhoff*, Medizinrecht, Rn. 607, 616.

80 *Auernhammer*, § 1 BDSG, Rn. 20; *Gola/Schomerus*, § 1 BDSG, Rn. 24 und § 4 BDSG, Rn. 11 f.

81 *Ayasse*, VersR 1987, 539; *Deutsch/Spickhoff*, Medizinrecht, Rn. 607; *Langkeit*, NStZ 1994, 7; NK/*Kargl*, § 203 StGB, Rn. 89; vgl. zum Rechtfertigungsgrund *Heghmanns/Niehaus*, NStZ 2008, 59; *Rogall*, NStZ 1983, 7; a. A. *Bongen/Kremer*, MDR 1991, 1032.

S. 1 BDSG dar[82]. § 203 I Nr. 1 StGB ist keine „gesetzliche Geheimhaltungspflicht" im Sinne von § 1 III S. 2 BDSG, weil sich beide Vorschriften in dem subjektiven Tatbestand und dem Normzweck im Vergleich mit dem § 4 BDSG voneinander unterscheiden[83]. Daher wird die ärztliche Schweigepflicht als „untergesetzliche Verpflichtung zur Wahrung des Berufsgeheimnisses" im Sinne von § 1 III S. 2 BDSG angesehen[84]. Auf Grund dieser Tatsache wird die Anwendung des BDSG nur durch sonstige Regelungen oder andere Rechtsvorschriften ausgeschlossen[85]. Das BDSG gilt deshalb im Hinblick auf die Datenverarbeitung, soweit das Schutzniveau der Berufsgeheimnisse hinter das Niveau des BDSG zurücktritt[86]. Für den Umgang mit den in der ärztlichen EDV oder in einer manuell geführten Datei wie etwa einer Kartei gespeicherten Daten sind dagegen die Regeln des BDSG zu beachten. Betroffen sind vor allem formale Fragen der Einwilligung in die Übermittlung von Daten an Dritte[87].

II. DSG[88], PISG[89] und MG in Korea

Ein dem BDSG ähnliches Gesetz ist das „Gesetz über die Nutzung des Datenverbindungsnetzes sowie über den Datenschutz (KDSG)". § 1 KDSG zielt auf den individuellen Informationsschutz und zugleich auf das öffentliche Wohl ab. Zwar gehört das KDSG systematisch zu einem Spezialrecht, jedoch hat es wegen des § 5 KDSG tatsächlich eine ergänzende Wirkung im Verhältnis zum § 317 KStGB.

Seit dem 30. 09. 2011 gilt das Gesetz über den personenbezogenen Informationsschutz (KPISG). Dieses Gesetz ist insofern von wichtiger Bedeutung, als durch es das *privacy right* ausdrücklich in einen eigenständigen gesetzlichen

82 OLG Bremen MedR 1992, 169; *Bongen/Kremer*, NJW 1990, 2913; *Körner-Dammann*, NJW 1992, 1544; NK/*Simitis/Walz*, § 1 BDSG, Rn. 180.

83 *Fischer/Uthoff*, MedR 1996, 118; *Heckel*, NVwZ 1994, 227; *Körner-Dammann*, NJW 1992, 1544; NK/*Simitis/Walz*, § 1 BDSG, Rn. 181, 187.

84 Vgl. *Däubler/Klebe/Wedde/Weichert*, Einleitung, Rn. 4 und § 1 BDSG, Rn. 14; *Laufs/Uhlenbruck/Schlund*, Handbuch des Arztrechts, § 76, Rn. 24; NK/*Simitis/Walz*, § 1 BDSG, a. a. O.; *v. Lewinski*, MedR 2004, 95.

85 *Bongen/Kremer*, NJW 1990, 2914; im Ergebnis ebenso *Körner-Dammann*, NJW 1992, 730; *Rüpke*, NJW 2008, 1122.

86 Vgl. *Auernhammer*, BB 1977, 206; *Schünemann*, ZStW 1978, 25.

87 Hier nur OLG Bremen NJW 1992, 757, 758 m. w. N.

88 Englischer Text „ACT ON PROMOTION OF INFORMATION AND COMMUNICATION NETWORK UTILIZATION AND INFORMATION PROTECTION, ETC".

89 Englischer Text „PERSONAL INFORMATION PROTECTION ACT".

Schutzbereich hineingezogen wird. Es wird im Normzweck des § 1 KPISG bestätigt, wonach der Zweck dieses Gesetzes der Schutz des Privatgeheimnisses i. V. mit der Menschenwürde ist. Zwar ist der Geltungsbereich dieses Gesetzes nach § 6 KPISG enger als z. B. nach KDSG, aber die Täterschaft und der Schutzgegenstand nach §§ 2 ff. KPISG sind weiterhin unklarer als andere Gesetze[90]. Somit könnte die konkrete Anwendung dieses Gesetzes i. V. mit den anderen gesetzlichen Vorschriften berücksichtigt werden, soweit im Einzelfall eine gesetzliche Lücke besteht. Auch das KMG wird zwar als Spezialrecht angesehen, jedoch sind bisher noch keine Berufsgerichte eingerichtet worden. Im Hinblick auf den Wirkungsbereich regeln KMG wie MBO – Ä(D.) nicht das Verhalten von Patienten oder von Dritten[91]. Aber da die Freiheitsstrafe „bis zu drei Jahren" und die Geldstrafe „eintausend ManWon: ca. siebenhundert Euro" gem. § 88 KMG schwerer wiegen als die Freiheitsstrafe „bis zu drei Jahren" und die Geldstrafe „siebenhundert ManWon: ca. vierhundertfünfzig Euro" gem. § 317 KStGB, findet in der Rechtsprechung bei einer ärztlichen Schweigepflichtverletzung nur § 19 KMG Anwendung[92]. In Zukunft wird das Problem daher im Verhältnis zum KPISG auftauchen. In der Rechtsprechung könnte § 71 KPISG vor allem i. V. mit dem § 59 Nr. 2 KPISG anwendbar sein, in dem die berufliche Schweigepflichtverletzung ausdrücklich als verbotene Handlung beschrieben wird, weil der Datenträger nach dieser Vorschrift mit Freiheitsentzug bis zu fünf Jahren und mit einer Geldstrafe von bis zu fünftausend ManWon schwerer bestraft wird als nach anderen Gesetzen.

E. Zusammenfassung und Ergebnis

I. Deutschland

Die ärztliche Schweigepflicht ergibt aus dem in Art. 2 I GG i. V. m. Art. 1 I GG gewährleisteten allgemeinen Persönlichkeitsrecht bzw. aus dem informationellen Selbstbestimmungsrecht. Art. 1 I GG dient dem passiven Schutz der Persönlichkeitssphäre gegenüber Beeinträchtigungen von außen, während Art. 2 I GG auf den Schutz der aktiven Handlungsfreiheit ausgerichtet ist. Beide Ziele stehen aber in einem wechselseitigen Zusammenhang miteinander. Als traditionelle Frage im Hinblick auf den Normzweck des § 203 StGB werden

90 Dazu Teil 2. B. I. 2.

91 Zu MBO – Ä *Deutsch/Spickhoff*, Medizinrecht, Rn. 11 ff.

92 KLG Seouldongbu, Urteil vom 13.5.2004, 2003GoDan2941 mit Anmerkung *Park, Young Ho*, The Law of Medical Malpractice, S. 740.

Individualschutzlehre und Gemeinschaftsschutzlehre vertreten, aber die Lehre des doppelten Schutzzwecks trifft auf das moderne komplexe Medizinsystem und damit auf verschiedene gesetzliche Grundlage zu. Bei einem Vergleich der §§ 53, 97 StPO mit § 203 StGB erweist sich die Betonung des Unterschieds als unerheblich, weil § 203 StGB und § 53 StPO im Rahmen des ärztlichen Berufs vollständig übereinstimmen. § 53 StPO und § 97 StPO sind also bezüglich des (Mit-)Gewahrsams des Arzthelfers wechselseitig komplementär. § 1 II Nr. 3 BDSG ist grundsätzlich auf den Fall der Daten in Datenverarbeitungslagen oder ihrer Verarbeitung in Bezug auf nichtöffentliche Stellen anwendbar. § 203 StGB wird als untergesetzliche Verpflichtung zur Wahrung des Berufsgeheimnisses im Sinne des § 1 III S. 2 BDSG angesehen.

II. Korea

Die ärztliche Schweigepflicht wird als *privacy right* in Art. 17 KV i. V. m. Art. 10 KV gewährleistet. Im Allgemeinen werden die Grundrechte gem. Art. 37 II KV eingeschränkt, jedoch ist die Menschenwürde im Sinne des Art. 10 KV unantastbar. Im Hinblick auf den Normzweck des § 317 StGB werden nur die Individualschutzlehre oder die Lehre des doppelten Schutzzwecks vertreten. Ein grundlegender Vergleich zwischen § 317 KStGB und §§ 112, 149 KStPO lässt sich weder in der Rechtsprechung noch im Schrifttum finden. Eine koreanische Auffassung leitet den Unterschied zwischen dem Beschlagnahmeverbot von § 112 KStPO und dem Zeugnisverweigerungsrecht von § 149 KStPO nur aus der beruflichen Ethik als rechtlicher Grundlage her. Daher ist der Anwendungsbereich des § 112 KStPO enger als derjenige des § 149 KStPO. In Korea haben KDSG und KPISG wegen des § 5 KDSG und der §§ 2 ff., 6 KPISG zwar eine ergänzende Wirkung gegenüber § 317 KStGB, aber letzterer Paragraph wird in der Rechtsprechung nicht angewendet. Statt seiner wird hier § 19 KMG i. V. mit § 88 KMG bei der Beurteilung einer Verletzung der ärztlichen Schweigepflicht herangezogen. Daher gilt KMG als Spezialrecht.

Teil 2: Tatbestand der Verletzung von Privatgeheimnissen

A. Geheimnis als Rechtsgut

I. Abgrenzung des Geheimnisbegriffs

1. Deutschland

a) Geheimnis und Geheimhaltungsinteresse

§ 203 StGB schützt Geheimnisse. Das Geheimnis umfasst Tatsachen und Umstände, die nur einem begrenzten Personenkreis bekannt sind, sonst wäre es kein Geheimnis mehr. Offenkundige und allgemein zugängliche Tatsachen können nicht Gegenstand eines Geheimnisses sein[93]. Wegen der Abgrenzung zu § 164 StGB und §§ 185 ff. StGB müssen die vom Geheimnis erfassten Tatsachen außerdem wahr sein[94]. Als sonstiger „Umstand" kann allerdings auch ein Werturteil geheimnisfähig sein[95]. Weitere Voraussetzung für den Schutz von Tatsachen und Umständen als „Geheimnis" ist, dass der Geheimnisträger von seinem Standpunkt aus ein Minimum an sachlichem Interesse an der Geheimhaltung hat[96]. Das Interesse kann subjektiver Natur sein. Einer positiven Bewertung als „vernünftig" bedarf es nicht[97]. Trotz seiner subjektiv-individuellen Basis ist der Geheimnisschutz damit durch ein objektiv-normatives Geheimhaltungsinteresse bedingt[98]. Der von

---

93 Hier nur *Arzt/Weber/Heinrich/Hilgendorf*, Strafrecht BT, § 8, Rn. 32; MK/*Cierniak/Pohlit*, § 203 StGB, Rn. 16.

94 LK/*Schünemann*, § 203 StGB, Rn. 2, 20; MK/*Cierniak/Pohlit*, § 203 StGB, Rn. 14; NK/*Kargl*, § 203 StGB, Rn. 6; *Rogall*, NStZ 1983, 4, 6; *Roxin/Schroth/Braun*, Medizinstrafrecht, S. 230; vgl. ferner *Schünemann*, ZStW 1978, 39.

95 *Fischer*, § 203 StGB, Rn. 4; LK/*Schünemann*, § 203 StGB, Rn. 20; MK/*Cierniak/Pohlit*, § 203 StGB, Rn. 12; NK/*Kargl*, § 203 StGB, Rn. 6; a. A. *Ulsenheimer*, Arztstrafrecht, Rn. 362; vgl. zur datenschutzrechtlichen Auffassung *Däubler/Klebe/Wedde/Weichert*, § 3 BDSG, Rn. 6.

96 OLG Köln NJW 2000, 3656; *Mrozynski*, NZS 1996, 546; *Risse/Reichert*, NJW 2008, 3681; Sch/Sch/*Lenckner/Eisele*, § 203 StGB, Rn. 7; im Ergebnis ebenso *Schmid*, BB 1968, 955.

97 KG NJW 1992, 2771; *Arzt/Weber/Heinrich/Hilgendorf*, Strafrecht BT, § 8, Rn. 32; Sch/Sch/*Lenckner/Eisele*, § 203 StGB, Rn. 7; *Ulsenheimer*, Arztstrafrecht, Rn. 363 m. w. N.; ähnlich *Bender*, MedR 2002, 628; *Kohlhaas*, GA 1958, 68.

98 OLG Hamm NJW 2001, 1957; LG Hamburg NJW 1992, 842; *Huffer*, NJW 2002, 1384; *Lackner/Kühl*, § 203 StGB, Rn. 14; LK/*Schünemann*, § 203 StGB, Rn. 27; *Meurer*, in:

der Rechtsprechung und der herrschenden Meinung vorgenommenen „Vernünftigkeitskontrolle“ werden der Gesetzeswortlaut und die individualschützende Zielrichtung des § 203 StGB entgegengehalten. Die komplexen Probleme der Geheimhaltungsinteressen seien systematisch im Kontext der Rechtfertigungsgründe, nicht aber auf der Tatbestandsebene zu lösen[99]. Wenn die Bewertung „aus der Sicht“ des Betroffenen zu erfolgen habe, sei es naheliegend, die Entscheidung über die Geheimhaltungsbedürftigkeit diesem selbst zu überlassen[100]. Es stellt sich deshalb die Frage, nach welchen Kriterien das objektive Geheimhaltungsinteresse zu bestimmen ist. In Rechtsprechung und Literatur werden „schutzwürdige“ und „berechtigte“ Interessen als Voraussetzung des Geheimhaltungsinteresses im Sinne des § 203 StGB vertreten[101]. Das objektive Geheimhaltungsinteresse ist auch in § 97 StPO angesprochen, wobei es um die „Schutzwürdigkeit“ im Verhältnis zum Beweismittel geht[102]. Die Schutzwürdigkeit von Krankenunterlagen ist danach höher als andere Unterlagen oder Umstände[103]. Im Ergebnis besteht für das Arzt-Patient-Verhältnis Einigkeit über einen weitgehenden Geheimnisschutz[104]. Dennoch ist das Geheimnis nicht nur auf Umstände beschränkt, an deren Geheimhaltung ein berechtigtes Interesse besteht. Wenn das schutzwürdige oder berechtigte Geheimnis als mehrstufig i. V. m. dem allgemeinen Persönlichkeitsrecht nur auf der verfassungsrechtlichen Ebene behandelt wird, dann überschreitet dieses Vorgehen nicht nur die Aufgabe des Verfassungsrechts, sondern

Szwarc, AIDS und Strafrecht, S. 140; MK/*Cierniak/Pohlit*, § 203 StGB, Rn. 22; *Rissel/Reichert*, NJW 2008, 3681; *Schmitz*, JA 1996, 775; a. A. hier nur *Laufs/Uhlenbruck/Ulsenheimer*, Handbuch des Arztrechts, § 70, Rn. 3.

99 NK/*Kargl*, § 203 StGB, Rn. 7; *Schmidt*, ZStW 1967, 783 f.; a. A. SK/*Hoyer*, § 203 StGB, Rn. 5, 11; dagegen Einwände LK/*Schünemann*, § 203 StGB, Rn. 27; dazu näher *Schmidt*, NJW 1962, 1746 f.

100 NK/*Kargl*, § 203 StGB, Rn. 8.

101 OLG Hamm NJW 2001, 1957; OLG Karlsruhe NJW 1984, 676; *Becker*, MDR 1974, 889; *Fischer*,§ 203 StGB, Rn. 6; HK-GS/*Tag*, § 203 StGB, Rn. 33; *Langkeit*, NStZ 1994, 6; *Laufs/Uhlenbruck/Ulsenheimer*, Handbuch des Arztrechts, § 70, Rn. 1, 3; LK/*Schünemann*, § 203 StGB, Rn. 27; *Maurach/Schroeder/Maiwald*, Strafrecht BT I, § 29, Rn. 24; *Mennicke/Radtke*, MDR 1993, 401 f.; MK/*Cierniak/Pohlit*, § 203 StGB, Rn. 21; *Schlund*, JR 1977, 266; *Schmid*, BB 1968, 957; *Spickhoff/Knauer/Brose*, Medizinrecht, §§ 203–205 StGB, Rn. 2; *Woesner*, NJW 1957, 692; *Wessels/Hettinger*, Strafrecht BT I, Rn. 563; vgl. zum Ausgangspunkt *Rogall*, NStZ 1983, 5.

102 *LR/Schäfer*, § 97 StPO, Rn. 27; *SK/Wohlers*, § 97 StPO, Rn. 15.

103 *Mangoldt/Klein/Starck/Starck*, Art. 2 Abs. 1 GG, Rn. 177; *Ulsenheimer*, Arztstrafrecht (2003), Rn. 376a.

104 *Ulsenheimer*, Arztstrafrecht, Rn. 362.

könnte auch zur Gefahr der Relativierung in der Tragweite führen[105]. § 203 StGB schützt auf einfachgesetzlicher Ebene die informationelle Selbstbestimmung[106]. Jeder soll bestimmen können, was andere über ihn wissen, ohne dass dies schon auf der Tatbestandsebene relativiert werden darf[107]. Umgekehrt ist der Inhalt des Lebenslaufs eines Patienten nach dem verfassungsrechtlichen Standpunkt nicht von praktischer Bedeutung[108], jedoch sind Name und Adresse ein Gegenstand des in § 203 StGB geschützten Rechtsgutes[109]. Dieser im Datenschutzrecht unterschiedlich geregelte Schutz entspricht nicht dem Schutzbereich des Rechtfertigungsgrunds[110], weil es eigentlich um die Beziehung zwischen Individual- und Sozialinteressen sowie um das Arzt-Patient-Verhältnis geht, nicht aber um einen Vergleich zwischen Individualinteressen des Patienten[111].

Das „schutzwürdige" Interesse und die „Sensibilität" der Daten sind zwar in §§ 1, 3 BDSG ausdrücklich beschrieben, jedoch werden sie begrifflich noch nicht definiert[112]. In diesem Zusammenhang richtet eine Ansicht, die das „schutzwürdige" Interesse und die „Sensibilität" der Daten akzeptiert, ihre Aufmerksamkeit auf die Schutzwürdigkeit des Geheimnisses in Abhängigkeit von der „Sensibilität" der Daten bezüglich des Eingriffs in die private Sphäre aus normativer Notwendigkeit[113]. Dennoch darf der Gegenstand des Geheimnisses im Sinne

---

105 Vgl. NK/*Kargl*, § 203 StGB, Rn. 8; *Schünemann*, ZStW 1978, 18 ff., 27; *v. Lewinski*, MedR 2004, 102; im Sinne des Verfassungsrechts *Mangoldt/Klein/Starck/Starck*, Art. 2 Abs. 1 GG, Rn. 98.

106 Im Ergebnis ebenso *Schünemann*, ZStW 1978, 25.

107 Vgl. *Rogall*, NStZ 1983, 5 ff.; *Schünemann*, ZStW 1978, 20 f.

108 *Mangoldt/Klein/Starck/Starck*, Art. 2 Abs. 1 GG, Rn. 177.

109 OLG Frankfurt ArzR 2006, 247; OLG Karlsruhe MedR 2007, 253; LG Köln NJW 1959, 1598; *Au*, NJW 1999, 341; *Becker*, MDR 1974, 890; *Kühne*, NJW 1977, 1479; KK/*Senge*, § 53 StPO, Rn. 18; *Langkeit*, NStZ 1994, 6; *Laufs*, Arztrecht, Rn. 434; *ders.*, NJW 1996, 1579; *Laufs/Uhlenbruck/Ulsenheimer*, Handbuch des Arztrechts, § 70, Rn. 4; LR/*Alexander Ignor/Camilla Bertheau*, § 53 StPO, Rn. 37; *Meyer-Goßner/Schmitt*, § 53 StPO, Rn. 18; *Schlund*, JR 1977, 266; SK/*Rogall*, § 53 StPO, Rn. 79; *Spickhoff/Beukelmann*, Medizinrecht, StPO, Rn. 64; vgl. zu BDSG *Ayasse*, VersR 1987, 537.

110 Vgl. *Ayasse*, VersR 1987, 537; NK/*Kargl*, § 203 StGB, Rn. 8.

111 Vgl. BVerfG NJW 2002, 2165; MK/*Cierniak/Pohlit*, § 203 StGB, Rn. 5, 21 f.

112 Vgl. *Roßnagel/Holznagel/Sonntag*, Datenschutzrecht, S. 698 f.; *Tinnefeld/Ehemann/Gerling*, Datenschutzrecht, S. 215; vgl. ferner zu § 41 BDSG *Schünemann*, ZStW 1978, 23 f.

113 BVerfGE 65, 1, 45; *Ayasse*, VersR 1987, 541; *Pickel*, MDR 1984, 886; *Rogall*, NStZ 1983, 6; *Schaffland/Wiltfang*, 5001 § 1 BDSG, Rn. 9; *Ulsenheimer*, Arztstrafrecht, Rn. 360, 362; im Ergebnis ebenso *Ostendorf*, JR 1981, 446, 448; vgl. ferner zur

von § 203 StGB nicht von der „Sensibilität" der Daten abhängig sein. Zwar sind die begriffliche Bedeutung und der Schutzbereich des Geheimnisses klar, wenn die Einschränkung auf einer rechtlichen Grundlage beruht und die Sensibilität im Gesetz definiert ist, jedoch führt dies eine Einengung des Schutzbereichs der personenbezogenen Daten herbei[114]. Wenn die Sensibilität der Daten umgekehrt mittels der „gesellschaftlichen Wertungsmechanismen" beurteilt wird, besteht für den Arzt und den Patienten Rechtsunsicherheit, weil die Geheimnisoffenbarung letztlich von Interessen der Allgemeinheit i. V. mit dem unklaren Begriff des durchschnittlichen Empfindens abhängig ist[115].

b) Geheimnisse Verstorbener im Sinne des § 203 IV StGB

§ 203 I StGB dient der informationellen Selbstbestimmung von Personen. Das in § 203 StGB geschützte Rechtsgut muss das Geheimnis einer existierenden natürlichen oder juristischen Person sein. Embryo und Fötus sind vom Schutzbereich des § 203 StGB ausgeschlossen, weil die Rechtsfähigkeit der natürlichen Person erst mit deren Geburt beginnt. Bis zu diesem Zeitpunkt sind die sie betreffenden Tatsachen und Umstände Geheimnisse der Schwangeren oder des Erzeugers[116]. Die Schweigepflicht reicht nach § 203 IV StGB grundsätzlich über den Tod des Betroffenen hinaus[117]. Das postmortale Geheimnis wird „ewig" oder nur für

---

zivilrechtlichen Auffassung Erman/*H. Ehmann* (2008), Anh. zu § 12 BGB, Rn. 226; *Laufs*, NJW 1994, 1567.

114 Sch/Sch/*Lenckner*, § 203 StGB, 27. Auflage, Rn. 7 ff.; vgl. zur zivilrechtlichen Auffassung Erman/*H. Ehmann* (2008), Anh. zu § 12 BGB, Rn. 226; zu Art. 103 II GG *Schünemann*, ZStW 1978, 23 f.; ferner bezüglich Interessenabwägung *Hubmann*, AcP 1956, 98.

115 Vgl. *Kohlhaas*, GA 1958, 68; *Kühnl*, JA 1995, 330; *Stucki-Gallwoszus*, Pflichtenkollision von Schweigepflicht und Aufklärungspflicht des Arztes, S. 10; *Weise*, Persönlichkeitsschutz durch Nebenpflichten, S. 192.

116 *Deutsch/Spickhoff*, Medizinrecht, Rn. 634; *Grabsch*, Die Strafbarkeit der Offenbarung höchstpersönlicher Daten des ungeborenen Menschen, S. 123 f.; LK/*Schünemann*, § 203 StGB, Rn. 30; MK/*Cierniak/Pohlit*, § 203 StGB, Rn. 25; NK/*Kargl*, § 203 StGB, Rn. 9; im Ergebnis ebenso *Laufs/Uhlenbruck/Ulsenheimer*, Handbuch des Arztrechts, § 70, Rn. 1 mit a. A. *Grabsch*.; Sch/Sch/*Lenckner/Eisele*, § 203 StGB, Rn. 5; ebenso wie verfassungsrechtliche Auffassung *Dreier/Dreier*, Art. 2 I GG, Rn. 81; *Kunig*, Jura 1993, 599; a. A. zum Schutz der höchstpersönlichen Daten des ungeborenen Menschen *Däubler/Klebe/Wedde*/Weichert, § 3 BDSG, Rn. 9; *Laufs*, NJW 1995, 1588 für *Grabsch*.; vgl. zum Ausgangspunkt *Lackner/Kühl*, § 203 StGB, Rn. 1; zur datenschutzrechtlichen Auffassung *Bergmann/Möhrle/Herb*, § 3BDSG 01, Rn. 5.

117 BayObLG NJW 1987, 1492; OLG Düsseldorf NJW 1959, 821; OLG Hamburg NJW 1962, 691; OLG Naumburg NJW 2005, 2017; OLG Stuttgart MDR 1983,

einen „bestimmten Zeitraum“ geschützt. Mit dem Tod entfällt die persönliche Verfügungsbefugnis des Geheimnisträgers[118]. Dadurch aber verliert der Geheimhaltungswille des Betroffenen nicht an Bedeutung[119]. Die Schweigepflicht wird jedoch durch Interessen der Hinterbliebenen und durch Gesetz relativiert[120]. Darüber hinaus wird die Ansicht vertreten, dass das Geheimhaltungsinteresse in dem Maße im Schwinden begriffen sei, in dem die Erinnerung der Überlebenden an den Verstorbenen verblasst[121]. Bei historischen Persönlichkeiten kann ein langer Zeitraum erforderlich sein, bis die Erinnerung in einer Weise verblasst ist, dass die Geheimnisse des Verstorbenen ohne jegliche Bedeutung sind. Eine Geheimnisschutzzeit für den Verstorbenen ergibt sich primär aus dem einfachen

---

237; BayLSG München NJW 1962, 1789; LG Augsburg NJW 1964, 1186; *Bartsch*, NJW 2001, 862; *Deutsch/Spickhoff*, Medizinrecht, Rn. 483, 634; *Erdsiek*, NJW 1963, 632; *Hess*, ZEV 2006, 480; KMR/*Neubeck*, § 53 StPO, Rn. 11; *Kern*, MedR 2006, 205; *Kühnl*, JA 1995, 332; *Laufs*, NJW 1984, 1389; *Laufs/Uhlenbruck/Ulsenheimer*, Handbuch des Arztrechts, § 70, Rn. 10; LR/*Alexander Ignor/Camilla Bertheau*, § 53 StPO, Rn. 18; *Meyer-Goßner/Schmitt*, § 53 StPO, Rn. 10; *Schmidt*, NJW 1962, 1747; SK/*Rogall*, § 53 StPO, Rn. 64; *Spickhoff*, NJW 2005, 1983; *ders.*, NJW 2012, 1779; *Spickhoff/Knauer/Brose*, Medizinrecht, §§ 203–205 StGB, Rn. 6; *Spickhoff/Scholz*, Medizinrecht, § 9 MBO, Rn. 2; *Stein/Jonas/C. Berger*, § 385 ZPO, Rn. 19; vgl. zu § 385 II ZPO BGH NJW 1984, 2893, 2894; zu § 383 ZPO *Baumbach/Lauterbach/Albers/Hartmann*, § 383 ZPO, Rn. 11, 13; *Stein/Jonas/C. Berger*, § 383 ZPO, Rn. 63; ferner zur datenschutzrechtlichen Auffassung *Däubler/Klebe/Wedde*, § 3 BDSG, Rn. 11.

118 BVerfGE 30, 173; BGHZ 50, 138; BGHZ 107, 384; OLG Naumburg NJW 2005, 2018; HK-GS/*Tag*, § 203 StGB, Rn. 46; KK/*Senge*, § 53 StPO, Rn. 49; *Laufs/Uhlenbruck/Ulsenheimer*, Handbuch des Arztrechts, § 70, Rn. 10; MK/*Cierniak/Pohlit*, § 203 StGB, Rn. 136; NK/*Kargal*, § 203 StGB, Rn. 63; Sch/Sch/*Lenckner/Eisele*, § 203 StGB, Rn. 25; SK/*Hoyer*, § 203 StGB, Rn. 79; *Ulsenheimer*, Arztstrafrecht, Rn. 368; im Ergebnis ebenso *Kohlhaas*, GA 1958, 67; *Spickhoff*, NJW 2005, 1983; vgl. zur zivilrechtlichen Auffassung *Lange/Kuchinke*, Erbrecht, 113; Staudinger/*Hager* (1999), § 823 BGB, Rn. C 34 m. w. N.

119 MK/*Cierniak/Pohlit*, § 203 StGB, Rn. 137; NK/*Kargl*, § 203 StGB, Rn. 11; vgl. zum Ausgangspunkt *Buschmann*, NJW 1970, 2083 ff.

120 Vgl. OLG Düsseldorf NJW 1959, 821; *Edenfeld*, ZEV 1997, 392 f.; *Rein*, VersR 1977, 121; *Schünemann*, ZStW 1978, 59; *Solbach*, DRiZ 1978, 205; vgl. ferner zu Persönlichkeit als Wirtschaftsgut *Seifert*, NJW 1999, 1895.

121 HK-GS/*Tag*, § 203 StGB, Rn. 53; *Kühnl*, JA 1995, 332; Sch/Sch/*Lenckner/Eisele*, § 203 StGB, Rn. 70; *Spickhoff/Knauer/Brose*, Medizinrecht, §§ 203–205 StGB, Rn. 6; a. A. MK/*Cierniak/Pohlit*, § 203 StGB, Rn. 136; vgl. zu BDSG *Taupitz/Pitz/Wicklein*, MedR 2005, 264.

Recht[122] oder – soweit vorhanden – aus dem Behandlungsvertrag gem. §§ 611 ff. BGB[123]. Auf die Möglichkeit der vertraglichen Ausgestaltung der Dauer und des Umfangs des Geheimnisschutzes verweist auch § 1 III BDSG. Einfachgesetzlich ist das Andenken Toter durch § 189 StGB geschützt. Strafbar ist aber nur eine besonders qualifizierte Verletzungshandlung („Verunglimpfung"). Diese Voraussetzungen erfüllt der Bruch der Schweigepflicht nicht. Die widerrechtlich preisgegebenen Geheimnisse müssen Tatsachen betreffen, die Verunglimpfung besteht in einem Werturteil, nicht in der Mitteilung von Tatsachen. Das gilt auch, wenn die Tatsachen für das Ansehen des Verstorbenen nachteilig sind. Eine analoge Anwendung des § 189 StGB[124] widerspräche dem Gesetz[125]. In Anlehnung an § 5 BArchG wird eine Schutzfrist von 30 Jahren nach dem Tod des Betroffenen vertreten[126]. Allerdings sieht § 5 Abs. 7 BArchG auch nach Ablauf der 30-jährigen Frist durchaus die Möglichkeit von Einschränkungen der Veröffentlichung vor. Demgegenüber hebt eine strafrechtliche Ansicht auf das Gefühl der folgenden Generation ab. Demnach seien 30 Jahre zu kurz, weshalb 60 Jahre als Schutzzeit vorgeschlagen werden[127]. Es ist jedoch nicht überzeugend, das Gefühl der Folgegeneration mit einer festen Schutzzeit zu verbinden, weil das Gefühl bei der Verschiedenheit der Verhältnisse nicht gem. einem statistischen Durchschnittswert festgelegt werden kann. Im Übrigen werden andere postmortale Schutzfristen des einfachen Rechts, z. B. das Urheberrecht, außer Acht gelassen[128]. Eine *feste* Zeitspanne für den postmortalen Geheimnisschutz festzulegen ist deshalb nicht möglich[129]. Unter dem Gesichtspunkt der Rechtsklarheit und der Beweislast i. V. m. der Dokumentationspflicht des Arztes wäre es besser, wenn in einem einfachen Gesetz oder in der MBO-Ä eine feste Schutzzeit eingeführt würde[130].

---

122 *Bergmann/Möhrle/Herb*, § 3 BDSG 01, Rn. 7 f.; ähnlich *Erdsiek*, NJW 1963, 632; vgl. für Kontext des zwischen dem Interesse des Arztes und dem der Angehörigen eines Verstorbenen *Taupitz/Pitz/Wicklein*, MedR 2005, 263 ff.

123 *Wolf*, Externer Honorareinzug und ärztliche Schweigepflicht, S. 248.

124 Vgl. *Buschmann*, NJW 1970, 2084; *Schünemann*, ZStW 1978, 60.

125 MK/*Cierniak/Pohlit*, § 203 StGB, Rn. 137; ähnlich *Roxin/Schroth/Braun*, Medizinstrafrecht, S. 236; *Westermann*, FamRZ 1969, 566.

126 MK/*Cierniak/Pohlit*, § 203 StGB, Rn. 137; Sch/Sch/*Lenckner*, § 203 StGB, 27. Auflage, Rn. 70; ähnlich *Spickhoff/Scholz*, Medizinrecht, § 10 MBO, Rn. 9.

127 LK/*Schünemann*, § 203 StGB, Rn. 55.

128 Vgl. *Buschmann*, NJW 1970, 2084, 2085; *May*, NJW 1958, 2101, 2104; NK/*Kargl*, § 203 StGB, Rn. 11; *Petersen*, Jura 2008, 273; *Schack*, JZ 1987, 777; *ders.*, JZ 1990, 41.

129 Vgl. NK/*Kargl*, a. a. O.; *Westermann*, FamRZ 1969, 569; vgl. auch MüKo/*Leipold*, § 1922 BGB, Rn. 102.

130 Vgl. *Bizer*, NVwZ 1993, 656.

2. *Korea*

a) Geheimnis und Geheimhaltungsinteresse in § 317 KStGB

Nach § 317 KStGB verhält sich strafbar, wer als Angehöriger der in der Vorschrift genannten Berufe ein zur Berufsausübung gehörendes Geheimnis offenbart. Das Geheimnis i. S. von § 317 KStGB umfasst alle Tatsachen, die nur einem bestimmten Personenkreis bekannt sind[131]. Es kommt nicht darauf an, wie viele Personen die Tatsache i. S. des § 317 KStGB gekannt oder von ihr gewusst haben[132]. Was einzelnen Dritten bekannt ist, kann dennoch Geheimnis gegenüber anderen Dritten sein[133]. Unwahre Tatsachen und Werturteile können kein Geheimnis i. S. des § 317 KStGB sein[134]. In diesem Zusammenhang ist noch offen, ob Werturteile zu einem Umstand gehören können. Allerdings sind offenkundige Tatsachen kein Geheimnis. Andere Tatsachen sind Geheimnisse, die einem schutzwürdigen Wunsch des Patienten entsprechen[135]. Nach einer früheren Ansicht war die Schutzwürdigkeit des Geheimnisses allein vom Willen des Geheimnisgeschützten abhängig[136]. Mittlerweile werden differenziertere Auffassungen vertreten. Nach einer Ansicht wird nur das objektive Geheimhaltungsinteresse als maßgebend bezeichnet[137]. Dieses Interesse wird gem. dem Urteil der Allgemeinheit über den Inhalt des Geheimnisses und dessen Schutzbedürftigkeit anerkannt[138]. Dennoch bestimmt sich der Geheimniswert unter Berücksichtigung der persönlichen Verhältnisse des Geheimnisträgers[139]. Nach verbreiteter Auffassung sind der Geheimhaltungswille und ein Geheimhaltungsinteresse erforderlich[140].

---

131 *Jeong, Young Il*, Strafrecht BT, S. 187; *Son, Dong Kwan*, Strafrecht BT, S. 240.

132 *Bae, Jong Dae*, Strafrecht BT, S. 303; *Jeong, Young Il*, Strafrecht BT, S. 187; im Ergebnis ebenso *Jeong/Park*, Strafrecht BT, S. 240; *Kang, Ku Jin*, Strafrecht BT, S. 202; *Kim, Jong Won*, Strafrecht BT, S. 150; *Lee, Jae Sang*, Strafrecht BT, S. 224.

133 *Lee, Jae Sang*, Strafrecht BT, S. 224.

134 *Jeong, Yong Il*, Strafrecht BT, S. 187.

135 KLG Seouldongbu, Urteil vom 13.5.2004, 2003GoDan2941.

136 *Lee, Gun Ho*, Strafrecht BT, S. 307.

137 *Choi/Park*, Behandlungsfehler und Medizinprozess, S. 201; *Nam, Hyeng Woo*, Strafrecht BT, S. 104; *Park, Sung Jin*, Die Rechtspflicht des Arztes, S. 26.

138 *Jeong, Young Il*, Strafrecht BT, S. 187; *Lee, Jae Sang*, Strafrecht BT, S. 225.

139 *Nam, Hyeng Woo*, a. a. O.; vgl. zur deutschen Auffassung *Maurach/Schroeder/Maiwald*, Strafrecht BT I, § 29 III, Rn. 24.

140 *Bae, Jong Dae*, Strafrecht BT, S. 303; *Cho, Jun Hyen*, Strafrecht BT, S. 218; *Hwang, San Duck*, Strafrecht BT, S. 245; *Joo, Ho No*, Die Pflicht des Arztes im Medizingesetz, S. 218; *Jeong/Park*, Strafrecht BT, S. 241; *Jin/Lee*, Strafrecht BT, S. 275; *Jeong, Young Il*, Strafrecht BT, S. 187; *Jeong, Young Seok*, Strafrecht BT, S. 301; *Kang, Ku Jin*, Strafrecht BT, S. 203; *Kim, Jong Won*, Strafrecht BT, S. 150; *Kim/Kim*, Strafrecht

Kennt der Geheimnisschützte sein eigenes Geheimnis nicht, so geht es um seinen vermuteten Willen[141]. Das objektive Geheimhaltungsinteresse spielt eine Rolle als negative Abgrenzung gegenüber reiner Willkür des Geheimnisgeschützten[142]. Nur eine einzige Rechtsprechung findet sich i. V. mit dem KMG[143]. Sie geht auch vom Geheimhaltungswillen und vom objektiven Geheimhaltungsinteresse aus. Das Geheimhaltungsinteresse beruht auf dem sozialen und dem persönlichen Interesse des Rechtsgutträgers im Verhältnis zu Dritten[144]: Ein Arzt hatte eine Patientin untersucht, die Opfer eines Notzuchtverbrechens geworden war, und hatte dabei das Ergebnis bestätigt, dass „sie ihr Jungfernhäutchen nicht verloren hatte und kein Spermium in ihrer Scheide" gefunden worden war. Danach hatte er der Mutter des Täters seinen Befund ausgehändigt. Nach dem Untergericht fällt der ausgehändigte Befund nicht unter das Geheimnis i. S. des § 19 KMG, weil der Inhalt sich nur auf die Gesundheit der Patientin beziehe. Selbst wenn diese Tatsache offenbar sei, dürfe weder das soziale noch das persönliche Interesse der Patientin und ihrer Eltern verletzt werden. Ferner hätte die positive Verheimlichung der ausgehändigten wahren Tatsache die Verletzung eines Rechtsguts der anderen Seite bei einer Vereinbarung über die Kriminalsache zur Folge, weil sie als ein Mittel zur Täuschung angesehen werde. Aus diesem Grund könne die ausgehändigte Tatsache nicht zu einem gesetzlich schutzwürdigen Geheimnis gehören[145]. Aber diese Entscheidung wurde von der Berufungsinstanz nicht akzeptiert und wurde an das Erstgericht zurückverwiesen. Als Grund dafür wurde angeführt, dass sich der ausgehändigte Inhalt auf den körperlichen Zustand der Patientin oder auf ein vermutetes Liebesverhältnis und damit auf ihr Privatleben beziehe. Die Information über intime Körperteile gehöre zu dem persönlichen Lebensbereich. Wenn sie offenbar ist, könnten Ruhe und Frieden des Privatlebens verletzt werden oder könne das Schamgefühl der Patientin beleidigt werden. Daher verletze die Mitteilung gegenüber einem Dritten (hier: der Mutter des Täters) das soziale und das persönliche Interesse der Patientin und ihrer

---

BT, S. 325; *Kim/Sub*, Strafrecht BT, S. 236 ff.; *Lee, Jae Sang*, Strafrecht BT, S. 225; *Lee, Jung Won*, Strafrecht BT, S. 272; *Lee, Hyung Guk*, Strafrecht BT (I), S. 354; *Park, Sang Ki*, Strafrecht BT, S. 229; *Son, Dong Kwon*, Strafrecht BT, S. 240; *Yim, Woong*, Strafrecht BT, S. 235; *You, Ki Cheon*, Strafrecht BT (Sang), S. 163.

141 Vgl. zur deutschen Auffassung LK/*Schünemann*, § 203 StGB, Rn. 27.

142 *Lee, Jae Sang*, a. a. O.; vgl. MK/*Cierniak/Pohlit*, § 203 StGB, Rn. 20 ff.

143 KLG Seouldongbu, Urteil vom 13.5.2004, 2003GoDan2941; Berufungsinstanz, Urteil vom 10.11.2004, 2004No385.

144 KLG Seouldongbu, a. a. O.

145 KLG Seouldongbu, a. a. O.

Angehörigen[146]. Auch der von der Unterinstanz angeführte zweite Grund wurde nicht akzeptiert. Bei der unter die Sexualstraftat fallenden Notzucht finde sich kaum ein unmittelbarer Zeuge, weil die Opfer in der Regel heimlich genotzüchtigt würden. Dabei seien auch Fälle wie „weder Verlust des Jungfernhäutchens noch Bestehen des Spermiums in der Scheide" denkbar. Daraus ergebe sich, dass sich die Patientin den unmittelbaren Materialbeweis nicht deshalb sichere, um nachträgliche Maßnahmen in einem zivilrechtlichen und einem strafrechtlichen Verfahren zu ergreifen. Deshalb werde das Geheimhaltungsinteresse vor allem auch dem Täter zuerkannt[147].

b) Geheimnisse Verstorbener

§ 317 KStGB regelt kein Geheimnis des Verstorbenen, sondern nur die Offenbarung eines fremden Geheimnisses. Daher taucht das Problem auf, ob das Geheimnis Verstorbener in den Schutzbereich des § 317 KStGB einbezogen werden kann. Nach einer verfassungsrechtlichen Ansicht ist der Tote kein Subjekt des Geheimnisses und der Freiheit des Privatlebens gem. Art. 17 KV[148]. Dessen Schutzgegenstand bezieht sich auf den Schutz bei einem wegen der Verletzung der Persönlichkeit entstandenen ideellen Schaden. Ein seelischer Schmerz kann dem Toten nicht zugefügt werden. Deshalb enden das Recht auf die Geheimnisse und die Freiheit des Privatlebens mit dem Tod. Ausnahmsweise geht es darum, ob das Recht auf das Privatleben des Verstorbenen und zugleich das der lebenden Person verletzt wird oder ob ein bestimmter Zusammenhang zwischen dem Toten und einer lebenden Person besteht. Dabei steht vor allem das Interesse der lebenden Person im Vordergrund[149]. Auch nach verbreiteter Auffassung im Strafrecht ist das Geheimnis Verstorbener kein Gegenstand des § 317 KStGB, weil diese Vorschrift nur den Geheimnisschutz lebender Personen betreffe[150]. Dagegen werden im Schrifttum auch andere Meinungen vertreten. Eine Ansicht leitet den Schutz des Verstorbenen gerade aus dem Schutzzweck des § 317 KStGB ab, weil die Pflicht zur Geheimhaltung durch Angehörige bestimmter Berufe auch nach dem Tod fortbestehe, soweit

---

146 KLG Seouldongbu (Berufungsinstanz), Urteil vom 10.11.2004, 2004No385.

147 *Park, Young Ho*, The Law of Medical Malpractice, S. 741.

148 *Kwon, Young Sung*, Lehrbuch des Grundrechts, S. 457.

149 *Kwon, Young Sung*, a. a. O.

150 *Bae, Jong Dae*, Strafrecht BT, S. 297; *Beck, Hyung Ku*, Strafrecht BT, S. 401; *Hwang, San Duck*, Strafrecht BT, S. 249; *Jin/Lee*, Strafrecht BT, S. 275; *Jeong, Sung Geun*, Strafrecht BT, S. 296; *Jeong, Young Il*, Strafrecht BT, S. 187; *Jeong/Park*, Strafrecht BT, S. 240; *Kim/Sub*, Strafrecht BT, S. 229.

das allgemeine Vertrauen in die Verschwiegenheit der Angehörigen bestimmter Berufe nur als ein subsidiäres Schutzgut gegenüber der Schweigepflicht im Sinne des § 317 KStGB angesehen wird[151]. Andere Autoren kommen aus folgenden zwei Gründen zu der gleichen Ansicht: Zum einen fehle im Wortlaut des § 317 KStGB die Formulierung „lebende Person", zum anderen sei eine ärztliche Behandlung ohne ein vertrauensvolles Verhältnis zwischen Arzt und Patient unmöglich[152]. Die letztgenannten Meinungen überzeugen nicht. Im Wortlaut des § 317 KStGB taucht der Geheimnisschutz der lebenden Person nicht auf. Aber das Geheimnis i. S. des § 317 KStGB setzt voraus, dass dem Arzt die fragliche Tatsache bei der Ausübung seines Berufes bekannt geworden ist. In diesem Zusammenhang ist die Information über die Todesursache den Angehörigen des Verstorbenen mitzuteilen, soweit der Arzt den Patienten nicht behandelt hat und nur dessen Tod bestätigt. Es geht um die gesetzliche Offenbarung und die mutmaßliche Einwilligung des Patienten. Auch gem. der erstgenannten Ansicht ist unklar, ob das Geheimnis und die Schweigepflicht mit dem Tod des vom Arzt behandelten Patienten erlöschen. Im Hinblick auf die Zeitdauer des postmortalen Geheimnisschutzes konnten sich bis heute weder Rechtsprechung noch einschlägiges Schrifttum finden. Lediglich eine Ansicht besagt, dass, je länger der Zeitraum des Todes zurückliegt, desto schwächer der Schutz des Persönlichkeitsrechtes sei[153]. Diese Ansicht wird aber nur als solche geäußert, jedoch nicht unter Hinweis auf das allgemeine Persönlichkeitsrecht bzw. die Totenfürsorge begründet. In Korea gibt es auch kein mit dem BArchG vergleichbares Gesetz. Die Aufbewahrungsfrist wird in § 15 I der Verordnung des Gesundheits- und Wohlfahrtsministeriums i. V. mit dem § 22 II KMG nach den Arten der patientenbezogenen Aufzeichnungen – z. B. Patientenliste (5 Jahre), Verschreibung (2 Jahre), Untersuchungsbefund (5 Jahre) und Aufzeichnungen über die Behandlung (10 Jahre), Krankenpflege (5 Jahre), Geburt (5 Jahre) und Operation (10 Jahre) – unterschiedlich geregelt[154]. Auch im Hinblick auf den Urheber regelt §§ 39, 40 KKunsturhG[155] die Schutzfrist im

---

151 *Choi/Park*, Behandlungsfehler und Medizinprozess, S. 201; *Lee, Jung Won*, Strafrecht BT, S. 273; *Park, Sang Ki*, Strafrecht BT, S. 229.

152 *Park, Sung Jin*, Die Rechtspflicht des Arztes, Studie über Kriminologe, S. 26; *Park, Young Ho*, The Law of Medical Malpractice, 2005, S. 741; im Ergebnis ebenso *Joo, Ho No*, Die Pflicht des Arztes im Medizingesetz, S. 218.

153 *Guak/Lee*, Kommentar zum BGB (XIX): Schuldrecht 12, S. 432.

154 Vgl. § 10 III BAO.

155 Englischer Text „COPYRIGHT ACT".

Prinzip mit 50 oder 70 Jahren[156]. Aber es ist zweifelhaft, ob die unterschiedliche Aufbewahrungsfrist oder das im KKunsturhG geschützte Rechtsgut ohne weiteres auf das einzelne Persönlichkeitsrecht i. V. mit der Tatsache und dem Geheimnisschutz i. S. des § 317 KStGB zur unmittelbaren oder zur analogen Anwendung kommen kann. Es kommt freilich darauf an, was der Grund für die Anerkennung des postmortalen Persönlichkeitsrechts ist. Diese Frage wäre entbehrlich, wenn die Persönlichkeit über den Tod des Menschen hinaus ewig fortbestünde und nicht durch ein einfaches Gesetz eingeschränkt würde. In Bezug auf die Verletzung von Ehre und *privacy right* lehnt eine Ansicht das Persönlichkeitsrecht Verstorbener ab, weil eine solche Verletzung das mit dem Verstorbenen verbundene Interesse der Hinterbliebenen und deren eigenes Persönlichkeitsrecht, z. B. das Gefühl über die Erinnerung an den Verstorbenen betreffe[157], d. h., sich aus dem familiären Interesse ergebe[158]. Daher kommt das Gesetz über das Begräbnis u. dgl. (KBestG[159]) dann in Betracht, wenn die Erinnerung an Verstorbene als Grund für die Ablehnung des Persönlichkeitsrechts Verstorbener angesehen wird. Koreaner feiern den Todestag der Vorfahren, z. B. der (Ur)Großeltern und der Eltern, sowie bestimmte Tage, z. B. jährlich den 01. 01, den 01. 04 und den 15. 08 nach dem Mondkalender zu Hause und an den Gräbern der Verstorbenen oder ggf. in der Kirche. An den genannten Tagen stattet man den Vorfahren Dank für ihre Fürsorge ab. Das Grab wird durch die Nachkommenschaft an den genannten Tagen und in dem Zeitraum um diese Tage gepflegt. Auch sind in der koreanischen traditionellen Kultur das Begräbnis, die Totenmesse und die Kulthandlung von großer Bedeutung. Als Grund für die Festlegung einer festen Frist für den Geheimnisschutz Verstorbener könnte die Frist für die Grabpflege in Verbindung mit dem Andenken an die Verstorbenen angegeben werden. Die Grabpflege durch die Nachkommenschaft beträgt nach dem § 19 I KBestG im Prinzip fünfzehn Jahre, kann aber nach dem § 19 II KBestG bis zu dreimal um je fünfzehn Jahre verlängert werden. Somit können Hinterbliebene das Grab Verstorbener insgesamt bis zu 60 Jahren pflegen. Diese gesamte Frist könnte auch bei der Festlegung einer Schutzfrist für das Geheimnis Verstorbener in Betracht kommen.

---

156 Vgl. Seouldonbu, Urteil vom 21.12.2006, 2006GaHab,6780; *Choi*, *Seung jae*, Die Studie über right of publicity (Ha), 75; *Guak/Lee*, a. a. O.

157 Siehe *Jee*, *Hong Won/Park*, *Cheol Woo/Han*, *WiSu*, in: *Kim*, *Jae Hyung*, Menschenrecht und Gerechtigkeit 11. 1997, S. 66.

158 *Chang*, *Jae Ok*, Postmortale Persönlichkeit und Schutz der Hinterbliebenen, S. 2.

159 Englischer Text „ACT ON FUNERAL SERVICES, ETC.".

II. Begrenzter Personenkreis

1. Anforderungen an die Vertrauensbeziehung

Dem in § 203 StGB aufgezählten Personal muss das Geheimnis im Prinzip „anvertraut" oder „sonst bekannt" geworden sein. Deshalb kann ein fremdes Geheimnis nicht aus der Sphäre des Schweigepflichtigen selbst stammen[160]. Umgekehrt kommt es nicht darauf an, wer das Geheimnis schon kennt und Geheimnisträger ist[161]. Insoweit besteht kein Unterschied zum koreanischen Standpunkt[162]. Das Geheimnis wird durch § 203 StGB geschützt, wenn es dem dort genannten Personenkreis in bestimmter Weise offenbart worden ist. Gem. der ersten Möglichkeit wird das Geheimnis dem Arzt anvertraut, d. h., es wird ihm durch eine von der Erwartung der Geheimhaltung getragene Mitteilung offenbart[163]. Das „Anvertrauen" umfasst diejenigen Tatsachen, die dem Arzt mitgeteilt werden. Der Tatbestand des Anvertrauens setzt keinen rechtsgeschäftlichen Kontakt zwischen dem Arzt und dem Patienten voraus. Auch wenn es zu keinem Behandlungsvertrag kommt, erfasst die Schweigepflicht die bis zum Abbruch der Beziehung anvertrauten Daten. Die Möglichkeit „sonst bekannt geworden" erfasst alle Fälle der Kenntniserlangung, die nicht im Anvertrauen bestehen[164]. Beispiele aus dem Bereich ärztlicher Tätigkeit sind die Feststellung einer dem Patienten unbekannten Krankheit durch eine Testfrage, während des Hausbesuchs gemachte Beobachtungen und ein vom Arzt mitgehörtes Gespräch von Familienangehörigen oder von anderen Ärzten[165].

---

160 RGSt 38, 62, 65; LK/*Schünemann*, § 203 StGB, Rn. 30; NK/*Kargl*, § 203 StGB, Rn. 9; *Roxin/Schroth/Braun*, Medizinstrafrecht, S. 234; *Schlund*, JR 1977, 267; *Spickhoff/Knauer/Brose*, Medizinrecht, §§ 203–205 StGB, Rn. 4.

161 BayObLG NJW 1995, 1623 m. w. N.; LK/*Schünemann*, § 203 StGB, Rn. 24, 30, 43; MK/*Cierniak/Pohlit*, § 203 StGB, Rn. 15; *Ulsenheimer*, Arztstrafrecht, Rn. 364.

162 *Jeong, Young Il*, Strafrecht BT, S. 187.

163 Vgl. zum Zeugnisverweigerungsrecht SK/*Rogall*, § 53 StPO, Rn. 62.

164 *Fischer*, § 203 StGB, Rn. 9; MK/*Cierniak/Pohlit*,§ 203 StGB, Rn. 46; NK/*Kargl*, § 203 StGB, Rn. 15; *Rogall*, NStZ 1983, 413; vgl. LK/*Schünemann*, § 203 StGB, Rn. 34, 99.

165 RGSt 38, 62, 65; BGHZ 116, 268; LG Hamm ArztR 1992, 187 f.; *Deutsch/Spickhoff*, Medizinrecht, Rn. 606; *Kohlhaas*, GA 1958, 69; *Laufs/Uhlenbruck/ Schlund*, Handbuch des Arztrechts, § 75, Rn. 1, 5; MK/*Cierniak/Pohlit*,§ 203 StGB, Rn. 46; MüKo/*Müller-Glöge*, § 611 BGB, Rn. 95; NK/*Kargl*, § 203 StGB, Rn. 18, 58 f.; *Peter*, NJW 1993, 1953; *Ratzel*, Ärztliches Standesrecht, S. 49; *Roxin/Schroth/Braun*, Medizinstrafrecht, S. 237; Sch/Sch/*Lenckner/Eisele*, § 203 Rn. 7, 15, 24b, 28; *Schlund*, JR 1977, 266; SK/*Hoyer*, § 203 StGB, Rn. 24; *Spickhoff/Knauer/Brose*, Medizinrecht,

§ 203 StGB soll die Vertrauensbeziehung zwischen dem eigentlichen Geheimnisträger und dem in den Kreis der Wissenden Einbezogenen, aber auch das Vertrauen der Allgemeinheit in die Verschwiegenheit der in § 203 StGB genannten Personen schützen. Hierbei stellt sich die Frage, ob eine vertrauensbegründende Sonderbeziehung zwischen dem Geheimnisinhaber und der vom Geheimnis Kenntnis erlangenden Person erforderlich ist. Bezüglich dieser Frage gehen die Meinungen auseinander. Einvernehmen besteht für den Fall des „Anvertrauens" in Bezug auf die „klassischen Vertrauensberufe"[166]. Der Vertrauensakt ergibt sich gerade aus dem Vorgang des „Anvertrauens", sei es durch aktive Information oder durch Gestatten der Kenntnisnahme von Geheimnissen[167]. Eine gesonderte Prüfung des Bestehens einer Vertrauensbeziehung entfällt. Eine typischerweise auf Vertrauen angelegte Sonderbeziehung wird dagegen bei der Möglichkeit „sonst bekannt geworden" für notwendig gehalten[168]. Nach anderer Ansicht ist eine von Vertrauen getragene Sonderbeziehung für diese Möglichkeit gerade nicht Voraussetzung[169]. Verwiesen wird darauf, dass angesichts des umfassenden Wortlauts von § 203 StGB auch die Kenntnisnahme von Geheimnissen in solchen Situationen geschützt werden solle, in denen von einer Vertrauensbeziehung keine Rede sein könne. Als Beispiel wird die Anbahnungsphase eines beruflichen Kontakts genannt, z. B. die Vereinbarung eines Untersuchungstermins. Kommt es nicht zu der Untersuchung, so könne es an einer besonderen Vertrauensbeziehung fehlen. Wird der Arzt als Gutachter in fremdem Auftrag tätig (Gericht, Versicherung), könne es an einem Vertrauensverhältnis sogar explizit fehlen. In den praktischen Ergebnissen unterscheiden sich die vorgetragenen Positionen kaum. Auch die Vertreter der Notwendigkeit einer Sonderbeziehung halten es nicht für erforderlich, dass im

§§ 203–205 StGB, Rn. 27; Staudinger/*Richardi/Fischinger*, Vorbem. zu §§ 611 ff. BGB, Rn. 129; *Ulsenheimer*, Arztstrafrecht, Rn. 365; vgl. zu Mitpatienten OLG Oldenburg NJW 1982, 2616.

166 Vgl. *Laufs/Uhlenbruck/Ulsenheimer*, Handbuch des Arztrechts, § 70, Rn. 5, 7; MK/*Cierniak/Pohlit*, § 203 StGB, Rn. 39, 46; Sch/Sch/*Lenckner/Eisele*, § 203 StGB, Rn. 13.

167 *Ulsenheimer*, Arztstrafrecht, Rn. 365.

168 OLG Karlsruhe NJW 1984, 676; OLG Köln NStZ 1983, 412; HG-GS/*Tag*, § 203 StGB, Rn. 39, 40; Sch/Sch/*Lenckner/Eisele*, § 203 StGB, Rn. 14, 15; ähnlich *Laufs/Uhlenbruck/Ulsenheimer*, Handbuch des Arztrechts, § 70, Rn. 7.

169 OLG Köln NJW 2000, 3657; LK/*Schünemann*, § 203 StGB, Rn. 99; MK/*Cierniak/Pohlit*, § 203 StGB, Rn. 39, 46 m. w. N.; NK/*Kargl*, § 203 StGB, Rn. 12, 15; *Roxin/Schroth/Braun*, Medizinstrafrecht, S. 238; vgl. zum Zeugnisverweigerungsrecht SK/*Rogall*, § 53 StPO, Rn. 63.

Einzelfall tatsächlich ein Vertrauensverhältnis besteht[170]. Es scheint ihnen vor allem darum zu gehen, den strafbewehrten Schutz der Wahrung von Geheimnissen, die eine Person in ihrer beruflichen Stellung erlangt hat, operationabel abzugrenzen von dem straflosen Bruch der Vertraulichkeit von Kenntnissen, die jemand als Privatperson gewonnen hat. Im Ergebnis wird aber auch von den Vertretern dieser Ansicht keine im Einzelfall bestehende Vertrauensbeziehung verlangt. Es reiche stets aus, dass die fraglichen Kenntnisse im Rahmen der beruflichen Stellung z. B. als Arzt und nicht erkennbar als Privatperson erlangt worden seien[171]. Das ist im Ergebnis nichts anders als die Position, dass auch im Fall des „sonst bekannt geworden" ein innerer Zusammenhang zur beruflichen Stellung der Kenntnis erlangenden Person bestehen müsse[172].

2. *Anforderungen an die berufliche Rolle des Geheimnisempfängers*

Das Geheimnis muss dem Arzt in unmittelbarem Zusammenhang mit seiner beruflichen Stellung anvertraut worden oder bekannt sein[173]. Nur die berufsbezogene Kenntnisnahme[174] zieht die besonderen Anforderungen des § 203 StGB an die Verschwiegenheit nach sich. Diese Voraussetzung macht es in jedem Einzelfall erforderlich, zu klären, ob der Arzt in seiner beruflichen Rolle oder in einer anderen Rolle – als Privatperson, als Wissenschaftler o. ä. – Kenntnis von dem Geheimnis erlangt hat. Hat er wie ein beliebiger Dritter Kenntnis erlangt, so mangelt es an dem notwendigen Bezug zur beruflichen Stellung[175]. Auf den Ort der Kenntniserlangung kommt es nicht an, auch wenn der Ort ein Indiz dafür sein kann, ob ein Bezug zur Berufstätigkeit besteht oder nicht. Das Geheimnis kann dem Arzt in einem privaten Rahmen mitgeteilt oder auch aufgedrängt worden sein[176].

---

170 BGH MDR 1985, 597; *Hanack*, JR 1986, 36; Sch/Sch/*Lenckner/Eisele*, § 203 StGB, Rn. 16; *Spickhoff/Knauer/Brose*, Medizinrecht, §§ 203–205 StGB, Rn. 26 ff.

171 Sch/Sch/*Lenckner/Eisele*, § 203 StGB, Rn. 15 ff.; im Ergebnis ebenso *Edenfeld*, ZEV 1997, 394; MK/*Cierniak/Pohlit*, § 203 StGB, Rn. 46 m. w. N.; vgl. zum Zeugnisverweigerungsrecht SK/*Rogall*, § 53 StPO, Rn. 60.

172 Vgl. OLG Köln NJW 2000, 3657; MK/*Cierniak/Pohlit*, § 203 StGB, Rn. 39 f., 46; *Spickhoff/Knauer/Brose*, Medizinrecht, §§ 203–205 StGB, Rn. 26.

173 Hier nur Sch/Sch/*Lenckner/Eisele*, § 203 StGB, Rn. 13.

174 LK/*Schünemann*, § 203 StGB, Rn. 34, 40; *Spickhoff/Knauer/Brose*, Medizinrecht, §§ 203–205 StGB, Rn. 26.

175 LK/*Schünemann*, § 203 StGB, Rn. 38 ff., 99 m. w. N.; *Spickhoff/Knauer/Brose*, Medizinrecht, §§ 203–205 StGB, Rn. 26.

176 *Göppinger*, NJW 1958, 242 ff.; MK/*Cierniak/Pohlit*, § 203 StGB, Rn. 40.

Besteht der notwendige Zusammenhang zwischen der Kenntniserlangung und der beruflichen Stellung[177], so kommt es nicht mehr darauf an, ob das Geheimnis selbst irgendeinen Zusammenhang mit einer ärztlichen Tätigkeit aufweist oder nicht[178]. Die Schweigepflicht des Arztes bezieht sich nicht nur auf gesundheitliche, sondern auch auf familiäre, berufliche oder finanzielle Belange[179] oder auf andere Umstände, die er nicht zu wissen braucht, von denen er aber freiwillig oder unfreiwillig Kenntnis erlangt hat. Von für die ärztliche Tätigkeit nicht erforderlichen Umständen wird der Arzt gerade dann erfahren, wenn diese ihm nicht direkt anvertraut, sondern „sonst bekannt" werden. Der notwendige Zusammenhang zur beruflichen Stellung fehlt, wenn sich der Arzt von seiner beruflichen Stellung löst und nicht mehr als Berufsangehöriger handelt. Als Beispiel hierfür wird genannt, dass der Arzt den Nachttisch des Patienten nach Briefen durchsucht und diese liest. Die Pflicht zur Geheimniserlangung endet nicht, wenn der Arzt seine berufliche Stellung aufgibt. Ist ein Geheimnis in Bezug auf die berufliche Stellung erlangt worden, so besteht die Schweigepflicht unabhängig davon fort, ob der Eingeweihte den Beruf noch ausübt oder nicht.

3. *Anforderungen an das Anvertrauen*

Wegen der Notwendigkeit des Bezuges zur beruflichen Stellung stellt sich im strafrechtlichen und im strafprozessualen Schrifttum die Frage, inwieweit das sog. Drittgeheimnis geschützt wird. Ein Drittgeheimnis liegt vor, wenn sich das anvertraute Geheimnis nicht auf die persönliche Sphäre des Anvertrauenden, sondern auf andere Personen bezieht. Drittgeheimnisse können auch „auf sonstige Weise bekannt werden", wenn der Arzt Kenntnis von ihnen erhält, ohne dass sie ihm anvertraut worden sind[180]. Für den Arzt ist auch das Drittgeheimnis unzweifelhaft ein fremdes Geheimnis. In der Literatur wird versucht, in Bezug auf Drittgeheimnisse die Anwendung des § 203 StGB einzuschränken. So wird gefordert, dass eine typische Vertrauensbeziehung zu dem Inhaber des Geheimnisses

---

177 LK/*Schünemann*, § 203 StGB, Rn. 40; MK/*Cierniak/Pohlit*, § 203 StGB, Rn. 40, 46; *Schlund*, JR 1977, 266; *Spickhoff/Knauer/Brose*, Medizinrecht, §§ 203–205 StGB, Rn. 26; vgl. zur strafprozessualen Auffassung KMR/*Neubeck*, § 53 StPO, Rn. 8.

178 Vgl. *Fischer*, § 203 StGB, Rn. 9; *Schünemann*, ZStW 1978, 57.

179 *Fischer*, § 203 StGB, Rn. 9a; MK/*Cierniak/Pohlit*, § 203 StGB, Rn. 40; Sch/Sch/*Lenckner/Eisele*, § 203 StGB, Rn. 7, 11.

180 MK/*Cierniak/Pohlit*, § 203 StGB, Rn. 77 m. w. N.; a. A. NK/*Jung*, § 203 StGB, 1. Auflage, Rn. 16 ff.

bestehen müsse[181]. Vertreten wird auch die Ansicht, dass zwischen dem Anlass der Beziehung zu dem Arzt und der Preisgabe des Drittgeheimnisses eine billigens- und schützenswerte Verbindung bestehen müsse[182]. Zutreffend sind diese Einschränkungsversuche jedoch nicht. Der Wortlaut des § 203 StGB gibt keine Hinweise darauf, dass nur solche Geheimnisse geschützt werden sollten, über die der Anvertrauende verfügen darf[183]. Eine Abgrenzung zwischen einem solchen Geheimnis und einem nichtgeschützten fremden Geheimnis dürfte kaum möglich sein, wenn das Geheimnis nicht anvertraut worden, sondern dem Arzt durch eigene Wahrnehmung bekannt geworden ist. Die Erwartung des Patienten zielt auf einen lückenlosen Geheimnisschutz. So wie auch für die ärztliche Aufgabe irrelevante Umstände vom Geheimnisschutz umfasst werden, soll er nicht überlegen müssen, ob solche Umstände sein eigenes oder ein fremdes Geheimnis sind, bevor er sich dem Arzt anvertraut[184]. Zur hier gestellten Frage werden verschiedene Meinungen vertreten. Nach einer Ansicht wird ein „etwaiger" Anvertrauender aufgrund der viktimodogmatischen Maxime[185] als Vertragspartei angesehen. Demgegenüber schließt ihn eine andere Ansicht mangels des besonderen Pflichtmerkmals im Hinblick auf die Dispositionsbefugnis als Rechtsgutträger aus[186]. Zwar unterscheidet sich das Anvertrauen eigentlich von der Mitteilung[187], jedoch kann die gesetzliche Stellung des etwaigen Anvertrauenden nicht ebenso wie diejenige als ein Vertragspartner geschützt werden. Daher reicht es aus, dass der etwaige Anvertrauende auf sein geheim zu haltendes Interesse im Verhältnis zu Dritten verzichtet. Es geht weder um einen Behandlungsvertrag im zeitlichen Zusammenhang noch um eine vertragliche Stellung[188].

---

181 SK/*Hoyer*, § 203 StGB, Rn. 23 f.; vgl. zum Ausgangspunkt *Bender*, MedR 2002, 628; NK/*Kargl*, § 203 StGB, Rn. 18; zur zivilrechtlichen Auffassung *Deutsch*, AcP 1992, 170.

182 LK/*Schünemann*, § 203 StGB, Rn. 39; NK/*Jung*, § 203 StGB, 1. Auflage, Rn. 18; *Ulsenheimer*, Arztstrafrecht, Rn. 364.

183 MK/*Cierniak/Pohlit*, § 203 StGB, Rn. 80; *Rogall*, NStZ 1983, 413, 414.

184 Vgl. MK/*Cierniak/Pohlit*, § 203 StGB, Rn. 79 ff.

185 LK/*Schünemann*, § 203 StGB, Rn. 99; *Schünemann*, ZStW 1978, 57 f.; vgl. zur prozessualen Auffassung OLG Köln NStZ 1983, 412.

186 NK/*Kargl*, § 203 StGB, Rn. 55; vgl. zur strafprozessualen Auffassung LR/*Alexander Ignor/Camilla Bertheau*, § 53 StPO, Rn. 79.

187 SK/*Rogall*, § 53 StPO, Rn. 62.

188 Vgl. *Deutsch/Spickhoff*, Medizinrecht, Rn. 433 ff., 636; *Ostendorf*, JR 1981, 445.

4. Korea

Der Wortlaut des § 317 KStGB setzt voraus, dass die fragliche Tatsache dem Arzt in der Ausübung seines Berufs bekanntgeworden ist. Hierbei muss es sich um berufliche oder geschäftliche Aufgaben handeln. In diesem Zusammenhang muss eine unmittelbare Kausalität bestehen zwischen der Ausübung der heilkundlichen Tätigkeit und der Erlangung des Geheimnisses[189]. Ist dies gegeben, dann ist es irrelevant, von welcher Person und wie der Arzt Kenntnis von der Tatsache erlangt hat[190]. Demgemäß werden die während eines privaten Gesprächs erlangten Tatsachen aus dem in § 317 KStGB geschützten Geheimnisbereich ausgeschlossen[191]. Bei einem solchen Gespräch fehlt eine Kausalität zwischen der Erlangung des Geheimnisses und der beruflichen Tätigkeit.

III. Zusammenfassung und Zwischenergebnis

1. Deutschland

Der Geheimnisbegriff umfasst Tatsachen und Umstände, die nur einem begrenzten Personenkreis bekannt sind. Wegen der Abgrenzung zu § 164 StGB und §§ 185 ff. StGB müssen die vom Geheimnis erfassten Tatsachen wahr sein. Tatsachen und Umstände sind durch ein objektiv-normatives Geheimhaltungsinteresse bzw. durch Vernünftigkeitskontrolle bedingt. In diesem Zusammenhang ist es nicht erforderlich, dass sich das schutzwürdige Interesse mit dem berechtigten Interesse oder mit der Sensibilität der Daten verbindet. Die ärztliche Schweigepflicht besteht auch nach dem Tod des Betroffenen fort. In § 203 IV StGB wird kein fester Zeitraum für den postmortalen Geheimnisschutz festgeschrieben, so dass das Geheimnisinteresse und die Geheimnisschutzzeit Verstorbener von der Erinnerung der folgenden Generation abhängig sind. Nach diesem Argument sind 30 oder 60 Jahre als Kriterium für die Festlegung der Schutzzeit maßgeblich. Zwar ist die Festlegung einer festen Geheimnisschutzzeit Verstorbener nicht möglich, unter dem Gesichtspunkt der Rechtsklarheit und der Beweislast sollte jedoch

---

189 KLG Seouldongbu, Urteil vom 13.5.2004, 2003GoDan2941; *Jin/Lee*, Strafrecht BT, S. 276; *Jeong, Yong Il*, Strafrecht BT, S. 187; *Kim/Sub*, Strafrecht BT, S. 238; im Ergebnis ebenso *Lee, Jae Sang*, Strafrecht BT, § 14/22.

190 *Bae, Jong Dae*, Strafrecht BT, S. 303; *Jin/Lee*, Strafrecht BT, S. 275; *Jeong, Sung Geun*, Strafrecht BT, S. 295; *Jeong, Young Il*, Strafrecht BT, S. 187 ff.; *Jeong/Park*, Strafrecht BT, S. 240; *Kang, Ku Jin*, Strafrecht BT (I), S. 202; *Kim, Jong Won*, Strafrecht BT (Sang), S. 150; *Lee, Jae Sang*, Strafrecht BT, S. 224; *Son, Dong Kwan*, Strafrecht BT, S. 240; *Sub, Il Kyeo*, Strafrecht BT, S. 90.

191 *Jeong, Young Il*, Strafrecht BT, S. 187.

eine solche Zeit in einen einfachgesetzlichen Schutzbereich eingeführt werden. Das Geheimnis im Sinne des § 203 StGB muss dem Arzt „anvertraut“ oder „sonst bekannt“ geworden sein. Es kommt nicht notwendigerweise auf einen rechtsgeschäftlichen Kontakt zwischen dem Arzt und dem Patienten an, jedoch setzt die berufsbezogene Kenntnisnahme voraus, dass das Geheimnis dem Arzt in unmittelbarem Zusammenhang mit seiner beruflichen Stellung anvertraut worden oder bekannt geworden sein muss. Die berufliche Stellung in Bezug auf die Geheimniserlangung und auf die damit verbundene Schweigepflicht besteht unabhängig davon fort, ob der in das Geheimnis Eingeweihte seinen Beruf noch ausübt oder nicht. Für den Arzt ist auch das Drittgeheimnis unzweifelhaft ein fremdes Geheimnis. Der Geheimnisschutz des „etwaigen“ Anvertrauenden wird im Verhältnis zu Dritten eingeschränkt, denn es geht hier weder um einen Behandlungsvertrag im zeitlichen Zusammenhang noch um eine vertragliche Stellung.

2. Korea

Die im koreanischen Schrifttum vertretene Auffassung gleicht im Ausgangspunkt und im Wesentlichen der deutschen. Eine Meinung in der Rechtsprechung berücksichtigt aber das soziale und das persönliche Interesse des Verletzten und seiner Angehörigen im Verhältnis zu Dritten. Das Geheimnis Verstorbener fehlt im Wortlaut des § 317 KStGB, so dass sein Schutz nach den meisten Autoren aus dem Schutzbereich dieses Paragraphen ausgeschlossen wird. Wenn das Geheimnis Verstorbener als Schutzgegenstand des § 317 KStGB geschützt wird, so geht es auch um die Schutzzeit. Im Vergleich mit der deutschen einfachgesetzlichen Betrachtungsweise könnten 60 Jahre gem. § 19 II KBestG analog anwendbar sein. Die Geheimniserlangung im Sinne des § 203 StGB setzt eine unmittelbare Kausalität voraus. Somit muss dem Arzt das Geheimnis in seiner Tätigkeit anvertraut oder sonst irgendwie bekanntgeworden sein. Daher sind während eines privaten Gesprächs erlangte Tatsachen kein Schutzgegenstand gem. § 317 KStGB. Darüber hinaus wird die gesamte Problematik in Rechtsprechung und Schrifttum nicht weiter diskutiert.

B. Täterschaft bei Verletzung der ärztlichen Schweigepflicht

I. Hauptgeheimnisträger

1. Deutschland

Täter der Verletzung der Schweigepflicht können nur Angehörige der in § 203 I StGB genannten Berufe und gem. § 203 III StGB deren berufsmäßig tätigen Gehilfen und zur Berufsausbildung beschäftige Personen sein. § 203 I Nr. 1

StGB erfasst als Ärzte, Zahnärzte, Tierärzte und Apotheker die Angehörigen von Heilberufen und Nr. 2 StGB die Berufspsychologen mit staatlich anerkannter wissenschaftlicher Abschlussprüfung. Auch die Angehörigen anderer als der ausdrücklich genannten Heilberufe unterliegen der Schweigepflicht, wenn eine staatlich geregelte Ausbildung Voraussetzung der Berufsausübung oder der Führung der Berufsbezeichnung ist. Bei Erfüllung dieser grundlegenden Voraussetzung kann § 203 I StGB zur Anwendung kommen. Die in § 203 Abs. 1 Nr. 1 und 2 StGB ausdrücklich genannten Berufsangehörigen bedürfen für ihre Tätigkeit einer besonderen Zulassung (z. B. § 2 BÄO). Die Schweigepflicht nach § 203 StGB setzt nicht voraus, dass eine solche öffentlich-rechtliche Zulassung besteht. Als Arzt wird gem. § 2 Abs. 5 BÄO tätig, wer die Heilkunde unter der Berufsbezeichnung „Arzt" oder „Ärztin" ausübt. Wenn § 203 StGB dem individuellen Schutz des Geheimnisträgers dient, dann kann die öffentlich-rechtliche Rechtmäßigkeit der Berufsausübung nicht Voraussetzung für das Entstehen der Schweigepflicht sein. Ob der als Arzt Tätige die Approbation nach § 5 BÄO oder die Erlaubnis nach § 10 BÄO besitzt, ist für den Patienten in aller Regel nicht erkennbar[192]. Die Ausübung der Heilkunde ist auch ohne Verwendung der Berufsbezeichnung „Arzt" möglich, wenn dafür eine Erlaubnis nach § 1 Heilpraktikergesetz erteilt worden ist. Die Erlaubnis setzt keine staatlich geregelte Ausbildung voraus. Heilpraktiker unterliegen deshalb nicht der Schweigepflicht[193]. Auch die Tätigkeit der Arztfachangestellten beruht nicht auf einer staatlich geregelten Ausbildung, so dass deren Schweigepflicht nur aus § 203 Abs. 3 StGB abgeleitet werden kann. Weitere Hinweise zu dem der Schweigepflicht unterliegenden Personenkreis lassen sich aus § 53 StPO entnehmen. Ausdrücklich genannt sind Hebammen (bzw. Entbindungspfleger). Da die Ausbildung im Hebammengesetz (HebG) staatlich geregelt ist, besteht die Schweigepflicht nach § 203 I Nr. 1 StGB. § 53 I Nr. 3 StPO gewährt auch psychologischen Psychotherapeuten, Kindern und Jugendpsychotherapeuten ein Zeugnisverweigerungsrecht. Dieser Personenkreis gehört zu den in § 203 Abs. 1 Nr. 2 StGB genannten Berufspsychologen.

Neben den Hebammen gibt es zahlreiche weitere Heilberufe, wie z.B. den Krankenpfleger oder die technischen Assistenten[194]. Diese unterscheiden sich von den Ärzten wie auch von den Hebammen dadurch, dass sie gegenüber dem Patienten nicht selbständig tätig werden, sondern in der Regel den Arzt unterstützen. § 203 Abs. 1. Nr. 1 StGB unterwirft den Tierarzt ausdrücklich der

192 Vgl. MK/*Cierniak/Pohlit*, § 203 StGB, Rn. 28.

193 MK/*Cierniak/Pohlit*, a. a. O.

194 Hier nur MK/*Cierniak/Pohlit*, § 203 StGB, Rn. 31.

Schweigepflicht. Dennoch nehmen die meisten Autoren hierzu eine kritische Haltung ein. Diese geht davon aus, dass die Einbeziehung einer Reihe von Berufen in die Schweigepflicht zweifelhaft sei, weil der Tierarzt als Schweigepflichtiger wegen seines wirtschaftlichen Interesses eher zufällig zu einem Rechtsgutträger nach § 203 StGB geworden sei[195]. Unter diesem Ausgangspunkt bezieht sich die Schweigepflicht nach überwiegender Ansicht nur auf den Menschen betreffende Umstände. Das behandelte Tier als solches genießt keinen strafrechtlichen Geheimnisschutz. Geschützt sind nur Geheimnisse des Auftraggebers oder solche des Eigentümers, die dem Tierarzt anvertraut oder bekannt werden[196]. Trotzdem können die in Bezug auf behandelte Tiere gewonnenen Tatsachen des Auftraggebers für Menschen relevant sein, z. B. dann, wenn der Tierarzt eine vom Tier auf den Menschen übertragbare Krankheit feststellt[197]. Obwohl der Tierarzt nach § 203 Abs. 1 StGB schweigepflichtig ist, bezieht ihn § 53 StPO nicht in den Kreis derjenigen Personen ein, die die Aussage verweigern dürfen. Folge der Nichterwähnung in § 53 StPO ist[198], dass der Tierarzt nicht vor der Beschlagnahme seiner Unterlagen nach § 97 StPO geschützt ist. In diesem Zusammenhang sollten auch die Verhältnisse im Zivilrecht in Betracht gezogen werden. Nach § 90a BGB sind Tiere keine Sache. Insoweit ist es nicht mehr erforderlich, den Veterinär vom Humanmediziner zu unterscheiden[199]. Aufgrund der analogen Anwendung des § 90a II BGB bedarf es keines anderen Geheimhaltungsmaßstabs für die Behandlung von Tieren, soweit ein besonderes Gesetz über den Tierschutz die Befugnis zur Offenbarung nicht speziell regelt[200]. Trotzdem sind Tiere keine Person, weswegen auf sie die für Sachen geltenden Vorschriften gem. § 90a III BGB anwendbar sein können. Deshalb kann § 253 II BGB bei einer Verletzung eines Tieres auch nicht zur Anwendung kommen[201]. Geht von einem Tier eine

195 LK/*Schünemann*, § 203 StGB, Rn. 14.

196 OLG Celle NJW 1995, 786; *Bemmann*, VersR 2005, 766.

197 OLG Celle a. a. O.; AG Essen, Urt. v. 13.02.1990 – 9C 864/89 (n. v.); AG Reutlingen, Urt. v. 11.01.1991 – 4C 554/90 (n. v.); Sch/Sch/*Lenckner/Eisele*, § 203 StGB, Rn. 35; siehe zu früheren Grundsätzen für Tierärzte im Sinne des § 300 StGB a. F. *Kohlhaas*, GA 1958, 65 Fn. 3; vgl. zur zivilrechtlichen Auffassung Erman/*G. Schiemann*, § 823 BGB, Rn. 145; Staudinger/*Sack/Seibl*, § 134 BGB, Rn. 292.

198 Hier nur LR/*Alexander Ignor/Camilla Bertheau*, § 53 StPO, Rn. 8.

199 Vgl. *Bemmann*, VersR 2005, 766; *Deutsch/Spickhoff*, Medizinrecht, Rn. 368, 370; MK/*Cierniak/Pohlit*, § 203 StGB, Rn. 22; *Terbille/Adolphsen*, Medizinrecht, § 12, Rn. 76.

200 Vgl. zur Tierquälerei MK/*Cierniak/Pohlit*, § 203 StGB, Rn. 22; zur Verkehrssitte i. V. m. dem § 157 BGB *Wilhelms*, NJW 1993, 1537.

201 *Deutsch/Spickhoff*, Medizinrecht, Rn. 368, 373; im Ergebnis ebenso BGH NJW 1982, 1327.

Ansteckungsgefahr aus, so haftet der Tierhalter nach §§ 833 ff. BGB[202]. Der Tierarzt ist aufgrund von Spezialgesetzen zur Offenbarung verpflichtet oder in einer Notstandslage nach § 34 StGB dazu berechtigt. In beiden Fällen geht es aber nicht um den Schutz eines Geheimnisses des Tieres nach § 203 StGB. Dem Tierarzt werden bei der Behandlung des Tieres auch Verhältnisse der Eigentümer oder der Auftraggeber anvertraut[203], bei denen es sich um deren Geheimnisse handelt[204]. Diese Konstruktion ist ähnlich derjenigen beim Embryo oder beim Fötus, die mangels Rechtsfähigkeit keinen eigenen Geheimnisschutz genießen können. In diesem Sinne wird einer untergerichtlichen Entscheidung nicht zugestimmt[205], nach der sich die privatärztliche Rechnung nicht auf den höchstpersönlichen Inhalt bei einer tierärztlichen Honorarforderung bezieht[206].

Anschließend stellt sich die Frage, ob Personen wie Krankenpfleger und Krankenschwestern Angehörige eines Heilberufs i. S. von § 203 I Nr. 1 StGB sind. Da diese Berufe eine staatlich geregelte Ausbildung voraussetzen, wird dem Wortlaut dieses Paraphen entsprechend überwiegend von einer Schweigepflicht auf der Grundlage von § 203 Abs. 1 StGB ausgegangen[207]. Dagegen wird in § 203 StGB das Zeugnisverweigerungsrecht anders geregelt, weil der Ausdruck „Krankenschwester" im Wortlaut des § 53 StPO fehlt. Ferner setzt nach strafprozessualer Auffassung die Anwendung des § 53a StPO einen unmittelbaren Zusammenhang zwischen der Tätigkeit des Hauptberufsträgers und derjenigen des Gehilfen voraus[208]. Es geht hierbei auch um das Verhältnis zwischen Geheimnisträger gem. § 203 I StGB und Gehilfen gem. III StGB. Daher ist die eigene berufliche Funktion der Krankenschwestern bei Krankenpflege oder Unterstützung kaum von praktischer Bedeutung, obwohl sie enger und

---

202 Vgl. *Deutsch*, NJW 1986, 757; Sch/Sch/*Lenckner/Eisele*, § 203 StGB, Rn. 70; *Wilhelms*, NJW 1993, 1537.

203 Vgl. Sch/Sch/*Lenckner/Eisele*, § 203 StGB, Rn. 35.

204 Im Ergebnis ebenso MK/*Cierniak/Pohlit*, § 203 StGB, Rn. 22, 66; *Terbille/Adolphsen*, Medizinrecht, § 12, Rn. 169 ff.

205 Vgl. *Deutsch/Spickhoff*, Medizinrecht, Rn. 63; *Spickhoff/Knauer/Brose*, Medizinrecht, §§ 203–205 StGB, Rn. 10.

206 OLG Celle NJW 1995, 786.

207 AG Grevenbroich NJW 1990, 1536; HK-GS/*Tag*, § 203 StGB, Rn. 11; *Lackner/Kühl*, § 203 StGB, Rn. 3; *Laufs/Uhlenbruck/Ulsenheimer*, Handbuch des Arztrechts, § 73, Rn. 1; *Maurach/Schroeder/Maiwald*, Strafrecht BT I, § 29 III, Rn. 30; NK/*Kargl*, § 203 StGB, Rn. 30; *Schlund*, JR 1977, 266; Sch/Sch/*Lenckner/Eisele*, § 203 StGB, Rn. 35; SK/*Hoyer*, § 203 StGB, Rn. 40.

208 *Costa*, MDR 1953, 578; KMR/*Neubeck*, § 53a StPO, Rn. 3; KK/*Senge*, § 53a StPO, Rn. 2 f.; *Meyer-Goßner/Schmitt*, § 53a StPO, Rn. 2.

ggf. mehr als der Arzt mit den Patienten umgehen[209]. In diesem Zusammenhang ist es auch schwierig, die Frage zu beantworten, wie eine genauere Grenze zwischen der Tätigkeit des Arztes und derjenigen der Krankenschwestern gezogen werden kann[210]. Daher sollte einerseits auch den Krankenschwestern eine eigene Schweigepflicht gem. § 203 I StGB auferlegt werden, und andererseits sollte ihnen das Zeugnisverweigerungsrecht gem. § 53 StPO zuerkannt werden, jedenfalls soweit sie bei ihrer Tätigkeit eine eigene Funktion ausüben[211].

2. *Korea*

Der Begriff und die Ausübung der heilkundlichen Tätigkeit der Ärzte, der Zahnärzte, der koreanischen traditionellen Ärzte (Abkürzung: KtA), der Hebammen und der Krankenschwestern werden in § 2 KMG geregelt. Den aufgezählten Personen wird die Schweigepflicht gem. § 317 KStGB und auch gem. § 19 KMG auferlegt. Die genannten Heilberufe setzen Ausbildung und Approbation gem. §§ 5 ff. KMG voraus. Im Vergleich mit dem § 203 StGB wird der KtA als Geheimnisträger genannt. Er unterscheidet sich von den Trägern anderer Heilberufe in der Praxis. Obwohl Heilkunde und Fürsorge für die Gesundheit im Bereich der koreanischen Medizin als Ausübungsbereich seiner beruflichen Tätigkeit in § 2 II Nr. 3 KMG geregelt werden, ist die Grenze zu anderen Heilberufen fließend. Denn der KtA darf nicht nur Patienten behandeln, sondern darf auch Arzneien verschreiben und zubereiten. In seiner beruflichen Tätigkeit werden die Rollen als Arzt, als Apotheker und zugleich als Hersteller von Arzneien miteinander vermischt. Daher ist das Gesetz über die Entwicklung zu koreanischen traditionellen Arzneien erst seit dem 06.08.2003 in Kraft.

Die Tätigkeit als Hebamme unterscheidet sich gleichfalls von anderen Heilberufen. Als zusätzliche Voraussetzung für die Approbation muss die Antragstellerin eine approbierte Krankenschwester sein, die bei einer vom Gesundheits- und Wohlfahrtsministerium anerkannten medizinischen Institution ein Jahr Lehrzeit als Geburtshelferin abgeleistet und die staatliche Prüfung bestanden haben muss (§ 6 Nr. 1 KMG). Zwar muss die Hebamme für die Eröffnung eines Entbindungsheims nach § 33 VI KMG einen Arzt benennen, jedoch kann sie ohne das Eingreifen des Arztes nach § 2 II Nr. 4 KMG ihre Tätigkeit im Rahmen von Geburtshilfe und Gesundheitspflege für Neugeborene und Frauen vor und nach

---

209 Vgl. *Ulsenheimer*, Arztstrafrecht, Rn. 361.

210 Dazu unten II.

211 Vgl. *Kreuzer*, NJW 1975, 2235; LK/*Schünemann*, § 203 StGB, Rn. 116.

der Entbindung ausüben. Allerdings kann sie auch als Gehilfin oder als Arbeitnehmerin des Arztes arbeiten.

In diesem Paragraphen tauchen im Zusammenhang mit den Krankenschwestern zahlreiche rechtliche Probleme auf. Krankenschwestern sind Schweigepflichtige nach § 19 KMG i. V. mit § 2 KMG und Berufsgeheimnisträger i. V. mit dem Zeugnisverweigerungsrecht nach § 149 KStPO. Aber sie werden nach § 317 KStGB nur als Gehilfinnen des Arztes angesehen. Zwar ist eine aus dem Dienstverhältnis bekanntgewordene Tatsache als Voraussetzung für das Zeugnisverweigerungsrecht erforderlich, jedoch geht es nicht nur um das Verhältnis zwischen den in § 149 KStPO aufgezählten Berufen und dem Auftraggeber. Daher ist diese Vorschrift im Vergleich mit dem § 2 KMG unklar, d. h., es ist unklar, ob Krankenschwestern ein vom Arzt unabhängiges eigenes Zeugnisverweigerungsrecht in Anspruch nehmen können. In Korea gibt es kein Krankenpflegegesetz – KKrPflG. Am 27.04.2005 ist im Parlament ein Vorschlag-KKrPflG (Gesetzantrag: Nr. 1728) eingebracht worden. Der Grund dafür war, dass der Tätigkeitsbereich der Krankenschwestern in § 2 II Nr. 5 KMG festgeschrieben wird, die Grenze zwischen der beruflichen Tätigkeit der Krankenschwestern und derjenigen des Arztes oder des KtAes jedoch noch unklar ist. Wenn Krankenschwestern nicht nur als Gehilfinnen i. S. des § 2 II Nr. 5 KMG angesehen werden, könnte der moderne Tätigkeitsbereich der Krankenschwestern bei der im raschen sozialen Wandel gestiegenen verschiedenen und speziellen Pflegetätigkeiten etwa für Alte oder für die Familie nicht erfasst werden[212]. Auch dieser Vorschlag regelte sowohl die Schweigepflicht der Krankenschwestern nach § 32 KKrPflG-Vorschlag als auch Freiheitsstrafe und Geldstrafe nach § 42 KKrPflG-Vorschlag wie § 88 KMG. Aber dieser Antrag wurde nicht angenommen, weil sich z. B. die Ärztevereinigung wegen der Festlegung des Tätigkeitsbereichs der Krankenschwestern, vor allem hinsichtlich der Aufnahmen von Spezialkrankenschwestern, und wegen der Befugnis zur Rezeptausstellung[213], die Vereinigung von Medizinaltechnikern und Augenoptikern aus Angst, den Krankenschwestern lediglich als Assistenten untergeordnet zu werden[214], und die Vereinigung der Assistenten der Krankenschwestern wegen der Möglichkeit des Verlusts des Arbeitsplatzes heftig gegen ihn gewandet hatten[215]. Alle fürchten sich auch vor der Möglichkeit einer Erhöhung der Behandlungskosten[216].

212 Krankenschwester Zeitung 06.05.2005.

213 Ohmay News 04.05.2006; Mo News 02.05.2011.

214 Medizin Zeitung 14.03.2006; Nocut News 11.10.2005.

215 Nachricht von THE KOREAN ASSOCIATION OF MEDICAL TECHNOLOGISTS 29.04.2005.

216 Mo News 02.05.2011.

Der Tierarztberuf ist kein Heilberuf im Sinne des § 2 KMG. Im Gegensatz zu § 203 StGB wird der Tierarzt daher weder als Geheimnisträger nach § 317 KStGB noch als zur Zeugnisverweigerung nach § 149 KStPO Berechtigter angesehen. Insoweit ist die Lage nicht umstritten[217]. Die Schweigepflicht des Tierarztes ist im Tierärztegesetz, das in die Zuständigkeit des Ministeriums für Landwirtschaft, Forsten und Fischerei gehört, nicht festgeschrieben. Es besteht aber insofern eine gesetzliche Lücke, als nicht nur die Krankenschwester in § 317 KStGB nicht genannt wird, sondern in § 317 KStGB und in § 149 KStPO auch der Tierarzt fehlt. Dies liegt daran, dass die eigene Schweigepflicht der technischen Assistenten einschließlich der Augenoptiker in § 10 des Gesetzes über technische Assistenten u. dgl. in der Medizin (hier: KMTAG) geregelt ist. Auch das Ausmaß der Freiheitsstrafe und der Geldstrafe gem. § 30 I Nr. 3 KMTAG ist gleich demjenigen von § 88 KMG. Vor allem bei Zahntechnikern und Augenoptikern geht es eigentlich um zahntechnische bzw. um augenoptische Produkte gem. § 2 I Nr. 5 Verordnung-KMTAG i. V. mit § 1-1 KMTAG (n. F.). Daher kann es nicht überzeugen, dass die Tierärzte nicht als Hauptgeheimnisträger im Sinne des § 317 KStGB aufgezählt werden, weil ihr eigener Tätigkeitsbereich kaum als ein der Schweigepflicht unterworfener Bereich anerkannt ist. Auch der Tierarzt erweitert seine berufliche Tätigkeit oft im Kontakt mit humanmedizinischen Ärzten und Wissenschaftlern um einen wissenschaftlichen Bereich, z. B. in der biomedizinischen Forschung. Dies kann am Beispiel eines Falles bestätigt werden. Ein koreanischer Tierarzt, der Forscher und zugleich Professor an der tierärztlichen Fakultät ist, hat vor einigen Jahren die Genforschung an einer Universität geleitet. Er hatte für die Unterstützung seiner Forschung mit dem Krankenhaus und mit dem Institut für Genforschung einen Vertrag abgeschlossen. Dabei waren das Angebot des Krankenhauses und das des Instituts für die Zurverfügungstellung von informationellen Daten in dem Vertrag geregelt worden. Dadurch erhielt der Tierarzt entgeltlich oder unentgeltlich Eizellen und damit Informationen über Frauen[218]. Der Vertrag regelt damit Angelegenheiten, die unter die wissenschaftliche Freiheit fallen[219].

Aber der Tierarzt kann auch mit humanmedizinischen und mit anderen tierärztlichen Personen zusammenarbeiten und kann dabei personenbezogene Daten erlangen. Der Tierarzt könnte auch als Person im Sinne des § 27 I Nr. 2 KMG

---

217 *Jeong/Park*, Strafrecht BT, S. 240; *Kim/Sub*, Strafrecht BT, S. 236; *Son, Dong Kwan*, Strafrecht BT, S. 243.

218 http://muti007.egloos.com/10272668.

219 Vgl. zum Arzt als Forscher und Wissenschaftler in Deutschland *Kilian*, NJW 1998, 788 f.; *Laufs/Uhlenbruck/Schlund*, Handbuch des Arztrechts, § 74, Rn. 35 f., 52 f.

in Betracht kommen, die die Heilkunde zum Zweck der Forschung in der Medizin an einer humanmedizinischen oder an einer koreanischen traditionellen medizinischen Hochschule oder auch in einem entsprechenden Forschungsinstitut oder in einem Krankenhaus ausübt. Außerdem werden in § 2 Nr. 5 KPISG alle Personen einschließlich der öffentlichen Organe als Datenträger festgeschrieben. Und es reicht aus, dass die Datenträger „selbst" oder durch „einen anderen" personenbezogene Daten zum Zweck der Ausübung ihrer beruflichen Tätigkeit bearbeiten. Daher können alle in § 317 KStGB aufgezählten Berufsgeheimnisträger als Datenträger im Sinne des § 2 Nr. 5 KPISG angesehen werden[220].

Wegen der erschöpfenden Aufzählung der Berufsgeheimnisträger in § 317 KStGB, in dem auch außerordentliche Verteidiger nach § 31 KStPO, Prozessvertreter, Steuerberater, öffentlich anerkannte Berater und bei einer Firma für das Kreditgeschäft (*a credit information company*) angestellte Personen fehlen, wird im Schrifttum eine Erweiterung des Kreises der Berufsangehörigen als § 184 Vorschlag-KStGB gesetzgeberisch vorgeschlagen[221]. Die Grundlage dafür besteht darin, dass das enge Enumerationsprinzip der Berufsangehörigen mit dem beschleunigten Sozialwandel nicht Schritt halten kann. Somit entspricht dieses Prinzip dem weiteren Rechtsgutschutz. Demgegenüber weicht es von dem aus dem Grundsatz „keine Strafe ohne Gesetz" hergeleiteten Bestimmtheitsgrundsatz ab, und daher kann keine strafrechtliche Sicherungsfunktion geschaffen werden, wenn alle berufstätigen Personen gegenüber der unbefugten Offenbarung im Sinne des § 317 KStGB strafbar sein können[222]. Als Lösung für die erörterten Probleme sollten nach einer im Schrifttum vertretenen Ansicht Geheimnisträger zum einen in den offenen Rechtsbegriff eingeschlossen und könnte zum anderen der Inhalt dieses Begriffs durch eine Auslegung der Schweigepflicht erfüllt werden[223]. Der strafrechtliche Vorschlag bezieht sich daher auf die Tätigkeit bezüglich der Medizin, des Rechts oder der Buchführung sowie auf das Vertrauensverhältnis zu dem Auftragsgeber statt auf eine Aufzählung der Berufsgeheimnisträger[224]. Nach § 184

---

220 Vgl. zu medizinischer Forschung und Datenschutzrecht *Kilian*, NJW 1998, 787.

221 *Bae, Jong Dae*, Strafrecht BT, S. 303; *Beck, Hyung Ku*, Strafrecht BT, S. 400; *Jin, Ge Ho*, Strafrecht BT, S. 260; *Jeong, Young Il*, Strafrecht BT, S. 427; *Kim/Sub*, Strafrecht BT, S. 236; *Lee, Jae Sang*, Strafrecht BT, §14/6; *Lee, Jung Won*, Strafrecht BT, S. 271; *Oh, Young Geun*, Strafrecht BT, S. 297; *Park, Sang Ki*, Strafrecht BT, S. 228.

222 *Lee, Jung Won*, Strafrecht BT, S. 271; vgl. zur strafprozessualen Auffassung *Bae/Lee/Jeong*, Lehrbuch des Strafprozessrechts, 48/49.

223 *Lee, Jung Won*, a. a. O.

224 Vgl. zur Entwicklung des § 203 StGB *Arzt/Weber/Heinrich/Hilgendorf*, Strafrecht BT, § 8, Rn. 30.

Vorschlag-KStGB können der Beruf der Krankenschwester und der Beruf des Tierarztes als medizinische Berufe angesehen werden, weshalb Krankenschwester und Tierärzte zu ihrem Auftragsgeber in einem Vertrauensverhältnis stünden und daher als Hauptgeheimnisträger anzusehen seien.

II. Hauptgeheimnisträger und Gehilfen

1. Anforderungen an die Tätigkeit der Gehilfen

Von den Geheimnisträgern gem. § 203 I StGB sind die Gehilfen gem. § 203 III StGB abzugrenzen. Die Geheimnisträger gem. § 203 I StGB kennzeichnet eine akademische Ausbildung, Qualifikation oder Befähigung, die den Hilfspersonen gem. § 203 III StGB in vielen Fällen fehlt[225]. Auch der Grad der Berufsfreiheit gem. Art. 12 I GG und die im Rahmen der Arbeitsteilung ausgeübte eigene Funktion werden zur Abgrenzung in Betracht gezogen[226]. In der Literatur werden als Gehilfen im Sinne von § 203 III StGB beispielhaft medizinisch-technische Assistentinnen, Krankenpfleger, Sprechstundenhilfen oder Sekretärinnen genannt. Die Tätigkeit des Arztes ist ohne die arbeitsteilige Einbeziehung weiterer Personen kaum denkbar. Die Nutzung der modernen komplexen Medizintechnik hat die Arbeitsteilung bei der Behandlung von Patienten noch weiter verstärkt[227]. Das Zusammenwirken verschiedener Personen macht einen Informationsaustausch zwischen ihnen notwendig. Während gegenüber anderen Hauptgeheimnisträgern eine uneingeschränkte Schweigepflicht besteht, geht das Gesetz offensichtlich davon aus, dass Gehilfen in den Kreis der zum Wissen Berufenen einbezogen seien[228]. Der Gehilfe unterstützt den Geheimnisträger gem. § 203 I StGB bei dessen spezifischer beruflicher Tätigkeit. In einer arbeitsteiligen Berufswelt nimmt er mit seiner Tätigkeit „unmittelbar" an der schweigepflichtigen Tätigkeit teil[229]. Es

225 *Kleinewefers/Wilts*, NJW 1964, 430.

226 Vgl. zur Eingriffsfestigkeit des Grundrechts auf informationelle Selbstbestimmung *Heintzen/Lilie*, NJW 1997, 1602; zur Dienstleitung des Gehilfen im Sinne des Zivilrechts und des § 53a StPO SK/*Rogall*, § 53a StPO, Rn. 8; ferner *Deutsch*, NJW 2000, 1746; *Heghmanns/Niehaus*, NStZ 2008, 59.

227 *Deutsch/Spickhoff*, Medizinrecht, Rn. 381, 400; *Kleinewefers/Wilts*, NJW 1964, 430; *Roxin/Schroth/Braun*, Medizinstrafrecht, S. 240.

228 *Arzt/Weber/Heinrich/Hilgendorf*, Strafrecht BT, § 8, Rn. 32; *Heghmanns/Niehaus*, NStZ 2008, 58; *Michalski/Römermann*, NJW 1996, 3236; *Ulsenheimer*, Arztstrafrecht, Rn. 370.

229 *Bongen/Kremer*, NJW 1990, 2911; *Kreuzer*, NJW 1975, 2235; LK/*Schünemann*, § 203 StGB, Rn. 78; *Meyer-Goßner/Schmitt*, § 53a StPO, Rn. 2; MK/*Cierniak/Pohlit*, § 203 StGB, Rn. 122; *Otto*, wistra 1999, 203; *Roxin/Schroth/Braun*, Medizinstrafrecht, S. 228;

handelt sich um Tätigkeiten, die zwar aus der ärztlichen Tätigkeit ausgegliedert sind, aber dennoch in einem inneren Zusammenhang zu dieser Tätigkeit stehen. Vom Personenkreis des § 203 Abs. 1 StGB unterscheidet sich der Gehilfe dadurch, dass er dem „Direktionsrecht" des Arztes unterliegt[230]. Der Arzt kann in Bezug auf die Tätigkeit des Gehilfen Weisungen erteilen und auf diese Weise dessen Verhalten steuern. Von der Stellung als Hauptgeheimnisträger sind unproblematisch alle Personen ausgeschlossen, die Arbeitnehmer des Arztes als des Hauptgeheimnisträgers sind. Sie sind allenfalls Gehilfen gem. § 203 III StGB. Der Arzt ist gegenüber diesen Personen gem. § 106 GewO weisungsbefugt. Ist der Arzt seinerseits Arbeitnehmer, so können alle diejenigen Personen keine Hauptgeheimnisträger, sondern allenfalls Gehilfen sein, deren Fachvorgesetzter er ist. Der Arbeitgeber des Arztes hat in diesem Fall die betroffenen Mitarbeiter der fachlichen Weisungsbefugnis des Arztes unterstellt. Neben der vertikalen Arbeitsteilung besteht aber auch eine horizontale Differenzierung in der betrieblichen Organisation. Komplexe Aufgaben sind nur durch auf gegenseitigem Vertrauen beruhende „Teamarbeit" lösbar, die nicht durch eine hierarchische Über- oder Unterordnung gekennzeichnet ist[231]. Richtigerweise wird unter diesen Verhältnissen zur Abgrenzung von Geheimnisträgern gem. § 203 I StGB und Gehilfen gem. § 203 III StGB der Begriff der „Funktionseinheit" in den Vordergrund gestellt[232]. Die Offenbarung von Daten gegenüber Angehörigen anderer Organisationseinheiten desselben Unternehmens stellt deshalb keinen strafrechtlich relevanten Bruch der Schweigepflicht dar[233], wenn diese Daten einen funktionalen Teil des Behandlungsprozesses bilden. Es liegt also keine strafbare Offenbarung von Geheimnissen vor, wenn der Schweigepflichtige innerhalb seiner Organisation die zur ordnungsgemäßen

---

Wienke/Sauerborn, MedR 2000, 517; zur Voraussetzung für die Hilfsperson im Sinne des § 53a StPO *Krekeler/Schonard*, wistra 1998, 138, dagegen Einwände OLG Frankfurt a. M. NJW 2002, 1136.

230 LK/*Schünemann*, § 203 StGB, Rn. 78; MK/*Cierniak/Pohlit*, § 203 StGB, Rn. 123; vgl. *Spickhoff/Knauer/Brose*, Medizinrecht, §§ 203–205 StGB, Rn. 21 f.

231 OLG Naumburg MedR 2005, 232; *Deutsch*, NJW 2000, 1746; *ders.*, VersR 2007, 41; *Deutsch/Spickhoff*, Medizinrecht, Rn. 381; *Rehborn*, MDR 1999, 1170; *Rumler-Detzel*, VersR 1994, 255; Soergel/*Spickhoff*, § 823 Anh. I BGB, Rn. 75 ff.; *Spickhoff*, NJW 2006, 1634; vgl. zur strafrechtlichen Auffassung NK/*Kargl*, § 203 StGB, Rn. 38; Sch/Sch/*Cramer/Sternberg-Lieben*, § 15 StGB, Rn. 152, 219, 219i.

232 LK/*Schünemann*, § 203 StGB, Rn. 43, 81; MK/*Cierniak/Pohlit*, § 203 StGB, Rn. 51, 122; *Ulsenheimer*, Arztstrafrecht, Rn. 361; vgl. zum Ausgangspunkt *Kreuzer*, NJW 1975, 2235.

233 *Heghmanns/Niehaus*, NStZ 2008, 58 f.

Berufsausübung erforderlichen Hilfskräfte hinzuzieht[234]. Ist dem Patienten klar, dass im Krankenhaus mehrere Ärzte zusammenwirken, so sind diese ebenso in den Kreis der zum Wissen Berufenen einbezogen. Die Konstruktion einer Einwilligung des Betroffenen in die Einbeziehung dieser Personen wäre gekünstelt[235].

Der beruflich Selbständige ist dagegen nicht Mitglied der betrieblichen Organisation des Schweigepflichtigen[236]. Eine Bildung von Funktionseinheiten über den Rechtsträger der medizinischen Einrichtung hinaus wird ganz überwiegend abgelehnt. Nur im Einzelfall können deshalb beruflich selbständig Handelnde in den informationellen Schutzbereich des § 203 StGB als Gehilfen einbezogen werden[237]. Nach verbreiteter Ansicht werden mit einfachen nichtmedizinischen Tätigkeiten beschäftigte Personen wie Boten, Kraftfahrer und Reinigungspersonal aus dem Kreis der Berufshelfer ausgeschlossen[238]. Demgegenüber sind nach einer strafprozessualen Ansicht Gehilfen i. S. von § 53a StPO ausnahmslos alle Personen, die die Hauptberufsträger des § 53 StPO in irgendeiner Weise unterstützen[239]. Eine andere Ansicht unterscheidet sich im Ergebnis nicht von einer früheren Ansicht, wonach alle Personen, die beim Arzt vieles sehen und hören, in den Kreis der Gehilfen des § 203 III StGB einbezogen werden[240]. Die strafprozessuale Ansicht entspricht dem Wortlaut von § 53 StPO und legt auf die strafprozessuale Besonderheit Gewicht[241].

2. Gleichgestellte Personen in § 203 III StGB

a) Ehrenamtlich und gelegentlich tätiges Personal

Voraussetzung für die Schweigepflicht des Gehilfen gem. § 203 III S. 2 StGB ist, dass dieser berufsmäßig handelt. Meinungsverschiedenheiten bestehen darüber,

---

234 LG Bonn NJW 1995, 2419; LK/*Schünemann*, § 203 StGB, Rn. 43.

235 LK/*Schünemann*, a. a. O.

236 MK/*Cierniak*/*Pohlit*, § 203 StGB, Rn. 123; NK/*Kargl*, § 203 StGB, Rn. 38a.

237 Vgl. *Heghmanns*/*Niehaus*, NStZ 2008, 58 f.

238 *Fischer*, § 203 StGB, Rn. 21; HK-GS/*Tag*, § 203 StGB, Rn. 19; KK/*Senge*, § 53a StPO, Rn. 2 f.; *Kohlhaas*, GA 1958, 67; *Lackner*/*Kühl*, § 203 StGB, Rn. 11b; *Laufs*/*Uhlenbruck*/*Ulsenheimer*, Handbuch des Arztrechts, § 73, Rn. 2; LK/*Schünemann*, § 203 StGB, Rn. 79; *Maurach*/*Schroeder*/*Maiwald*, Strafrecht BT I, § 29 III, Rn. 37; MK/*Cierniak*/*Pohlit*, § 203 StGB, Rn. 122; NK/*Kargl*, § 203 StGB, Rn. 38; *Roxin*/*Schroth*/*Braun*, Medizinstrafrecht, S. 229; Sch/Sch/*Lenckner*/*Eisele*, § 203 StGB, Rn. 64a; *Spickhoff*/*Knauer*/*Brose*, Medizinrecht, §§ 203–205 StGB, Rn. 22; dazu näher *Langkeit*, NStZ 1994, 8 f.

239 LR/*Alexander Ignor*/*Camilla Bertheau*, § 53a StPO, Rn. 2, 6.

240 *Kohlhass*, NJW 1972, 1502; SK/*Rogall*, § 53a StPO, Rn. 10; dazu näher *Kleinewefers*/*Wilts*, NJW 1964, 430 ff.; Einwände KK/*Senge*, § 53a StPO, Rn. 2.

241 Vgl. *Michalski*/*Römermann*, NJW 1996, 3236.

ob aus Gefälligkeit, ehrenamtlich oder nur gelegentlich tätige Personen als berufsmäßige Gehilfen gem. § 203 III S. 2 StGB angesehen werden können. Grundsätzlich reicht es aus, dass der Gehilfe die berufliche Tätigkeit der in § 203 I StGB aufgezählten Berufsangehörigen unterstützt. Seine Tätigkeit muss sich mit der beruflichen Funktion des Arztes nicht vollständig decken[242]. Auch eine befristete oder eine dauerhafte Anstellung wird nicht als Voraussetzung angesehen[243]. Nach den meisten Ansichten im Strafrecht und im Strafprozessrecht kann auch die gelegentlich in der Arztpraxis mithelfende Ehefrau gem. § 203 III S. 2 StGB selbst täterschaftlich handeln[244]. Demgegenüber wendet eine andere Ansicht ein, dass auch der Gehilfe berufsmäßig handeln müsse. Daher würden ehrenamtliche oder nur gelegentlich handelnde Person von vornherein aus dem Kreis der Gehilfen des § 203 III S. 2 StGB ausgeschlossen[245]. Aus diesem Grund sei die nur gelegentlich tätige Ehefrau des Arztes keine Gehilfin[246]. Der Wortlaut des § 203 III S. 2 StGB regelt einfach „berufsmäßig tätige Gehilfen" im inneren Zusammenhang. Der Begriff „Berufsmäßigkeit" wird auch in § 8 I Nr. 2 SGB IV verwendet. Eine gelegentliche, d. h. zwei Monate pro Jahr unterschreitende Tätigkeit ist trotzdem sozialversicherungspflichtig, wenn sie „berufsmäßig" ausgeübt wird. Es ist aber zweifelhaft, ob eine „gelegentliche Berufstätigkeit" i. S. des § 203 StGB an den in § 8 I Nr. 2 SGB IV geregelten Arbeitszeitraum gebunden sein kann,

242 *Fischer*, § 203 StGB, Rn. 21; LK/*Schünemann*, § 203 StGB, Rn. 81; SK/*Hoyer*, § 203 StGB, Rn. 49; vgl. zur strafprozessualen Auffassung KMR/*Neubeck*, § 53a StPO, Rn. 2 f.; SK/*Rogall*, § 53a StPO, Rn. 7 f.

243 *Bartsch*, Ärztliche Schweigepflicht und Zeugnisverweigerungsrecht, S. 29; *Harenne*, Das Zeugnisverweigerungsrecht der Berufshelfer nach § 53a StPO, S. 5 ff.; *Kohlhaas*, GA 1958, 67; LK/*Schünemann*, § 203 StGB, Rn. 82; NK/Kargl, § 203 StGB, Rn. 38; im Ergebnis ebenso *Heghmanns/Niehaus*, NStZ 2008, 58.

244 *Bartsch*, Ärztliche Schweigepflicht und Zeugnisverweigerungsrecht, S. 29; *Dallinger*, JZ 1953, 436; KK/*Senge*, § 53a StPO, Rn. 2; *Krekeler/Schonard*, wistra 1998, 138; LK/*Schünemann*, § 203 StGB, Rn. 82; LR/*Alexander Ignor/Camilla Bertheau*, § 53a StPO, Rn. 2; KMR/*Neubeck*, § 53a StPO, Rn. 2; *Kohlhaas*, GA 1958, 67, 70; *Maurach/Schroeder/Maiwald*, Strafrecht BT I, § 29 III, Rn. 37; Sch/Sch/*Lenckner/Eisele*, § 203 StGB, Rn. 64; *Schäcker*, BB 1964, 969; *Schlund*, JR 1977, 266; SK/*Hoyer*, § 203 StGB, Rn. 49; SK/*Rogall*, § 53a StPO, Rn. 8, 19; *Stein/Jonas/C. Berger*, § 383 ZPO, Rn. 53, Fn. 85; im Ergebnis ebenso *Fischer*, § 203 StGB, Rn. 21.

245 *Lackner/Kühl*, § 203 StGB, Rn. 11b; MK/*Cierniak/Pohlit*, § 203 StGB, Rn. 124; *Schmitz*, JA 1996, 773; im Ergebnis ebenso *Laufs/Uhlenbruck/Schlund*, Handbuch des Arztrechts, § 75, Rn. 46.

246 Vgl. *Lackner/Kühl*, § 203 StGB, Rn. 11b.

wenn sie von wirtschaftlich untergeordneter Bedeutung ist[247]. In diesem Zusammenhang kommt es vielmehr darauf an, inwieweit die häufig in der Arztpraxis ihres Mannes aushelfende Ehefrau den Dienst des Arztes unmittelbar unterstützen kann. Sie kann als Gehilfin i. S. des § 203 III StGB angesehen werden, wenn ihre Tätigkeit unter der Führung des Arztes ausgeübt wird oder unmittelbar der Tätigkeit des Arztes dient[248].

b) Selbständig tätiges Personal

Problematisch ist die Gehilfenstellung bei allen nicht als Arbeitnehmer beschäftigten, sondern selbständig tätigen Personen, die für die Behandlung erforderliche medizin-technische oder organisatorische Leistungen im Rahmen von Dienst- oder Werkverträgen erbringen. Betriebswirtschaftliche Überlegungen können die Auffassung nahelegen, dass sich der Geheimnisträger auf die ärztlichen Kernprozesse konzentriere. Die Übertragung von Leistungen an außenstehende Zulieferer liegt umso näher, je weiter die betreffenden Prozesse vom Kerngeschehen der ärztlichen Tätigkeit entfernt sind.

Zunächst wird hier auf das *Outsourcing* von finanzbezogenen Leistungen eingegangen. Eine Ansicht vertritt die Position, dass auch der selbständige Dienstleister im Bereich des Outsourcings „Gehilfe" sein könne[249]. Sie geht davon aus, dass Wortlaut und Gesetzessystem i. V. m. dem Normzweck und der Auslegung des Gehilfenbegriffs i. S. des § 203 StGB keineswegs selbständig tätige Dritte als Gehilfen ausschlossen[250]. Entscheidend sei auch eine „Steuerungsmacht" des Hauptgeheimnisträgers gegenüber dem Vertragspartner, auf die Art des Vertrages komme es nicht an[251]. Demgegenüber bedarf es nach verbreiteter Auffassung beim Outsourcing von Versicherungsdaten einer organisatorischen Sonderbeziehung der Datenverwalter zu dem Auftraggeber[252]. Die Erteilung von Rechnungen an Patienten, die Zahlungsverfolgung und ggf.

---

247 Vgl. *Fischer*, § 203 StGB, Rn. 21.

248 Vgl. *Heghmanns/Niehaus*, NStZ 2008, 58 f.; NK/*Kargl*, § 203 StGB, R. 38a; Sch/Sch/*Lenckner*, § 203 StGB, 27. Auflage, Rn. 64.

249 *Arzt/Weber/Heinrich/Hilgendorf*, Strafrecht BT, § 8, Rn. 33; *Heghmanns/Niehaus*, NStZ 2008, 58, 62; auch EDV-Techniker *Wienke/Sauerborn*, MedR 2000, 517; ferner sozialrechtliche Auffassung *Mrozynski*, NZS 1996, 548.

250 *Heghmanns/Niehaus*, NStZ 2008, 58 ff.; *Wienke/Sauerborn*, MedR 2000, a. a. O.

251 *Heghmanns/Niehaus*, NStZ 2008, 61.

252 *Fischer*, § 203 StGB, Rn. 21 m. w. N.; *Lackner/Kühl*, § 203 StGB, Rn. 11b; Sch/Sch/*Lenckner/Eisele*, § 203 StGB, Rn. 64a; vgl. zum Ausgangspunkt OLG Düsseldorf CR 1997, 537 f. mit Anmerkung *Ehmann*.

Durchsetzung von Forderungen ist ein Prozess, der sich von der ärztlichen Tätigkeit so stark unterscheidet, dass er sich für eine organisatorische Trennung von der Praxis anbietet[253]. Die Rechnungserstellung und das Inkasso werden von ärztlichen Verrechnungsstellen als ärztlichen Standesorganisationen, aber auch in Form des echten Factorings von nicht an eine Standesorganisation gebundenen Unternehmen durchgeführt. § 203 I Nr. 6 StGB erklärt die „Verrechnungsstelle“ ausdrücklich zum Geheimnisträger. Damit ist zu klären, welche Organisationsformen der Auslagerung von Rechnungsstellung und Forderungsverfolgung der § 203 I Nr. 6 StGB umfasst und wie die Abgrenzung gegenüber dem Gehilfen gem. § 203 III StGB vorzunehmen ist. Manchmal wird die Auffassung vertreten, dass nur die berufsständischen Verrechnungsstellen von der Vorschrift erfasst seien[254]. Es handelt sich bei diesen Stellen um bürgerlich-rechtliche Vereine, in denen die niedergelassenen Ärzte Mitglied sind und denen sie die Rechnungserstellung bis hin zum Forderungseinzug übertragen[255]. Auch besagt eine Ansicht, dass die Abgrenzung zwischen dem Kreis der Vertragspartner des Schweigepflichtigen und den in dessen Herrschaftsbereich „tätigen Gehilfen“ noch unklar sei[256]. Somit würde die Einstufung eines gewerblichen Factoringunternehmens als privatrechtliche Verrechnungsstelle gegen das Analogieverbot und das Bestimmtheitsgebot des Art. 103 II GG verstoßen[257]. Seit Einfügung der Nr. 6 in den Katalog des § 203 I StGB im Jahre 1975 haben sich jedoch zusätzlich gewerbliche Unternehmen etabliert, die entsprechende Dienstleistungen bis hin zu echten Formen des Factoring für den Arzt übernehmen. § 203 I StGB setzt gegenüber § 203 III S. 1 StGB eine selbständige Stellung des Geheimnisträgers voraus[258]. Das muss auch für die in Nr. 6 genannten Verrechnungsstellen gelten[259]. § 203 I Nr. 6 StGB ist nicht anzuwenden, wenn die Abrechnungsorganisation bereits der Schweigepflicht

---

253 Vgl. *Deutsch*, NJW 2000, 1748.

254 OLG Köln NJW 1991, 754 ff. mit Anmerkung *König*.

255 Vgl. OLG Köln a. a. O.; LG Kleve NJW 1991, 756; AG Grevenbroich NJW 1990, 1536.

256 LK/*Schünemann*, § 203 StGB, Rn. 79.

257 *Fischer*, § 203 StGB, Rn. 18; LK/*Schünemann*, a. a. O.; MK/*Cierniak*, § 203 StGB, 37; siehe zur Verfassungswidrigkeit *Gola/Klug*, NJW 2007, 122; HK-GS/*Tag*, § 203 StGB, Rn. 18; SK/*Hoyer*, § 203 StGB, Rn. 46; Sch/Sch/*Lenckner/Eisele*, § 203 StGB, Rn. 41; hierzu näher *Fischer/Uthoff*, MedR 1996, 118; *Taupitz*, NJW 1996, 3033 ff.

258 Vgl. *Bongen/Kremer*, NJW 1990, 2911.

259 A. A. Sch/Sch/*Lenckner/Eisele*, § 203 StGB, Rn. 41; SK/*Hoyer*, § 203 StGB, Rn. 46.

gem. § 203 III S. 1 StGB unterliegt[260]. Die Gehilfenstellung setzt aber eine Funktionseinheit und damit eine Weisungsbefugnis des Geheimnisträgers bzw. eine effektive Kontrollmöglichkeit[261] voraus. Solange die Funktionseinheit besteht, kann sich die Schweigepflicht nur aus § 203 III StGB ergeben[262]. Diese Voraussetzungen sind bei der Abtretung der Honorarforderung an ein Unternehmen nicht mehr gegeben. Der Arzt hat keinen Einfluss mehr auf den Umgang des Unternehmens mit den für die Forderungsdurchsetzung notwendigen Daten. Es besteht keine Funktionseinheit[263]. Als Konsequenz kann das Factoringunternehmen weder als ein selbständiger noch als ein organisatorischer Gehilfe im Sinne des Kreises der zum Wissen Befugten in den Anwendungsbereich des § 203 III StGB einbezogen werden[264]. Nach einer Ansicht unterscheidet sich die privatrechtliche Verrechnungsstelle von einem gewerblichen Factoringunternehmen[265]. Der strafrechtliche Schutz der Patientengeheimnisse bei den mit der Forderungsverfolgung beauftragten Unternehmen hängt deshalb allein davon ab, ob auch sie als privatärztliche Verrechnungsstellen i. S. von § 203 I Nr. 6 StGB anzusehen sind. Der Wortlaut der Vorschrift spricht dafür, dass nur die berufsständischen Verrechnungsstellen erfasst sind, weil nur diese sich als „Verrechnungsstelle" bezeichnen. Allerdings ist nicht anzunehmen, dass sich der Gesetzgeber auf die bei der Einführung der Vorschrift gängigen Bezeichnungen und Erscheinungsformen der Ausgliederung der Rechnungserstellung aus der ärztlichen Praxis habe beschränken wollen. Das Ziel dürfte vielmehr ein lückenloser strafrechtlicher Geheimnisschutz für sämtliche Erscheinungsformen der Auslagerung von Abrechnungsvorgängen und Forderungsverfolgung

260 OLG Stuttgart NJW 1987, 1490; *Fischer*, § 203 StGB, Rn. 18, 21.

261 *Kilian*, NJW 1987, 697; *You*, Der zivilrechtliche Schutz der Persönlichkeit bei der Verletzung der ärztlichen Schweigepflicht, S. 103.

262 Vgl. LK/*Schünemann*, § 203 StGB, Rn. 78, 115; MK/*Cierniak*/*Pohlit*, § 203 StGB, Rn. 124; vgl. ferner *Taupitz*, VersR 1991, 1215, 1217.

263 Vgl. *Bongen*/*Kremer*, MDR 1991, 1032; *Fischer*, § 203 StGB, Rn. 21.

264 Vgl. BGH MedR 1991, 329 mit Anmerkung *Taupitz*.; BGH NJW 1992, 739; OLG Bremen NJW 1992, 758; OLG Stuttgart NJW 1987, 1491; *Berger*, NJW 1995, 1587; *Bergmann*/*Möhrle*/*Herb*, § 4a BDSG 01, Rn. 56; *Bongen*/*Kremer*, NJW 1990, 2911; Erman/*H. Palm*/*A. Arnold*, § 134 BGB, Rn. 43; *Heintzen*/*Lilie*, NJW 1997, 1602 ff.; *Körner-Dammann*, NJW 1992, 730; *Laufs*, NJW 1995, 1595; NK/*Kargl*, § 203 StGB, Rn. 36; *Ulsenheimer*, Arztstrafrecht, Rn. 374b; zu GmbHG *Taupitz*, NJW 1996, 3037 ff.

265 *Lackner*/*Kühl*, § 203 StGB, Rn. 6; *Lips*/*Schönberger*, NJW 2007, 1569; SK/*Hoyer*, § 203 StGB, Rn. 46; *Taupitz*, VersR 1991, 1219; im Ergebnis ebenso Sch/Sch/*Lenckner*, § 203 StGB, 27. Auflage, Rn. 41.

gewesen sein[266]. Die Interessenlage des betroffenen Patienten ist jedenfalls in allen Fällen des Forderungseinzugs durch Dritte identisch. Anders als bei der privatärztlichen Rechnungserstellung für den Krankenhausarzt durch Mitarbeiter der Buchhaltung des Krankenhauses besteht auch bei den berufsständischen Verrechnungsstellen kein effektiver Einfluss des einzelnen Arztes auf den Umgang mit den übermittelten Daten mehr. Die Übermittlung von Patientendaten an gewerbliche Unternehmen unterscheidet sich nicht von der Übermittlung von Daten an die Verrechnungsstellen. Die durch eine Beschränkung der Anwendung von § 203 I Nr. 6 StGB auf ständische Verrechnungsstellen entstehende strafrechtliche Lücke wäre um so weniger zu rechtfertigen, als persönliche Daten im gewerblichen Bereich generell einer stärkeren Gefährdung unterliegen. Da der Wortlaut des § 203 I Nr. 6 StGB die Tätigkeit der gewerblichen Unternehmen mit umfasst, so wird auch nicht gegen das strafrechtlichen Analogieverbots verstoßen[267].

Wegen der fehlenden Weisungsgebundenheit und seiner Stellung als Selbständiger wird auch der *Zahntechniker* nach überwiegender Ansicht nicht als Gehilfe des Zahnarztes angesehen[268]. Demgegenüber besagt eine andere Ansicht, dass der Zahntechniker gemäß dem Auftrag des Zahnarztes am Behandlungsgeschehen teilnehme. Daher sei ihm die Gehilfeneigenschaft im Sinne des effektiven Schutzes personenbezogener Daten zuzusprechen[269]. Der strafrechtliche Meinungsstand darf die zivilrechtliche Konstruktion nicht außer Acht lassen[270]. Die Herstellung eines Funktionszusammenhangs ist für die Zusammenarbeit von Zahnarzt und selbständigem Zahntechniker nicht erforderlich. Der Zahntechniker kann an der Behandlung mit seinen Produkten mittelbar teilnehmen[271], ohne den Namen des Patienten zu kennen. Schuldner der Vergütung des Zahntechnikers ist der beauftragende Zahnarzt. Der Zahntechniker braucht deshalb auch für die Realisierung des Vergütungsanspruchs keine personenbezogenen Daten des Patienten zu kennen. Ein effektiver Schutz des Patienten besteht schon

266 Vgl. *Gramberg-Danielsen/Kern*, NJW 1998, 2709 f.

267 Vgl. OLG Köln NJW 1991, 755.

268 *Fischer*, § 203 StGB, Rn. 21; KK/*Senge*, § 53a StPO, Rn. 3; KMR/*Neubeck*, § 53a StPO, Rn. 3; LK/*Schünemann*, § 203 StGB, Rn. 79; *Meyer-Goßner/Schmitt*, § 53a StPO, Rn. 2; MK/*Cierniak/Pohlit*, § 203 StGB, Rn. 123; NK/*Kargl*, § 203 StGB, Rn. 38a; *Pfeiffer*, § 53a StPO, Rn. 1.

269 LBerfusG für Zahnärzte, Stuttgart NJW 1975, 2255 f.; LR/*Alexander Ignor/Camilla Bertheau*, § 53a StPO, Rn. 3; SK/*Rogall*, § 53a StPO, Rn. 22.

270 Dazu näher SK/*Rogall*, § 53a StPO, Rn. 8.

271 Vgl. *Könning*, VersR 1989, 224 f.; SK/*Rogall*, § 53a StPO, Rn. 9 f., 22.

dadurch, dass nur solche Daten übermittelt werden, die keinen Schluss auf bestimmte Personen zulassen. Eine Einbeziehung des Zahntechnikers in den Kreis der Gehilfen verbessert den Geheimnisschutz des Patienten nicht.

Der *Krankentransporteur* wird üblicherweise nicht vom Arzt oder dessen Angestellten, sondern von selbständigen Unternehmen durchgeführt. Nach verbreiteter Ansicht im Strafrecht und im Strafprozessrecht wird der Krankenwagenfahrer nicht den Gehilfen i. S. von § 203 III S. 1 StGB zugerechnet, weil er eine „selbstständig" tätige Person sei. Diese Qualifikation gehe auch dann nicht verloren, wenn er von einem Arzt gerufen worden ist[272]. Die Gehilfenstellung wird auch wegen der fehlenden Weisungsabhängigkeit, des Fehlens einer unmittelbaren Unterstützung des Arztes und wegen der Eigenständigkeit der im Rettungswesen tätigen Organisationen abgelehnt. Der Krankenwagenfahrer wird nach anderer Ansicht ausnahmsweise als Gehilfe angesehen, wenn er vom Arzt gerufen wird, weil dann eine unmittelbare Beziehung zur ärztlichen Tätigkeit bestehe[273]. Der erstgenannten Ansicht ist nicht zuzustimmen, weil sie die Anforderungen an die Gehilfenstellung allzu schematisch anwendet. Wenn der Patient den Arzt angerufen hat, muss der Arzt dem Krankenwagenfahrer die Adresse und den Name des Patienten mitteilen, damit der Fahrer ggf. nach seiner Weisung den Patienten in ein bestimmtes Krankenhaus transportiert[274]. Insoweit kann der Krankenwagenfahrer als Gehilfe angesehen werden. Und die ihm vom Arzt mitgeteilte Information ist auch ein Schutzgegenstand im Sinne des § 203 StGB[275].

c) Organisatorisch tätiges Personal

Im Rahmen der Arbeitsteilung wird schließlich auch Personal eingesetzt, das zwar durch seine Tätigkeit zu den Voraussetzungen ärztlicher Tätigkeit beiträgt, aber nicht an den eigentlichen medizinischen Leistungen beteiligt ist. Zum organisatorischen Personal in diesem Sinne zählt z. B. der Pförtner im Ärzte- oder im Krankenhaus. Sehr häufig wird die Ansicht vertreten, dass Personen wie Pförtner oder Reinigungspersonal von vornherein nicht als Gehilfen des Arztes angesehen

---

272 KK/*Senge*, § 53a StPO, Rn. 3; KMR/*Neubeck*, § 53a StPO, Rn. 3; LR/*Alexander Ignor*/*Camilla Bertheau*, § 53a StPO, Rn. 3; MK/*Cierniak*/*Pohlit*, § 203 StGB, Rn. 124; vgl. zum Ausgangspunkt NK/*Kargl*, § 203 StGB, Rn. 38a; *Schäcker*, BB 1964, 968 f.

273 LK/*Schünemann*, § 203 StGB, Rn. 79.

274 Vgl. zu Rettungsassistenten *Boll*, MedR 2002, 232.

275 Vgl. *Kleinewefers*/*Wilts*, NJW 1964, 431; *Kohlhaas*, NJW 1967, 666; *ders.*, NJW 1972, 1502.

werden können[276]. Eine andere Ansicht sieht den Pförtner dagegen als Gehilfen im Sinne von § 203 III StGB an, weil das Aufsuchen des Arztes und die ärztliche Behandlung nicht ohne seine Kenntnis möglich seien. Diese Auffassung zielt auf den weiteren Schutz für die Identität des Patienten ab[277] und entspricht der viktimodogmatischen Auslegung. Die Schweigepflicht gem. § 203 StGB ist auf diejenigen Personen beschränkt, denen sich der Ratsuchende mehr oder weniger zwangsläufig anvertrauen muss. Die Reichweite des Schutzes der Vertraulichkeit kann dabei nicht vom Grad der Arbeitsteilung auf der Seite des Schweigepflichtigen abhängen. Wenn der Arzt dem Patienten selbst die Tür öffnet, ist schon diese Phase des Kontaktes von der Schweigepflicht geschützt. Setzt der Arzt einen Pförtner ein, um sich auf seine eigentlichen Aufgaben zu konzentrieren, so besteht kein Anlass, den Schutz der Vertraulichkeit zu lockern. Dies läuft auf die Grundsätze der Funktionseinheit hinaus. Der Pförtner kann deshalb als Gehilfe angesehen werden, soweit der private Arzt ein eigenes Krankenhaus betreibt. Auch die beim Arzt angestellte Reinigungskraft ist Gehilfin. Werden Reinigungsarbeiten aber von einem selbständig tätigen Dritten erbracht, so ist die Lage anders zu beurteilen. Externe Personen können nicht in die Funktionseinheit einbezogen werden. Die Tätigkeit des Pförtners im Ärztehaus unterliegt nicht den Weisungen des Arztes. Der Pförtner nimmt weder unmittelbar an dem konkreten Vertrauensverhältnis teil, noch unterstützt er die Tätigkeit des Arztes[278].

3. Korea

Gem. § 317 KStGB haben der Hauptgeheimnisträger und seine Gehilfen als Schweigepflichtige die gleiche Stellung inne. Demgegenüber wird der Gehilfe als Zeugnisverweigerungsberechtigter weder im Wortlaut des § 147 KStPO genannt noch in ihn einbezogen. Welche Mitarbeiter als Gehilfen i. S. von § 317 KStGB und § 147 KStPO in den Kreis der Internen einbezogen werden können, ist bisher weder durch die Rechtsprechung noch durch das Schrifttum geklärt worden

---

276 *Fischer*, § 203 StGB, Rn. 21; *Kreuzer*, NJW 1975, 2235; *Laufs/Uhlenbruck/Ulsenheimer*, Handbuch des Arztrechts, § 72, Rn. 2; LK/*Schünemann*, § 203 StGB, Rn. 79; NK/*Kargl*, § 203 StGB, Rn. 38; *Roxin/Schroth/Braun*, Medizinstrafrecht, S. 229; *Schäcker*, BB 1964, 969; Sch/Sch/*Lenckner/Eisele*, § 203 StGB, Rn. 64; *Ulsenheimer*, Arztstrafrecht, Rn. 361.

277 OLG Karlsruhe MedR 2007, 253; *Kamps*, MedR 1985, 202; *Kleinewefers/Wilts*, NJW 1964, 430; MK/*Cierniak/Pohlit*, § 203 StGB, Rn. 122; *Spickhoff*, NJW 2007, 1636; *Taupitz*, EwiR 1997, 133; im Ergebnis ebenso BGH NJW 2000, 1427; LR/*Alexander Ignor/Camilla Bertheau*, § 53a StPO, Rn. 6.

278 Vgl. *Meyer-Goßner/Schmitt*, § 53a StPO, Rn. 2, 5.

und ist daher eine ganz offene Frage. Nur in einem Lehrbuch zum strafprozessualen Schrifttum wird vorgeschlagen, dass das Zeugnisverweigerungsrecht des Gehilfen im Rahmen des Zeugnisverweigerungsrechts der in § 147 KStPO aufgezählten Personen zulässig sein müsse[279]. Nach dem Wortlaut des § 147 KStPO ist es erforderlich, dass der Zeugnisverweigerungsberechtigte die fragliche Information über den Patienten aus dessen Auftrag erlangt hat. Somit erstreckt sich dieses Verhältnis auf das Dienstverhältnis zwischen dem Arzt und dessen Gehilfen. In diesem Verhältnis besteht die Schweigepflicht, so dass im Prinzip nicht nur der Umfang der Mitteilung an einen Gehilfen in der beruflichen Tätigkeit des Arztes einschränkt wird, sondern auch, insoweit das Zeugnisverweigerungsrecht des Gehilfen angenommen werden kann.

Vor dem Inkrafttreten des KPISG stellte sich die Frage nach dem Verhältnis zwischen dem Auftraggeber und dem Beauftragten. In diesem Zusammenhang ist vorgeschlagen worden, dass die Haftung des die heilkundliche Information tragenden Datenträgers gemäß dem Auftrag über personenbezogene Daten oder nach der Geschäftsübernahme verstärkt werden solle, um den Patienten zu schützen[280]. Gem. § 26 IV KPISG verpflichtet sich der Auftraggeber zur Unterrichtung des Beauftragten, was sich auf die Vorbeugung gegenüber Verlust, Diebstahl, Verrat, Fälschung oder Beschädigung der personenbezogenen Information bezieht. Der Auftraggeber muss kontrollieren, ob der Beauftragte mit der personenbezogenen Information pflichtgemäß umgeht. Es kommt nicht darauf an, ob der Beauftragte – z. B. beim Outsourcing – eine natürliche oder eine juristische Person ist. Gem. § 26 VI KPISG ist der Beauftragte in Bezug auf den Schadensersatz wegen eines Verstoßes gegen Vorschriften dieses Gesetzes als Arbeitnehmer des Datenträgers anzusehen. Auch die Schweigepflicht wird dem Beauftragten gem. § 26 VII KPISG auferlegt. Daraus kann auch die Qualifikation als Gehilfe des Beauftragten abgeleitet werden.

Zu den medizinisch-technischen Assistenten gehören gem. § 2 KMTAG (n. F.) medizinisch-technische Laborassistenten, medizinisch-technische Radiologieassistenten, Physiotherapeuten, Beschäftigungstherapeuten, Zahntechniker sowie Dentalhygieniker. In diesem Zusammenhang geht es um das Verhältnis zwischen dem Zahnarzt und dem Zahntechniker. Zahntechnische

279 *Bae/Lee/Jeong*, Lehrbuch des Strafprozessrechts, 48/49 mit BVerfGE 38, 32; *Beck, Hyung Ku*, Das Recht und die Pflicht des Zeugen, S. 40; *Lee, Jae Sang*, Lehrbuch des Strafprozessrechts, 34/29; *Shin, Dong Woon*, Lehrbuch des Strafprozessrechts, S. 737; *Yim, Dong Kyu*, Lehrbuch des Strafprozessrechts, S. 600.

280 *Lee, Eun Young*, Die Maßregel für den Schutz der personenbezogenen Information, 02.02.2005.

Arbeiten werden in einem Dentallabor oder in einem zahntechnischen Labor durchgeführt, das entweder als selbständiges gewerbliches Labor besteht oder einer Zahnarztpraxis angegliedert ist[281]. Medizinisch-technische Assistenten sind in § 1–2 Nr. 1 KMTAG n. F. begrifflich definiert, wonach ihre Tätigkeit der beruflichen Tätigkeit des Arztes oder des Zahnarztes nachgeordnet ist, obwohl sich der Tätigkeitsbereich des Zahntechnikers gem. § 2 I Nr. 5 Verordnung-KMTAG i. V. mit dem § 3 KMTAG auf Herstellung und Reparatur der Zahnprothese und auf die Verarbeitung des Materials der Zahnprothese bezieht. Auch der Zahnarzt kann bestätigen, ob das zahntechnische Produkt gem. § 11–3 KMTAG dem Auftrag entsprechend hergestellt werden soll. Und der selbständige Zahntechniker muss dieser Forderung des Zahnarztes folgen. Im Auftragsformular gem. § 12–4 I Verordnung-KMTAG i. V. mit dem § 11–3 II KMTAG sind der Name, das Geschlecht, das Geburtsdatum des Patienten einzutragen, und dabei ist eine genaue Abformung des Patientengebisses zu zeichnen. Somit wird dem Zahntechniker nicht nur die Schweigepflicht gem. §§ 10, 30 I Nr. 3 KMTAG auferlegt, sondern wird er auch als Gehilfe des Zahnarztes angesehen. Demgemäß wird bestätigt, dass es bei der Erörterung der Frage, ob jemand befristet oder auf Dauer als Gehilfe anzuerkennen sei, nicht darauf ankommt, ob die fragliche Person selbständig oder unselbständig tätig ist. Daher können eigentlich alle Personen, die die Tätigkeit des Arztes unterstützen, dessen Gehilfen sein[282]. Hierbei ist es gleichgültig, ob diese unterstützende Tätigkeit ehrenamtlich oder nicht ehrenamtlich ausgeübt wird. Die koreanische Situation der selbständig tätigen Dienstleister insbesondere im Bereich der Rechnungserstellung und der Forderungsverfolgung wird im koreanischen juristischen Schrifttum nicht diskutiert, und zwar auch deshalb, weil sich das koreanische medizinische System in dieser Hinsicht noch von dem deutschen unterscheidet. Im Allgemeinen erstellt der private Arzt seine Rechnungen selbst. Nur im Krankenhaus werden diese Aufgaben abgesondert und von der Buchhaltung des Krankenhauses wahrgenommen. Außerdem gibt es auch keine mit der deutschen Verrechnungsstelle vergleichbare Institution. In diesem Zusammenhang könnten die gelegentlich in der Arztpraxis mithelfende Ehefrau und der Pförtner als Gehilfen angesehen werden. Eine Putzfrau wird aber ausgeschlossen, weil es ihr an einer der heilkundlichen Tätigkeit entsprechenden staatlichen Ausbildung fehlt und weil ihre Tätigkeit nicht in den Tätigkeitsbereich des Arztes fällt.

281 www.kdtech.or.kr/.

282 *Cho, June Hyun*, Strafrecht BT, S. 217; *Jin/Lee*, Strafrecht BT, S. 274.

III. Zusammenfassung und Zwischenergebnis

1. Deutschland

Die beruflich Schweigepflichtigen werden in § 203 I StGB aufgezählt. Grundsätzlich setzt die Ausübung von Heilberufen eine staatlich geregelte Ausbildung voraus. Nach dem Wortlaut dieses Paragraphen sind auch die Tierärzte schweigepflichtig, die auf höchstpersönliche Daten des Tiereigentümers oder des Auftraggebers bezogene Rechnungen ausstellen. Eine solche Rechnung kann daher als gem. § 203 StGB schutzwürdiges Geheimnis gelten. Im Prinzip ist diese grundlegende Anforderung bei den Hilfspersonen in vielen Fällen nicht gegeben. Wegen der modernen komplexen Medizintechnik ist die nach Funktionseinheiten differenzierte Arbeitsteilung als Kriterium zur Abgrenzung zwischen § 203 I und III BGB maßgeblich. Der Gehilfe im Sinne des § 203 III StGB umgreift ehrenamtlich oder gelegentlich tätiges Personal, etwa die in der Arztpraxis mithelfende Ehefrau und dort organisatorisch tätiges Personal, etwa die beim Arzt angestellte Reinigungskraft und den im eigenen Krankenhaus des Arztes angestellten Pförtner, nicht jedoch selbständig tätiges Personal, etwa Outsourcing, Verrechnungsstelle, Zahntechniker und ggf. Krankentransporteur.

2. Korea

Da die erschöpfende Aufzählung der Berufsangehörigen in § 317 KStGB nicht mit dem beschleunigten Sozialwandel Schritt halten kann, so versucht die im koreanischen Schrifttum vertretene Auffassung, eine erschöpfende Aufzählung mittels des offenen Rechtsbegriffs der Schweigepflichtigen zu erweitern. In § 317 KStGB fehlen Tierärzte und Krankenschwestern als Schweigepflichtige. Die berufsmäßigen Aufgaben und die Tätigkeiten der Angehörigen von Heilberufen werden in einem besonderen Gesetz definiert. In Korea gibt es kein Gesetz über Tierärzte, die daher keine Schweigepflichtigen sind, obwohl sie in der Praxis oftmals an der mit der Heilbehandlung verbundenen Forschung teilnehmen. Krankenschwestern werden nach strafrechtlicher Auffassung nur als Gehilfen angesehen. Nach dem Wortlaut des § 2 KMG ist die Abgrenzung zwischen der beruflichen Tätigkeit der Krankenschwestern und derjenigen des Arztes definiert, jedoch wird den Krankenschwestern eine eigene Schweigepflicht gem. § 19 KMG auferlegt. Zahntechniker unterliegen als Gehilfen des Zahnarztes gem. § 1–2 Nr. 1 KMTG der Schweigeplicht, und außerdem sind sie auch gem. §§ 10, 30 I Nr. KMTAG schweigepflichtig. Wegen des vom deutschen unterschiedenen medizinischen Systems könnten Rechnungsstelle und Pförtner in einer privat betriebenen Arztpraxis und die in der Arztpraxis mithelfende Ehefrau als Gehilfin des Arztes in Betracht kommen. Die Putzfrau aber wird als selbständiges Personal aus dem Gehilfenbegriff ausgeschlossen.

C. Offenbarung durch Unterlassen von Schutzvorkehrungen

I. Deutschland

Die Tat kann auch durch Unterlassen begangen werden. Lässt der zur Verschwiegenheit Verpflichtete geschützte Schriftstücke herumliegen, so verschafft er Dritten die Möglichkeit, von dem Inhalt dieser Schriftstücke Kenntnis zu nehmen[283]. Das gleiche gilt, wenn er elektronisch gespeicherte Daten nicht vor dem Zugriff Dritter schützt[284]. Die für die Strafbarkeit bei Unterlassen erforderliche Garantenstellung des Täters ergibt sich aus der Tatsache, dass das Geheimnis ihm anvertraut worden ist. Auch andere Gründe können eine Pflicht zur Wahrung der Vertraulichkeit auslösen. Nach einer Ansicht soll bereits die Ermöglichung des Zugriffs durch Dritte den Tatbestand durch Unterlassen verwirklichen[285]. Demgegenüber geht eine andere Ansicht davon aus, dass das Schriftstück oder die Datei tatsächlich in die Verfügungsgewalt des Außenstehenden gelangen müsse[286]. Daher wird das bloße Herumliegenlassen nicht als unbefugte Offenbarung angesehen, weil dieser Fall die Voraussetzung des aktiven Tuns im Sinne des § 13 StGB nicht erfülle[287]. Im Grundsatz ist es nicht umstritten, dass für die Offenbarung eines Geheimnisses bei mündlichen Mitteilungen deren tatsächliche Kenntnisnahme nicht erforderlich ist, auch wenn die Information intellektuell nicht verstanden zu werden braucht[288]. Bei einem etwa in einem Schriftstück verkörperten Geheimnis genügt es, dass sich ein anderer Zugang zu diesem Dokument mit der Möglichkeit der Kenntnisnahme

---

283 MK/*Cierniak*/*Pohlit*, § 203 StGB, Rn. 52; Sch/Sch/*Leckner*/*Eisele*, § 203 StGB, Rn. 19; *Spickhoff*/*Knauer*/*Brose*, Medizinrecht, §§ 203–205 StGB, Rn. 31.

284 MK/*Cierniak*/*Pohlit*, a. a. O.; Sch/Sch/*Leckner*/*Eisele*, a. a. O.

285 *Fischer*, § 203 StGB, Rn. 30b; *Heghmanns*/*Niehaus*, NStZ 2008, 57 f.; *Langkeit*, NStZ 1994, 6; *Lackner*/*Kühl*, § 203 StGB, Rn. 17; *Laufs*/*Uhlenbruck*/*Ulsenheimer*, Handbuch des Arztrechts, § 70, Rn. 9; MK/*Cierniak*/*Pohlit*, § 203 StGB, Rn. 44, 52; *Otto*, wistra 1999, 202; *Roxin*/*Schroth*/*Braun*, Medizinstrafrecht, S. 239.

286 RGSt 51, 184, 189; LK/*Schünemann*, § 203 StGB, Rn. 41; NK/*Kargl*, § 203 StGB, Rn. 19a f.

287 LK/*Schünemann*, § 203 StGB, Rn. 46; MK/*Cierniak*/*Pohlit*, § 203 StGB, Rn. 52; NK/*Kargl*, § 203 StGB, Rn. 19a; Sch/Sch/*Lenckner*/*Eisele*, § 203 StGB, Rn. 20.

288 *Lackner*/*Kühl*, § 203 StGB, Rn. 17; *Spickhoff*/*Knauer*/*Brose*, Medizinrecht, §§ 203–205 StGB, Rn. 31.

verschafft[289]. Dementsprechend wird in Bezug auf die Offenbarung durch Unterlassen die Meinung vertreten, dass es auch hier nicht auf die tatsächliche Kenntnisnahme des Geheimnisses durch einen Unbefugten ankomme[290]. In diesem Fall werde das Delikt schon dadurch verwirklicht, dass Unterlagen offenliegen, auch wenn es nicht zu einem Zugriff Dritter kommt. Nach dieser Ansicht ist in § 203 StGB allerdings vom Gefährdungsdelikt die Rede[291]. In der Anwendung wirft diese Auffassung Probleme auf, weil, anders als andere Gefährdungsdelikte, ein Delikt gem. § 203 StGB nicht fahrlässig begangen werden kann, sondern dazu wenigstens ein bedingter Vorsatz des Geheimnisträgers erforderlich ist. Der Täter muss also billigend in Kauf nehmen, dass sich ein Unbefugter aufgrund mangelnder Sicherheitsvorkehrungen Kenntnis des Geheimnisses verschafft. Trotzdem ist das von § 203 StGB geschützte Rechtsgut in gleicher Weise wie oben ausgeführt gefährdet. Der Dritte hat die Möglichkeit, vom Geheimnisträger ungehindert die verkörperten Daten zur Kenntnis zu nehmen. Hat der Geheimnisträger das Schriftstück oder den Datenträger aktiv jemandem andern übermittelt, so hat er die Kontrolle über das Geheimnis in gleicher Weise aufgegeben, wie wenn er Schriftstücke oder Dateien ungeschützt herumliegen lässt. Wenn bei verkörperten Geheimnissen die Erlangung des Gewahrsams selbst ohne Kenntnis des Geheimnisses für den Tatbestand der Offenbarung ausreichen soll, so kann für die vergleichbare Situation der nicht ausreichenden Sicherung von Schriftstücken oder Dateien gegen fremden Zugriff nichts anderes gelten[292]. Der strafrechtliche Meinungsstand nennt das Herumliegenlassen, die Nichtverhinderung und die Nichtermahnung als Beispiele für eine Unterlassung. Zwar handelt es sich bei bloßem Herumliegenlassen um eine Fahrlässigkeit, jedoch besteht keine gesetzliche Regelung, bei der die Unterscheidung zwischen aktivem Handeln und Unterlassen deutlich bestimmt wäre[293]. Bei der Verhinderung kommt eine unbefugte Offenbarung als Tun in Betracht, weil dem Arzt nicht nur die positive Verhaltenspflicht gegenüber der Einsichtnahme des anderen auferlegt wird, sondern dieses Verhalten auch als positives Tun bewertet werden kann. Bei der Nichtermahnung gegenüber seiner Sprechstundenhilfe geht es allerdings um die aus dem Zusammenhang herrührende Aufsichtspflicht

---

289 *Scholz*, NJW 1981, 1989; *Ulsenheimer*, Arztstrafrecht, Rn. 370; im Ergebnis ebenso *Mennicke/Radtke*, MDR 1993, 401.

290 *Lackner/Kühl*, § 203 StGB, a. a. O.; *Laufs/Uhlenbruck/Schlund*, Handbuch des Arztrechts, a. a. O.

291 Darauf weist zutreffend hin MK/*Cierniak/Pohlit*, § 203 StGB, Rn. 52.

292 Vgl. *Schmid*, BB 1968, 955.

293 Vgl. NK/*Kargl*, § 203 StGB, Rn. 19a.

des Arztes[294], nicht jedoch um dessen Willen oder bedingten Vorsatz. Dennoch ist es nicht erforderlich, dass ein Dritter tatsächlich von den Daten Kenntnis nimmt, weil sich § 203 StGB einfach gegen die unbefugte Offenbarung richtet. Es geht eigentlich nicht um den Dritten, sondern nur um das Verhalten und die besondere Sorgfaltspflicht des Arztes[295].

II. Korea

Die verbreitete Auffassung zu § 317 KStGB geht davon aus, dass es sich bei diesem Straftatbestand um ein abstraktes Gefährdungsdelikt handele. Schon die Tatsache, dass ein Dritter die Möglichkeit der Kenntnisnahme des Geheimnisses hat, erfülle den Tatbestand der Offenbarung[296]. Daher sei es nicht erforderlich, dass Dritte vom Inhalt des Geheimnisses tatsächlich Kenntnis nehmen[297]. Es ist auch nicht umstritten, dass im subjektiven Tatbestand mindestens bedingter Vorsatz in Bezug auf die Möglichkeit der Kenntnisnahme notwendig ist. Auch müsse der Geheimnisträger die Bedeutung seines Berufs und seiner Handlung erkennen[298]. Die in Deutschland angeführten Beispiele der Verletzung der Schweigepflicht durch pflichtwidriges Unterlassen werden von der herrschenden Auffassung in Korea in gleicher Weise als strafbar angesehen. Eine abweichende Ansicht hebt dagegen hervor, dass das Geheimnis gem. § 317 KStGB durch aktives Handeln offenbart werden müsse[299]. Eine Schweigepflichtverletzung durch unechte Unterlassung wird demnach nicht für möglich gehalten. Gerechtfertigt wird diese Ansicht damit, dass die Begründung von Schutzpflichten im Hinblick auf den Umfang der unechten Unterlassung und

---

294 Vgl. LK/*Schünemann*, § 203 StGB, Rn. 46.

295 Vgl. Soergel/*Spickhoff*, § 823 BGB, Rn. 116; *ders.*, § 823 Anh. I BGB, Rn. 48 ff.

296 *Jin/Lee*, Strafrecht BT, S. 273.

297 *Cho, Jun Hyun*, Strafrecht BT, S. 217; *Jin, Ge Ho*, Strafrecht BT, S. 259; *Jin/Lee*, Strafrecht BT, S. 273; *Jeong, Sung Geun*, Strafrecht BT, S. 251; *Jeong, Young Il*, Strafrecht BT, S. 188; *Jeong/Park*, Strafrecht BT, S. 239; *Lee, Hyung Guk*, Strafrecht BT, S. 355; *Lee, Jae Sang*, Strafrecht BT, § 14/23; *Lee, Jung Won*, Strafrecht BT, S. 274; *Oh, Young Geun*, Strafrecht BT, S. 296; *Son, Dong Kwan*, Strafrecht BT, S. 241; *Yim, Woong*, Strafrecht BT, S. 233; a. A. *Bae, Jong Dae*, Strafrecht BT, S. 296; *Beck, Hyung Ku*, Strafrecht BT, S. 402; *Kim, Il Su*, Strafrecht BT, S. 203; *Kim/Sub*, Strafrecht BT, S. 235.

298 *Bae, Jong Dae*, Strafrecht BT, S. 304; *Beck, Hyung Ku*, Strafrecht BT, S. 401; *Cho, Jun Hyen*, Strafrecht BT, S. 184; *Jeong, Young Il*, Strafrecht BT, S. 188; *Jeong*/Park, Strafrecht BT, S. 241; *Kim/Sub*, Strafrecht BT, S. 238; *Lee, Jung Won*, Strafrecht BT, S. 273; *Oh, Young Geun*, Strafrecht BT, S. 298; *Park, Sang Ki*, Strafrecht BT, S. 229; *Son, Dong Kwan*, Strafrecht BT, S. 241; *Yim, Woong*, Strafrecht BT, S. 235.

299 *Lee, Jung Won*, Strafrecht BT, S. 274.

die Gleichwertigkeit von Handeln und Unterlassen nicht möglich sei, ohne das Prinzip „keine Strafe ohne Gesetz" zu verletzen. Wenn eine Pflicht zur Verhinderung einer Einsichtnahme durch einen Dritten bestehen solle, müsse deshalb zusätzlich oder gesondert ein Straftatbestand der echten Unterlassung geschaffen werden. Das bloße Herumliegenlassen schaffe zwar die Möglichkeit der Kenntnisnahme durch Dritte, könne aber trotz Unterlassen der notwendigen Sicherung nicht ohne weiteres als Offenbarung gelten[300]. § 18 KStGB setzt allerdings nicht die Gleichwertigkeit von Tun und Unterlassen voraus. Deshalb ist diese Ansicht als unzutreffend abzulehnen.

D. „Unbefugt" als Deliktmerkmal

I. Deutschland

§ 203 StGB setzt voraus, dass der Arzt das Geheimnis unbefugt offenbart. Über die Bedeutung des Deliktmerkmals „unbefugt" ist eine heftige Debatte im Gange. Es geht darum, ob eine „befugte" Offenbarung den Tatbestand des § 203 StGB ausschließt, ob die tatbestandsmäßige Handlung in einem solchen Fall rechtswidrig ist oder ob die Formulierung „unbefugt" eine Doppelfunktion hat. Eine verbreitete Auffassung versteht „unbefugt" als allgemeines Kennzeichen der Rechtswidrigkeit, weil es als Tatbestandsmerkmal des § 203 I StGB keiner besonderen Begründung bedürfe. Deshalb werde das Unbefugtsein der Offenbarung durch die Erfüllung des Tatbestandes indiziert[301]. Eine andere Auffassung orientiert sich an dem „Täter" und dem „Willen" des Patienten. In diesem Sinne gilt „unbefugt" als Voraussetzung der Tatbestandsmäßigkeit[302]. Schließlich wird in Bezug auf das Merkmal „unbefugt" eine Doppelfunktion vertreten. In Bezug auf den Kreis der zum Wissen Befugten gilt es als Tatbestandsmerkmal. Gleichzeitig weist es auf die Rechtswidrigkeit im Sinne eines allgemeinen Deliktmerkmals hin. Aus diesem Grund wird die „Befugnis" zur Offenbarung

---

300 *Lee, Jung Won*, Strafrecht BT, S. 273.

301 BayObLG JR 1996, 476 m. kritischer Anm. *Gropp*; OLG Köln NJW 2000, 3657; *Dreher*, MDR 1962, 592; *Fischer*, § 203 StGB, Rn. 31; *Henssler*, NJW 1994, 1822; LK/*Schünemann*, § 203 StGB, Rn. 119; NK/*Kargl*, § 203 StGB, Rn. 50; *Rogall*, NStZ 1983, 6; *Roxin/Schroth/Braun*, Medizinstrafrecht, S. 241; SK/*Hoyer*, § 203 StGB, Rn. 67; *Ulsenheimer*, Arztstrafrecht, Rn. 372; vgl. zur zivilrechtlichen Auffassung *Canaris*, JuS 1989, 171.

302 *Kohlhaas*, GA 1958, 72; LK/*Hirsch*, vor § 32 StGB (1994), Rn. 92; *Meurer*, in: *Szwarc*, AIDS und Strafrecht, S. 140; *Schalast/Safran/Sassenberg*, NJW 2008, 1489.

im Einzelfall unterschiedlich als tatbestandsausschließend oder als rechtfertigend verstanden[303].

Die Verwirklichung eines mit Strafe bedrohten Tatbestandes ist nicht strafbar, wenn die Handlung im Einzelfall gerechtfertigt ist. Auch wenn der Arzt den Tatbestand des § 203 StGB erfüllt hat, ist er nicht strafbar, wenn die Offenbarung des Geheimnisses durch Rechtfertigungsgründe gedeckt ist. Der Arzt handelt bei der Offenbarung von Geheimnissen u.a. dann rechtmäßig, wenn er aufgrund gesetzlicher Bestimmungen hierzu verpflichtet ist. Der Gesetzgeber stellt der Unterlassungspflicht eine Handlungspflicht gegenüber. Ergibt sich durch Auslegung ein Vorrang der Handlungspflicht, dann ist deren Befolgung rechtmäßig[304]. Die Rechtfertigung folgt unmittelbar aus den jeweiligen gesetzlichen Vorschriften[305]. Die gesetzlichen Meldepflichten bezwecken i. d. R. den Schutz sowohl der Interesse einzelner Personen als auch der Interessen der Allgemeinheit[306]. Der Gesetzgeber hat eine abschließende Entscheidung über den Widerstreit von Schweigepflicht und öffentlichem Interesse an der Offenbarung getroffen, die keiner weiteren Begründung durch Rückgriff auf § 34 StGB bedarf. Eine Pflicht zur Offenbarung von der Schweigepflicht unterliegenden Daten ergibt sich nur aus solchen Rechtsvorschriften, die den Arzt zur Meldung von ihm bekanntgewordenen Umständen an Behörden nicht nur berechtigen, sondern sogar verpflichten. Auch muss die Offenbarungsverpflichtung auf einer Rechtsnorm beruhen. Untergesetzliche Regelungen wie Verwaltungsvorschriften und Berufsordnungen können eine Offenbarung nicht rechtfertigen[307].

II. Korea

Zwar steht das Wort „unbefugt" im KStGB nicht geschrieben, aber es ist bereits im Begriff der Offenbarung im Sinne des § 317 KStGB enthalten[308]. Es ist auch

303 OLG Köln MDR 1962, 591 = NJW 1962, 687; *Ayasse*, VersR 1987, 537; *Galen*, StV 2000, 577; HK-GS/*Tag*, § 203 StGB, Rn. 44; *Jakobs*, JR 1982, 359; *Laufs/Uhlenbruck/Ulsenheimer*, Handbuch des Arztrechts, § 71, Rn. 1; *Lenckner*, NJW 1965, 326 f.; *Maurach/Schroeder/Maiwald*, Strafrecht BT I, § 29 III, Rn. 45; MK/*Cierniak/Pohlit*, § 203 StGB, Rn. 53, 82 ff.; Sch/Sch/*Lenckner/Eisele*, § 203 StGB, Rn. 21; *Scholz*, NJW 1981, 1989; *Spickhoff/Knauer/Brose*, Medizinrecht, §§ 203–205 StGB, Rn. 32; vgl. zur Verkehrssitte *Huffer*, NJW 2002, 1384.

304 Sch/Sch/*Lenckner/Sternberg-Lieben*, vor § 32 StGB, Rn. 71/72.

305 *Spickhoff/Knauer/Brose*, Medizinrecht, § 203–205 StGB, Rn. 38.

306 Vgl. *Deutsch/Spickhoff*, Medizinrecht, Rn. 640, 641; *Kamps*, MedR 2005, 8.

307 Vgl. hierzu nur *Müller*, MDR 1971, 968 f.

308 Vgl. *Kwon, Ogeol*, Strafrecht AT, S. 170 für *Shin, Dong Woon*.

nicht umstritten, dass die Schweigepflichtverletzung nur durch die in dieser Vorschrift aufgezählten Personen verwirklicht werden kann[309] und damit die Offenbarung rechtswidrig sein muss[310]. In Bezug auf die Tatbestandsmerkmale eines Verbrechens wird die Rechtswidrigkeit durch den Nichtbestand von Rechtfertigungsgründen bestätigt[311]. In diesem Zusammenhang wird insbesondere die Frage intensiv diskutiert, ob die tatbestandsausschließende Wirkung in der Einwilligung in Verbindung mit dem § 317 KStGB enthalten ist oder nicht[312].

III. Zusammenfassung und Zwischenergebnis

1. Deutschland

Die unbefugte Offenbarung durch bloßes Unterlassen, das sich aus einer Garantenstellung oder aus einer Pflicht zur Wahrung der Vertraulichkeit ergibt, ist strafbar. Dafür ist es nicht erforderlich, dass ein Dritter tatsächlich von den Daten Kenntnis erlangt hat. Nur das bloße Herumliegenlassen wird zwar als Grund für eine Strafbarkeit des Arztes ausgeschlossen, aber die Nichtverhinderung der Kenntnisnahme von Daten durch Dritte und die Nichtermahnung gegenüber Sprechstundenhilfen werden als strafbare Offenbarung angesehen. Bei unbefugter Offenbarung wird diese im Einzelfall auf der tatbestandsausschließenden oder der rechtfertigenden Ebene betrachtet.

2. Korea

Nach der Rechtsprechung ist der Vorsatz keine Voraussetzung für die Anwendung des § 20 I KMG. Daher ist der Arzt auch dann strafbar, wenn er es ermöglichst hat, dass ein Dritter von dem Geheimnis Kenntnis erlangt.

---

309 *Jeong, Young Il*, Strafrecht BT, S. 186; *Kim/Sub*, Strafrecht BT, S. 236 m. w. N.

310 *Jeong, Young Il*, Strafrecht BT, S. 188.

311 *Kwon, Ogeol*, Strafrecht AT, S. 171; *Kim/Sub*, Strafrecht AT, 266; *Lee, Jung Won*, Strafrecht AT, S. 157.

312 Siehe dazu *Lee, Jung Won*, a. a. O.

Teil 3: Rechtfertigung der Geheimnisoffenbarung

A. Gesetzliche Offenbarungspflichten

I. Prozessuale Offenbarungspflichten

1. Deutschland

Der im Strafprozess zum Sachverständigen berufene Arzt kann die Erstattung des Gutachtens nur aus den in §§ 76, 52–53a StPO genannten Voraussetzungen ablehnen[313]. Liegen diese Voraussetzungen nicht vor, so hat er den Gutachterauftrag gem. § 75 StPO auszuführen. Die im Rahmen der Gutachtenerstellung gewonnenen Erkenntnisse können dem Arzt durchaus anvertraut und deshalb grundsätzlich von der Schweigepflicht erfasst sein[314]. Der Sachverständige ist aber als „Gehilfe" des Richters anzusehen[315]. Seine Aufgabe besteht darin, unbeschadet der Verantwortung des Richters die fehlende richterliche Sachkunde auf einem Wissensgebiet zu ersetzen[316]. Die unter Anwendung der besonderen Sachkunde festgestellten Tatsachen sind sog. Befundtatsachen. Die Reichweite der festzustellenden Tatsachen ergibt sich aus dem Gutachterauftrag des Gerichts. In Bezug auf diejenigen Tatsachen, die das Gericht aus eigener Sachkunde nicht feststellen kann, besteht eine vollständige Offenbarungsverpflichtung des Sachverständigen[317]. Der Sachverständige muss also bei entsprechender Anordnung eine Blutprobe entnehmen, die Blutalkoholkonzentration ermitteln und diese dem Gericht mitteilen. Tatsachenfeststellungen des Sachverständigen, die keine besondere Sachkunde voraussetzen und die auch das Gericht selbst hätte feststellen können, sind dagegen Zusatztatsachen[318]. Sie werden in den Prozess nicht durch das Sachverständigengutachten eingeführt und sind deshalb nicht von der Pflicht zur Erstattung des Gutachtens erfasst. Sie werden durch Vernehmung des Sachverständigen als Zeugen eingebracht. Dieser besitzt die aus § 53 StPO folgenden Aussageverweigerungsrechte und unterliegt insoweit der

313 KK/*Senge*, § 76 StPO, Rn. 2.

314 *Spickhoff/Knauer/Brose*, Medizinrecht, § 203–205 StGB, Rn. 46 m. w. N.

315 KK/*Senge*, vor § 72 StPO, Rn. 1 f.; dazu näher *Krauß*, ZStW 1985, 86 ff.

316 KK/*Senge*, a. a. O.

317 KK/*Senge*, vor § 72 StPO, Rn. 4; vgl. ferner *Spickhoff/Knauer/Brose*, Medizinrecht, § 203–205 StGB, Rn. 50.

318 *Spickhoff/Knauer/Brose*, Medizinrecht, §§ 203–205 StGB, Rn. 51.

Schweigepflicht gem. § 203 StGB. Das gleiche gilt für Tatsachen, die dem Sachverständigen bei der Erstellung des Gutachtens bekanntgeworden, aber nicht Bestandteil des Gutachterauftrags gewesen sind. Als interessantes Beispiel wird im Schrifttum ein Alkoholbefund angeführt, der auch zu einem öffentlichen Interesse gerechnet werden kann. Es kommt darauf an, ob die Verordnung für die Strafverfolgungsbehörde in ein geltendes Recht einbezogen werden kann. Einige Ansichten bejahen die Meldepflicht des Arztes, weil der Alkoholbefund aufgrund des Zweckbindungsgebots als überwiegend öffentliches Interesse gelte[319]. Dabei liege kein Vertrauensverhältnis vor[320]. Wenn die entsprechende Frage ohnehin vom Auftrag der Strafverfolgungsbehörde oder der Polizei abhängig ist, kann die ärztliche Schweigepflicht des § 203 StGB nicht ohne weiteres gebrochen werden[321]. Es bedarf dazu eigentlich der Einwilligung des Beschuldigten, vor allem des Patienten gem. § 81a StPO.

2. *Korea*

In Korea sind verschiedene Gesetze in Bezug auf die Rechtfertigung der Offenbarung von der Schweigepflicht unterliegenden Daten gegenüber einem Gericht zu berücksichtigen[322]. Früher ist viel darüber diskutiert worden, ob die Messung im Sinne des § 41 II Straßenverkehrsgesetz[323] (KSVG a. F.) eine Blutprobe umfasst und für sie eine Einwilligung des Fahrers erforderlich ist oder nicht. Aber diese Frage verliert zurzeit durch eine Entscheidung des KVerfGs und daher eine Änderung des Gesetzes an Geltung[324]. Die Polizei kann dem Fahrer die Ermittlung der Alkoholkonzentration mittels eines Atemmessgeräts gem. § 44 II KSVG abverlangen, falls die Notwendigkeit für die Verkehrssicherheit oder für die Abwendung einer Gefahr anerkannt wird oder ein adäquater Grund dafür besteht, dass jemand unter Einfluss von Alkohol fährt. Wenn der Fahrer ein auf

---

319 Erman/*H. Ehmann* (2008), Anh. zu § 12 BGB, Rn. 225.

320 Vgl. OLG Celle JZ 1989, 906 m. Anm. *Mayer*.; *Ulsenheimer*, Arztstrafrecht, Rn. 385.

321 Vgl. *Deutsch*/*Spickhoff*, Medizinrecht, Rn. 652; *Hiendl*, NJW 1958, 2101; LK/*Schünemann*, § 203 StGB, Rn. 141; *Ulsenheimer*, Arztstrafrecht, Rn. 376 m. w. N.

322 Z. B. Gesetz über die Nutzung der Information an das Netz sowie über den Informationsschutz (§§ 24 IV und 49, 62, Nr. 3, 6); Gesetz zur Gesundheitsfürsorge (§ 13); Gesetz zur Verbeugung der Tuberkulose (§ 40-2); Gesetzliche Ordnung über den medizinischen Notfall (§ 40); Transplantationsgesetz (§ 27); Infektionsgesetz (§ 54 6); Gesetz über den medizinischen Techniker (§ 10); Gesetz zur Staatsbürgergesundheit (§ 86) usw.

323 Englischer Text „ROAD TRAFFIC ACT".

324 KVerfG, Urteil vom 27.3.1997, 97Heanma11.

diese Weise ermitteltes Ergebnis für die Alkoholkonzentration nicht akzeptiert, dann kann die Polizei ihm die Blutprobe gem. § 44 III KSVG abfordern. Dies setzt die Einwilligung des Fahrers voraus. Im Hinblick auf die Verwertbarkeit des Gutachtens ist folgender Fall lebhaft diskutiert worden: Ein Fahrer hat einen Verkehrsunfall verursacht und wird dann ins Krankenhaus gebracht. Ein Polizist fordert von der Krankenschwester 1 mg Blut zum Zweck der Ermittlung, sobald sie das Blut des Verletzten zum Zweck der Behandlung entnimmt[325]. Der Polizist hat das staatliche Institut mit der Ermittlung der Alkoholkonzentration beauftragt. Nach der Rechtsprechung fällt die Aushändigung des entnommenen Bluts an die Polizei unter § 218 KStPO, sofern kein besonderer Grund für die Annahme besteht, dass dadurch das Persönlichkeitsrecht des Patienten verletzt wird, oder sofern die Krankenschwester anstelle des Arztes oder des Krankenhauses keine Befugnis zur Aushändigung des Bluts hat. Daher kann das vom genannten Institut erstattete Gutachten auch volle Beweiskraft haben[326]. Nach einer anderen Ansicht fällt dieser Fall nicht unter § 218 KStPO, sondern nur unter die gegen das *warrant principle* verstoßende rechtswidrige Beschlagnahme, wenn der Polizist die Krankenschwester nicht über ihr Recht zur Verweigerung der Aushändigung der Blutprobe informiert hat[327]. Mittlerweile führt eine Ansicht eine verfassungsrechtliche Ausstrahlungswirkung in die strafprozessuale Ebene ein. Demnach darf das Gutachten nicht als Beweismittel verwertet werden, wenn es nicht unter § 218 KStPO fällt. Dies liegt daran, dass die Verletzung des informationellen Selbstbestimmungsrechts des Beschuldigten sich auf alle Bereiche erstreckt, z. B. auf die Aushändigung der Blutprobe an die Polizei, den Auftrag zur Ermittlung der Alkoholkonzentration und das Ermittlungsgutachten des staatlichen Instituts für die Ermittlung[328]. Dennoch sollte man davon ausgehen, dass die Blutprobe zum Zweck der Behandlung als Rechtsgut im Sinne des § 317 KStGB gilt. Auch die Offenbarung oder Mitteilung des Befunds aus dem Alkoholtest ohne Einwilligung des Patienten (hier: des beschuldigten Fahrers) verstößt gegen § 19 KMG[329]. Der § 19 KMG und der § 44 III KSVG setzen die Einwilligung und die Aufklärung über die Blutprobe voraus. Auch die Entnahme einer Blutprobe ohne Einwilligung gilt als rechtswidrig. Als Konsequenz

325 Vgl. *Deutsch/Spickhoff*, Medizinrecht, Rn. 652.

326 KOGH, Urteil vom 03.9.1999, 98Do968.

327 *Han, Young Su*, Blutentnahme und Beschlagnahme für den Alkoholtest ohne die Einwilligung, Koran Association of Criminal Casse Studie, 07.08.2000.

328 *Lee, Sang Don*, Die Übung für das Strafprozessrecht, Fall 14; vgl. *Deutsch/Spickhoff*, Medizinrecht, Rn. 641.

329 Protokoll 65507-200, 02.03.94.

daraus ergibt sich, dass die Beschlagnahme der Blutprobe oder deren Aushändigung an die Polizei gegen § 19 KMG und gegen § 44 KSVG verstößt, so dass die Blutprobe nicht als Beweismittel gelten darf.

II. Offenbarungspflichten bei Zwangsvollstreckung und Insolvenz

1. Deutschland

Gem. § 807 Abs. 1 ZPO ist der Schuldner verpflichtet, im Rahmen einer eidesstattlichen Versicherung u.a. für seine Forderungen den Grund und die Beweismittel zu bezeichnen. Im Fall einer Insolvenz ist er gem. § 97 InsO zur Auskunft verpflichtet. Er hat den Insolvenzverwalter bei der Erfüllung von dessen Aufgaben zu unterstützen, wozu auch gem. § 153 InsO die Erstellung einer Vermögensübersicht und gem. § 159 InsO die Verwertung der Insolvenzmasse gehören. Der Schuldner ist gem. § 98 InsO verpflichtet, die Richtigkeit und Vollständigkeit seiner Auskünfte an Eides statt zu versichern. Im Falle einer Pfändung der Forderung ist er durch § 836 III ZPO dazu verpflichtet, dem Gläubiger die für die Durchsetzung seiner Forderungen notwendigen Auskünfte zu erteilen. Forderungen des Arztes können bei privatärztlicher Tätigkeit gegenüber dem jeweiligen Auftraggeber – i. d. R. dem Patienten – bestehen. Für die Behandlung gesetzlich versicherter Personen bestehen Ansprüche gegenüber der kassen(zahn)ärztlichen Vereinigung, gegenüber dem Träger der gesetzlichen Unfallversicherung, bei Krankenhäusern auch direkt gegenüber der gesetzlichen Krankenkasse. Honoraransprüche aus der privatärztlichen Behandlung können zwar nicht wirksam abgetreten werden, sind aber uneingeschränkt pfändbar[330]. Die Nichtabtretbarkeit einer Forderung ist nicht mit einer generellen Nichtübertragbarkeit gleichzusetzen. Eine Abtretung ist z. B. mit Zustimmung des Schuldners ohne weiteres möglich[331]. Der Gläubiger – der Arzt oder eine medizinische Einrichtung – muss also gem. § 807 ZPO, § 97 InsO seine Forderung nach Grund und Höhe so angeben, dass eine zweifelsfreie Identifizierung auch durch die an dem zugrundeliegenden Rechtsverhältnis unmittelbar Beteiligten möglich ist[332]. Dies führt zwangsläufig zu einer Offenbarung von Patientendaten in dem Umfang, der für den Gläubiger zur Pfändung und Durchsetzung seiner Forderungen erforderlich ist. Bestandteil der eidesstattlichen Versicherung bzw. der gem. § 97 InsO zu erteilenden Auskunft sind deshalb der Name des

---

330 BGHZ 141, 173, 176 ff.; BGH NJW 2005, 1505; OLG Stuttgart NJW 1994, 2838; diesbezüglich *Diepold*, MDR 1993, 835 f.

331 A. a. O.; vgl. ferner *Stein/Jonas/Münzberg*, § 807 ZPO, Rn. 35.

332 *Musielak/Voit/Becker*, § 807 ZPO, Rn. 13.

Schuldners, dessen Anschrift und die Höhe der Forderung. Die zu offenbarenden Daten sind von der Schweigepflicht gem. § 203 StGB erfasst, ihre Offenlegung gegenüber dem Gläubiger des Arztes oder dem Insolvenzverwalter greift in das informationelle Selbstbestimmungsrecht der behandelten Patienten ein. Diesen Rechten können aber höherrangige Belange Dritter gegenüberstehen, die einen Bruch der Schweigepflicht rechtfertigen, solange der Verhältnismäßigkeitsgrundsatz gewahrt bleibt[333]. Solche Interessen sind bei den im Rahmen einer eidesstattlichen Versicherung mitzuteilenden Daten nicht betroffen. Die Tatsache, dass ein Arzt aufgesucht wurde und dafür eine Rechnung gestellt worden ist, offenbart keine Einzelheiten über den Grund und die Art der Behandlung. Die Interessen des Gläubigers des Arztes überwiegen gegenüber den Geheimhaltungsinteressen des Schuldners des Arztes und greifen nach allgemeiner Ansicht nicht unverhältnismäßig in dessen Rechte ein[334]. Der Arzt offenbart Geheimnisse nicht unbefugt, wenn er im Rahmen von § 807 ZPO oder § 97 InsO die geforderten Auskünfte erteilt[335]. Beim Schutz eines Drittschuldners in Bezug auf den § 836 ZPO geht es auch darum, was für eine Situation etwa dann gegeben ist, wenn der Schuldner die Forderung bestreitet[336]. § 836 II ZPO ist ähnlich wie §§ 407, 409 BGB, und § 836 III ZPO ist auch ähnlich wie § 402 BGB[337]. Eine Geheimhaltungspflicht z. B. über die ärztlichen Honorarforderungen wird durch die Auskunftspflicht gem. § 836 III ZPO nicht ausgeschlossen[338]. Und bei einer Auskunft nach dieser Vorschrift kommt es nicht darauf an, ob der Gläubiger vom Drittschuldner gem. § 840 ZPO die Auskünfte erhalten oder den Inhalt der Dokumente erfahren könnte[339]. Außerdem kann die Auskunft gem. §§ 899 ff. ZPO erzwingbar sein[340]. Dies setzt einen Pfändungsbeschluss und die Verweigerung der außergerichtlichen Auskunftserteilung durch den Schuldner voraus[341].

---

333 BVerfGE 32, 373, 380; BVerwGE 82, 56; BGH NJW 2005, 1506.

334 BGH a. a. O. m. w. N.

335 BGH a. a. O.; MüKo/*Gruber*, § 807 ZPO, Rn. 37; *Musielak/Voit/Becker*, § 807 ZPO, Rn. 13 f.; *Terbille/Schmitz-Herscheidt*, NJW 2000, 1751.

336 Vgl. OLG Stuttgart NJW 1994, 2838 f.; *Berger*, NJW 1995, 1588.

337 *Diepold*, MDR 1993, 836; *Stein/Jonas/Brehm*, § 836 ZPO, Rn. 2, 12.

338 OLG Stuttgart NJW 1994, a. a. O.; *Berger*, NJW 1995, 1588 f.; MüKo/*Smid*, § 836 ZPO, Rn. 13; *Schäfer*, wistra 1993, 285.

339 Vgl. *Schäfer*, wistra 1993, 285; *Stein/Jonas/Brehm*, § 836 ZPO, Rn. 18 m. w. N.

340 Vgl. BGH NJW 2009, 1478; diesbezüglich *Spickhoff*, NJW 2010, 1658.

341 Vgl. BGH NJW 2005, 1508.

2. Korea

In letzter Zeit ist die Anzahl der Insolvenzanträge privater Ärzte und Krankenhausträger jährlich gestiegen[342], aber es lassen sich weder Rechtsprechung noch juristische Schriften im Hinblick auf die Schweigepflicht gem. § 317 KStGB finden. Daher kann eine Lösung geprüft werden, die auf einer Auslegung der Vorschriften von Insolvenzordnung[343] (KInsO), Zivilprozessordnung[344] (KZPO) und Gesetz über die zivilrechtliche Zwangsvollstreckung[345] (KZVG) beruht. Der Arzt kann die Vorlage seiner Dokumente gem. § 344 I Nr. 3 (c) KZPO i. V. mit §§ 315 I KZPO auch dann verweigern, wenn er von der Verpflichtung zur Verschwiegenheit gem. §§ 346 ff. KZPO entbunden wird[346]. Wenn der Arzt dem Gericht als Schuldner oder als Angeklagter vorgeführt wird, inwieweit kann dann sein Schuldner (Drittschuldner) geschützt werden? Gem. § 61 I KZVG kann der Gläubiger beim Gericht einen Antrag auf Vorlage eines Vermögensverzeichnisses des Schuldners stellen. Und das Gericht kann gem. § 62 I KZVG dem Schuldner die Vorlage eines Vermögensverzeichnisses auferlegen, soweit für den Antrag des Gläubigers angemessene Gründe vorliegen. Ein solches Vermögensverzeichnis umfasst auch den Anspruch auf die Forderung des Schuldners gegenüber anderen Personen. In diesem Zusammenhang muss der Schuldner dem Gericht oder dem Gläubiger die für die Durchsetzung der Forderung notwendigen Auskünfte erteilen[347].

III. Offenbarungspflichten gegenüber Behörden

1. Deutschland

a) Infektionskrankheiten

Meldepflichten gegenüber der Gesundheitsbehörde begründet das IfSG für bestimmte Krankheiten (§ 6 IfSG) bzw. Krankheitserreger (§ 7 IfSG). Je nach Krankheit und Krankheitserreger wird eine namentliche oder nichtnamentliche Meldung an das für den Hauptwohnsitz des Patienten zuständige Gesundheitsamt (§ 11 IfSG) gefordert. Bei der namentlichen Meldung werden gem. § 9 IfSG zahlreiche personenbezogene Daten an die Gesundheitsbehörde weitergegeben. § 9 IfSG schafft hierfür die Befugnis. Die nicht-namentliche Meldung

---

342 Cooki News in Gukmin Zeitung vom 27. 03. 2009; Medical today vom 22.11.2010.

343 Englischer Text „DEBTOR REHABILITATION AND BANKRUPTCY ACT".

344 Englischer Text „CIVIL PROCEDURE ACT".

345 Englischer Text „CIVIL EXECUTION ACT".

346 Vgl. § 21 I Nr. 7 KMG.

347 Vgl. §§ 223, 227 KZVG und § 36 Nr. 6, 7 KInsO.

gem. § 10 IfSG ist nicht vollständig anonymisiert. Es werden der Name des betroffenen Patienten verschlüsselt (§ 10 Abs. 2 IfSG) und zur Lokalisierung des Aufenthaltsorts die ersten drei Stellen der Postleitzahl der Hauptwohnung weitergegeben. Das Verfahren der nichtnamentlichen Meldung bezieht sich u. a. auf eine Infektion mit dem Syphiliserreger[348] oder dem HIV-Virus. Das HIV-Problem besteht nicht mehr, da die Meldepflicht (anonymisiert) im IfSG geregelt ist[349]. Damit ist klar, dass keine Geheimnisse offenbart werden, denn ein Rückschluss auf Personen ist anhand der Meldung nicht möglich (auch wenn eine Zurückverfolgung möglich ist, da der Arzt – aber auch nur dieser – die Namenscodierung entschlüsseln kann). Es bleibt aber das Problem bestehen, ob der Arzt Angehörige bzw. Lebenspartner über die Infektion unterrichten darf. Die Lösung ergib sich aus § 34 StGB, d. h., die Offenbarung kann gerechtfertigt sein. Das ist die gleiche Problematik wie die Weitergabe einer Information über Alkoholismus oder Epilepsie an die Straßenverkehrsbehörde, um die anderen Verkehrsteilnehmer zu schützen[350]. Besondere Probleme bereitet die Offenbarung einer HIV-Infektion. Durch sexuelle Kontakte übertragbare Krankheiten (Geschlechtskrankheiten) gehören zu den von § 203 StGB geschützten Geheimnissen[351]. Die HIV-Infektion ist gem. § 7 Abs. 3 IfSG meldepflichtig, allerdings ohne Namensnennung. Zu klären ist, inwieweit die nichtnamentliche Meldung überhaupt die Schweigepflicht verletzt. Das Gesetz zur Bekämpfung der Geschlechtskrankheiten (a. F.) kann nicht ohne weiteres auf die HIV-Infektion angewendet werden, weil die HIV-Infektion nicht zu den im genannten Gesetz aufgezählten Geschlechtskrankheiten gehört, sondern sich beide Krankheitsarten auch im Verlauf der Ansteckung voneinander unterscheiden[352]. Bei diesem Ausgangspunkt stellt sich die Frage, ob BSeuchG beim angeführten Fall zur Geltung gebracht werden kann. Nach einer Ansicht kann BSeuchG auf den genannten Fall anwendbar sein[353]. Daher stehen BSeruchG, IfSG und § 203 StGB nach verbreiteter Auffassung in einer Pflichtenkollision zwischen der Schweigepflicht und der Pflicht zur Meldung an die Gesundheitsbehörde gem. §§ 6 ff.

---

348 Dazu *Baumbach/Lauterbach/Albers/Hartmann*, § 383 ZPO, Rn. 13.

349 Vgl. *Buchborn*, MedR 1987, 264; *Kamps*, MedR 2005, 2.

350 *Deutsch*, NJW 1985, 2746.

351 RGSt 26, 5.

352 *Bachmann*, MedR 1987, 275; *Bruns*, NJW 1987, 693; *Jipp*, MedR 1987, 258; *Laufs/Laufs*, NJW 1987, 2259, 2265.

353 *Bender*, NJW 1987, 2904; *Hirsch*, MedR 1987, 280; differenzierend *Bachmann*, MedR 1987, 276.

IfSG[354]. Der HIV-Erreger unterscheidet sich von anderen Erregern durch die Art des Ansteckungsverlaufs[355]. In diesem Zusammenhang stellt sich die Frage, ob ein besonderes Gesetz über AIDS erforderlich ist[356]. Nach einer Ansicht wird das sog. AIDS-Gesetz aus ärztlicher Sicht für notwendig erachtet. Im Mittelpunkt steht die positive Betreuung für den HIV-Infizierten[357]. Der Schutz gegen die HIV-Ausbreitung darf durchweg durch die soziale und die private Aufklärung über den Geschlechtsverkehr erreicht werden[358], weil die HIV-Infektion anders zustandekommt, als dies bei einer normalen Epidemie der Fall ist[359]. In diesem Zusammenhang steht der Wille des HIV-Infizierten im Vordergrund, wohingegen bei einer Infektion durch eine „normale" Epidemie der Wille des Infizierten keine Rolle spielt. Trotzdem kann BSeuchG oder IFG nicht in jedem Fall ausgeschlossen werden, wenn der Patient nicht wissen kann oder will, ob er an der HIV-Infektion leidet[360]. Dann nämlich kann er einen anderen anstecken. Wenn der Arzt die HIV-Infektion seines Patienten diagnostiziert hat oder behandelt, dann kommt die Meldepflicht in Verbindung mit §§ 1, 2 BSeuchG zum effektiven Schutz des Interesses an der Gesundheit des Patienten und anderer Menschen in Betracht[361]. Es geht hierbei aber um die Einwilligungsfähigkeit, die Interessenabwägung und den Notstand gem. § 34 StGB[362]. Insoweit ist die HIV-Infektion unter dem Aspekt der Ansteckungsgefahr und des Normzwecks ähnlich wie eine Epidemie einzustufen[363]. In diesem Zusammenhang geht es auch

354 Hier nur *Buchborn*, MedR 1987, 264; LK/*Hirsch* (1994), vor § 32 StGB, Rn. 76; LK/*Schünemann*, § 203 StGB, Rn. 120; vgl. *Eberbach*, JR 1986, 233; *Laufs/Narr*, MedR 1987, 282 f.; *Spickhoff/Knauer/Brose*, Medizinrecht, §§ 203–205 StGB, Rn. 38; vgl. ferner zum Verhältnis zwischen BSeuchenG, GeschlKrankhG und Zeugnisverweigerungsrecht *Rein*, VersR 1977, 122; zu Bundesseuchengesetz im Sinne des § 823 II BGB *Deutsch*, NJW 1986, 757 f.

355 *Bachmann*, MedR 1987, 276; *Eberbach*, MedR 1987, 270; a. A. BGH NJW 2005, 2618 m. w. N.

356 Vgl. „Maßnahmenkatalog zur Verhütung und Bekämpfung der Immunschwächekrankheit AIDS" in Bayern, diesbezüglich *Hirsch*, MedR 1987, 279.

357 *Buchborn*, MedR 1987, 263; *Rengier*, Jura 1989, 226, 231 f.; im Ergebnis ebenso *Hirsch*, MedR 1987, 278 f.

358 Vgl. *Wuermeling*, MedR 1987, 267; diesbezüglich näher *Gramm*, NJW 1989, 2917.

359 *Bachmann*, MedR 1987, 275 ff.; *Bender*, NJW 1987, 2907.

360 Vgl. *Bender*, VersR 2000, 322; *Herzberg*, NJW 1987, 1462; *Vogels*, MDR 1999, 1445.

361 *Bachmann*, MedR 1987, 275 ff.

362 Hier nur *Buchborn*, MedR 1987, 264; *Geiger*, JZ 1983, 153; SK/*Hoyer*, § 203 StGB, Rn. 81; weiter unten C. I. 1 und II. 3.

363 Vgl. *Bruns*, MDR 1987, 353; *Rengier*, Jura 1989, 226 f.

darum, ob der Lebenspartner des Infizierten wegen der Ansteckungsgefahr informiert werden darf. Darüberhinaus kann die Meldepflicht an die zuständige Behörde und an die Angehörigen aus dem genannten Gesetz hergeleitet werden[364]. Dennoch wird die ärztliche Haftung auf die Einwilligung des Infizierten und auf die Meldepflicht an die Gesundheitsbehörde eingeschränkt[365], so dass die Aufklärung gegenüber dem anderen bei einer HIV-Infektion in erster Linie zur Aufgabe der zuständigen Behörde in Verbindung mit dem § 203 II Nr. 1 StGB gehört[366]. Als Konsequenz fällt die „namentliche Meldung" an die Gesundheitsbehörde ohne Einwilligung des HIV-Infizierten unter die Verletzung der Schweigepflicht[367].

b) Transplantationen

§ 7 Abs. 2 Nrn. 1, 2 und 4 TPG verpflichtet den Arzt zur Auskunft über personenbezogene Daten gegenüber Ärzten, die Organe oder Gewebe zu Transplantationszwecken entnehmen wollen. Die Auskunftspflicht besteht auch gegenüber Koordinierungsstellen. Die Verpflichtung zur Auskunft geht der Schweigepflicht vor[368].

c) Meldebehörden

§ 16 Abs. 2 MRRG verpflichtet die Leiter u. a. von Krankenhäusern, ein Verzeichnis der aufgenommenen Personen zu führen und der zuständigen Behörde hierüber Auskunft zu erteilen, wenn dies nach deren Ansicht zur Abwehr einer erheblichen und gegenwärtigen Gefahr[369], zur Verfolgung von Straftaten[370] oder zur Aufklärung des Schicksals von Vermissten und Unfallopfern im Einzelfall erforderlich ist.

---

364 Vgl. *Deutsch*, VersR 2001, 1472 f.; *Deutsch/Spickhoff*, Medizinrecht, Rn. 641.

365 Im Ergebnis ebenso *Deutsch/Spickhoff*, Medizinrecht, Rn. 276 ff., 641; *Laufs/Laufs*, NJW 1987, 2265; *Meurer*, in: *Szwarc*, AIDS und Strafrecht, S. 145; vgl. dazu *Haffke*, GA 1973, 70; *Roxin*, Strafrecht AT I, § 16, Rn. 30; Sch/Sch/*Lenckner/Eisele*, § 203 StGB, Rn. 31.

366 Vgl. *Bender*, NJW 1987, 2909; zur Blutspende *Deutsch*, NJW 1985, 2746; *Teichner*, NJW 1986, 761.

367 Vgl. *Loschelder*, NJW 1987, 1467; *Roxin*, Strafrecht AT I, § 16, Rn. 30; *Wasserburg*, NStZ 2003, 354 f.

368 *Spickhoff/Walter*, Medizinrecht, § 7 TPG, Rn. 2; ferner *Lilie*, Zur Zukunft der Organ- und Gewebespende, Festschrift für *Adolf Laufs* zum 70. Geburtstag, S. 970.

369 Vgl. zu psychiatrischen Landeskrankenhäusern *Kamps*, MedR 1985, 203.

370 Vgl. *Laufs*, Arztrecht, Rn. 429; *Ulsenheimer*, Arztstrafrecht, Rn. 362, andererseits Rn. 376; zum Verdacht von Straftaten *Deutsch/Spickhoff*, Medizinrecht, Rn. 641; *Spickhoff*, NJW 2003, 1708.

d) Sozialleistungsträger

Für die Behandlung von Mitgliedern der gesetzlichen Krankenkassen erhält der Arzt keine Vergütung von den jeweiligen Patienten, sondern von der kassen(zahn)ärztlichen Vereinigung als öffentlich-rechtlicher Körperschaft. Erfolgt die Behandlung eines Mitglieds einer gesetzlichen Krankenkasse durch ein Krankenhaus, dann erhält der Krankenhausträger die ihm zustehende Vergütung direkt von der Krankenkasse. In Bezug auf die Abwicklung der Behandlung besteht ein Dreiecksverhältnis zwischen dem Arzt, dem Patienten und der kassenärztlichen Vereinigung bzw. der Krankenkasse[371]. § 100 SGB X verpflichtet den Arzt, dem Leistungsträger Auskunft zu erteilen, soweit das gesetzlich zugelassen ist[372]. Für die Datenübermittlung der Leistungserbringer an die kassen(zahn)ärztlichen Vereinigungen und die Krankenkassen gelten die §§ 294 ff. SGB V[373]. Im Rahmen der dort geregelten Übermittlungstatbestände handelt der Arzt „befugt" i. S. von § 203 StGB[374]. § 294a Abs. 1 SGB V verpflichtet die Leistungserbringer, den Krankenkassen Umstände mitzuteilen, aus denen sich Rückgriffsmöglichkeiten gegenüber Dritten ergeben[375]. Diese Vorschrift betrifft vor allem Arbeitsunfälle, Unfälle und Körperverletzungen im privaten Bereich sowie alle Fälle eines auf Drittverschulden zurückzuführenden Gesundheitsschadens. Eine Information des Versicherten über die Notwendigkeit der Weitergabe seiner Daten ist nicht vorgesehen. Eine verfassungskonforme Begrenzung liegt vor, wenn gem. § 116 SGB X kein Rückgriff gegen einen der Familie angehörenden Schädiger möglich ist. Übermittelt werden gem. § 294a II S. 1, § 52 SGB V Anhaltspunkte dafür, dass sich der Versicherte die Gesundheits-schädigung vorsätzlich oder bei einem von ihm begangenen Verbrechen oder bei einem vorsätzlich begangenen Vergehen zugezogen hat[376]. Das gleiche gilt, wenn die Krankheit bzw. die Behandlung Folge einer medizinisch nicht indizierten ästhetischen Operation, einer Tätowierung oder eines Piercings ist. Gem. § 294a II S. 2 SGB V sind die Versicherten vor der Mitteilung über die zu übermittelnden Daten und den Grund der Übermittlung zu unterrichten. Diese Vorschrift soll es dem Versicherten ermöglichen, eine privatärztliche Behandlung in Anspruch zu nehmen, damit er die Datenweitergabe

---

371 Siehe *Deutsch/Spickhoff*, Medizinrecht, Rn. 79 ff.; Soergel/*Spickhoff*, § 823 Anh. I BGB, Rn. 31 m. w. N.

372 *Ulsenheimer*, Arztstrafrecht, Rn. 374a.

373 Vgl. hier nur *Kilian*, NJW 1987, 697.

374 Vgl. zu §§ 67 ff. SGB X a. F. *Rogall*, NStZ 1983, 7.

375 *Spickhoff/Fischinger*, Medizinrecht, § 294a SGB V, Rn. 1 f.

376 Vgl. *Spickhoff*, NJW 2010, 1658; *Spickhoff/Fischinger*, Medizinrecht, § 294a SGB V, Rn. 4, 5.

vermeiden kann. § 295 I S. 1 Nr. 1 SGB V verpflichtet die Ärzte, im Fall von Arbeitsunfähigkeitsbescheinigungen den Krankenkassen die Diagnose mitzuteilen. Für die Abrechnung der gegenüber gesetzlich Versicherten erbrachten Leistungen regelt § 295 SGB V detailliert die Übermittlung der erforderlichen Daten. Eine Rechtspflicht des Leistungserbringers zur Übermittlung von Daten wird insoweit allerdings nicht begründet[377].

2. *Korea*

a) Infektionskrankheiten

AIDS und Geschlechtskrankheit gehören zu den Infektionskrankheiten gem. § 2 Nr. 4 q) und r) KIfSG[378]. Rechtsfragen im Zusammenhang mit der HIV-Infektion regelt seit 22. 09. 2008 auch das Gesetz zur Vorbeugung vor AIDS (KAidsG)[379]. Die Offenbarung oder die Mitteilung von AIDS oder einer Geschlechtskrankheit gegenüber einem anderen, z. B. der Familie, ist gem. §§ 7, 8–2 KAidsG im Prinzip nicht erlaubt, soweit dieses Gesetz, das sonstige einfache Recht oder die Einwilligung des Patienten nichts andere regeln. Der Grund für die Änderung des § 8–2 KAidsG ist einerseits der, dass der Arzt oder das Krankenhaus den Patienten „oder" dessen gesetzlichen Vertreter unter Beachtung der Geheimhaltung informieren darf, und andererseits der, dass der Arbeitgeber dem Arzt nicht den Befund über den HIV-Test abfordern darf[380]. Ein Verstoß gegen diese Vorschriften ist mit Strafe gem. §§ 26 Nr. 1, 27 Nr. 3 KAidsG bedroht. Diese Vorschriften sind aber kaum von praktischer Bedeutung, weil die gleiche Strafe in § 88 KMG geregelt wird. Im Übrigen stehen § 27 Nr. 3 KAidsG und § 67 KMG nicht miteinander im Einklang, weil die gegen § 8–2 KAidsG verstoßende Mitteilung unter eine unbefugte Offenbarung im Sinne des § 317 KStGB i. V. m. § 67 KMG fällt[381]. Bei jemandem, der verdächtigt wird, HIV-Infizierter zu sein, sind HIV-Test und Untersuchung auch in §§ 8, 10 KAidsG geregelt[382]. Außerdem soll der Arzt den Angehörigen und dem Sexualpartner des HIV-Infizierten gem. § 5 KAidsG eine Mitteilung über dessen HIV-Infektion machen. Der Grund für die Änderung

---

377 Vgl. zu § 302 SGB V *Bergmann/Möhrle/Herb*, § 4a BDSG 01, Rn. 56a.

378 Englischer Text „INFECTIOUS DISEASE CONTROL AND PREVENTION"; vgl. zu Geschlechtskrankheitengesetz in Deutschland *Eberbach*, MedR 1987, 270; *Laufs/Narr*, MedR 1987, 282 f.

379 Englischer Text „PREVENTION OF ACQUIRED IMMUNODEFICIENCY SYNDROME ACT".

380 http://www.law.go.kr/Islinfop.do?IsiSep=85783#0000.

381 Vgl. *Yang /Park /Jang /Lee*, Korean Journal of Medicine and Law, 06. 2006, 94 ff.

382 Vgl. zum Zwangstest aller Gefangenen in Deutschland *Eberbach*, NStZ 1987, 142 f.

dieser Vorschrift ist darin zu sehen, dass die Ansteckungsgefahr von Personen wie etwa dem Ehegatten, dem Lebenspartner oder dem Sexualpartner sehr hoch ist[383]. Allerdings muss der Wille des HIV-Infizierten in Betracht gezogen werden. Trotzdem werden sein Wille und der Wille seiner Angehörigen tatsächlich außer Acht gelassen, weil in §§ 8, 27 Nr. 2 KAidsG die Zwangsbehandlung oder die Zwangsuntersuchung gegenüber den Angehörigen festgelegt ist. Gem. § 12 KAdisG bekommen Personen, die gem. §§ 8, 10 KAidsG untersucht worden sind, eine vom Gesundheits- und Wohlfahrtsministerium ausgestellte Bescheinigung über das Untersuchungsergebnis. Diese Vorschriften sind vom Willen des HIV-Infizierten und dem seiner Angehörigen oder seines Sexualpartners unabhängig[384]. Der Ansicht[385], nach der nur die Offenbarung der HIV-Infektion als effektive und einzige Maßnahme für den Schutz von Dritten zur Geltung gebracht werden könne, ist nicht zuzustimmen, weil sie den Unterschied zwischen Epidemie und AIDS-Infektion unberücksichtigt lässt[386]. Es ist daher nicht erforderlich, dass einige deutsche Autoren die therapeutischen Möglichkeiten und die statische Gefahr für den Verlauf der Ansteckung hervorheben[387]. Wegen der sozialen Ächtung und der strengen gesetzlichen Schranken versuchen einige HIV-Infizierte, sich vor der Kontrolle durch die Regierung zu verbergen[388]. Dadurch setzen sie sich nicht nur der Gefahr aus, unbehandelt zu bleiben, zwangsweise aus ihrer beruflichen Stellung entfernt und von ihrer Familie verlassen zu werden[389], sondern machen sich auch des Vergehens schuldig, andere Menschen mit HIV zu infizieren[390]. §§ 8, 8–2 KAidsG werden in der Regel als unzutreffende Vorschriften angesehen. Im Hinblick auf den Schutz der Angehörigen eines HIV-Infizierten erhält die untersuchte Person gem. § 10 KAidsG den Befund gem. § 12 KAidsG ausgehändigt, so dass sie der Gefahr einer unbefugten Offenbarung ihres Geheimnisses ausgesetzt wird[391]. Ferner ist § 8–2 II KAidsG deshalb entbehrlich, weil sich die am Arbeitsplatz regelmäßig durchgeführten

---

383 *Kim, Min Joong*, Bopyulshinmun (Die Zeitung für das Recht) vom 17.08.1992.

384 Vgl. *Bruns*, MDR 1987, 353 ff.; *ders.*, NJW 1987, 694; zur Obduktion des Verdachts auf AIDS *Deutsch/Spickhoff*, Medizinrecht, Rn. 720.

385 *Kim, Min Joong*, Bopyulshinmun (Die Zeitung für das Recht) vom 14.06.1990; 17.08.1992.

386 *Yang/Park/Jang/Lee*, Korean Journal of Medicine and Law, 06.2006, 65 ff.

387 *Buchborn*, MedR 1987, 261 f.; *Eberbach*, MedR 1987, 270.

388 Asia Ökonomik Zeitung vom 21.07.2010.

389 *Yang/Park/Jang/Lee*, Korean Journal of Medicine and Law, 06.2006, 81 ff.

390 *Yang/Park/Jang/Lee*, Korean Journal of Medicine and Law, 06.2006, 68 ff.

391 Vgl. *Yang/Park/Jang/Lee*, Korean Journal of Medicine and Law, 06.2006, 94.

Untersuchungen tatsächlich auch auf AIDS beziehen. Diese Tatsache ermöglicht es nach einer Ansicht dem Arbeitgeber von Anfang an, über die Entlassung oder Nichtentlassung eines HIV-Infizierten zu entscheiden. Nach dieser Ansicht kann eine Fluggesellschaft dem Arzt, der die Gesundheitsuntersuchung der Patienten durchführt, die Untersuchungsergebnisse, die sich auf Krankheiten und Behandlung der Angestellten beziehen, abverlangen, und ist er verpflichtet, diese Ergebnisse der Fluggesellschaft zu offenbaren[392]. Nach dieser Ansicht ist es auch gerechtfertigt, dass ein HIV-infizierter Angestellter zwangsentlassen wird[393]. In diesem Zusammenhang kommen die Ansteckungsgefahr der Kollegen des HIV-Infizierten, die Verminderung von dessen Arbeitsfähigkeit und die Besonderheiten seiner Tätigkeit in Betracht[394]. Gem. § 3 V KAidsG dürfen HIV-Infizierte in einem Dienstverhältnis vom Arbeitgeber nicht diskriminiert werden. Diese Regelung ist jedoch kaum von praktischer Bedeutung, weil im KAidsG eine Regelung über die Strafe bei einem Verstoß gegen sie fehlt. Das Diskriminierungsverbot, das sich an den Staat, nicht an die Bürger richtet, wird in einzelnen Gesetzen geregelt, z. B. im Arbeitsrecht[395]. Der vom Arbeitgeber beauftragte Arzt kann im Prinzip ohne ausdrückliche Einwilligung des Arbeitnehmers oder des Bewerbers nicht von seiner Schweigepflicht entbunden werden[396], obwohl dem Arzt und dem Krankenhaus die Fürsorgepflicht gegenüber den Angehörigen und dem Sexualpartner des HIV-Infizierten auferlegt wird. Dennoch gehört die Wahrnehmung dieser Pflicht eigentlich zu den staatlichen Aufgaben, genauer der zuständigen Behörde, weil der Arzt keine Befugnis zur Aufsichts- und zur Fürsorgepflicht hat[397]. Als Konsequenz des bisher Gesagten werden das Zureden zu einer Behandlung, die Zwangsbehandlung und die Zwangsmaßnahme in §§ 14, 15 KAidsG geregelt. Diese Vorschriften bezwecken zwar den Schutz der Menschenwürde des HIV-Infizierten und dessen Einwilligung in eine freiwillige Behandlung, jedoch ist die Wirksamkeit dieses Schutzes von der Fähigkeit des HIV-Infizierten zur Selbstfürsorge und von freiwilligen persönlichen Lebensumständen abhängig. Darüber wird aber durch die zuständigen staatlichen Behörden entschieden. Dies könnte eine willkürliche Auslegung von

392 *Kim, Min Joong*, Die rechtliche Maßnahme gegenüber AIDS, Die Zeitung für das Recht vom 14.06.1990; *Ku, Young Mo*, Aufklärung und Einwilligung, S. 1056.

393 NEWSIS Zeitung vom 01.12.2011.

394 *Kim, Min Joong*, Die rechtliche Maßnahme gegenüber AIDS.

395 Vgl. zum Diskriminierungsverbot im Privatrecht *Honsell*, Einleitung zum BGB, in: Eckpfeiler des Zivilrechts, Rn. 47; Soergel/*Spickhoff*, § 823 BGB, Rn. 202.

396 MüKo/*Müller-Glöge*, § 611 BGB, Rn. 97.

397 Vgl. MK/*Cierniak*/*Pohlit*, § 203 StGB, Rn. 90.

§§ 14, 15 KAidsG und die Anwendung von staatlicher Gewalt zur Folge haben[398], weil die staatlichen Behörden Zwangsmaßnahmen gem. § 15 KAidsG wie auch eine Bestrafung gem. § 15 Nr. 4 KAidsG nur dann anordnen bzw. festsetzen dürfen, wenn bei Verweigerung einer Untersuchung oder Behandlung seitens einer Person, die als HIV-Infizierte verdächtigt wird, eine Gesundheitsgefährdung anderer Menschen vorhersehbar ist. Es ist erforderlich, dass die Familie des HIV-Patienten oder seine Sexualpartner über die Zwangsmöglichkeiten in Kenntnis gesetzt werden, so dass einerseits der „freiwillige Zwang" und andererseits der Wille des zu Behandelnden berücksichtigt werden sollten[399]. Dies erstreckt sich insoweit auf die Amtspflicht gem. § 839 BGB[400].

b) Transplantationen

In Korea wird nicht nur die Geheimhaltungspflicht aller im medizinischen Bereich tätigen Personen, z. B. Ärzte, medizinisch-technischer Assistenten und Datenträger, in Bezug auf das Verfahren der Transplantation gem. § 31 I KTPG[401] und gem. § 28 Durchführungsbestimmung für KTPG geregelt, sondern es werden unter § 31 II KTPG auch Ausnahmen von dieser Pflicht angegeben. Bei diesen Ausnahmen werden die Einwilligung des Organspenders und das öffentliche Interesse, z. B. kriminalistische, verwaltungsrechtliche und gerichtliche Gründe, in Betracht gezogen. Auch wenn dem Arzt im KTPG die Auskunfts- und Aushändigungspflicht grundsätzlich auferlegt wird, so wird durch diese Ausnahmeregelungen seine Schweigepflicht eingeschränkt (§ 31 I KTPG).

c) Meldebehörden

In Korea besteht kein mit dem MRRG vergleichbares Gesetz. Somit wird dem Arzt oder dem Leiter etwa eines Krankenhauses keine Auskunftspflicht gegenüber der zuständigen Behörde auferlegt. In den gerade genannten Fällen gilt daher das einfache Gesetz. Der Bau von Krankenhäusern und Pflegeheimen wird in § 2 II Nr. 9. Baugesetz (KBauGB)[402] geregelt. Die Meldepflicht des Arztes wird im Medizingesetz nur in § 26 KMG und § 11 I und II des Gesetzes über die Leichenöffnung und -konservierung (KLschG)[403] geregelt. Dieses Gesetz bezieht

398 Vgl. *Yang/Park/Jang/Lee*, Korean Journal of Medicine and Law, 06.2006, 92.

399 Vgl. *Yang/Park/Jang/Lee*, Korean Journal of Medicine and Law, 06.2006, 69, 82; vgl. ferner *Deutsch/Spickhoff*, Medizinrecht, Rn. 403.

400 Vgl. *Deutsch/Spickhoff*, Medizinrecht, Rn. 404.

401 Englischer Text „INTERNAL ORGANS, ETC. TRANSPLANT ACT".

402 Englischer Text „BUILDING ACT".

403 Englischer Text „ACT ON DISSECTION AND PRESERVATION OF CORPSES".

sich auf die Feststellung eines unnatürlichen, u. a. eines gewaltsamen Todes und auf die Feststellung einer schweren Gefahr für die Volksgesundheit. Auch müssen Mediziner und Leiter von Krankenhäusern im Sinne des § 3 KMG der für den Kinderschutz zuständigen Institution oder der Ermittlungsbehörde melden, wenn sie in ihrer beruflichen Tätigkeit über das vermisste Kind im Sinne des § 6 I Nr. 5 des Gesetzes über den Schutz und die Unterstützung für vermisste Kinder (KVermKG)[404], vom Vermissen eines Kindes oder im Sinne des § 26 II Nr. 2 des Gesetzes über die Kinderwohlfahrt (KKWfG)[405] von einer Kindermisshandlung Kenntnis gehabt und diese tatsächlich festgestellt haben.

d) Sozialleistungsträger

Das koreanische Krankenversicherungssystem unterscheidet sich von dem deutschen. Die Krankenversicherung ist im Gesetz über die medizinische Versorgung (KMVG) und im Gesetz über die Versicherung für die Volksgesundheit (KVVG) geregelt. Krankenversicherte müssen im Durchschnitt über 30% der Behandlungskosten selbst tragen. Der Versicherungsumfang ist weit enger gefasst als in Deutschland. Behandlungskosten für einige schwere Krankheiten, z. B. für Krebs, und die damit verbundenen besonderen Untersuchungen und Therapien sind nicht versichert[406]. Diese Kosten trägt der Patient selbst, falls er nicht mit einer privaten Versicherung einen Krankenversicherungsvertrag abgeschlossen hat. Alle koreanischen Staatsangehörigen gehören zwangsweise der gesetzlichen Krankenversicherung an. Daher fallen Krankenversicherungsdaten unter die Kontrolle der Regierung und in den öffentlichen Bereich. Dennoch entwickelt sich die theoretische Sicherheitsvorkehrung gegen die unbefugte Weitergabe solcher Daten durch die Regierung noch nicht zur Kontrolle gegenüber der Regierung, weil ein mit dem SGB vergleichbares Gesetz nicht besteht. Die Regierung hat versucht, die über die Versicherten gespeicherte Information den privaten Krankenversicherungen zu überlassen[407]. Dies zielt auf die Förderung der privaten Krankenversicherungen und der medizinischen Industrie ab[408]. Dieser Versuch wird in verschiedenen Bereichen, z. B. von Ärzten und einigen zivilen Organisationen, abgelehnt, weil er einerseits

404 Englischer Text „ACT ON THE PROTECTION AND SUPPORT OF MISSING CHILDREN, ETC.".

405 Englischer Text „CHILD WELFARE ACT".

406 Hankyoreh Zeitung vom 28.06.2010.

407 „Medicaltoday" Zeitung (www.mdtoday.co.kr) von 21.3.2008; 12.3.2008; 23.2.2008; 21.2.2008.

408 MBC NWS Sendung vom 11.3.2008; diesbezüglich *Damm*, MedR 2004, 15.

gegen das einfache Gesetz, vor allem KDSG und KPISG, verstoße und sich andererseits in einer Richtung bewege, die auf die Einführung gewinnorientierter Krankenhäuser abziele. Aus diesem Grund ist dieser Versuch misslungen[409]. Jedoch im Hinblick auf die Sozialversicherung sind Ärzte oder medizinische Institutionen u. a. Krankenhausträger verpflichtet, der Körperschaft für die Arbeiterwohlfahrt gem. § 118 des Gesetzes über die Versicherung gegen Berufsunfälle (KVUG)[410], der Autoversicherungsgesellschaft gem. §§ 12, 14 des Gesetzes über die Kfz-Versicherung (KKfzVG)[411] und der School Safety and Insurance Association gem. § 42 des Gesetzes über die Unfallvorbeugung in der Schule sowie den Schadensersatz (KVUSG)[412] i. V. mit § 21 II Nr. 8, 9, 11 KMG, die die Versicherten betreffenden Krankenunterlagen auszuhändigen und/oder eine Einsicht in diese Unterlagen zu gewähren. Ferner regeln § 21 II Nr. 4, 5 und 12 KMG viele Ausnahmen in Verbindung mit den einfachen Gesetzen, z. B. dem Gesetz über die Krankenversicherung für die Volksgesundheit (KKVG), dem Gesetz über die medizinische Versorgung (KMVG) und dem Gesetz über die Unterstützung u. dgl. für Patienten an der Nachwirkung wegen der Nutzung des Entlaubungsmittels (KPEntMG). Die genannten Vorschriften beziehen sich auf die Behandlungskosten des behandelnden Arztes oder des Krankenhausträgers, soweit sie gegenüber den zuständigen Behörden geltend gemacht werden.

IV. Zusammenfassung und Zwischenergebnis

1. Deutschland

Dem Arzt wird die Offenbarungspflicht zwar in verschiedenen Gesetzen, etwa in § 75 StPO bei der Erstattung eines Gutachtens, oder in §§ 98, 153, 159 InsO bei Insolvenz, auferlegt, jedoch gibt es folgende Ausnahmen: §§ 76, 81a, 52–53a StPO, § 97 ZPO, §§ 807, 836, 840, 899 ff. ZPO bei Zwangsvollstreckung. Der Arzt muss Daten seines Patienten auch kraft §§ 6, 11 IfSG bei bestimmten Krankheiten, § 16 MRRG bei bestimmten Situationen, §§ 4, 7 TPG bei

---

409 Vgl. zu BMK *Tinnefeld*, ZRP 2000, 12.

410 Englischer Text „INDUSTRIAL ACCIDENT COMPENSATION INSURANCE ACT“.

411 Englischer Text „ACT ON GUARANTEE OF COMPENSATION FOR LOSS CAUSED BY AUTOMOBILE“.

412 Englischer Text „ ACT ON THE PREVENTION OF AND COMPENSATION FOR ACCIDENTS AT SCHOOL“.

Transplantation und §§ 294 ff. SGB V bei versicherten Patienten der zuständigen Behörde mitteilen.

2. Korea

Die gesetzliche Offenbarungspflicht wird dem Arzt gem. § 44 KSVG bei einem Alkoholtest des Fahrers, §§ 315 I, 344, 346 ff. ZPO und §§ 61, 62 KZVG bei Zwangsvollstreckung auferlegt. In den genannten Fällen müssen die gesetzlichen Voraussetzungen für Auskunft und Einwilligung gegeben sein. § 31 KTPG bei Transplantation sieht ausnahmsweise keine Einwilligung vor. Die mit dem MRRG vergleichbaren Fälle werden in § 26 KMG und in § 11 KLschG bei der Feststellung eines unnatürlichen, u.a. eines gewaltsamen Todes und einer schweren Gefahr für die Volksgesundheit, in § 6 I Nr. 5 KVermKG bei vermissten Kindern und in § 26 II Nr. 2 KKWfG bei Kindesmisshandlung festgeschrieben. Nach diesen Vorschriften ist die Mitteilung an die zuständige Behörde ohne Einwilligung des Betroffenen zulässig. Gem. § 11 KIfSG und §§ 5, 7 ff. KAidsG muss der Arzt bei Infektionskrankheiten auch der Gesundheitsbehörde und den Angehörigen des Patienten eine Mitteilung machen. Bei Sozialleistungsträgern wird die Pflicht zur Aushändigung der ärztlichen Krankenunterlagen an eine zuständige Behörde, an eine Versicherung oder eine Gesellschaft in §§ 12, 21 II KMG in einem besonderen Gesetz aufgezählt.

B. Gesetzliche Offenbarungsbefugnis

Neben den gesetzlich geregelten Offenbarungspflichten bestehen auch sich unmittelbar aus gesetzlichen Regelungen ergebende Befugnisse zur Offenbarung. Während die Erfüllung von Offenbarungspflichten auch gegen den Willen des Schweigepflichtigen durchgesetzt werden kann, ist im Falle einer Offenbarungsbefugnis die Offenbarung ausschließlich zur Disposition des Schweigepflichtigen gestellt. Er kann das Geheimnis offenbaren, muss dies aber nicht tun. Allerdings kann die Entscheidung für die Wahrung des Geheimnisses für ihn mit Nachteilen verbunden sein.

I. Wahrung berechtigter Eigeninteressen

1. Rechtfertigung analog § 193 StGB

Für eine Rechtfertigung des Bruchs der Schweigepflicht könnte schließlich auch § 193 StGB herangezogen werden. Die Rechtsprechung hat gelegentlich die Wahrnehmung eigener Interessen durch den Arzt im weiteren Sinne zugestanden und eine einfache, hinter den Anforderungen von § 34 StGB zurückbleibende Interessensabwägung genügen lassen[413]. Eine strafrechtliche Auffassung besagt ausdrücklich, dass der in § 193 StGB enthaltene Rechtsgedanke auf andere Tatbestände übertragbar sei[414]. Sinn dieser Vorschrift sei es, statt eines rein defensiven Schutzes ein evolutionäres bzw. „dynamische(s) Element der Schaffung und Durchsetzung neuer Werte" zu schaffen[415]. In diesem Sinne könne die Verletzung der Schweigepflicht nicht nur durch den Aspekt der Gefahrenabwehr in Verbindung mit der Notwehr oder dem Notstand gerechtfertigt werden[416]. Auch die Wahrnehmung anderer Schutzgüter mit starker Sozialverflochtenheit und der damit verbundene Eingriff in fremde Rechtsgüter könnten der Schaffung eines neuen Wertes dienen[417]. Dies hätte aber eine gefährliche Relativierung des strafrechtlichen Rechtsgüterschutzes zur Folge[418]. Ihre Anwendung im Bereich des § 203 StGB ist deshalb ganz überwiegend abgelehnt worden[419]. Im Hinblick auf die Übertragbarkeit auf andere Tatbestände können Verstöße gegen den Geheimnisbereich bereits durch den Rechtfertigungsgrund des Notstandes gem. § 34 StGB gerechtfertigt werden[420]. Daher könne das Erfordernis der Gegenwärtigkeit einer Gefahrenlage und des wesentlichen Überwiegens des geschützten Interesses die Durchsetzung (eigener) Interessen in § 34 StGB hemmen[421]. Auch die Wahrung eigener Interessen des Schweigepflichtigen kann die Geheimnisoffenbarung gem. § 34 StGB rechtfertigen. Dies ist z. B. der Fall, wenn und soweit sie zur Abwendung der

413 BGHSt 1, 366; OLG Köln NJW 2000, 3657.

414 *Eser*, Wahrnehmung berechtigter Interessen als allgemeiner Rechtfertigungsgrund, S. 23 ff.

415 *Eser*, Wahrnehmung berechtigter Interessen als allgemeiner Rechtfertigungsgrund, S. 40 ff.

416 *Risse/Reichert*, NJW 2008, 3684.

417 *Eser*, Wahrnehmung berechtigter Interessen als allgemeiner Rechtfertigungsgrund, S. 47, 67.

418 *Roxin*, Strafrecht AT I, § 18, Rn. 39.

419 *Bender*, MedR 2002, 629; *Fischer*, § 203 StGB, Rn. 45; MK/*Cierniak/Pohlit*, § 203 StGB, Rn. 85; NK/*Kargl*, § 203 StGB, Rn. 70; *Roxin*, Strafrecht AT I, § 18, Rn. 39; vgl. zu BDSG *Schünemann*, ZStW 1978, 25 f.; *Tiedemann*, NJW 1981, 951; zu § 54 StPO *Ulsenheimer*, Arztstrafrecht, Rn. 379; vgl. Soergel/*Spickhoff*, § 823 BGB, Rn. 123 ff.

420 *Bender*, MedR 2002, 629; *Jakobs*, JR 1982, 359, Fn. 14a m. w. N.; *Schünemann*, ZStW 1978, 61; ähnlich *Fischer*, § 203 StGB, Rn. 45; Sch/Sch/*Lenckner/Eisele*, § 203 StGB, Rn. 30.

421 *Rogall*, NStZ 1983, 6; a. A. *Laufs/Uhlenbruck/Ulsenheimer*, Handbuch des Arztrechts, § 71, Rn. 16, Fn. 43 m. w. N.

Gefahr einer unbegründeten strafrechtlichen Verfolgung erforderlich ist[422]. Dasselbe gilt, wenn das berufliche Ansehen des Schweigepflichtigen durch unwahre Behauptungen beeinträchtigt wird[423], wobei es jedoch auch darauf ankommt, von wem die fragliche Äußerung stammt (z. B. von dem Patienten selbst oder von einem Dritten) und ob sie gut- oder bösgläubig[424] erfolgt ist. Gerechtfertigt ist schließlich auch die zur schlüssigen Begründung einer Klage notwendige Offenbarung von Geheimnissen bei der gerichtlichen Geltendmachung einer Honorarforderung des Schweigepflichtigen[425]. Dass damit auch ein Anwalt beauftragt werden darf, versteht sich von selbst[426]. Zweifelhaft ist dies unter Erforderlichkeitsaspekten nur dann, wenn der Schweigepflichtige gleichfalls Anwalt ist und den Prozess ebenso gut selbst führen könnte[427]. Eindeutig ist dagegen, dass hier rein wirtschaftliche Erwägungen, von denen die Durchsetzung des Honoraranspruchs nicht abhängt, eine ohne Einverständnis des Mandanten erfolgende Abtretung des Honoraranspruchs an einen außerhalb des Mandatsverhältnisses stehenden Dritten ebensowenig rechtfertigen können wie das Interesse, bei der gerichtlichen Durchsetzung der Forderung in der Rolle eines Zeugen zu sein[428]. Nicht zulässig ist es auch, bei der Geltendmachung einer anwaltlichen Gebührenforderung zur Begründung des Arrestgrundes gem. § 917 ZPO dem Anwalt im Rahmen des Anwaltsvertrags anvertraute Tatsachen zu offenbaren, die zur Substantiierung des Anspruchs

---

422 BGH 1, 366; *Michalowski*, ZStW 1997, 536 f.; LK/*Schünemann*, § 203 StGB, Rn. 143 m. w. N.; and. – eine Grundrechtsabwägung in Betracht ziehend – *Bohnert*, NStZ 2004, 306; vgl. auch *Fischer*, § 203 StGB, Rn. 45, 47a; ferner zur Erlangung von Straffreiheit nach § 142 StGB a. F. wegen der zuvor geleisteten Beihilfe zu einem Zeugenmeineid (BGH MDR 1956, 625) oder zur Abwehr einer unberechtigten Zivilklage (z. B. Arzthaftungsprozess); vgl. ferner zu HIV-Infektion *Meurer*, in: *Szwarc*, AIDS und Strafrecht, S. 147.

423 Vgl. auch § 30 IV Nr. 5c AO für das Steuergeheimnis.

424 Vgl. Soergel/*Spickhoff*, § 823 BGB, Rn. 127 ff.

425 BGH 1, 368; BGHZ 115, 129; BGH NJW 2005, 508; *Henssler*, NJW 1994, 1822; LK/*Schünemann*, § 203 StGB, Rn. 133; SK/*Hoyer*, § 203 StGB, Rn. 83; *Schäfer*, wistra 1993, 285; dagegen Einwände *Fischer*, § 203 StGB, Rn. 46.

426 Z. B. OLG Oldenburg NJW 1992, 758, 759.

427 Vgl. OLG Hamburg NJW 1993, 1335, 1336.

428 Vgl. BGHZ 122, 121; OLG Köln NJW 1992, 2772 und zur Abtretung einer ärztlichen Honorarforderung an eine externe Verrechnungsstelle entsprechend BGH 115 129; dazu, dass sich daran auch durch § 49b IV 1 BRAO nichts geändert hat, vgl. AG München NJW-RR 1997, 1561; dazu näher *Deutsch*/*Spickhoff*, Medizinrecht, Rn. 121; *Huffer*, NJW 2002, 1382 ff.

in einem Hauptprozess nicht vorgetragen werden müssen[429]. Die Offenbarung von Behandlungs- oder Mandatsverhältnissen gegenüber der Finanzverwaltung aus Gründen der Steuerersparnis ist nicht gem. § 34 StGB gerechtfertigt[430].

2. *Honorarforderungen aus privatärztlichem Behandlungsvertrag*

Der Schweigepflicht unterliegende Daten werden auch dann an Außenstehende übermittelt, wenn der Arzt zur Durchsetzung seines Honoraranspruchs aus einem privatärztlichen Behandlungsvertrag selbst Klage vor dem Zivilgericht erhebt oder einen Rechtsanwalt mit der Klageerhebung beauftragt. Denkbar ist auch der Fall, dass der Arzt im Rahmen eines gegen ihn gerichteten Strafverfahrens seine Unschuld durch die Offenbarung von Geheimnissen nachweisen kann. In allen solchen Fällen werden Geheimnisse Dritten gegenüber offengelegt. Die zivilrechtliche Klage muss die Person des Beklagten und dessen Adresse nennen. Der Klageantrag, also der Antrag auf Verurteilung des Beklagten zu einer Zahlung an den Kläger, muss durch einen substantiierten Tatsachenvortrag begründet werden. Dazu gehört, dass ein Behandlungsvertrag abgeschlossen worden ist und dass bestimmte Leistungen erbracht worden sind, die eine bestimmte Honorarforderung rechtfertigen. Diese Tatsachen werden dem Richter und anderen beim Gericht beschäftigten Personen oder dem mit der Erhebung der Klage beauftragten Rechtsanwalt zwangsläufig unter Bruch der Schweigepflicht bekannt. Die Tatsache, dass die beim Gericht beschäftigten Personen wie auch der Rechtsanwalt einer besonderen beruflichen Geheimhaltungspflicht unterliegen, rechtfertigt an und für sich die Offenbarung der Schweigepflicht unterliegender Daten und Umstände nicht[431]. Die Offenbarung von Daten an Anwälte oder Gerichte zur Verfolgung eigener Forderungen wird jedoch allgemein für zulässig gehalten[432]. Bei aller Einigkeit im Ergebnis fehlt es aber an einer Begründung. Die Wahrnehmung berechtigter Interessen ist im StGB nur in § 193 StGB für die Beleidigung ausdrücklich als Rechtfertigungsgrund genannt.

---

429 KG NJW 1994, 462; dazu näher *Everts*, NJW 2002, 3138 f.; vgl. zur Anwendung des § 288 BGB *Roxin/Schroth/Braun*, Medizinstrafrecht, S. 249.

430 *Schmitz*, wistra 1997, 293; vgl. ferner *Au*, NJW 1999, 342, bei steuerlichem Fahrtenbuch.

431 BGHZ 115, 128 f; BGHZ 116, 272; BGH NJW 1993, 1912; Sch/Sch/*Lenckner/Eisele*, § 203 StGB, Rn. 21; dazu näher *Henssler*, NJW 1994, 1822 m. w. N.; vgl. bei Sparkasse *Schalast/Safran/Sassenberg*, NJW 2008, 1489.

432 Vgl. OLG Oldenburg NJW 1992, 758.

Verallgemeinerbar ist diese Vorschrift jedoch nicht[433]. Eine Rechtfertigung kann sich aus diesem Grund allein aus § 34 StGB ergeben[434]. Die notwendige Interessenabwägung fällt bei der gerichtlichen Geltendmachung von Forderungen gegenüber dem säumigen Patienten zu Lasten des Schuldners aus. Das Interesse an Geheimhaltung verdient gegenüber der Offenbarung der für die Prozessführung notwendigen Daten keinen Schutz, wenn die Geheimhaltung lediglich dazu dient, sich dem Honoraranspruch des Arztes zu entziehen. Nicht erforderlich ist dagegen die routinemäßige Einschaltung einer Inkassostelle[435]. Dem Arzt ist es zuzumuten, die Rechnung für seine Leistungen selbst zu erstellen[436].

3. *Honorarforderungen in Bezug auf die gesetzliche Krankenversicherung*

Wenn die Verrechnungsstelle als zum Kreis der Wissensberechtigten gehörig angesehen wird, so ist dies für die Interessenabwägung belanglos. Wenn die Geheimhaltung der im Krankenhaus bzw. in der Verrechnungsstelle gespeicherten Daten ein überwiegendes Interesse beanspruchen kann, darf das Interesse des Arztes nicht mehr berücksichtigt werden[437]. Im Sozialgesetz hingegen liegt hier eine Problematik vor. In diesem Zusammenhang läuft dies auf die grundlegende Frage hinaus, ob im Zivilrecht die Interessensabwägung, die wegen ihrer Ausgleichsfunktion im Vordergrund steht, ohne weiteres in das Strafrecht einfließen kann[438]. Nach einer in Literatur vertretenen Ansicht kommt im Rahmen der Abwägung der widerstreitenden Interessen der zivilrechtliche Notstand des § 228 BGB zur Anwendung[439]. In diesem Zusammenhang kommt es darauf an, ob die Datenweitergabe für die Verwirklichung des Interesses des Arztes sowohl als „gegenwärtige Gefahr" als auch als „wesentlich überwiegendes Interesse" bewertet wird. Zunächst ist es zweifelhaft, ob die Schwierigkeit bei der Verwirklichung der Honorarforderung ohne weiteres als gegenwärtige Gefahr

---

433 Sch/Sch/*Lenckner/Sternberg-Lieben*, Vorbem. §§ 32 ff. BGB, § 34 StGB, Rn. 79 und Rn. 80; andererseits Sch/Sch/*Lenckner/Eisele*, § 203 StGB, Rn. 33.

434 Vgl. *Mennicke/Radtke*, MDR 1993, 403 f.

435 BGH 115, 129.

436 Vgl. Sch/Sch/*Lenckner/Eisele*, § 203 StGB, Rn. 33; *Spickhoff/Knauer/Brose*, Medizinrecht, §§ 203–205 StGB, Rn. 43.

437 Vgl. *Bongen/Kremer*, NJW 1990, 2911 ff.; Sch/Sch/*Lenckner/Eisele*, § 203 StGB, Rn. 30; *Taupitz*, MDR 1992, 422 ff.

438 Vgl. Sch/Sch/*Lenckner/Eisele*, § 203 StGB, Rn. 29a; auch zum Informationsschutz im Wirtschaftsrecht *Jäger*, JZ 2003, 1050 f.

439 *Schmitz*, JA 1996, 954; diesbezüglich Teil 4. B. I. 3.

angesehen werden kann[440]. Über dieses Interesse wird nicht nur nach dem subjektiven Urteil des Arztes, sondern auch nach objektiver ex-ante-Betrachtung in Bezug auf das geeignete Mittel entschieden. In Beziehung zur rechtlichen Qualifikation der Datenweitergabe an eine Verrechnungsstelle muss der Arzt das Bonitätsrisiko im Zivilrecht auf sich nehmen. Deshalb kann es nicht überzeugen, wenn dieses Risiko als gegenwärtige Gefahr angesehen wird und wenn die Befugnis zur Offenbarung der ärztlichen Daten anerkannt wird. Wenn dieses Interesse als überwiegendes Interesse des Arztes oder der Verrechnungsstelle angesehen werden kann, dann kommt es vielmehr auf die Wahrnehmung des § 193 StGB an. Eine Datenweitergabe kann sich auch nicht nur auf ein mit dem Normzweck des § 203 StGB verbundenes Allgemeinheitsinteresse in Verbindung mit dem Notstand berufen. Nach zutreffender Ansicht kann die Weitergabe von Behandlungsdaten an einen Dritten unter dem Gesichtspunkt einer Kosten-Nutzen-Analyse im Interesse des Arztes nicht gerechtfertigt werden, um eine sichere, schnelle und kostengünstige Realisierung der Honorarforderung zu schaffen[441]. Dies ist auch in dem praktischen Gedanken begründet, wonach der Arzt möglichst von der komplizierten Abrechnungstätigkeit als einer Verwaltungsarbeit freigestellt werden soll[442]. Jedoch sollte man hierbei davon ausgehen, dass die auf dem Persönlichkeitsrecht beruhende Information nicht ohne weiteres hinter der rein ökonomisch begründeten Forderung des Arztes zurückgestellt werden darf, soweit die Datenweitergabe eigentlich weder in einem Gesetz noch in einer Vereinbarung zwischen dem Arzt und dem Patienten begründet ist[443]. Daher sollte das Interesse des Arztes an seiner Honorarforderung durch den Notstand des § 228 BGB bzw. des § 34 StGB ausgeschlossen und vielmehr durch eine gerichtliche Geltendmachung verwirklicht werden[444].

---

440 *Mennicke/Radtke*, MDR 1993, 404 f.; a. A. *Mand*, MedR 2003, 397.

441 *Taupitz*, VersR 1991, 1217 f.; vgl. BGH NJW 1996, 775; *Bongen/Kremer*, NJW 1990, 2911; LK/*Schünemann*, § 203 StGB, Rn. 133; *Schünemann*, ZStW 1978, 16; vgl. ferner *Jäger*, JZ 2003, 1049 ff.

442 AG Flensburg, Urt. v. 31.5.1991 – 86C 30/91(n.v.).

443 Vgl. BGH NJW 1991, 2957; *Spickhoff*, AcP 2008, 359, 388; *Taupitz*, a. a. O.; *Ulsenheimer*, Arztstrafrecht, Rn. 370d.

444 Im Ergebnis ebenso *Mennicke/Radtke*, MDR 1993, 404, bei Rechtsanwalt; vgl. BGHSt 1, 368; BGHZ 115, 129; 122, 120; *Bongen/Kremer*, NJW 1990, 2912; *Laufs/Uhlenbruck/Ulsenheimer*, Handbuch des Arztrechts, § 71, Rn. 15; NK/*Kargl*, § 203 StGB, Rn. 68; Sch/Sch/*Lenckner/Eisele*, § 203 StGB, Rn. 29, 33; SK/*Hoyer*, § 203 StGB, Rn. 83; *Taupitz*, VersR 1991, 1217 f.; *Ulsenheimer*, Arztstrafrecht, Rn. 379.

4. *Korea*

a) Selbsthilfe im Sinne des § 23 KStGB

Wie bereits gesagt, besteht in Korea keine mit der deutschen Verrechnungsstelle vergleichbare Institution. Daher müssen jeder Einzelfall und die auf ihn bezogene spezielle Vorschrift gesondert betrachtet werden. Im KStGB ist die strafrechtliche Selbsthilfe in § 23 KStGB als Rechtfertigungsgrund enthalten. Sie unterscheidet sich dadurch von der Notwehr und dem Notstand, dass sie eine nachträgliche Notstandshandlung gegen einen vorangehenden Angriff und nur auf den Forderungsanspruch anwendbar ist. Insbesondere ist der adäquate Grund in § 23 KStGB kein Gleichwertigkeitsprinzip zwischen den Rechtsgütern[445]. Aus dem Anspruchsbereich dieses Paragraphen wird das Recht auf Leben, körperliche Unversehrtheit, Freiheit und Ehre usw. ausgeschlossen, weil die Wiederherstellung dieser Rechtsgüter, wenn sie verletzt worden sind, unmöglich sei. Außerdem sei die Selbsthilfe zugunsten Dritter nicht zulässig, sofern die dritte Person dem „Selbsthelfer" keinen Hilfsauftrag erteilt hat[446]. In diesem Zusammenhang komme es darauf an, ob die Selbsthilfe auch dann zulässig sein kann, wenn kein rechtswidriger oder ungerechtfertigter Angriff vorliegt. Nach einer Ansicht ist die Selbsthilfe mangels einer ausdrücklichen gesetzlichen Formulierung möglich[447]. Demgegenüber sei die Selbsthilfe gegenüber einer rechtmäßigen Handlung nicht zulässig, weil Maßnahmen für die Durchsetzung eines Forderungsanspruchs und die durch die gerichtliche Geltendmachung verwirklichte Hilfe einen rechtswidrigen Angriff voraussetzten[448]. Demnach falle nur eine Handlung gegen einen rechtmäßigen Angriff unter den Notstand gem. § 22 KStGB[449]. Die Unmöglichkeit der Durchsetzung des Forderungsanspruchs verbinde sich mit dem zeitlichen und dem örtlichen Zusammenhang, was die Möglichkeit der Vereitelung der Verwirklichung des Anspruchs oder deren Erschwernis umfasse. Es bedürfe einer doppelten Notstandssituation gegenüber der Geltendmachung und der Sicherung der Forderung[450]. Und nach der Rechtsprechung zählt eine Handlung, die Daten wegnimmt, um eine Forderung zu kassieren, nicht zur Selbsthilfe[451]. Die Datenweitergabe kann aufgrund von § 23

---

445 *Kim, Sung Don*, Strafrecht AT, S. 319.

446 *Kim, Sung Don*, Strafrecht AT, S. 320.

447 *Lee, Jung Won*, Strafrecht AT, S. 195; *Oh, Young Geun*, Strafrecht AT, § 21/4.

448 *Jeong/Park*, Strafrecht AT, S. 259; *Lee, Jae Sang*, Strafrecht AT, § 19/11; *Yim, Woong*, Strafrecht AT, S. 243.

449 *Kim, Sung Don*, Strafrecht AT, S. 320.

450 *Kim, Sung Don*, Strafrecht AT, S. 322.

451 KOGH, Urteil vom 26.7.1966, 66Do469; Urteil vom 26.12.1984, 84Do2582.

KStGB zur Realisierung einer Honorarforderung nicht erlaubt sein und darf von vornherein nicht in Betracht gezogen werden. Auch lässt sich überhaupt keine Ansicht zur Anwendung des Notstands gem. § 22 KStGB finden. Dies liegt daran, dass das Interesse an der informationellen Freiheit des Patienten gegenüber dem wirtschaftlichen Interesse des Arztes vorrangig ist[452]. Somit verstößt der Arzt gegen die Schweigepflicht gem. § 317 KStGB, wenn er personenbezogene Daten zur Realisierung seiner Honorarforderung weitergibt.

b) Rechtmäßige Handlungen im Sinne des § 20 KStGB

Im KStGB ist die rechtmäßige Handlung gem. § 20 KStGB als allgemeiner Rechtfertigungsgrund enthalten. Mit der Einstufung als „rechtmäßige Handlung" wird eine dem Gesetz, dem Handelsbrauch oder den in der Gesellschaft obwaltenden Sitten nicht widersprechende Handlung gerechtfertigt. In diesem Zusammenhang geht es darum, wie die als rechtfertigend angesehene Rechtsbeziehung zwischen den genannten Handlungen gebildet wird. In einer begrifflich-vergleichenden Untersuchung stellt sich die Frage, worin der Unterschied zwischen einer sozialadäquaten Handlung und einer den in der Gesellschaft obwaltenden Sitten entsprechenden Handlung besteht[453]. Einige Auffassungen besagen, dass sich beide Handlungen begrifflich und in der strafrechtlichen Stellung bezüglich des Tatbestandes unterschieden. Bei diesem Ausgangspunkt gilt nach einer Ansicht Sozialadäquanz als Rechtfertigungsgrund, hingegen eine den in der Gesellschaft obwaltenden Sitten entsprechende Handlung als tatbestandsausschließender Grund[454]. Vom Standpunkt des Anwenders des Gesetzes schließt eine sozialadäquate Handlung bereits den Tatbestand des Verbrechens aus, weil eine solche Handlung zwar gegen einen Strafrechtsparagraphen verstößt, vom Gesetzesanwender aber nicht bestraft zu werden braucht, weil bereits durch gesellschaftliche Bewertung über ihre Akzeptanz entschieden wird. Demgegenüber ist die letztgenannte Handlung vom Standpunkt des Gesetzgebers in die alltägliche Lebensordnung eingeschlossen. Somit wird eine solche Handlung nicht von

452 Vgl. *Kim, Sung Don*, Strafrecht AT, S. 315.

453 Seit *Welzel*, ZStW 1939, 515 ff., Sozialadäquanz als tatbestandsausschließender Grund, kritisch LK/*Rönnau*, vor § 32 StGB, Rn. 51; *Roxin*, Strafrecht AT I, § 10, Rn. 37; zu Sozialadäquanz als Rechtfertigungsgrund *Schmidhäuser*, Strafrecht AT, S. 298, kritisch bereits *Welzel*, Strafrecht AT, S. 31; *Maurach/Zipf*, Strafrecht AT I, § 17, Rn. 21; zu Tatbestandsauslegung und erlaubtem Risiko *Roxin*, Strafrecht AT I, § 10, Rn. 37 ff., kritisch *Maurach/Zipf*, a. a. O.

454 *Lee, Jae Sang*, Strafrecht AT, § 21/20; dazu näher *Kim, Sung Don*, Strafrecht AT, S. 359 ff.

vornherein als verboten angesehen[455]. Nach einer anderen Ansicht kann Sozialadäquanz im strafrechtlichen Verbrechenssystem keinen eigenständigen Wert beanspruchen. Daher sollten die in der Lehre von der Sozialadäquanz genannten Fälle durch das Prinzip des erlaubten Risikos oder durch eine Auslegung des Tatbestandes gelöst werden[456]. Wegen der begrifflichen Unklarheit der Sozialadäquanz und wegen der Unsicherheit der Typisierung bestimmter Verbrechen wird diese Meinung kritisiert. Gemäß dieser Kritik hätte die Einführung der Sozialadäquanz in das Verbrechenssystem Rechtsunsicherheit zur Folge[457]. Auf der Ebene der Geschichte des Verbrechenssystems sind auch die Begriffsdefinition der von *Welzel* entwickelten Sozialadäquanz und die Definition der den in der Gesellschaft obwaltenden Sitten entsprechenden Handlung identisch[458]. Hier ist es ausreichend, dass bestimmte Fälle, die bisher durch die Lehre von der Sozialadäquanz gelöst worden sind, in eine den in der Gesellschaft obwaltenden Sitten nicht widersprechende Handlung im Sinne des § 20 KStGB eingeschlossen und dadurch gelöst werden[459]. Auch die Rechtsprechung entscheidet, ohne einen begrifflichen Unterschied zwischen den gennannten Handlungen zu treffen[460]. Dies läuft freilich auf die Frage hinaus, wie die den in der Gesellschaft obwaltenden Sitten nicht widersprechende Handlung im koreanischen Verbrechenssystem verstanden wird. Nach den meisten Auffassungen bezieht sich eine dem Gesetz oder dem Handelsbrauch entsprechende Handlung inhaltlich auf die den in der Gesellschaft obwaltenden Sitten entsprechende Handlung. In § 20 KStGB wird eine solche Handlung als grundlegender Maßstab bei der Beurteilung der Rechtswidrigkeit[461] und damit als allgemeiner Rechtfertigungsgrund angesehen[462]. Nicht nur wird die den in der Gesellschaft obwaltenden Sitten nicht widersprechende Handlung als Prinzip der Einschränkung des im Strafrecht erfassten einzelnen Rechtfertigungsgrunds, sondern auch gegenüber

---

455 *Kwon, Ogeol*, Strafrecht AT. S. 272; *Lee, Jae Sang*, Strafrecht AT, § 21/20; *Park, Sang Ki*, Strafrecht AT, S. 163.

456 *Kim/Sub*, Strafrecht AT, S. 349; vgl. *Cha, Yong Seok*, Strafrecht AT, S. 512.

457 *Cha, Yong Seok*, a. a. O.

458 *Kim, Young Hwan*, Feststellung für *Kim, Jong Won*, zum 70. Geburtstag, 138.

459 *Bae, Jong* Dae, Strafrecht AT, § 56/7; *Oh, Young Geun*, Strafrecht AT, § 8/24; *Son, Dong Kwan*, Strafrecht AT, § 7/20; *Yim, Woong*, Strafrecht AT, S. 184.

460 KOGH, Urteil vom 11.6.1985, 84Do1958; Urteil vom 08.11.1994, 94Do1567; Urteil vom 23.2.2001, 2000Do4415; Urteil vom 09.4.2004, 2003Do6451.

461 *Shin, Dong Woon*, Strafrecht AT, S. 312.

462 *Jeong/Park*, Strafrecht AT, S. 214; *Kwon, Ogeol*, Strafrecht AT, S. 255; *Lee, Jae Sang*, Strafrecht AT, § 21/1; *Park, Sang Ki*, Strafrecht AT, S. 163; *Yim, Woong*, Strafrecht AT, S. 199.

allen anderen Rechtfertigungsgründen als ergänzender und endgültiger Rechtfertigungsgrund charakterisiert[463]. Im Hinblick auf die Prüfung der Rechtswidrigkeit handelt es sich zunächst um einen einzelnen Rechtfertigungsgrund, z. B. Notwehr, Notstand, Selbsthilfe, Einwilligung des Verletzten, sodann um Handlungen im Sinne des § 20 KStGB[464]. Damit eine Handlung als rechtmäßige Handlung bewertet werden kann, muss eine doppelte Voraussetzung erfüllt sein, d. h., die Handlung muss sich auf ein Gesetz oder einen Handelsbrauch beziehen, und außerdem muss sie den in der Gesellschaft obwaltenden Sitten entsprechen[465]. Eine andere Auffassung sieht eine den in der Gesellschaft obwaltenden Sitten nicht widersprechende Handlung als eigenständigen Rechtfertigungsgrund an. Eine solche Handlung ist von dem Gesetz oder dem Handelsbrauch des § 20 KStGB, von der Notwehr des § 21 KStGB und von dem Notstand des § 22 KStGB unabhängig[466]. In diesem Sinne genügt es, dass die dem Gesetz oder dem Handelsbrauch entsprechende Handlung eine eigene Voraussetzung erfüllt. Daher bedarf es keiner Erfüllung einer doppelten Voraussetzung[467]. Die Voraussetzung der in der Gesellschaft obwaltenden Sitten ist aber nicht umstritten, d. h., ob eine Handlung als rechtmäßige Handlung gerechtfertigt werden kann, die diesen Sitten entspricht, muss im einzelnen Fall vernunft- und zweckgemäß beurteilt werden[468]. Die Rechtsprechung legt den Maßstab für die Beurteilung einer solchen Handlung inhaltlich klar fest. Sie – die Handlung – wird durch die im einfachen Recht bezweckte und allgemein anerkannte Idee und die hinter ihr stehenden gesellschaftlichen Sitten oder die gesellschaftliche Gewohnheit gebilligt[469]. In diesem Zusammenhang werden folgende Kriterien genannt[470]: 1. Rechtmäßigkeit des Motivs oder des Zwecks des Verhaltens, 2. Adäquanz des Mittels des Verhaltens, 3. Gleichgewicht der Rechtsgüter zwischen dem Schutz- und dessen Verletzungsinteresse, 4. Dringlichkeit, 5. Behelf (z. B. der leichte

---

463 *Kim, Sung Don*, Strafrecht AT, S. 344; *Kwon, Ogeol*, Strafrecht AT, S. 272; *Yim, Woong*, Strafrecht AT, S. 189; vgl. *Jeong/Park*, Strafrecht AT, S. 214; *Lee, Jae Sang*, Strafrecht AT, § 21/1; *Park, Sang Ki*, Strafrecht AT, S. 163; *Shin, Dong Woon*, Strafrecht AT, S. 315 ff.

464 *Kwon, Ogeol*, Strafrecht AT, S. 255.

465 *Kwon, Ogeol*, Strafrecht AT, S. 271; *Park, Sang Ki*, Strafrecht AT, S. 163.

466 *Bae, Jong Dae*, Strafrecht AT, § 56/1; *Kim/Sub*, Strafrecht AT, S. 334.

467 *Bae, Jong Dae*, a. a. O.; *Kim/Sub*, a. a. O.

468 *Kwon, Ogeol*, Strafrecht AT, S. 254, 272 m. w. N.

469 KOGH, Urteil vom 23.2.2001, 2000Do4415.

470 KOGH, Urteil vom 22.6.1971, 71Do827; Urteil vom 08.2.1983, 82Do357; Urteil vom 11.6.1985, 84Do1958; Ureteil vom 08.11.1994, 94 Do1567; Urteil vom 23.2.2001, 2000Do4415; Urteil vom 26.9.2003, 2003Do3000.

Schlag des Lehrers[471], negative[r] Verteidigung [Widerstand][472], eine Handlung für die Verwirklichung des Rechtsanspruchs[473], eine leichte Behandlung durch Nicht-mediziner[474]). Der letztgenannten Auffassung könnte zugestimmt werden. Sie entspricht dem Wortlaut des § 20 KStGB, weil es in diesem Paragraphen nicht „und", sondern „oder" heißt. Die den in der Gesellschaft obwaltenden Sitten nicht widersprechende Handlung ist von vornherein grundsätzlich eine die Rechtswidrigkeit enthaltende Handlung, bei der aber ausnahmsweise und in spezifischen Fällen die Rechtswidrigkeit entfällt. Im Allgemein werden derartige Handlungen in allen Gesetzen weitgehend als gesetzliche Rechtfertigungsgründe geregelt. Außer solchen gesetzlichen Regelungen werden auch außergesetzliche Rechtfertigungsgründe anerkannt. Ebenso sollte eine den in der Gesellschaft obwaltenden Sitten entsprechende Handlung im Sinne des § 20 KStGB einen allgemeinen Rechtfertigungsgrund abgeben. Ein solcher Rechtfertigungsgrund, d. h. eine den in der Gesellschaft obwaltenden Sitten nicht widersprechende Handlung wird durch Gesetz anerkannt. Übrigens enthält eine solche Handlung auch außergesetzliche Rechtfertigungsgründe. Demgegenüber ist eine berufliche Handlung im Sinne des § 20 KStGB keine solche selbständige Handlung. Eine berufliche Handlung sollte nur ein gesetzlicher oder ein außergesetzlicher Rechtfertigungsgrund sein. In dieser Hinsicht könnte § 20 KStGB in gesetzliche und in außergesetzliche Handlungen unterteilt werden. Das heißt, eine den in der Gesellschaft obwaltenden Sitten entsprechende Handlung hat im Sinne des § 20 KStGB als solche keine gesetzliche Bedeutung. Der außergesetzliche Rechtfertigungsgrund kann auf bestimmten Gebieten durch das Prinzip des überwiegenden oder des mangelnden Interesses anerkannt werden[475]. Aber § 20 KStGB bietet dafür keine materielle Grundlage an. Auch als Konsequenz ist es fraglich, ob die den in der Gesellschaft obwaltenden Sitten entsprechende Handlung im Sinne des § 20 KStGB auf Fälle wie z. B. HIV-Infektion[476] und Datenweitergabe[477] anwendbar sein kann[478].

---

471 KVerfGE, Urteil vom 27.1.2000, 99Hyenma481; KOGH, Urteil vom 10.6.2004, 2001Do5380.

472 KOGH, Urteil vom 24.5.1985, 83Do942.

473 KOGH, Urteil vom 10.3.1995, 94Do2422.

474 KOGH, Urteil vom 13.7.2001, 99Do2328; Urteil vom 25.4.2004, 98Do2398.

475 Vgl. *Yim, Woong*, Strafrecht AT, S. 189

476 Vgl. *Deutsch*, NJW 1986, 758; zum erlaubten Risiko *Herzberg*, JuS 1987, 778.

477 Vgl. OLG Köln NJW 1991, 754.

478 Vgl. bereits *Heinemann*, JW 1930, 1555.

II. Berechtigte Wahrung von Rechtsgütern Dritter

1. Wahrnehmung berechtigter Interessen

a) Garantenstellung und Garantenpflicht gem. § 13 StGB

Eine Berechtigung zum Bruch der Schweigepflicht kann sich aus einer Garantenstellung des Arztes i. S. von § 13 StGB ergeben. Diese Vorschrift sieht Strafbarkeit auch für den Fall vor, dass es der Täter pflichtwidrig unterlassen hat, einen strafrechtlich relevanten Erfolg abzuwenden. Der zur Verschwiegenheit verpflichtete Arzt kann in diesem Zusammenhang vor dem Dilemma stehen, dass er sich einerseits strafbar macht, wenn er die Schweigepflicht verletzt, er aber andererseits die Schweigepflicht brechen muss, um nicht eine Straftat gem. dem jeweiligen Straftatbestand i. V. m. § 13 StGB zu begehen. Voraussetzung der Strafbarkeit wegen Unterlassens ist bei den sog. unechten Unterlassungsdelikten stets die Stellung des Täters als „Garant“[479]. Traditionell begründen sich Garantenstellungen aus Rechtsvorschriften, aus einer vertraglichen Verbindung, aus vorangegangenem Handeln oder aus einer engen Lebensbeziehung[480]. Nach neuerer Auffassung beruht die Garantenstellung auf Schutz- und Obhutspflichten[481]. Berechtigtes, d. h. rechtlich geschütztes Vertrauen könne dazu führen, dass der primär zu eigenen Schutzvorkehrungen Verpflichtete auf den Eigenschutz verzichten und sich auf den Schutz durch einen Garanten verlassen dürfe[482]. Einige Meinungen in der Literatur leiten Schutzpflichten schon aus einer moralischen und gesellschaftlichen Pflicht ab[483]. Da aber aus der Garantenstellung Rechtspflichten folgen, sind moralische Handlungspflichten zur Begründung einer Garantenstellung nicht ausreichend. Voraussetzung einer Garantenpflicht ist, dass ein bestimmtes, Dritte schützendes Verhalten rechtlich vorgeschrieben ist[484]. Es ist streng zu unterscheiden, ob eine Schweigepflicht gebrochen werden darf oder gebrochen werden muss. Die Pflicht zur Verletzung einer Rechtspflicht kann nur aus dem Recht, nicht aus der Moral abgeleitet werden.

---

479 Hier nur Sch/Sch/*Stree/Bosch*, § 13 StGB, Rn. 7.

480 Statt aller NK/*Wohlers/Gaede*, § 13 StGB, Rn. 30.

481 NK/*Wohlers/Gaede*, § 13 StGB, Rn. 31; vgl. *Lilie*, JZ 1991, 543, demnach dürfen im Einzelfall besondere Garantenstellungen geschöpft werden.

482 NK/*Wohlers/Gaede*, § 13 StGB, Rn. 34 m. w. N.

483 *Wuermeling*, MedR 1987, 266 f.

484 NK/*Wohlers*, § 13 StGB, Rn. 34; Sch/Sch/*Stree/Bosch*, § 13 StGB, Rn. 7.

b) Im Verhältnis zu Ärzten

„Gemäß dem traditionellen, bereits im 19. Jahrhundert diskutierten und dann vom RG und vom BGH übernommenen und weiterentwickelten Ansatz können sich Garantenpflichten aus vier Quellen ableiten: aus *Gesetz*, aus *Vertrag*, aus *Ingerenz* (vorangegangenem Tun) und aus *enger Lebensgemeinschaft*"[485]. In Frage kommt nur die Garantenstellung kraft Übernahme einer Schutzfunktion. Der „wissende" Arzt muss eine Schutzfunktion gegenüber anderen Ärzten haben, die ihrerseits darauf vertrauen, über mit der Behandlung verbundene Gefahren aufgeklärt zu werden. Bis auf den Hinweis bei Schröder/Schränk/*Stree/Busch*[486] findet sich hierzu in den Standardkommentaren *Kühl*, *Münchener Kommentar* kein Hinweis. In diesem Zusammenhang stellt sich die Frage, ob der Informationsaustausch zwischen Ärzten aufgrund einer Garantenstellung gegenüber anderen an der Behandlung, z. B. einer Operation, beteiligten Ärzten zulässig bzw. sogar geboten ist. Einige Stimmen in der Literatur halten den Informationsaustausch zwischen den behandelnden Ärzten für wesensnotwendig, wenn die Behandlung durch ein Behandlungsteam durchgeführt wird[487]. Dies ziele auf den Schutz des behandelnden Arztes und seiner Kollegen ab[488]. Die vollständige Unterrichtung anderer an der Behandlung beteiligter Ärzte kann zum Schutz des Patienten erforderlich sein. Wenn sich die Garantenstellung des behandelnden Arztes auf den Patienten bezieht, kann sie aus der tatsächlichen Gewährsübernahme oder der Übernahme einer Sicherungspflicht im Interesse und zum Schutz des Patienten, z. B. aus Informationen über Vorerkrankungen, die ein besonderes Vorgehen bei der Operation notwendig machen, abgeleitet werden[489]. Die an der Operation teilnehmenden Ärzte behandeln den Patienten jeweils mit eigener Sorgfalt und in eigener Verantwortung. Der zur Behandlung eines Patienten hinzugezogene Arzt ist nicht gezwungen, sich an der Behandlung zu beteiligen[490]. Wenn sich ein Arzt aber an einer bereits begonnenen Behandlung beteiligt, dann ist es Teil seiner Verantwortung, sich die notwendigen Informationen zu verschaffen, indem er mit dem Patienten unmittelbar spricht. Ein nicht durch ausdrückliche oder

---

485 Einwände NK/*Wohlers/Gaede*, § 13 StGB, Rn. 31.

486 Sch/Sch/*Stree/Bosch*, § 13 StGB, Rn. 17, 26a, 28a.

487 *Hirsch*, MedR 1987, 281; *Langkeit*, NStZ 1994, 6 f.

488 *Laufs/Laufs*, NJW 1987, 2263.

489 Vgl. BGH NJW 1980, 1906; AG Neuss NJW 1990, 2938; *Heberer/Mößbauer*, MedR 2004, 139 f.; *Lackner/Kühl*, § 13 StGB, Rn. 9; *Lilie*, NStZ 1983, 314; Sch/Sch/*Stree/Bosch*, § 13 StGB, Rn. 26a, 28a; zur zivilrechtlichen Auffassung Soergel/*Spickhoff*, § 823 BGB, Rn. 15 ff.; *ders.*, § 823 Anh. I BGB, Rn. 169 ff.; Staudinger/*Hager*, § 823 BGB, Rn. I 27.

490 Vgl. *Buchborn*, MedR 1987, 265; *Lackner/Kühl*, § 13 StGB, Rn. 9.

mutmaßliche Einwilligung des Patienten gedeckter Bruch der Schweigepflicht kann nicht durch eine Garantenpflicht gegenüber dem Patienten gerechtfertigt werden[491]. Eine Garantenstellung liegt insoweit nicht vor. Diskutiert wird aber auch eine Garantenstellung des behandelnden Arztes gegenüber anderen an der Behandlung beteiligten Personen, soweit andere nicht ohnehin zum „Kreis der Wissenden" zählen. Eine solche Garantenstellung könnte den Arzt verpflichten, Geheimnisse seines Patienten anderen Ärzten gegenüber zu offenbaren. Zur Begründung einer Garantenstellung müsste der „wissende" Arzt eine Schutzfunktion gegenüber anderen an der Behandlung beteiligten Ärzten haben. Eine solche Funktion folgt nicht nur aus dem Behandlungsvertag mit dem Patienten, sondern aus dem damit verbundenen Vertrauensgrundsatz[492]. Die Pflicht des Patienten aus § 241 II BGB gegenüber dem behandelnden Arzt zur Rücksichtnahme auf dessen Interessen ist kein Vertrag zugunsten der Arbeitskollegen[493]. Die Tatsache allein, dass eine Behandlung gemeinschaftlich durchgeführt wird, begründet eine solche Schutzfunktion nicht. Eine Pflicht zum Schutz von Kollegen setzt voraus, dass eine solche Funktion tatsächlich übernommen worden ist und dadurch ein Vertrauensverhältnis entstanden ist, das dazu berechtigt, auf eigene Schutzvorkehrungen zu verzichten[494]. Als Beispiel wird eine Arbeitskolonne genannt, bei der ein Mitglied für die Warnung der anderen Mitglieder zuständig ist[495], z. B. für die Warnung vor herannahenden Zügen bei Arbeiten an Bahngleisen. Eine Garantenstellung kann den Arzt nur dann zu einer Offenbarung von Patientengeheimnissen verpflichten, wenn tatsächlich Rechtsgüter der mitbehandelnden Ärzte bedroht sind[496]. Nur dann entsteht eine Pflichtenkollision, die den Bruch der Schweigepflicht rechtfertigen kann. Wenn für das Leben und die Gesundheit des mitbehandelnden Arztes eine Gefahr weder droht noch bevorsteht, dann besteht keine Rechtfertigung dafür, die Schweigepflicht zu brechen[497].

---

491 Vgl. *Kamps*, MedR 1985, 201; *Laufs/Laufs*, NJW 1987, 2265; weiter D. IV. 1.

492 Vgl. zur ärztlichen Zusammenarbeit im Operationssaal BGH NJW 1980, 649 und 1906; *Deutsch*, NJW 1982, 2587.

493 *Jauernig/Mansel*, § 611 BGB, Rn. 39 f. m. w. N.; ähnlich *Bruns*, MDR 1987, 355; vgl. mit der Garantenstellung des HIV-Infizierten *Eberbach*, MedR 1987, 271, diesbezüglich *Hirsch*, MedR 1987, 280.

494 Vgl. *Buchborn*, MedR 1987, 265; *Heberer/Mößbauer*, MedR 2004, 140; *Lilie*, NStZ 1983, 314; Sch/Sch/*Stree/Bosch*, § 13 StGB, Rn. 26a; *Stree*, FS für *Mayer*, S. 147.

495 Sch/Sch/*Stree/Bosch*, a. a. O.

496 Vgl. *Deutsch*, NJW 1986, 758.

497 Vgl. *Deutsch/Spickhoff*, Medizinrecht, Rn. 520; *Heberer/Mößbauer*, MedR 2004, 140; *Meurer*, in: *Szwarc*, AIDS und Strafrecht, S. 135; Soergel/*Spickhoff*, § 823 Anh. I BGB, Rn. 147.

Es ist deshalb festzuhalten, dass der Arzt den anderen Arzt und seine Gehilfen grundsätzlich nicht informieren darf, wenn sie nicht unmittelbar an der Behandlung eines HIV-Infizierten und an der Operation teilnehmen[498]. Es ist nicht erforderlich, dass die Befugnis zum Informationstausch zwischen Ärzten als einem Kreis von Wissensberechtigten hervorgehoben wird. Der genannte Normzweck des § 203 StGB läuft auf die Frage der Interessensabwägung hinaus. Wenn sich das Interesse des Patienten an das Allgemeininteresse knüpft, wird ersteres hinter letzteres zurückgestellt. Wenn § 203 StGB nur auf das Allgemeininteresse abzielt, das sich nur auf das Interesse des Gesundheitswesens und der Gesunderhaltung der Bevölkerung bezieht, spielt die Garantenstellung als Voraussetzung für den Schutz des Vertrauens des Patienten in den ärztlichen Beruf eine Rolle. Schließlich wird es nicht als notwendig erachtet, dass die Offenbarungspflicht aus der Garantenstellung im Sinne von § 13 StGB oder aus dem Normzweck des § 203 StGB angeführt wird[499]. In diesem Zusammenhang könnte ein heimlicher HIV-Antikörpertest als berechtigte Methode gelten[500]. Es geht aber eigentlich um die Frage der Einwilligung und des § 34 StGB, weil in erster Linie der Wille des Patienten in Betracht kommen muss[501]. Als Konsequenz begeht der Arzt bei einem solchen heimlichen HIV-Antikörpertest eine Körperverletzung im Sinne von §§ 223 ff. StGB[502]. Umgekehrt soll (nicht muss) der Patient seiner Familie das Ergebnis seines HIV-Tests oder die Tatsache der HIV-Infektion mitteilen. Wenn sich der HIV-Infizierte von einem anderen Arzt behandeln lässt, so sollte er auch ihn informieren. Das bedeutet aber nicht, dass der Patient den Arzt bei sämtlichen Behandlungen über einen HIV-Test oder die Tatsache seiner HIV-Infektion informieren muss[503]. Bei diesem Punkt sollte mehr Gewicht auf die

498 Vgl. *Deutsch/Spickhoff*, Medizinrecht, Rn. 520, 635, 637.

499 Vgl. *Bruns*, MDR 1987, 355 ff.; *Laufs*, Arztrecht, Rn. 429 ff.; *Lilie*, NStZ 1983, 314; *Meurer*, in: *Szwarc*, AIDS und Strafrecht, S. 135; *Spickhoff*, NJW 2000, 848 f.; Soergel/*Spickhoff*, § 823 Anh. I BGB, Rn. 130.

500 Vgl. *Bruns*, MDR 1987, 355; *Eberbach*, NJW 1987, 1471; *Laufs/Laufs*, NJW 1987, 2263; dazu näher *Deutsch/Spickhoff*, Medizinrecht, Rn. 253, 276 ff.

501 *Eberbach*, NJW 1987, 1472; im Ergebnis ebenso *Buchborn*, MedR 1987, 263; *Spickhoff*, NJW 2000, 849; *Wolfslast*, NStZ 2001, 152 für *Spickhoff*.; vgl. bei Verletzung des Selbstbestimmungsrechts LG Köln NJW 1995, 1621; dazu näher *Deutsch/Spickhoff*, Medizinrecht, Rn. 253, 647.

502 *Eberbach*, MedR 1987, 271 f.; *Laufs/Narr*, MedR 1987, 282; im Ergebnis ebenso *Bruns*, MDR 1989, 298; dagegen Einwand *Janker*, NJW 1987, 2898; vgl. zur Sicherungsaufklärung *Spickhoff*, ZEuP 2006, 412 ff.; *ders.*, NJW 2000, 848 f.; *ders.*, NJW 2006, 1635; zum heimlichen Vaterschaftstest *Spickhoff*, FamRZ 2003, 1581.

503 Vgl. *Buchborn*, MedR 1987, 263.

ärztliche Schweigepflicht zwischen Ärzten gelegt werden. In diesem Zusammenhang steht der medizinische Standpunkt im Vordergrund, wonach die Funktion des Arztes in dessen medizinischem Fachgebiet eine wesentliche Rolle spielt. In diesem Sinne ist eine entsprechende staatliche Ausbildung als Voraussetzung für den Arzt erforderlich. Die in § 13 StGB berücksichtigte Tatsache setzt eigentlich die Garantenpflicht voraus, jedoch fehlt in dem genannten Fall die mit der erforderlichen Sorgfalt verbundene berufliche Stellung[504]. Darüber hinaus ist der erwähnte vertrauensbezogene Beruf nur in einer gefahrerhöhten Situation von praktischer Bedeutung[505]. Dies liegt auch daran, dass sich die Garantenstellung ohnedies entweder auf die betroffene Person oder auf das betroffene Rechtsgut, nicht aber auf die berufliche Beziehung zu einem Dritten richtet[506].

c) Im Verhältnis zu Angehörigen und Sexualpartnern

Die ärztliche Schweigepflicht besteht auch gegenüber den Angehörigen und dem Ehepartner des Patienten[507]. Die Rechtfertigung der Offenbarung von Patientengeheimnissen gegenüber Angehörigen oder Sexualpartnern setzt eine Garantenstellung des Arztes gegenüber diesem Personenkreis voraus. I. d. R. besteht keine vertragliche Beziehung zwischen dem Arzt und den Angehörigen des Patienten und damit auch keine andere, besondere Schutzpflichten auslösende rechtliche Verbindung. Eine Rechtsprechung und eine strafrechtliche Auffassung nehmen eine Garantenstellung des Arztes für den Fall an, dass sich der Patient und dessen Familie in seiner Behandlung befinden und das Verhalten des HIV-Infizierten für sie eine konkrete Gefahr zur Folge hätte[508]. Es ist festzuhalten, dass die Schutzpflicht zugunsten des nichtinformierten Patienten nach dieser Ansicht nicht aus dem Vertrag mit dem wissenden, also z. B. dem HIV-infizierten Patienten hergeleitet

---

504 Vgl. *Deutsch/Spickhoff*, Medizinrecht, Rn. 210 ff., 381, 520.

505 Vgl. *Otto/Brammsen*, Jura 1985, 532 ff.

506 Vgl. *Heberer/Mößbauer*, MedR 2004, 137 f.; *Janker*, NJW 1987, 2897 ff.; Sch/Sch/*Stree*, § 13 StGB, 27. Auflage, Rn. 14.

507 Hier nur *Ulsenheimer*, Arztstrafrecht, Rn. 367; *Peter*, NJW 1993, 1953.

508 OLG Frankfurt a. M. NJW 2000, 875; *Laufs*, Arztrecht, Rn. 431; *Laufs/Laufs*, NJW 1987, 2265; *Laufs/Uhlenbruck/Ulsenheimer*, Handbuch des Arztrechts, § 71, Rn. 12; LK/*Schünemann*, § 203 StGB, Rn. 139; *Maurach/Schroeder/Maiwald*, Strafrecht BT I, § 29 III, Rn. 47; MK/*Cierniak/Pohlit*, § 203 StGB, Rn. 89; NK/*Kargl*, § 203 StGB, Rn. 65; *Schlund*, JR 2000, 376; Sch/Sch/*Stree/Bosch*, § 13 StGB, Rn. 28a; *Ulsenheimer*, Arztstrafrecht, Rn. 377; *v. Lewinski*, MedR 2004, 100; *Wasserburg*, NStZ 2003, 354 f.; *Wolfslast*, NStZ 2001, 151; im Ergebnis ebenso *Eberbach*, JR 1986, 233; vgl. zur Mitteilung bei Verweigerung des Patienten *Fischer*, § 203 StGB, Rn. 47; dazu näher Soergel/*Spickhoff*, § 823 Anh. I BGB, Rn. 130, 147.

wird. Quelle der Schutzpflicht ist der Behandlungsvertrag mit dem (noch) nicht infizierten Angehörigen oder Lebenspartner. Grundsätzlich kann eine Garantenstellung des Arztes zugunsten eines Patienten aus dem Behandlungsvertrag abgeleitet werden[509]. Schutzpflichten übernimmt der behandelnde Arzt in diesem Rahmen aber nur in Bezug auf spezifische, mit der Heilbehandlung verbundene Risiken. Er muss etwa auf Einschränkungen der Fahrtuntauglichkeit als Folge von Medikation oder ärztlicher Behandlung hinweisen[510]. Die Garantenstellung des Arztes erstreckt sich aber nicht auf Gefährdungen, die außerhalb der mit dem konkreten Patienten eingegangenen sozialen Beziehung liegen. Die üblichen Begründungen für die Stellung als Garant greifen nicht[511]. Der Arzt hat durch seine Behandlung die Gefahr für den noch nicht infizierten Familienangehörigen nicht erhöht. Er hat keinen die Abwehrbereitschaft verringernden Vertrauenstatbestand geschaffen und ist auch für das Verhalten des uneinsichtigen infizierten Patienten nicht verantwortlich. Der Arzt hat keine Aufsichts- und Kontrollbefugnis in Bezug auf den Geschlechtsverkehr zwischen dem HIV-Infizierten und anderen Personen, auch wenn diese seine Patienten sind. Er hat auch keine Aufsichtspflicht über die Methode des HIV-Infizierten zur Vorbeugung gegen HIV-Ansteckung[512]. Eine Ansicht besagt, dass das Offenbarungsrecht des Arztes in einen Offenbarungspflicht umschlagen könne[513]. Die Pflichten des Arztes zum Schutz Dritter hat der Gesetzgeber durch die nichtnamentliche Meldepflicht gem. § 6 IfSG normiert. Dieser Wertung würde eine Garantenpflicht des Arztes

509 *Engländer*, MedR 2001, 144; *Wolfslast*, NStZ 2001, 152; vgl. zum Ausgangspunkt *Fischer*, § 13 StGB, Rn. 36, 37; *Laufs*, Arztrecht, Rn. 428; *Ulsenheimer*, Arztstrafrecht, Rn. 377a.

510 Vgl. zur Mitteilung gegenüber den zuständigen Verkehrsbehörde BGH NJW 1968, 2288; OLG München MDR 1956, 565 m. Anm. *Mittelbach.*; *Kreuzer*, NJW 1975, 2236; *Laufs*, Arztrecht, Rn. 428; *Lenckner*, NJW 1964, 1188; *Müller*, NJW 1966, 1154; Sch/Sch/*Stree/Bosch*, § 13 StGB, Rn. 28; *Schlund*, JR 1977, 268; *Ulsenheimer*, Arztstrafrecht, Rn. 376d, 378a; *Wilts*, NJW 1966, 1839 ff.; zu Zeugnisverweigerungsrecht und Notstand *Mitsch*, JuS 1989, 968.

511 Vgl. *Deutsch*, VersR 2001, 1475; *Lilie*, JZ 1991, 544 ff.; NK/*Wohlers/Gaede*, § 13 StGB, Rn. 39 ff.; Sch/Sch/*Stree/Bosch*, § 13 StGB, Rn. 17, 28; Soergel/*Spickhoff*, § 823 Anh. I BGB, Rn. 130; zu Gesetz und Interessenabwägung bei Fahruntauglichkeit *Kohlhaas*, GA 1958, 75.

512 Vgl. *Bender*, VersR 2000, 323; *Fischer*, § 13 StGB, Rn. 15; *ders.*, § 203 StGB, Rn. 47; Soergel/*Spickhoff*, § 823 BGB, Rn. 113; *ders.*, § 823 Anh. I BGB, Rn. 90 ff., 130.

513 Hier nur *Deutsch*, VersR 2001, 1475; *Laufs*, NJW 1984, 1389; *Laufs/Uhlenbruck/Ulsenheimer*, Handbuch des Arztrechts, § 71, Rn. 12; *v. Lewinski*, MedR 2004, 100; a. A. *Ostendorf*, JR 1981, 447, 448.

in Bezug auf die Verhinderung weiterer Infektionen widersprechen[514]. Die Pflicht zur Offenbarung einer HIV-Infektion gegenüber von demselben Arzt behandelten Familienangehörigen wird von weiteren Voraussetzungen abhängig gemacht. Sie ist nicht zwangsläufige Folge der Garantenstellung. Der Arzt darf erst bei konkreter Gefahr für die Gesundheit des Angehörigen handeln und ihm die Infektionsgefahr offenbaren. Primär soll es nach wie vor auf den Willen des infizierten Patienten ankommen, seine Angehörigen vor einer Infektion zu schützen[515]. Erst fehlende Einsichtsfähigkeit des HIV-Infizierten soll als *ultima ratio* die Pflicht des Arztes zur Offenbarung der Infektion gegenüber den mitbehandelten Angehörigen auslösen. Der bereits infizierte Patient muss zunächst die Bedeutung der Krankheit und die Infektionsgefahr erkennen[516]. Die Handlungspflicht des Arztes entsteht, wenn der HIV-Infizierte die zum Schutz vor einer Infektion seiner Angehörigen notwendigen Maßnahmen nicht treffen will oder kann. Die Handlungspflicht des Arztes ist damit von einem fiktiven Schuldvorwurf gegenüber dem HIV-Infizierten abhängig. Der Arzt steht vor schwierigen Beurteilungsfragen, insbesondere in Bezug auf den Zeitpunkt, zu dem er den Angehörigen zu informieren hat. Liegt noch keine konkrete Gefahr vor, wäre eine Informierung wegen Verletzung der Schweigepflicht strafbar. Informiert der Arzt den Angehörigen nicht und kommt es zu dessen Infektion, dann hat sich der infizierte Patient als nicht einsichtsfähig erwiesen und hat sich der Arzt durch Unterlassen einer Körperverletzung des bislang nichtinfizierten Angehörigen strafbar gemacht[517]. Dies verstößt gegen das Prinzip der Bestimmtheit der Straftatbestände gem. § 1 StGB, wenn eine Bestrafung nur bei Vorhersehbarkeit des Verhaltens und nach dem Grad der Vorwerfbarkeit zulässig ist[518]. Wenn der Ehemann einen Behandlungsvertrag schließt und später seine Ehefrau bewusst oder aus Versehen denselben Arzt aufsucht, würde sich daraus eine Verpflichtung des Arztes zur

---

514 Vgl. *Vogels*, MDR 1999, 1445.

515 Vgl. *Engländer*, MedR 2001, 143 f.; *Ulsenheimer*, Arztstrafrecht, Rn. 376c; diesbezüglich näher *Tiedemann*, NJW 1988, 729.

516 Vgl. *Deutsch/Spickhoff*, Medizinrecht, Rn. 303; *Herzberg*, NJW 1987, 1462, 1466; *Rengier*, Jura 1989, 230; *Spickhoff/Knauer/Brose*, Medizinrecht, §§ 203–205 StGB, Rn. 43; kritisch OLG Frankfurt a. M. MDR 1999, 1444.

517 Vgl. *Bender*, VersR 2000, 323; Soergel/*Spickhoff*, § 823 Anh. I BGB, Rn. 130, 147.

518 Vgl. *Eberbach*, JR 1986, 231; *ders.*, MedR 1987, 270; *Herzberg*, JuS 1987, 778; MK/*Freund*, vor §§ 13 ff. StGB, Rn. 167; MK/*Cierniak/Pohlit*, § 203 StGB, Rn. 88; *Saliger*, JZ 2004, 978. 980; Soergel/*Spickhoff*, § 823 Anh. I BGB, Rn. 225, 237; *Spickhoff*, NJW 2000, 848 f.; vgl. ferner *Nedopil*, NJW 2000, 840.

Offenbarung von Geheimnissen aus der Behandlung des Mannes ergeben[519]. Eine Pflicht zum Bruch der Schweigepflicht ergibt sich unter den Voraussetzungen des § 138 StGB. Wenn die Infektionsgefahr als lebensbedrohend eingeschätzt wird, bedeutet das Handeln des uneinsichtigen Patienten einen versuchten Totschlag. Der Rückgriff auf die Garantenstellung ist hier überflüssig, weil sich die Berechtigung und auch die strafrechtlich geschützte Pflicht zum Handeln schon aus § 138 StGB ergibt. Unterhalb der Eingriffsschwelle von § 138 StGB besteht allenfalls im Rahmen von § 34 StGB ein Recht zur Offenbarung[520], aber keine von der Einsichtsfähigkeit des HIV-Infizierten abhängige strafbewehrte Pflicht, weil es auf dessen Willen ankommt[521].

2. *Korea*

a) Garantenstellung und -pflicht in § 18 KStGB

§ 18 KStGB regelt die Garantenstellung und die Garantenpflicht in Bezug auf unechte Unterlassungsdelikte. Die die Garantenstellung übernehmende Person muss darauf hingewiesen werden, dass sie die Pflicht hat, eine Gefahr abzuwenden, oder dass durch ihre Handlung eine solche Gefahr verursacht wird[522]. Zwar ist die Gleichwertigkeit zwischen Unterlassen und Handeln im Wortlaut dieser Vorschrift nicht ausdrücklich festgeschrieben[523], jedoch wird eine solche Gleichwertigkeit gemäß Rechtsprechung und verbreiteter Auffassung bei unechten Unterlassungsdelikten als notwendige Voraussetzung angesehen[524]. Bei der Entscheidung über das Vorliegen einer solchen Gleichwertigkeit kommt es auf die Auslegung der jeweiligen strafrechtlichen Tatbestände an[525]. Im Schrifttum ist

---

519 Vgl. *Bamberger/Roth/Spindler*, § 823 BGB, Rn. 632; *Deutsch*, VersR 2001, 1474; *Deutsch/Spickhoff*, Medizinrecht, Rn. 647; *Rehborn*, MDR 2000, 1104; Soergel/*Spickhoff*, § 823 Anh. I BGB, Rn. 130; *Wolfslast*, NStZ 2001, 152.

520 Vgl. *Bender*, MedR 2002, 628; *Kreuzer*, JR 1984, 295; *Wilts*, NJW 1966, 1839; vgl. Teil 3. C. II. 3.

521 Vgl. *Engländer*, MedR 2001, 143; *Ostendorf*, JR 1981, 447, 448.

522 *Kwon, Ogeol*, Strafrecht AT, S. 405; vgl. *Kim, Sung Don*, Strafrecht AT, S. 590.

523 Daher gesetzliche Lücke *Kim, Sung Don*, Strafrecht AT, S. 612.

524 KOGH, Urteil vom 11.2.1922, 91Do2951; *Bae, Jong Dae*, Strafrecht AT, S. 159/25; *Kim, Sung Don*, Strafrecht AT, S. 613; *Kwon, Ogeol*, Strafrecht AT, S. 403; *Lee, Jae Sang*, Strafrecht AT, 10/37; *Park, Sang Ki*, Strafrecht AT, S. 325; *Shin, Dong Woon*, Strafrecht AT, S. 112.

525 *Bae, Jong Dae*, Strafrecht AT, S. 159/26; *Jeong/Park*, Strafrecht AT, S. 470; *Kim, Sung Don*, Strafrecht AT, S. 614; *Kwon, Ogeol*, Strafrecht AT, S. 412; *Kim/Sub*, Strafrecht AT, S. 504; *Lee, Hyung Guk*, Strafrecht AT, S. 361; *Lee, Jae Sang*, Strafrecht AT, S. 10/37.

umstritten, woraus die Garantenstellung abgeleitet werden kann. Eine Ansicht übernimmt die Garantenstellung nur aus den in § 18 KStGB ausdrücklich festgeschriebenen Rechtsvorschriften, Verträgen und der Ingerenz[526]. Eine andere Ansicht hebt die besondere Schutzpflicht solcher Personen hervor, die zu Schutzvorkehrungen gegenüber einer bestimmten Gefahrenursache verpflichtet sind[527]. Mittlerweile ist dies eine in Korea weit verbreitete Ansicht. Unter dem Gesichtspunkt dieser anderen Ansicht wird auch der Inhalt der von der erstgenannten Ansicht angeführten Gründe berücksichtigt, um eine grenzenlose Erweiterung der Schutzpflicht zu vermeiden[528]. Demgegenüber werden von der erstgenannten Ansicht die Schutz- und die Aufsichtspflicht i. V. mit den in der Gesellschaft obwaltenden Sitten und mit der Natur der Sache (*reason*) akzeptiert, wodurch sich ihr enger Anwendungsbereich gewissermaßen erweitert. In diesem Zusammenhang ist es erforderlich, die in der Gesellschaft obwaltenden Sitten und die Natur der Sache zu konkretisieren[529]. Zwar unterscheiden sich beide Ansichten in methodischer Hinsicht voneinander, sind aber inhaltlich gleich, weil von ihnen allgemeine Prinzipien wie z. B. die in der Gesellschaft obwaltenden Sitten und die Natur der Sache akzeptiert werden[530]. Daher überzeugt die zweitgenannte Ansicht aufgrund der Bestimmtheit der Strafbarkeit[531]. Auch ist es nicht problematisch, dass die Pflicht zum Tun auf den in § 18 KStGB festgeschriebenen Gründen „Rechtsvorschriften", „Verträgen" und „Ingerenz" beruht. Es geht aber darum, ob die Pflicht zum Tun aus den genannten allgemeinen Prinzipien abgeleitet werden kann oder nicht. Nach der Rechtsprechung kann die gesetzliche Pflicht zum Tun aus einem ungeschriebenen oder einem geschriebenen Recht sowie aus dem öffentlichen oder dem privaten Recht abgeleitet werden. Hierbei wird eine moralische und religiöse Pflicht ausgeschlossen. Daher ergibt sich eine solche Pflicht auch aus einem von dem Prinzip „Treu und Glauben", von den in der Gesellschaft

---

526 *Bae, Jong Dae*, Strafrecht AT, S. 158/8 m. w. N.; kritisch *Yim, Woong*, Strafrecht AT, S. 474.

527 *Lee, Jung* Won, Strafrecht AT, S. 467; *Lee, Hyung Guk*, Strafrecht AT, S. 414 m. w. N.; kritisch *Kwon, Ogeol*, Strafrecht AT, S. 405.

528 *Jeong/Park*, Strafrecht, AT, S. 465; *Kwon, Ogeol*, Strafrecht AT, S. 406; *Kim/Sub*, Strafrecht At, S. 496; *Yim, Woong*, Strafrecht AT, S. 535.

529 *Cho, Jun Hyun*, Strafrecht AT, S. 306; *Lee, Jae Sang*, Strafrecht AT, § 10/22; *Oh, Young Geun*, Strafrecht AT, § 16/27; *Shin, Dong Woon*, Strafrecht AT, S. 114; *Son, Dong Kwan*, Strafrecht AT, § 22/28.

530 *Bae, Jong Dae*, Strafrecht AT, § 158/12.

531 Im Ergebnis ebenso *Bae, Jong Dae*, a. a. O.

obwaltenden Sitten[532] oder von der Natur der Sache gedeckten Fall[533]. Solche allgemeinen Prinzipen wie etwa Sittlichkeit und Natur der Sache werden im Schrifttum kritisiert, weil dadurch vorausgesetzt werde, dass alle Handlungen strafbar seien und daher der Grundsatz *nulla poena sine lege* zunichte gemacht werde[534]. In diesem Zusammenhang solle die Garantenpflicht jedenfalls eine Rechtspflicht sein. Demgegenüber müsse die Garantenstellung dem Handelnden aufgrund seiner beruflichen oder persönlichen Stellung besonders auferlegt werden[535]. Somit werden nach verbreiteter Auffassung die Garantenstellung als tatbestandlicher und die Garantenpflicht als rechtswidriger Bestandteil verstanden[536].

b) Im Verhältnis zum medizinischen Personal und zu Dritten

Es ist noch offen, ob die Garantenstellung und die Garantenpflicht im Verhältnis zwischen Ärzten vor allem im Fall der HIV-Behandlung angenommen werden können. Und auch die Frage nach dem Verhältnis des Arztes gegenüber Angehörigen eines HIV-Infizierten oder gegenüber Dritten wird in Bezug auf diese Stellung und die Pflicht noch nicht intensiv genug diskutiert. In diesem Zusammenhang kommt eine Pflichtenkollision von vornherein nicht in Betracht, weil es um einen Selbstwiderspruch der Rechtsordnung und damit um eine Anspruchsnormenkonkurrenz geht[537]. Daher handelt es sich um die Meldepflicht des Arztes gem. § 5 KAidsG[538], um den Notstand gem. § 22 I KStGB oder um die Einwilligung des Patienten gem. § 24 KStGB[539].

532 Vgl. § 20 KStGB.

533 KOGH, Urteil vom 06.9.1996, 95Do2551; Urteil vom 09.4.2004, 2003Do7828.

534 *Kim, Sung Don*, Strafrecht AT, S. 605; *Oh, Young Seok*, Strafrecht AT, § 16/31; im Ergebnis ebenso *Cha, Yong Seok*, Strafrecht AT, S. 307; *Jin, Ge Ho*, Strafrecht AT, S. 180; *Kim/Kim*, Strafrecht AT, S. 202; *Kim/Sub*, Strafrecht AT, S. 493.

535 *Kim/Sub*, Strafrecht AT, S. 490.

536 *Bae, Jong Dae*, Strafrecht AT, S. 631; *Jeong, Sung Geun*, Strafrecht AT, S. 461; *Jeong/Park*, Strafrecht AT, S. 463; *Kim, Sung Don*, Strafrecht AT, S. 603; *Kim/Sub*, Strafrecht AT, 492; *Kwon, Ogeol*, Strafrecht AT, S. 404; *Lee, Hyung Guk*, Strafrecht AT, S. 35; *Lee, Jae Sang*, Strafrecht AT, 10/20; *Park, Sang Ki*, Strafrecht AT, S. 318; *Yim, Woong*, Strafrecht AT, S. 358; vgl. zur Garantentheorie *Jeong, Young Il*, Strafrecht AT, 93; *You, Ki Cheon*, Strafrecht AT, S. 120, mit Rechtswidrigkeit.

537 *Bae, Jong Dae*, Strafrecht AT, S. 325; *Kim, Sung Don*, Strafrecht AT, S. 617; *Kim/Sub*, Strafrecht AT, S. 351; *Ryoo, In Mo*, Die Pflichtenkollision und die Handlungsmöglichkeit des Unterlassens, S. 103.

538 Vgl. *Kim, Sung Don*, Strafrecht AT, S. 617.

539 Vgl. *Kim/Sub*, Strafrecht AT, S. 351, nur Notstand gem. § 22 I KStGB.

III. Zusammenfassung und Ergebnis

1. Deutschland

Neben den gesetzlich geregelten Offenbarungspflichten bestehen auch sich unmittelbar aus gesetzlichen Regelungen ergebende Befugnisse zur Offenbarung. § 193 StGB trifft nicht auf einen Rechtfertigungsgrund zu, weil die in diesem Paragraphen geschützten Rechtsgüter und der in ihm festgeschriebene Tatbestand andere sind als diejenigen von § 203 StGB. Auch die Durchsetzung des Honoraranspruchs wird durch die gerichtliche Geltendmachung einer Honorarforderung, nicht durch die entsprechende Anwendung von § 193 StGB verwirklicht. Eine Berechtigung zum Bruch der Schweigepflicht kann sich aus einer Garantenstellung des Arztes i. S. von § 13 StGB ergeben. Die Garantenstellung und die Garantenpflichten können nicht nur aus moralischen Handlungspflichten abgeleitet werden. Im Verhältnis zwischen Ärzten und/oder deren Gehilfen kann der Bruch der Schweigepflicht aufgrund der Garantenstellung und der Garantenpflicht des behandelnden Arztes nur dann zulässig sein, wenn dieser mit einem anderen Arzt oder mit einem Gehilfen die Behandlung des Patienten gemeinschaftlich durchführt und an ihr unmittelbar teilnimmt. Allerdings muss der Tatbestand des § 13 StGB erfüllt sein. Dieser Paragraph ist eigentlich nicht auf den Fall des Schutzes der Angehörigen und der Sexualpartner des HIV-Infizierten anwendbar. Da dem Arzt zwar die Anzeigepflicht gem. § 138 StGB oder die Meldepflicht gem. § 6 IfSG an eine zuständige Behörde auferlegt ist, nicht aber eine Aufsichtspflicht gegenüber den genannten Personen, ist der Arzt gem. § 203 V StGB strafbar, wenn er Angehörige oder Sexualpartner über die HIV-Infektion informiert.

2. Korea

Im KStGB wird die rechtmäßige Handlung gem. § 20 KStGB als allgemeiner Rechtfertigungsgrund angeführt. Mit der Einstufung als „rechtmäßige Handlung“ wird eine dem Gesetz, dem Handelsbrauch oder den in der Gesellschaft obwaltenden Sitten nicht widersprechende Handlung gerechtfertigt. Im Hinblick auf den Unterschied zwischen einer sozialadäquaten Handlung und einer den in der Gesellschaft obwaltenden Sitten entsprechenden Handlung und auf die Bedeutung im strafrechtlichen Sinne ist eine intensive Debatte im Gang. Die Rechtsprechung trifft Entscheidungen, ohne einen begrifflichen Unterschied zwischen den genannten Handlungen zu treffen. Da § 20 KStGB keine materielle Grundlage für den Umgang mit solchen Fällen wie HIV-Infektion oder Datenweitergabe bietet, so kommt die den in der Gesellschaft obwaltenden Sitten entsprechende Handlung hier nicht in Betracht. Die koreanische Diskussion um Garantenstellung und -pflicht im Sinne des § 18 KStGB gleicht im Wesentlichen der deutschen. Aber im Hinblick auf Garantenstellung und -pflicht im Sinne des § 18 KStGB im Verhältnis zwischen Ärzten oder zwischen dem behandelnden Arzt, den Angehörigen und den Sexualpartnern des HIV-Infizierten ist die koreanische Diskussion noch nicht abgeschlossen. Folglich geht es um die Meldepflicht gem. § 5 KAidsG, um den Notstand gem. § 22 I KStGB und um die Einwilligung des Patienten gem. § 24 KStGB.

C. Notstand im Strafrecht als klassische Offenbarungsbefugnis

I. Die einzelnen Voraussetzungen der Rechtfertigung

1. Die gegenwärtige Gefahr

Die Rechtfertigung aus § 34 StGB setzt zunächst voraus, dass dem zu bewahrenden Rechtsgut überhaupt eine Gefahr, also ein Schaden droht, der über das allgemeine Lebensrisiko hinausgeht[540]. Eine Gefahr ist nicht mehr gegeben, wenn der Schaden bereits eingetreten ist. Die Gefahr betrifft begrifflich einen für die Zukunft erwarteten Zustand. Zwischen dem Zustand zum Zeitpunkt der von § 34 StGB geschützten Abwehrhandlung und dem erwarteten Zustand ist in zweifacher Hinsicht eine Verbindung notwendig. Von einer Gefahr kann nur dann die Rede sein, wenn der Schadenseintritt überhaupt mit einem Mindestmaß wahrscheinlich ist. Zusätzlich muss zwischen dem gegenwärtigen Zustand und der erwarteten Verschlechterung dieses Zustands ein zeitlicher Zusammenhang bestehen, damit das Tatbestandsmerkmal „gegenwärtig" als erfüllt gelten kann. Für beide Tatbestandsmerkmale ist eine Prognose über den Geschehensablauf erforderlich. Zu beurteilen ist im ersten Schritt der Grad der Wahrscheinlichkeit des Schadensfalls. Die Wahrscheinlichkeit des Eintritts eines schädigenden Ereignisses hängt von den tatsächlichen Umständen ab[541]. Es ist aber nicht möglich, für alle Anwendungsfälle die statistische Wahrscheinlichkeit eines Schadenseintritts festzulegen[542]. Fest steht, dass einerseits eine nur gedankliche

---

540 Sch/Sch/*Perron*, § 34 StGB, Rn. 12.

541 RGSt 10, 173, 176; RGSt 29, 244, 246; BGHSt 18, 271, 272; BGHSt 26, 176, 179; BGHSt 48, 255, 258; BayObLG NJW 1995, 1624; *Fischer*, § 34 StGB, Rn. 4; LK/*Zieschang*, § 34 StGB, Rn. 26, 27; vgl. zu § 680 BGB MüKo/*Seiler*, § 680 BGB, Rn. 2; Palandt/*Ellenberger*, § 228 BGB, Rn. 4.

542 LK/*Zieschang*, § 34 StGB, Rn. 32; Sch/Sch/*Perron*, § 34 StGB, Rn. 15; a. A. *Bruns*, NJW 1987, 693; vgl. zu HBV *Kamps*, MedR 2005, 16.

Möglichkeit nicht ausreichend und andererseits eine sichere Gewissheit nicht erforderlich ist[543]. Für die Bestimmung des erforderlichen Wahrscheinlichkeitsgrades sind auch diejenigen Rechtsgüter von Bedeutung, deren Schädigung erwartet wird. Die Wahrscheinlichkeit kann um so geringer sein, je höher das zu bewahrende Gut und je geringer das verletzte Rechtsgut zu bewerten sind[544]. Diese Voraussetzungen werden auch in Korea angenommen. Die für die Zukunft erwartete Gefahr erfüllt dann das Tatbestandsmerkmal „gegenwärtig", wenn sie als dringend bewertet wird[545]. In diesem Zusammenhang ist eine doppelte Verbindung zwischen der gegenwärtigen Situation und dem erwarteten Schadenseintritt erforderlich. Zum einen ist eine Abwehrhandlung wegen deren Aufschub unmöglich oder wird die erwartete Gefahr größer sein, obwohl der Schadenseintritt noch nicht besteht. Zum anderen wird das schädigende Ergebnis wegen Unterlassung der Gefahrenabwehrhandlung größer sein, auch wenn der Schaden bereits eingetreten ist[546] . Das Vorliegen einer Notstandslage setzt darüber hinaus grundsätzlich eine zeitliche Nähe der erwarteten Schädigung des Erhaltungsrechtsguts voraus. Eine Gefahr ist gegenwärtig, wenn der Eintritt des Schadens „alsbald" oder in allernächster Zeit zu erwarten ist. Die Gefahr kann als „Augenblicksgefahr" auf einen ganz bestimmten historischen Zeitpunkt zu beziehen sein oder als „Dauergefahr" von einem über einen Zeitraum hinweg bestehenden Zustand ausgehen, der aber jederzeit in ein Schadensereignis übergehen kann[547]. Der enge zeitliche Bezug zwischen Abwehrhandlung und Schadensereignis wird für solche Fälle aufgelockert, in denen das Schadensereignis zwar erst für eine entferntere Zukunft als die allernächste Zeit erwartet wird, eine Abwehr aber nur durch sofortiges Handeln möglich ist. Diese Sachlage ist für das Indiskretionsdelikt charakteristisch. Eine Infektion des Lebenspartners mit dem HIV-Virus ist wahrscheinlich, ohne dass Anhaltspunkte für den genauen Zeitpunkt der möglichen Infektion bestehen. Der weitere Geschehensablauf ist dem Schweigepflichtigen unbekannt, dieser ist auch nicht in der Lage, ihn überhaupt zu beobachten, um im „letzten" Moment einzugreifen. Ein Schutz der Gesundheit des Partners ist unter solchen Umständen nur dann möglich, wenn dieser unabhängig von der zeitlichen Nähe möglicher Infektionshandlun-

543 Vgl. Sch/Sch/*Perron*, § 34 StGB, Rn. 15 m. w. N.

544 Sch/Sch/*Perron*, § 34 StGB, Rn. 15.

545 *Kim, Sung Don*, Strafrecht AT, S. 310; a. A. *Oh, Young Geun*, Strafrecht AT, § 20/21.

546 *Kim, Sung Don*, a. a. O.; *Kim/Sub*, Strafrecht AT, S. 310.

547 Sch/Sch/*Perron*, § 34 StGB, Rn. 17 m. w. N.

gen über seine Gefährdung informiert wird[548]. Schwierig zu beurteilen ist die Gefahrenlage im Fall eines Infektionsträgers, insbesondere eines HIV-Trägers, der seine Angehörigen oder seinen Lebenspartner nicht über seine Infektion informieren will. Hier stellt sich die Frage, ob für den Ehegatten oder für Dritte eine gegenwärtige Gefahr besteht. Das HIV-Infektionsrisiko verbindet sich von vornherein nicht mit einer gegenwärtigen Gefahr, weil die Gefahr einer solchen Infektion gerade bei potentiellen Patienten mit hoher Wahrscheinlichkeit einer HIV-Infektion gegeben ist[549]. Jedoch kann ein rechtfertigender Grund für die Notstandslage nicht nur aufgrund einer solchen ungewissen Angst angeführt werden[550]. Diese Wahrscheinlichkeit ergibt sich aus der *ex-ante*-Betrachtungsweise. Diese Betrachtungsweise zielt im Ergebnis auf den Schutz für den Dritten und das Allgemeinheitsinteresse ab[551]. Demgemäß gilt nach einer Ansicht, die diese Argumentation akzeptiert, der Ehepartner eines HIV-Infizierten tatsächlich als zukünftiger Patient bzw. Angehörige der Risikogruppen[552]. Aus dieser Tatsache wird der Schluss gezogen, dass der Ehepartner kein Dritter i. V. mit dem Behandlungsvertrag sei. Der angeführte Standpunkt gehe von einem die AIDS-Infektion erfassenden strafrechtlichen Gefährdungsdelikt des § 203 StGB aus[553]. Jedoch kann dieser Argumentation nicht zugestimmt werden, weil ihre Befürworter[554] bereits ein nichtnormales Ergebnis vermuten, dass HIV-Virusträger einen anderen tatsächlich anstecken können. Das HIV-Virus unterscheidet sich von anderen Krankheitserregern durch seinen Verbreitungsweg. Das HIV-Virus kann weder durch „sozialen Kontakt“ noch durch normalen körperlichen Kontakt übertragen werden[555]. Daher ist der Bruch der Schweigepflicht auf Grund einer ungewissen Angst und eines bloßen Verdachts nicht erlaubt und wird dem Arzt sogar die Offenbarungspflicht und die Mitteilungspflicht gegenüber den Angehörigen oder einem Dritten nicht

---

548 OLG Frankfurt a. M. NJW 2000, 876; *Laufs/Uhlenbruck/Ulsenheimer*, Handbuch des Arztrechts, § 71, Rn. 11; NK/*Kargl*, § 203 StGB, Rn. 69; vgl. zu Suizidgefahr *Gropp*, JR 1996, 480.

549 Vgl. NK/*Kargl*, § 203 StGB, Rn. 64.

550 Vgl. *Kohlhaas*, GA 1958, 75 ff.

551 Dazu unten III.

552 *Eberbach*, MedR 1987, 270; *Hirsch*, MedR 1987, 280; *Rengier*, Jura 1989, 230; im Ergebnis ebenso *Risse/Reichert*, NJW 2008, 3684.

553 Dazu *Eberbach*, MedR 1987, 270 m. w. N.

554 Im Ergebnis ebenso *Bender*, VersR 2000, 323; *Damm*, MedR 2004, 8 f.; vgl. zu Lebensgefährdeten und deren Kind OLG Frankfurt a. M. NJW 2000, 876.

555 Hier nur *Bender*, NJW 1987, 2907 f.; *Eberbach*, NStZ 1987, 142.

auferlegt[556]. Und der HIV-Infizierte darf aufgrund einer Vereinbarung über sexuelle Kontakte von vornherein nicht als potentieller Verbrecher gelten[557]. Die Auffassung, dass ein HIV-Infizierter potentiell ein Verbrecher sei, weicht nicht nur vom Subsidiaritätsprinzip ab, sondern auch von der Rechtsklarheit i. V. mit dem § 1 StGB. Im Hinblick auf die Risikogruppe muss der Arzt nach einer Ansicht darauf Bedacht nehmen, ob ein HIV-Virusträger zu einer besonders gefährlichen Risikogruppe gehört[558]. Demnach müsse der Arzt den homosexuellen Infektionsgefährdeten aufgrund von dessen überwiegendem Interesse i. V. m. § 34 StGB informieren[559]. Jedoch kann dieser Argumen-tation deshalb nicht zugestimmt werden, weil sich das Risiko einer HIV-Infektion nicht nur durch homosexuelle Kontakte erhöht[560]. Es kommt vielmehr darauf an, mit was für Mitteln die sexuellen Kontakte zum Zweck der Sicherstellung von „Safer-Sex" vor dem Risiko einer HIV-Infizierung geschützt werden können[561]. Insoweit besteht kein Unterschied zwischen dem homo- und dem heterosexuellen Kontakt. In diesem Zusammenhang stehen ohnedies die Vereinbarung über sexuelle Kontakte und die Aufklärung des HIV-Infizierten im Vordergrund[562].

2. *Nicht anders abwendbare Gefahr*

Die Rechtfertigung einer Verletzungshandlung setzt voraus, dass die gegenwärtige Gefahr für das Erhaltungsgut nicht anders abwendbar ist[563]. Die „Rettungshandlung" muss überhaupt geeignet sein, den erwarteten Schaden abzuwenden. Eine von vornherein nutzlose Handlung rechtfertigt den Eingriff in Rechtsgüter nicht, weil sie die Stellung des Erhaltungsgutes nicht verbessern kann. Stehen mehrere geeignete Mittel zur Verfügung, so darf nur das erforderliche, d. h. das

---

556 Vgl. *Deutsch*, NJW 1985, 2746; *Kohlhaas*, GA 1958, 74 f.; vgl. zu Androhung von Zwangsmaßnahmen *Buchborn*, MedR 1987, 264.

557 Vgl. *Eberbach*, MedR 1987, 270 f.

558 *Loschelder*, NJW 1987, 1468; *Rengier*, Jura 1989, 230; vgl. dazu *Seibl*, JA 2006, 6; zur Prostitution *Hirsch*, MedR 1987, 280.

559 *Eberbach*, JR 1986, 233.

560 *Bruns*, MDR 1987, 353 ff.; *Eberbach*, NStZ 1987, 142; vgl. ferner *Deutsch/Spickhoff*, Medizinrecht, Rn. 520; *Eberbach*, JR 1986, 233; *Laufs/Laufs*, NJW 1987, 2260, 2264; *Laufs/Uhlenbruck/Ulsenheimer*, Handbuch des Arztrechts, § 71, Rn. 11a; *Ulsenheimer*, Arztstrafrecht, Rn. 376c.

561 Hier nur *Buchborn*, MedR 1987, 264; *Burns*, MDR 1989, 297; *Rengier*, Jura 1989, 226.

562 Vgl. *Bruns*, NJW 1987, 695; *Herzberg*, NJW 1987, 1462.

563 Hier nur BGH NJW 1979, 2053.

mildeste Mittel zur Gefahrenabwehr angewandt werden[564]. Eignung und Erforderlichkeit des angewandten Mittels werden anhand der objektiven *ex-ante*-Betrachtungsweise beurteilt[565].

Die koreanische Rechtsprechung und Wissenschaft kommen zu dem gleichen Ergebnis[566]. Im Vergleich mit dem Wortlaut des § 34 StGB wird aber im § 22 I KStGB die Angemessenheit des Mittels nicht geregelt. Daher taucht das Problem auf, ob der rechtfertigende Notstand gem. § 22 KStGB eine solche Angemessenheit voraussetzt oder nicht. Eine Ansicht besagt, dass die Angemessenheit des Mittels durch den Inhalt der angemessenen Gründe beurteilt werden könne, weil diese Angemessenheit in § 22 KStGB nicht ausdrücklich festgelegt sei[567]. Einige Auffassungen legen den Schwerpunkt auf die den in der Gesellschaft obwaltenden Sitten entsprechende Handlung gem. § 20 KStGB. Der Ausgangspunkt hierbei ist, dass der rechtfertigende Notstand gem. § 22 KStGB als ein aus der gesamten gesetzlichen Ordnung ableitbarer und anerkannter Rechtfertigungsgrund zu verstehen sei. In diesem Sinne komme es darauf an, ob die Notstandshandlung tatsächlich unter sozial-ethischem Gesichtspunkt zu verwerfen ist. Als entscheidender Maßstab hierbei wird die den in der Gesellschaft obwaltenden Sitten nicht widersprechende Handlung vorgeschlagen. Daher sollte auch die Angemessenheit des Mittels so ausgelegt werden, dass sie einen Inhalt dieser Handlung im Sinne des § 20 KStGB bildet[568] und damit als eigenständige Voraussetzung für die entsprechende Verteidigungshandlung ohne Verbindung mit angemessenen Gründen im Sinne des § 22 KStGB angesehen werden kann[569].

---

564 Sch/Sch/*Perron*, § 34 StGB, Rn. 18 ff.; vgl. LK/*Zieschang*, § 34 StGB, Rn. 51.

565 Sch/Sch/*Lenckner/Sternberg-Lieben*, Vorbem. §§ 32 ff. StGB, Rn. 10a m. w. N.; Sch/Sch/*Perron*, § 34 StGB, Rn. 13; ähnlich *Spickhoff/Knauer/Brose*, Medizinrecht, §§ 203–205 StGB, Rn. 43; vgl. zur Anwendbarkeit LK/*Zieschang*, § 34 StGB, Rn. 51; zur Wiederholungsgefahr *Bender*, MedR 2002, 629 f.; NK/*Kargl*, § 203 StGB, Rn. 66; *Ulsenheimer*, Arztstrafrecht, Rn. 376; zu ex-post-Betrachtungsweise und Gewissenhaftigkeit des Arztes *Haffke*, GA 1973, 73 f.; *Kohlhaas*, GA 1958, 75, diesbezüglich näher SK/*Hoyer*, vor § 32 StGB, Rn. 63.

566 KOGH, Urteil vom 08.5.1990, 90Do606.

567 *Jeong, Young Seok*, Strafrecht AT, S. 135.

568 Vgl. *Kwon, Ogeol*, Strafrecht AT, S. 211: *Shin, Dong Woon*, Strafrecht AT, S. 283.

569 *Jeong/Park*, Strafrecht AT, S. 247; *Lee, Jae Sang*, Strafrecht AT, Rn. § 18/25; *Oh, Young Geun*, Strafrecht AT, Rn. § 20/35; *Son, Dong Kwan*, Strafrecht AT, Rn. § 12/22; *Yim, Woong*, Strafrecht AT, S. 235.

Demgegenüber gilt nach einer anderen Ansicht diese Angemessenheit zwar als Inhalt dieser Handlung, aber nur als Element der Gleichwertigkeit[570].

II. Interessen- und Güterabwägung

1. Selbstgefährdung des Patienten, insbesondere Suizidgefahr

Besteht nach dem Urteil des Arztes Suizidgefahr oder die Notwendigkeit einer psychiatrischen Behandlung zum Schutz vor Selbstschädigung, so liegt es nahe, unter Bruch der Schweigepflicht Angehörige oder auch das Gesundheitsamt zu informieren, damit der Suizid oder eine Schädigung der Gesundheit des Patienten verhindert werden. Zu beachten ist auch, dass sowohl die Erhaltungsgüter Gesundheit bzw. Leben des Patienten als auch die mit der Rettungshandlung verletzte Schweigepflicht als Eingriffsgut zur Disposition des Patienten stehen[571]. Der Träger des Erhaltungsguts und der Träger des Eingriffsguts sind identisch. Eine „echte" Pflichtenkollision liegt in der Person des Arztes nicht vor. Weder der Selbstmord noch die Beihilfe dazu sind strafbar. Eine Rechtspflicht zum Handeln kann sich nur unter den besonderen Umständen einer Garantenstellung oder aus § 323c StGB ergeben. Es ist deshalb zweifelhaft, ob der Arzt überhaupt dazu berufen ist, eine vom Willen des Patienten abweichende Interessenabwägung zu treffen, inwieweit eine Mitteilung an Dritte zulässig sein kann[572] und aus welchen Gründen die Entscheidung des Selbstmörders nicht respektiert werden soll. Auf dessen Willen kann es allenfalls dann nicht ankommen[573], wenn ihm die Einsichts- und Urteilsfähigkeit fehlt[574]. Die Lösung besteht darin, dass in die Abwägung weitere Gesichtspunkte einbezogen werden. Der Selbstmord ist zwar nicht strafbar, daraus kann aber keine soziale Billigung des Suizids abgeleitet werden. Die Bewahrung des Menschenlebens genießt höchsten Verfassungsrang, Lebensrettung geht in aller Regel anderen Pflichten vor[575]. Hier haben wir es mit einer komplizierten ethischen Debatte zu tun, weil ja auch der Wille des zum Suizid entschlossenen Selbstmörders beachtet

---

570 *Bae, Jong Dae*, Strafrecht AT, Rn. § 64/14; *Jin, Ge Ho*, Strafrecht AT, S. 339; *Kim/Sub*, Strafrecht AT, S. 314; *Park, Sang Ki*, Strafrecht AT, S. 197.

571 NK/*Neumann*, § 34 StGB, Rn. 35 m. w. N.; diesbezüglich *Spickhoff*, NJW 2003, 1706.

572 Vgl. *Lackner/Kühl*, § 203 StGB, Rn. 25; NK/*Neumann*, a. a. O.

573 Vgl. *Gropp*, JR 1996, 478, 480.

574 NK/*Kargl*, § 203 StGB, Rn. 67; Sch/Sch/*Lenckner*/Eisele, § 203 StGB, Rn. 31; vgl. ferner MK/*Cierniak*/*Pohlit*, § 203 StGB, Rn. 86; *Spickhoff*, NJW 2003, 1706 m. w. N.

575 Vgl. Sch/Sch/*Perron*, § 34 StGB, Rn. 33 ff.

werden muss[576]. Dazu kommt dann noch die Problematik, ob der Bruch der Schweigepflicht erforderlich bzw. die Gefahr gegenwärtig ist oder nicht[577].

2. Akute Todesgefahr des Patienten

Bei dem Leiturteil NStZ 83, 313 geht es um den allgemeineren Fall eines akut lebensbedrohenden Zustands, der eher zufällig in einer Eileiterschwangerschaft besteht[578]. Der Wunsch nach Geheimhaltung der Schwangerschaft war das Motiv einer Patientin, auf der Einhaltung der Schweigepflicht zu bestehen. Der BGH verurteilte den Arzt wegen unterlassener Hilfeleistung und sagte ganz ausdrücklich, dass die Schweigepflicht angesichts des für die Patientin lebensbedrohenden Zustands nicht habe eingehalten werden dürfen. Somit habe keine Pflichtenkollision mehr bestanden, sondern ganz einfach die Pflicht zur Information von Angehörigen, die auf die Patientin Einfluss hätten nehmen können. Daher wird eine Mitteilung gegenüber der Mutter der Schwangere als erforderliches und angemessenes Mittel im Sinne des § 34 StGB angesehen, um Schwangere zu retten[579]. Es geht hier eigentlich um eine Variante zum Fall des Suizids. Der Patient will zwar nicht sterben, spielt aber mit seinem Leben. Um eine ähnliche Konstellation wie beim suizidgefährdeten Patienten geht es bei dem von akuter Lebensgefahr bedrohten Patienten. Allerdings will der Suizidgefährdete seinem Leben ein Ende setzen. Das ist hingegen bei einem von akuter Lebensgefahr bedrohten Patienten, der keine Einsicht in die gebotenen ärztlichen Maßnahmen zeigt, nicht der Fall. Die Weigerung, die notwendigen lebensrettenden Maßnahmen zu akzeptieren, kann auf verschiedenen Gründen beruhen. Der Patient kann etwa die bestehende Lebensgefahr falsch einschätzen bzw. verkennen[580]. Er kann die Lebensgefahr aber auch durchaus sehen, jedoch die notwendigen Gegenmaßnahmen ablehnen, z. B. aus religiösen Gründen die gebotene Bluttransfusion verweigern. Wenn die ärztliche Aufklärung den Patienten nicht zu einer Zustimmung zur Behandlung zu bewegen vermag, liegt es nahe, andere Autoritäten einzubeziehen, die auf den Patienten einwirken sollen[581]. Das setzt aber deren Information und damit

---

576 *Eser*, ZStW 1985, 35; vgl. NK/*Neumann*, § 34 StGB, Rn. 35, unter Betrachtung der mutmaßlichen Einwilligung.

577 Vgl. *Gropp*, JR 1996, 480; *Ulsenheimer*, Arztstrafrecht, Rn. 376e; bei Suizidneigung und Sicherheit des Straßenverkehrs LK/*Schünemann*, § 203 StGB, Rn. 140.

578 BGH NStZ 1983, 313 = JZ 1983, 151.

579 BGH JZ 1983, 152; *Kreuzer*, JR 1984, 295.

580 Vgl. BGH a. a. O.

581 Vgl. *Geiger*, JZ 1983, 153; *Lilie*, NStZ 1983, 314; vgl. zu Bluttransfusionen bei Zeugen Jehovas OLG München NJW-RR 2002, 811; *Bender*, MedR 1999, 261, Fn. 12 für

den Bruch der Schweigepflicht voraus. Wie beim Suizidgefährdeten, so ist auch der lebensbedrohlich erkrankte Patient Träger sowohl des Erhaltungs- als auch des Eingriffsgutes. Deshalb hat die Disposition des Patienten Vorrang, wenn er voll urteilsfähig ist und sich seinen Willen fehlerfrei gebildet hat[582]. Der Vorrang der Disposition des Patienten ist auch für die Beurteilung der Erforderlichkeit des Bruchs der Schweigepflicht von Bedeutung. Vorrang hat die Aufklärung des Patienten, damit dieser seinen Willen fehlerfrei bilden kann[583]. Erst wenn der Versuch gescheitert ist, dem Patienten seinen Zustand und die Eilbedürftigkeit lebensrettender Maßnahmen überhaupt bewusst zu machen, ist es erforderlich, andere Autoritäten hinzuzuziehen[584].

3. *HIV und andere Infektionskrankheiten*

In diesem Zusammenhang wird die Geheimnisoffenbarung gem. § 34 StGB als Befugnis des Arztes angesehen, nicht als dessen Recht[585]. Stellt der Arzt eine übertragbare Krankheit fest, z. B. eine HIV-Infektion, dann kann sich ebenfalls die Frage stellen, ob Dritte darüber unterrichtet werden dürfen oder ob die Schweigepflicht Vorrang hat. Die Mitteilungspflichten nach IfSG bestehen nur gegenüber den Gesundheitsbehörden[586], nicht gegenüber dem gemeinsamen Arbeitgeber[587]. Gegenüber den infektionsgefährdeten Angehörigen besteht dagegen grundsätzlich die Schweigepflicht. Für Überlegungen, die Schweigepflicht zu relativieren, besteht kein Anlass, wenn eine Infektionsgefahr nicht besteht, weil die Angehörigen oder andere Kontaktpersonen über die Infektionsquelle und über Möglichkeiten der Infektionsverhütung informiert sind. Dies ist in erster Linie Aufgabe des infizierten Patienten selbst[588]. Weigert sich der Patient, seine Angehörigen in dem notwendigen Umfang zu informieren, oder ist gar davon auszugehen, dass er selbst keine Vorsichtsmaßnahmen zur

---

Deutsch.; *Geiß/Greiner*, Arzthaftpflichtrecht, S. 249; *Kern*, NJW 1994, 756; *Spickhoff*, NJW 2001, 1760 f.

582 NK/*Kargl*, § 203 StGB, Rn. 67; Sch/Sch/*Lenckner/Eisele*, § 203 StGB, Rn. 31; a. A. BGH a. a. O.; vgl. zum gestörten Patienten *Deutsch*, NJW 1980, 1307.

583 Vgl. *Geiger*, JZ 1983, a. a. O. für *Deutsch.*; *Lilie*, NStZ 1983, a. a. O.

584 Vgl. *Geiger*, JZ 1983, a. a. O.; *Kreuzer*, JR 1984, 295; *Lilie*, NStZ 1983, 314; vgl. zu Patientenautonomie am Ende des Lebens *Spickhoff*, NJW 2001, 1765.

585 A. A. hier nur *Laufs/Uhlenbruck/Ulsenheimer*, Handbuch des Arztrechts, § 71, Rn. 11a und Rn. 12 m. w. N.

586 Vgl. *Deutsch/Spickhoff*, Medizinrecht, Rn. 641; *Schäcker*, BB 1964, 970.

587 A. A. *Ulsenheimer*, Arztstrafrecht, Rn. 377a.

588 A. A. hier nur *Damm*, MedR 2004, 9 m. w. N.

Infektionsverhütung einhalten wird[589], dann stellt sich die Frage, ob der behandelnde Arzt unter Bruch seiner Schweigepflicht die betroffenen Angehörigen informieren darf. Da keine Eigengefährdung des behandelten Patienten, sondern eine Gefährdung der Gesundheit Dritter gegeben ist, sind verschiedene Personen Träger von Erhaltungsgut und Eingriffsgut. Es besteht also grundsätzlich eine echte Notstandslage. Schließlich kommt es nicht darauf an, dass die HIV-infizierte Person selbst ihrer Mitteilungspflicht gegenüber dem Intimpartner des Infizierten nicht nachkommt[590]. Schutz von Leben und Gesundheit Dritter kann den Bruch der Schweigepflicht rechtfertigen[591]. Der rechtfertigende Notstand kommt auch in Betracht, wenn Angehörige und Kontaktpersonen gegen den Willen des Infizierten über eine HIV-Infektion unterrichtet werden[592]. Entscheidend ist jedoch, dass der Bruch der Schweigepflicht erforderlich ist, um Schaden für die Rechtsgüter Dritter abzuwenden. Dies ist erst dann der Fall, wenn der Patient uneinsichtig ist[593]. Weitere Voraussetzung ist das wesentliche Überwiegen des geschützten Rechtguts. Dieses ist bei nichtbehandelbaren oder lebensbedrohenden Infektionskrankheiten durchweg gegeben[594]. Eine andere Rechtfertigung der Information von Kontaktpersonen des Patienten über eine Infektionsgefahr ist auf der Grundlage des Gedankens möglich, dass der Bruch der Schweigepflicht zur Verhütung von Straftaten zulässig sei. Während § 138 StGB zur Anzeige von bevorstehenden Straftaten verpflichtet, wird für das „Vorfeld" eine Befugnis zur Warnung des Opfers vertreten[595]. Das Unterlassen von Vorbeugungsmaßnahmen zum Schutz vor Infektion stellt grundsätzlich eine Straftat dar, mindestens eine fahrlässige Körperverletzung[596].

---

589 Vgl. hier *Meurer*, in: *Szwarc*, AIDS und Strafrecht, S. 145; *Spickhoff*, NJW 2000, 848.

590 A. A. *Hirsch*, MedR 1987, 281.

591 Hier nur *Lackner/Kühl*, § 203 StGB, Rn. 25; LK/*Schünemann*, § 203 StGB, Rn. 139; *Ulsenheimer*, Arztstrafrecht, Rn. 376c; ähnlich *Gropp*, JR 1996, 479.

592 *Lackner/Kühl*, § 203 StGB, a. a. O.; *Ulsenheimer*, Arztstrafrecht, Rn. 376c.

593 Hier nur *Bruns*, MDR 1987, 354 ff.; LK/*Schünemann*, § 203 StGB, Rn. 139; siehe dazu bereits oben I. 1.

594 Vgl. *Laufs*, Arztrecht, Rn. 431; NK/*Kargl*, § 203 StGB, Rn. 64.

595 Vgl. *Gropp*, JR 1996, 479 f.; *Kern*, ZStW 1952, 289; LK/*Schünemann*, § 203 StGB, Rn. 141; *Meurer*, in: *Szwarc*, AIDS und Strafrecht, S. 148 f.; NK/*Kargl*, § 203 StGB, Rn. 66; *Roxin/Schroth/Braun*, Medizinstrafrecht, S. 248; *Ulsenheimer*, Arztstrafrecht, Rn. 376; *Wilts*, NJW 1966, 1839; vgl. ferner *Marx*, GA 1983, 164; siehe bereits B. II. c).

596 Vgl. *Eberbach*, NStZ 1987, 142; *Heberer/Mößbauer*, MedR 2004, 139; ferner zu § 222 StGB bei Fahrtuntauglichkeit BGH JZ 1958, 282 m. Anm. *Mezger*.

4. *Schutz der Allgemeinheit*

Grundsätzlich kann es auch zulässig sein, die ärztliche Schweigepflicht zum Schutz der Allgemeinheit zu brechen. Das Persönlichkeitsrecht und die sozialen Anforderungen in der heutigen Gesellschaft mit ihrem komplexen sozialen System können miteinander in Konflikt geraten. Es kommt auf diesem Hintergrund darauf an, wie das Verwaltungs- und das Versicherungssystem, die rechtsstaatlichen und die wissenschaftlichen Notwendigkeiten miteinander in Einklang gebracht werden können[597]. In diesem Zusammenhang darf das Selbstbestimmungsrecht des Patienten nicht außer Acht gelassen werden, soll seine Beschränkung im Prinzip durch das Gesetz bei der erstgenannten Beziehung zulässig sein[598]. Und die letztgenannte Beziehung kann sich auf jegliche verfassungsrechtliche Grundlage stützen und daher auf die Wertehierarchie, jedoch gilt dies eigentlich auch für den Schutz des informationellen Selbstbestimmungsrechts[599]. Demgemäß darf dessen Beschränkung aufgrund der sozialen Interessen unter bestimmten Umständen aufgehoben werden. In diesem Sinne kann die Geheimnisoffenbarung im Prinzip unter engen rechtlichen Gründen zulässig sein. Solche Einschränkungen sollten daher zur Vorbeugung einer abstrakten Gefahr eigentlich nicht erlaubt werden[600]. Insoweit kommt es nicht darauf an, ob das Geheimnis eine lebende oder eine verstorbene Person betrifft.

5. *Korea*

In Korea ist eine Beihilfe zur Selbsttötung gem. § 252 II KStGB strafbar. Dabei geht es darum, ob eine solche Beihilfe durch Unterlassen des Arztes vorliegen kann, und ferner darum, ob die Nichtmitteilung der Absicht für Selbsttötung gegenüber Angehörigen als Unterlassen gelten kann. Von dem sachlichen Anwendungsbereich dieses Paragraphen wird der Fall einer psychiatrischen Erkrankung ausgeschlossen, weil dieser Paragraph die freie Willensbildung eines Selbstmörders

---

597 Hierzu nur *Laufs*, NJW 1994, 1567; diesbezüglich bereits Teil 1. B. I. 3.

598 Vgl. *Kamps*, MedR 1985, 203; *Laufs*, Arztrecht, Rn. 429; *ders.*, NJW 1995, 1590; zur Auskunft des Krankenhauses an die Polizei OLG Karlsruhe NJW 1984, 676; zur Grenze der freien Selbstbestimmung bzw. Einwilligung in die Körperverletzung aufgrund sozialer Verantwortung *Bichlmeier*, JZ 1980, 54.

599 Vgl. BVerfG NJW 2002, 2165; LK/*Hirsch* (1994), § 34 StGB, Rn. 23, 25; LK/*Schünemann*, § 203 StGB, Rn. 136 ff.; *Michalowski*, ZStW 1997, 530 f.; MK/*Cierniak*/*Pohlit*, § 203 StGB, Rn. 5, 88 ff.

600 Vgl. *Däubler*/*Klebe*/*Wedde*/*Weichert*, Einleitung, Rn. 36 f. und § 1 BDSG, Rn. 5; *Wuermeling*, MedR 1987, 265 f.

voraussetzt. Somit wird die Anwendung des § 252 KStGB auf einen Selbstmord von Geisteskranken und Kindern wegen des Defizits von deren Willensbildung oder wegen der altersbedingt defizienten Entscheidungskompetenz abgelehnt[601]. Die Beihilfe kann durch psychische oder physische Hilfeleistung verwirklicht werden[602]. Die Rechtsprechung spricht von einer Erleichterung der Tat, die deren Ermöglichung, deren Intensivierung oder deren Absicherung umfasse[603]. Als Voraussetzung für eine Strafe wegen Beihilfe zu einer Selbsttötung müsse der Gehilfe wissen, dass er durch seine Unterstützung eine bestimmte Tat erleichtert und dass es mit Hilfe seines Beitrages zur Vollendung des Delikts kommen wird[604]. Aber wenn der Arzt seine Verpflichtung zum Schutz des Lebens seines Patienten nicht erfüllt oder dessen Suizidversuch nicht verhindert, dann ist er wegen eines durch Unterlassen begangenen Tötungsdelikts gem. § 250 KStGB strafbar[605]. Diese Verpflichtung des Arztes ergibt sich aus der Garantenstellung und der Garantenpflicht gegenüber Suizidenten, z. B. gegenüber seinen Patienten. Bei einem Konflikt zwischen dem freiverantwortlichen Willen des Suizidenten und der Verpflichtung des Arztes zur Verhinderung des Suizidversuchs wird vor allem das Interesse am Schutz des Lebens des Suizidenten berücksichtigt. Eine Mitteilung des Arztes an die zuständige Behörde oder an die Angehörigen des Suizidenten wird durch den Notstand in § 22 KStGB gerechtfertigt[606]. Bei infektiösen Krankheiten stellt sich die Frage, wer zum Kreis der Angehörigen gehört und welche Krankheiten unter die Mitteilungspflicht des Arztes aufgrund des Notstandes gem. § 22 KStGB i. V. m. Interessenabwägung fallen. Es ist nicht umstritten, dass dieser Paragraph i. V. m. einer Interessenabwägung zwischen dem Schutz des Lebens der Angehörigen und dem Informationsschutz des HIV-Infizierten auf die Mitteilung an die Angehörigen des HIV-Infizierten anwendbar sein kann. Dadurch kann diese Mitteilung gerechtfertigt werden[607]. Hierbei geht es nicht darum, ob die Angehörigen auch von demselben Arzt behandelt werden wie der HIV-Infizierte oder nicht. Jedoch ist nach einer Ansicht der persönliche Umfang der Mitteilung in Bezug auf den berechtigten Empfänger weitergehend. Demnach wird ein Sexualpartner, der Verlobte oder der Ehegatte als berechtigter Empfänger bei HIV-Infektion und

---

601 *Lee, Jae Sang*, Strafrecht AT, Rn. §2/52.

602 *Lee, Jae Sang*, Strafrecht AT, Rn. §2/51.

603 KOGH, Urteil vom 24.9.1992, 92Do1148; Urteil vom 10.6.2005, 2005Do1373.

604 KOGH, Urteil vom 10.6.2005, 2005Do1373.

605 *Lee, Jae Sang*, Strafrecht AT, Rn. § 2/19.

606 Im Ergebnis ebenso *Kim/Sub*, Strafrecht AT, S. 351.

607 Hier nur *Kim/Sub*, Strafrecht AT, S. 351.

Geschlechtskrankheiten angesehen[608]. Diese Argumentation wird auf den Fall einer infektiösen Augenkrankheit ausgedehnt[609]. Demgegenüber gilt nach einer anderen Ansicht die Mitteilung über eine Geschlechtskrankheit oder die an einen Ehegatten als Notstandsexzess[610]. Die Tatsache einer vorherigen oder jetzigen Schwangerschaft werde auch als Rechtsgut im Sinne des § 317 KStGB geschützt, so dass die Mitteilung an einen anderen Ehegatten strafbar sei[611]. Diese Argumentation beruhe auf dem Normzweck des § 317 KStGB und auf der Bedeutung des Geheimhaltungsinteresses. Daher sei die Mitteilung durch den behandelnden Arzt von dem Willen des Patienten und von dessen Interesse abhängig. Der Grund für die Nichtmitteilung an Angehörigen ergebe sich freilich aus dem Vertrauensschutz zwischen Arzt und Patient i. V. m. dem Normzweck des § 317 KStGB[612]. Dennoch kann diese Argumentation, nach der sich die Interessenabwägung i. V. m. dem Notstand ohne weiteres auf eine infektiöse Krankheit und damit auf eine Mitteilung an Angehörige erweitert, nicht überzeugen. Das Geheimhaltungsinteresse des Arztes geht dem Interesse an der Vorbeugung gegenüber der Ansteckungsgefahr der neben der HIV-Infektion genannten Krankheit voraus. Und die Mitteilung an die Angehörigen eines HIV-Infizierten oder eines anderen geschlechtskranken Patienten entspricht nicht der strengen Voraussetzung des § 22 KStGB z. B. in Bezug auf die gegenwärtige und auf die nicht anders abwendbare Gefahr. Somit kann die Anwendung des Notstandes auf die neben der HIV-Infektion genannten Krankheiten nicht akzeptiert und kann daher deren Mitteilung als Notstandsexzeß angesehen werden[613]. Daher ist die Mitteilung z. B. an einen Sexualpartner oder an einen Verlobten rechtswidrig, soweit eine solche Mitteilung nicht als einziges Mittel zur Gefahrenabwehr bewertet oder nicht in anderen Gesetzen, z. B. § 11 KIfSG, festgelegt wird. Es geht freilich um eine rechtmäßige Handlung gem. § 20 KStGB[614]. Zwar muss der Arzt die höheren Interessen zum Schutz der von Ansteckung bedrohten Angehörigen wahrnehmen, jedoch sollte der Wille des erwachsenen Patienten bei den genannten Krankheiten hervorgehoben werden[615].

608 *Jeong, Young Il*, Strafrecht BT, S. 189; *Lee, Jae Sang*, Strafrecht BT, §14/26.
609 *Cho, Jun Hyun*, Strafrecht BT, S. 219.
610 *Cho, Jun Hyun*, a. a. O.
611 *Joo, Ho No*, Die Pflicht des Arztes im Medizingesetz, S. 219; *Shin, Hyun Ho*, Allgemeiner Medizinprozess, S. 183.
612 *Joo, Ho No*, a. a. O.
613 Vgl. *Cho, Jun Hyun*, Strafrecht BT, S. 219.
614 Vgl. *Lee, Jae Sang*, Strafrecht BT, §14/26; *Park, Young Ho*, The Law of Medical Malpractice, S. 743.
615 Vgl. *Park, Young Ho*, a. a. O.

Im Weiteren stellt sich die Frage, inwieweit neben Individualrechtsgütern auch Rechtsgüter der Allgemeinheit und staatliche Rechtsgüter notstandsfähig sind. Eine Ansicht schließt die genannten Rechtsgüter von den in § 22 KStGB geschützten Interessen aus, weil sich dieser Paragraph mit der Freiheitssphäre des in Not befindlichen Bürgers als Notstands-opfer der Allgemeinheit gegenüber verbinde[616]. Unter diesem Gesichtspunkt könne nur eine den in der Gesellschaft obwaltenden Sitten nicht widersprechende Handlung im Sinne des § 20 KStGB gegenüber diesen Rechtsgütern zulässig und dadurch gerechtfertigt sein[617]. Nach einer anderen Auffassung können Rechtsgüter der Allgemeinheit und staatliche Rechtsgüter grundsätzlich notstandsfähig sein, soweit neben ihnen zugleich auch Individualinteressen bedroht sind[618]. Demgegenüber besagt eine verbreitete Auffassung, dass die Notstandsfähigkeit der genannten Rechtsgüter anerkannt werden könne. Der rechtfertigende Notstand gem. § 22 KStGB setze ein wesentliches Überwiegen des Interesses am Eingreifen, die Geeignetheit des Mittels und damit dessen Erfordernis voraus. Unter den genannten Voraussetzungen könne die Abwendung der Gefahr erfolgen, so dass dem Wesen des Notstandes eine solche Beschränkung lediglich auf Individualrechtsgüter nicht entspreche[619]. Dieser Streitpunkt im Hinblick auf die erörterte Allgemeinheit und auf die staatlichen Rechtsgüter ist jedoch entbehrlich, weil im Wortlaut des § 22 KStGB ausdrücklich „rechtlich geschützte Interessen" festgeschrieben werden. Daher ist es nicht erforderlich, dass die Notstandsfähigkeit lediglich auf Individualrechtsgüter beschränkt wird. In diesem Sinne könnten eigentlich alle Rechtsgüter, z. B. die Information der Polizei und der gesetzlich Versicherten, in den Schutzgegenstand des rechtfertigenden Notstandes eingeschlossen werden.

III. Zusammenfassung und Ergebnis

1. Deutschland

Grundsätzlich setzt die Rechtfertigung aus § 34 StGB eine gegenwärtige und nicht anders abwendbare Gefahr voraus. Zu dem Begriff der gegenwärtigen Gefahr gehören auch eine Augenblicks- und eine Dauergefahr. Es bedarf eines

616 *Bae, Jong Dae*, Strafrecht AT, § 65/3.

617 Vgl. *Oh, Young Geun*, Strafrecht AT, § 20/17.

618 *Jeong/Park*, Strafrecht AT, S. 243.

619 *Kim, Sung Don*, Strafrecht AT, S. 309; *Kim/Sub*, Strafrecht AT, S. 310; *Lee, Jae Sang*, Strafrecht AT, § 18/14; *Park, Sang Ki*, Strafrecht AT, S. 193; *Shin, Dong Woon*, Strafrecht AT, S. 278; *Son, Dong Kwan*, Strafrecht AT, § 12/12; *Yim, Woong*, Strafrecht AT, S. 233.

zeitlichen Zusammenhangs zwischen dem gegenwärtigen Zustand und dessen erwarteter Verschlechterung. Für eine Prognose über den Geschehensablauf ist im ersten Schritt der Grad der Wahrscheinlichkeit des Eintretens des Schadensfalls maßgeblich. Die Wahrscheinlichkeit darf sich nicht nur auf eine ungewisse Angst oder auf einen bloßen Verdacht berufen, und daher treffen die tatsächliche oder die zukünftige Gefahr im Sinne des § 34 StGB auf keinen Fall bei einem HIV-Infizierten zu. Unter einer ex-ante-Betrachtungsweise kann diese Wahrscheinlichkeit um so geringer sein, je höher das zu bewahrende Gut und je geringer das verletzte Rechtsgut zu bewerten sind. Stehen mehrere geeignete Mittel zur Gefahrenabwehr zur Verfügung, so darf nur das erforderliche, d. h. das mildeste Mittel angewandt werden. Unter den besonderen Umständen einer Garantenstellung oder des § 323c StGB bei Suizidgefahr und bei akuter Todesgefahr sowie des § 138 StGB bei HIV und anderen Infektionskrankheiten kommt die Rechtspflicht in Betracht. In den genannten Fällen ist der Notstand des § 34 StGB als Offenbarungsbefugnis des Arztes im Verhältnis zu Dritten wegen des Gleichgewichts- und des Subsidiaritätsprinzips kaum von praktischer Bedeutung. Hier steht das Selbstbestimmungsrecht des Patienten im Vordergrund, und dessen Schutz darf im Prinzip wegen des Schutzes der Allgemeinheit nicht außer Acht gelassen werden.

2. Korea

Während die koreanische Diskussion um die gegenwärtige Gefahr im Wesentlichen der deutschen gleicht, orientiert sie sich jedoch mangels eines angemessenen Mittels in § 22 KStGB an der Auslegung der Notstandshandlung und an dem Verhältnis zu der in der Gesellschaft obwaltenden Sitten nicht widersprechenden Handlung im Sinne des § 20 KStGB. Fällt die Angemessenheit des Mittels unter den Begriff einer solchen Handlung, dann muss die doppelte Voraussetzung des § 22 KStGB und des § 20 KStGB erfüllt sein, oder die Angemessenheit im Notstand ist nicht mehr von praktischer Bedeutung. Die Frage nach der Mitteilung an Dritte wird nicht auf der Stufe der Angemessenheit betrachtet, sondern im Einzelfall i. V. mit der Interessenabwägung erwogen. Eine Beihilfe zur Selbsttötung ist strafbar gem. § 252 II KStGB, der nicht auf Suizidgefahr und Selbstmord von Geisteskranken und Kindern anwendbar ist. Der Arzt kann wegen eines durch Nichtmitteilung an Angehörige als Unterlassung begangenen Tötungsdelikts gem. § 250 KStGB strafbar sein. Es geht i. d. R. um die Garantenpflicht zwischen dem Arzt und dem Suizidenten sowie darum, ob die Mitteilung an Angehörige als Mittel der Notstandshandlung für den Schutz des Lebens betrachtet werden kann. Bei infektiösen Krankheiten ist eine Notstandshandlung gem. § 22 KStGB nach verbreiteter Auffassung unter dem Gesichtspunkt einer Interessenabwägung zwischen dem Schutz des Lebens der Angehörigen und dem Informationsschutz des HIV-Infizierten möglich. Die Mitteilung an Angehörige oder an Dritte könnte auch als rechtmäßige Handlung gem. § 20 KStGB gerechtfertigt werden. Hierbei kommt es nicht darauf an, ob sich die in § 22 KStGB geschützten Rechtsgüter auf Individualinteressen oder auf das Interesse der Allgemeinheit beziehen.

D. Einwilligung

I. Verbrechenssystematische Einordnung

1. Einwilligung im Sinne des § 203 StGB

Eine „befugte" Offenbarung liegt vor, wenn der Geheimnisträger mit der Offenbarung des Geheimnisses einverstanden ist, und zwar unabhängig davon, ob das Einverständnis vor oder nach der Offenbarung erklärt wird. Nach einer Ansicht rechtfertigt die Einwilligung die Offenbarung nicht, sondern schließt als Einverständnis bereits die Erfüllung des Tatbestandes aus[620]. Diese Sichtweise entspricht dem durch die Norm geschützten Rechtsgut. Ein Interesse des Geheimnisträgers an der Geheimhaltung besteht nicht, wenn er mit der Offenbarung einverstanden ist. Das Vertrauen der Allgemeinheit in die Verschwiegenheit der in § 203 StGB genannten Berufsgruppen ist nicht beeinträchtigt, wenn der Geheimnisträger die Offenbarung durch die Zustimmung gebilligt worden ist[621]. Nach einer anderen Ansicht ist die Einwilligung demgegenüber Rechtfertigungsgrund[622], wirkt sich also auf die Rechtswidrigkeit des tatbestandlichen Handelns aus. Die Offenbarung

---

620 BGHSt. 4, 355, 356; OLG Köln 1962, 686 mit kritischer Anmerkung *Bindokat.*; *Ayasse*, VersR 1987, 538; *Arzt/Weber/Heinrich/Hilgendorf*, Strafrecht BT, § 8, Rn. 32; HK-GS/*Tag*, § 203 StGB, Rn. 44; *Lackner/Kühl*, vor § 201 StGB, Rn. 2; MK/*Cierniak/Pohlit*, § 203 StGB, Rn. 55; Sch/Sch/*Leckner/Eisele*, § 203 StGB, Rn. 22; vgl. zur datenschutzrechtlichen Auffassung *Tiedemann*, NJW 1981, 948.

621 MK/*Cierniak/Pohlit*, § 203 StGB, Rn. 55; Sch/Sch/*Leckner/Eisele*, § 203 StGB, Rn. 22.

622 *Bongen/Kremer*, NJW 1990, 2911 ff.; *Dreher*, MDR 1962, 592; *Fischer*, § 203 StGB, Rn. 31; *Fischer/Uthoff*, MedR 1996, 115; *Göppinger*, NJW 1958, 241; *Jescheck/Weigend*, Lehrbuch des Strafrechts AT, § 34, I. 1. c) und III 1.; *Lenckner*, ZStW 1960, 453 f.; LK/*Schünemann*, § 203 StGB, Rn. 91, 93; NK/*Kargl*, § 203 StGB, Rn. 50; *Rogall*, NStZ 1983, 6 und 413; *Roxin/Schroth/Braun*, Medizinstrafrecht, S. 242; *Schmidt-Beck*, NJW 1991, 2335; SK/*Hoyer*, § 203 StGB, Rn. 67; *Ulsenheimer*, Arztstrafrecht., Rn. 373; vgl. zu StPO *Lorenz*, MDR 1992, 313; *Welp*, JR 1997, 35; im Zivilrecht *Deutsch*, JZ 2002, 592; Erman/*G. Schiemann*, § 823 BGB, Rn. 146; Erman/*N. Klass*, Anh. zu § 12 BGB, Rn. 228 ff.; *Spickhoff*, NJW 2002, 2534.

von Geheimnissen kann im Konsens mit dem Geheimnisträger stattfinden. Ausdrücklich geregelt ist nur die Einwilligung in die Tötung in § 216 StGB und die Körperverletzung in § 228 StGB und dies auch nur in der Weise, dass der Möglichkeit einer die Strafbarkeit ausschließenden Einwilligung Grenzen gezogen werden. Gleichwohl ist allgemein anerkannt, dass auch außerhalb dieser Straftatbestände die Einwilligung das Unrecht ausschließen kann[623]. Allgemeine Einigkeit besteht darin, dass der Arzt nicht strafbar nach § 203 StGB handelt, wenn er in Bezug auf die Offenbarung von Geheimnissen mit der Einwilligung des Berechtigten handelt. Der dafür notwendige Konsens mit dem Geheimnisträger wird mit unterschiedlichen Begriffen gekennzeichnet. Das Einverständnis des Geheimnisträgers soll den Tatbestand bei Delikten ausschließen, die ein Handeln gegen den Willen des Opfers voraussetzen. Die Einwilligung dagegen soll die Rechtswidrigkeit der Tat ausschließen, wäre also ein Rechtfertigungsgrund[624]. Im Verhältnis zu den im einfachen Recht unterschiedlich festgeschrieben Tatbeständen und damit zu der Voraussetzung der wirksamen Einwilligung gilt diese Einwilligung für die Offenbarung nach einer früheren Ansicht zum Zweck des Schutz der weiteren Entscheidungskompetenz des Arztes nur als Rechtfertigungsschranke[625]. Wenn dieses Argument die Offenbarungsbefugnis des Arztes im engen Sinn begründet, so kann ihm zugestimmt werden. Zwar ist die Offenbarung des Arztes i. d. R. mit dem Gesetz vereinbar, jedoch soll in erster Linie der Wille des Patienten berücksichtigt werden[626]. Dabei geht es um die Schranken für die Offenbarungsbefugnis des Arztes und zugleich um die Zulässigkeit der Geheimnisoffenbarung[627]. Zum Teil wird auch die Berechtigung einer Differenzierung zwischen Einverständnis und Einwilligung generell abgelehnt[628]. Rechtsgüter dienen nach dieser Lehre der freien Entfaltung der Persönlichkeit. Sowohl Einverständnis als auch Einwilligung im herkömmlichen Sinne werden als Ausdruck der verfassungsrechtlich garantierten Handlungsfreiheit angesehen. Der Angriff auf das Rechtsgut sei nur ein scheinbarer. In der konkreten, vom Rechtsgutträger vorher oder nachher gebilligten Handlung drücke sich die Grundrechtsbetätigung des Rechtsgutsträgers aus.

---

623 LK/*Rönnau*, vor § 32 StGB, Rn. 146; *Trockel*, NJW 1970, 490.

624 Zur sog. Zweiteilungslehre LK/*Rönnau*, vor § 32 StGB, Rn. 147 ff. m. w. N.

625 *Stucki-Gallwoszus* Pflichtenkollision von Schweigepflicht und Aufklärungspflicht des Arztes, S. 48 für *Geilen*.

626 *Stucki-Gallwoszus,* Pflichtenkollision von Schweigepflicht und Aufklärungspflicht des Arztes, S. 17 ff.

627 Vgl. zur Einwilligung im grundrechtlichen Sinne *Geiger*, NVwZ 1989, 36 f.

628 *Roxin*, Strafrecht AT I, § 13, Rn. 11; im Ergebnis ebenso *Kern*, MedR 2006, 205; *Meurer*, in: *Szwarc*, AIDS und Strafrecht, S. 143 f.; *Otto*, wistra 1999, 204.

Somit haben die Begriffe Einwilligung und Einverständnis keine unterschiedliche Bedeutung[629]. Aus der unterschiedlichen Zielrichtung werden bei verschiedenen Fragen Differenzierungen abgeleitet. Entsprechend umstritten sind zahlreiche Einzelfragen bezüglich Einverständnis und Einwilligung[630]. Die erwähnte Streitfrage ist vor allem in Irrtumsfällen von praktischer Bedeutung[631]. Im Verhältnis zu dem Deliktsmerkmal „unbefugt" des § 203 StGB sollte das Verhältnis zwischen Schweigepflichtigen und Einwilligungsberechtigten in Betracht kommen[632]. In den Anforderungen an die wirksame Einwilligung, vor allem an die Wirksamkeit der Einwilligungsfähigkeit und im Ergebnis besteht kein Unterschied zwischen den Anhängern der Tatbestandslösung und denen der Rechtwidrigkeitslösung[633]. Die Dispositionsbefugnis des Arztes aufgrund der Einwilligung des Patienten ist deshalb eigentlich nicht von dem Normzweck und der rechtlichen Qualifikation der in § 203 StGB geschützten Rechtsgüter abhängig, sondern von dem im einfachen Recht geregelten Normzweck und damit von dem jeweiligen Tatbestand[634].

2. Die Rechtsnatur der Einwilligung in Verbindung mit der Willenserklärung

Im BGB wird für den Konsens eines Vertretenen mit in dessen Namen ergangenen Willenserklärungen terminologisch nach dem Zeitpunkt der Erklärung des Konsenses differenziert. Die Einwilligung gem. § 183 BGB wird vorher, die Genehmigung gem. § 184 I BGB nach Abgabe der Willenserklärung durch den Vertreter erklärt. Den Begriff des Einverständnisses kennt das BGB nicht. Auch im Datenschutzrecht ist der Begriff der Einwilligung relevant. § 4a BDSG macht Datenverarbeitung von einer Einwilligung des Betroffenen abhängig. Die Einwilligung ist nur vor der Verarbeitung möglich, geht also stets der Datenerhebung und einer Datenübermittlung als Indiskretion zeitlich voran[635]. In diesem Zusammenhang stellt sich die Frage, ob die Einwilligung mit der Willenserklärung gleichgesetzt werden kann. Nach der im Zivilrecht und im Strafrecht

---

629 *Kühne*, JZ 1979, 242; *Roxin*, Strafrecht AT I, § 13, Rn. 11, 14; vgl. *Rehborn*, MDR 1999, 1172.

630 Dazu näher *Geppert*, ZStW 1971, 950 ff.

631 MK/*Cierniak/Pohlit*, § 203 StGB, Rn. 55.

632 Vgl. LK/*Schünemann*, § 203 StGB, Rn. 92.

633 *Eser*, ZStW 1985, 20 mit a. A.; LK/*Schünemann*, § 203 StGB, Rn. 93.

634 Vgl. *Lenckner*, ZStW 1960, 455; MK/*Cierniak/Pohlit*, § 203 StGB, Rn. 55, 56; Sch/Sch/*Lenckner/Eisele*, § 203 StGB, Rn. 23; *Spickhoff/Knauer/Brose*, §§ 203–205 StGB, Rn. 32 f.

635 Vgl. NK/*Simitis/Simitis*, § 4a BDSG, Rn. 27; Soergel/*Spickhoff*, § 823 Anh. I BGB, Rn. 104.

herrschenden Auffassung gilt die Einwilligung als rechtsgeschäftsähnliche Handlung. Somit könnten die Vorschriften über eine rechtsgeschäftliche Willenserklärung im Sinne der §§ 104 ff. BGB nicht anwendbar sein[636]. Demgegenüber sieht vor allem die datenschutzrechtliche Ansicht die Einwilligung als eine rechtsgeschäftliche Erklärung an[637]. Dieses Argument ist in der Rechtssicherheit[638] oder in der vertraglichen Gestaltung mit dem AGB-Gesetz[639] begründet. Nach einer anderen Auffassung wird die Einwilligung als rechtsgeschäftsähnliche Handlung angesehen[640]. Auch nach einer zivilrechtlichen Ansicht hat die Einwilligung eine Doppelnatur als Willenserklärung oder als Realhandlung gem. dem sachlichen Bezug der Rechtsgüter[641]. Demnach gehört die Einwilligung zu einer Realhandlung bei einer Körperverletzung, z. B. bei einer Operation, hingegen zu einer Willenserklärung bei einer Persönlichkeitsrechts- und einer Vermögensverletzung[642]. Ferner verbindet eine datenschutzrechtliche Ansicht die rechtliche Qualifikation der Einwilligung mit der vertraglichen Absprache. Unter dieser vertraglichen

---

636 BGH NJW 1959, 811; BGH NJW 1964, 1177; OLG Hamm NJW 1998, 3424; *Amelung*, ZStW 1992, 526 f.; *Auernhammer*, § 4 BDSG, Rn. 11; *Bamberger/Roth/Spindler*, § 823 BGB, Rn. 641; Erman/*G. Schiemann*, § 823 BGB, Rn. 147; *Jescheck/Weigend*, Lehrbuch des Strafrechts AT, § 34, IV. 1.; *Kern*, NJW 1994, 753; *Lenckner*, ZStW 1960, 455; LK/*Rönnau*, vor § 32 StGB, Rn. 161; MüKo/*Wagner*, § 823 BGB, Rn. 731; MüKo/*Huber*, § 1626 BGB, Rn. 39; *Niebling*, MDR 1982, 194; *Stucki-Gallwoszus*, Pflichtenkollision von Schweigepflicht und Aufklärungspflicht des Arztes, S. 35; *Tempel*, NJW 1980, 614; *Wessels/Beulke*, Strafrecht AT, Rn. 375; im Ergebnis ebenso OLG Karlsruhe FamRZ 1983, 742; *Deutsch/Spickhoff*, Medizinrecht, Rn. 255; *Kollhosser/Kubillus*, JA 1996, 340; LK/*Schünemann*, § 203 StGB, Rn. 94; *Spickhoff*, VersR 2006, 1579 f.; vgl. zu Rechthandlung *Reuter*, AcP 1992, 130.

637 Seit *Zitelmann*, AcP 1906, 48 ff.; *Kamps*, MedR 1985, 201; NK/*Simitis/Simitis*, § 4a BDSG, Rn. 20; *Schuster/Simon*, NJW 1980, 1288; *Weichert*, NJW 2004, 1697; dagegen Einwände *Schaffland/Wiltfang*, 5001 § 4a BDSG, Rn. 21, andererseits Rn. 2.

638 *Gernhuber*, FamRZ 1962, 93.

639 *Schuster/Simon*, NJW 1980, 1288.

640 *Däubler/Klebe/Wedde*, § 4a BDSG, Rn. 9; *Roßnagel/Holznagel/Sonntag*, Datenschutzrecht, S. 686; Staudinger/*Coester*, § 307 BGB, Rn. 409; Staudinger/*Knothe*, Vorbem. zu §§ 104–115 BGB, Rn. 57; vgl. zu einem Willensakt besonderer Art *Roßner*, NJW 1990, 2292 m. w. N.; SK/*Rogall*, § 53 StPO, Rn. 195; zu einer höchstpersönlichen geschäftsähnlichen Erklärung *Pickel*, MDR 1984, 887; vgl. *Lenckner*, ZStW 1960, 446, 456; vgl. ferner *Spickhoff*, NJW 2000, 2303.

641 Vgl. *Fricke*, VersR 2009, 297; zur Differenzierung zwischen Willenserklärungen und Einwilligungen im Sinne des Strafrechts *Amelung*, ZStW 1997, 494 f.

642 Hier nur MüKo/*J. Schmitt*, § 105 BGB, Rn. 21, 23; dagegen Einwände *Kohte*, AcP 1985, 119 m. w. N.

Betrachtung können §§ 104 ff. BGB auf verschiedene Einzelfälle anwendbar sein[643]. Mittlerweile wird an dieser zweifachen Strukturanalyse Kritik geübt[644]. Es ist auch zweifelhaft, ob die Verletzung der Persönlichkeit von dem Körper und von dem Vermögen ohne weiteres getrennt werden kann[645]. Diese Rechtsgüter beruhen gerade auf dem Art. 2 I GG i. V. m. Art. 1 I GG[646]. Die Schweigepflicht gem. § 203 StGB und der Schutz für das informationelle Selbstbestimmungsrecht sind in dem abstrakten allgemeinen Persönlichkeitsrecht begründet. Somit fließt dieser Schutzgegenstand in die jeweilige abstrakte, aber auch die jeweilige konkrete Vorschrift ein[647]. In diesem Sinne sind Typisierung und Konkretisierung des Persönlichkeitsrechts erforderlich, um dessen grenzenlose Erweiterung zu verhindern und um vor einer solchen Erweiterung geschützt zu sein[648]. Diese Kategorisierung dient der Rechtsklarheit[649]. Wenn die Einwilligung in eine echte Willenserklärung eingeschlossen ist und sich mit der Geschäftsfähigkeit verbindet, dann entspricht die unterschiedliche Anwendung der §§ 104 ff. BGB nicht den höchstpersönlichen Rechtsgütern des Einwilligungsunfähigen, weil einerseits die unterschiedliche Anwendung von der Absicht des Gesetzgebers abweicht und andererseits die genannten Vorschriften im Prinzip nicht auf die natürliche Einwilligungsfähigkeit zutreffen[650].

Beim Rechtsgeschäft geht es darum, ob §§ 182 ff. BGB an die rechtliche Qualifikation der Einwilligung als Rechtsgeschäft anknüpfen und anwendbar sein können. Im Anwendungsbereich der genannten Vorschriften kommen der Verkehrsschutz und die Rechtssicherheit in Betracht, aber auch das Interesse des Patienten[651]. Im Verhältnis zum gesetzlichen Vertreter wird von einer Ansicht als Begründungsansatz vertreten, dass die Einwilligung eine rechtsgeschäftliche Handlung sei. In diesem Zusammenhang verringere sich der Entscheidungsspielraum der Eltern in dem Maße, in dem die Einsichtsfähigkeit ihrer Kinder zunehme[652].

643 *Roßnagel/Holznagel/Sonntag*, Datenschutzrecht, S. 686 f.

644 *Kohte*, AcP 1985, 119.

645 Vgl. *Ahrens*, NJW 1983, 2612 ff.; *Deutsch/Spickhoff*, Medizinrecht, Rn. 255; *Gernhuber*, FamRZ 1962, 94; *Reuter*, AcP 1992, 130 ff.

646 *Deutsch/Spickhoff*, Medizinrecht, Rn. 248.

647 Vgl. *Reuter*, AcP 1992, 130.

648 Vgl. *Deutsch*, AcP 1992, 163 f.; *Deutsch/Spickhoff*, Medizinrecht, Rn. 248 f., 646.

649 Vgl. dagegen Einwände MüKo/*Rixecker*, Anhang zu § 12 BGB, Rn. 1 f.

650 Vgl. *Bergmann/Möhrle/Herb*, § 4a BDSG 01, Rn. 9 f.; *Kamps*, MedR 1985, 201; *Niebling*, MDR 1982, 194; *Spickhoff*, AcP 2008, 368 ff., 383 ff.; *ders.*, VersR 2006, 1580.

651 Vgl. RGRK/*Steffen*, § 823 BGB, Rn. 377.

652 *NK/Simitis/Simitis*, 4a BDSG, Rn. 20.

Aber diesem Argument kann nicht zugestimmt werden, weil lediglich der Vermögensschutz des vertraglich Betroffenen betrachtet und hervorgehoben wird. Es bedeutet keinen Unterschied, dass der Schutz für den Geschäftsunfähigen gem. §§ 104 ff. BGB i. d. R. dem wirtschaftlichen Interesse des Arztes und demjenigen eines Dritten vorangeht[653]. Im Hinblick auf den Schutz des Persönlichkeitsrechts steht der Wille des Minderjährigen im Vordergrund, weshalb dessen Selbstbestimmungsrecht auch nicht außer Acht gelassen werden darf[654]. Bei der erwähnten Diskussion um die rechtliche Qualifikation der Einwilligung geht es nicht um die Alternative als echte Willenserklärung oder als rechtsgeschäftähnliche Handlung[655]. Die Einwilligung sollte als rechtsgeschäftliche Handlung in Verbindung mit dem Persönlichkeitsrecht verstanden werden. Es genügt dann, festzulegen, inwieweit die rechtsgeschäftlichen Vorschriften zum Zweck des Verkehrsschutzes und des Drittenschutzes anwendbar sein können[656].

3. *Korea*

a) Einwilligung im Sinne des § 24 KStGB

Die Einwilligung gem. § 24 KStGB wird im Allgemeinen Teil des Strafgesetzbuches geregelt[657]. Dieser Paragraph setzt die Verletzung eines rechtlich geschützten Interesses und die Einwilligung des Verletzten voraus. Ferner geht dieser Paragraph davon aus, dass i. d. R. das nach dem Interesse des Rechtsgutträgers verfügbare Rechtsgut in strafrechtlich geschützten Rechtsgütern besteht[658]. Auch in Korea ist die Frage umstritten, ob die Zustimmung im Sinne des § 317 KStGB als Einverständnis den Tatbestand ausschließt oder als Einwilligung die Rechtswidrigkeit entfallen lässt. Nach einer Ansicht schließt die Zustimmung im Sinne des § 317 KStGB als Einverständnis bereits den Tatbestand aus, weil

---

653 Dazu näher *Spickhoff*, AcP 2008, a. a. O.; vgl. zu § 105a BGB *Spickhoff*, NJW 2004, 1712; zur strafrechtlichen Auffassung LK/*Rönnau*, vor § 32 StGB, Rn. 193 m. w. N.

654 Vgl. *Deutsch/Spickhoff*, Medizinrecht, Rn. 261, 642, 686; *Kohte*, AcP 1985, 120; zur strafrechtlichen Auffassung NK/*Kargl*, § 203 StGB, Rn. 56.

655 *Knauf*, Mutmaßliche Einwilligung und Stellvertretung bei ärztlichen Eingriffen an Einwilligungsunfähigen, S. 23.

656 Vgl. OLG Karlsruhe VersR 1979, 58, 59; *Deutsch/Spickhoff*, Medizinrecht, Rn. 257; Erman/*N. Klass*, Anh. zu § 12 BGB, Rn. 229; *Faber*, Ökonomische Analyse der ärztlichen Aufklärungspflicht, S. 31 für *Deutsch/Spickhoff*.; *Klass*, AfP 2005, 511; *Kohte*, AcP 1985, 119 f.; *Reuter*, AcP 1992, 130; RGRK/*Steffen*, a. a. O.; vgl. ferner datenschutzrechtliche Auffassung *Bergmann/Möhrle/Herb*, § 4a BDSG 01, Rn. 9 m. w. N.

657 Vgl. *Amelung*, MedR 2000, 520.

658 *Kim, Sung Don*, Strafrecht AT, S. 324.

die Offenbarung des Geheimnisses die Verletzung des Geheimhaltungswillens des Rechtsgutträgers voraussetze[659]. Nach diesem Argument wird der Geheimhaltungswille als konstituierendes Element des Geheimnisbegriffs angesehen[660]. Ferner wird von einer Ansicht, die eigentlich der Tatbestandslösung folgt, als Begründungsansatz vertreten, dass nur das für den Schweigepflichtigen schutzwürdige Interesse unter das Geheimnis im Sinne des § 317 KStGB falle[661]. Nach den meisten Gegenansichten in der Rechtsprechung und in der Lehre beseitigt erst die Einwilligung die Rechtswidrigkeit der Tat, weil die Offenbarung des Geheimnisses die Rechtswidrigkeit voraussetze. Daher erlange die Einwilligung auf der Rechtswidrigkeitsebene Bedeutung[662]. Im Verhältnis zum Wortlaut des § 24 KStGB genüge es, dass die Rechtswidrigkeit durch Offenbarungspflichten oder -befugnisse ausgeschlossen werde. Dies gelte auch für die Einwilligung[663].

b) Die Rechtsnatur der Einwilligung

Im KBGB[664] sind bis heute keine allgemeinen Vorschriften über die Willenserklärung festgeschrieben, so wie dies in §§ 182 ff. BGB der Fall ist. Nur § 7 KBGB ähnelt dem § 108 BGB, der sich auf die Voraussetzung für die Widerruflichkeit der Einwilligung und der Genehmigung eines gesetzlichen Vertreters bezieht. Im zivilrechtlichen Schrifttum ist nicht umstritten, dass die Einwilligung ohne weiteres als Rechtfertigungsgrund im deliktischen Zusammenhang angesehen wird[665]. Bei der Einwilligung in die Regelung einer Vermögensangelegenheit geht es um einen Rechtsverzicht, so dass der deliktische Tatbestand des § 750 KBGB von vorherein nicht erfüllt ist[666]. Des Weiteren ist im zivilrechtlichen und im strafrechtlichen Schrifttum unbestritten, dass die Einwilligung eine

---

659 *Cho, Jun Hyen*, Strafrecht BT, S. 219; *Jin/Lee*, Strafrecht BT, S. 277; *Jeong/Park*, Strafrecht BT, S. 242; *Jeong, Sung Geun*, Strafrecht BT, S. 298; *Kim, Sung Don*, Strafrecht AT, S. 329; *Lee, Hyung Guk*, Strafrecht BT (I), S. 356; *Lee, Jae Sang*, Strafrecht BT, § 14/25; *Son, Dong Kwan*, Strafrecht BT, S. 242; *Yim, Woong*, Strafrecht BT, S. 235.

660 *Jeong/Park*, a. a. O.; *Son, Dong Kwan*, a. a. O.

661 *Lee, Jung Won*, Strafrecht BT, S. 274.

662 KOGH, Urteil vom 27.7.1993, 92Do2345; Urteil vom 04.9.1998, 96Da11327; *Beck, Hyung Ku*, Strafrecht BT, S. 403; *Jeong, Young Il*, Strafrecht BT, S. 188; *Jeong, Young Seok*, Strafrecht BT, S. 289; *Kim, Jong Won*, Strafrecht BT (Sang), S. 151; *Kwan, Ogeol*, Strafrecht AT, S. 233; *Park, Sang Ki*, Strafrecht BT, S. 235; *Park, Sung Jin*, Die Rechtspflicht des Arztes, S. 12; *You, Ki Cheon*, Strafrecht BT (Sang), S. 156.

663 Vgl. *Bae, Jong Dae*, Strafrecht AT, § 75/1; *Park, Sang Ki*, Strafrecht AT, S. 208.

664 Englischer Text „CIVIL ACT".

665 *Guak, Eyun Jik*, Schuldrecht BT, S. 500.

666 *Kim, Sang Yong*, Schuldrecht BT (Ha), S. 176; *Lee, Eun Young*, Schuldrecht BT, S. 803.

rechtsgeschäftsähnliche Handlung ist[667]. Daher können die Vorschriften über das Rechtsgeschäft auf die rechtsgeschäftsähnliche Handlung analog anwendbar sein[668]. Die Anwendbarkeit der Vorschriften über das Rechtsgeschäft ist davon abhängig, inwieweit das eigenständige Element des Willens in der jeweiligen rechtsgeschäftlichen Handlung erfasst wird, und zugleich sollte beachtet werden, dass die rechtliche Natur und die jeweilige Funktion der analog anwendbaren Vorschriften über das Rechtsgeschäft geprüft werden sollten[669].

4. *Zusammenfassung und Zwischenergebnis*

a) Deutschland

Die mit dem Verbrechenssystem verbundene strafrechtliche Bedeutung von Einverständnis und Einwilligung wird im Einzelfall behandelt. Es geht um das Verhältnis zwischen dem im einfachen Recht geregelten Normzweck und dem jeweiligen Tatbestand. Die Einwilligung wird als rechtsgeschäftähnliche Handlung angesehen. Es genügt dann, festzulegen, inwieweit die rechtsgeschäftlichen Vorschriften zum Zweck des Verkehrsschutzes und des Drittenschutzes anwendbar sein können.

b) Korea

Anders als §§ 216, 228 StGB wird die Einwilligung gem. § 24 KStGB zwar im allgemeinen Teil des Strafgesetzbuches geregelt, aber es ist umstritten, ob die Zustimmung im Sinne des § 317 KStGB als Einverständnis den Tatbestand ausschließt oder als Einwilligung die Rechtswidrigkeit entfallen lässt. Denn in § 24 KStGB wird die Einwilligung als allgemeiner Rechtfertigungsgrund ausdrücklich festgeschrieben, und daher schließt die Einwilligung im Sinne des § 317 KStGB die Rechtswidrigkeit der Tat aus. Nach zivilrechtlicher und strafrechtlicher Auffassung fällt die Einwilligung unter eine rechtsgeschäftsähnliche Handlung. Daher kommt es darauf an, inwieweit die Vorschriften über das Rechtsgeschäft auf die rechtsgeschäftsähnliche Handlung analog anwendbar sein können.

---

667 *Kim, Sung Don*, Strafrecht AT, S. 335; *Kim/Sub*, Strafrecht AT, S. 261; *Lee, Young June*, AT des BGB, S. 141; vgl. zur deutschen Auffassung *Bichlmeier*, JZ 1980, 54.

668 *Guak, Eyun Jik*, AT des BGB, S. 189; *Chang, Kyung Hack*, AT des BGB, S. 396; *Kim, Yong Han*, AT des BGB, S. 238; vgl. *Deutsch/Spickhoff*, Medizinrecht, Rn. 257.

669 *Lee, Young June*, AT des BGB, S. 144.

II. Voraussetzungen der wirksamen Einwilligung

1. *Einwilligungsfähigkeit*

Die Einwilligung muss durch den Einwilligungsberechtigten erklärt werden (vgl. § 630d Abs. 1 BGB; seit 20.2.2013 Einfügung der §§ 630a ff. in das BGB). Sie ist nur dann gültig, wenn in der Person des Einwilligenden Einwilligungsfähigkeit gegeben ist. Die Einwilligungsfähigkeit setzt sich aus der Einsichts- und der Urteilsfähigkeit zusammen[670]. Der Einwilligende muss das Wesen, die Bedeutung und die Tragweite des Eingriffs in seine Rechtsposition nach seiner geistigen und sittlichen Reife erkennen können[671]. Er muss beurteilen können, welche Person er von der Schweigepflicht entbindet, in welchem inhaltlichen Umfang Informationen an Dritte weitergegeben werden sollen und wer diese Dritten sind[672] . Er muss darüber hinaus in der Lage sein, sein Verhalten an seiner Erkenntnis auszurichten, muss also Steuerungsfähigkeit besitzen[673]. Wenig problematisch ist das Vorliegen dieser Voraussetzungen bei geschäftsfähigen Volljährigen[674]. Anlass zu Zweifeln an

---

670 RGSt 41, 392, 394; BGH NJW 1953, 912; BGH NJW 1959, 811 und 825; BGH NJW 1964, 1177OLG Karlsruhe FamRZ 1983, 743; OLG Hamm NJW 1983, 2095; OLG München NJW 1958, 633; *Bamberger/Roth/Spindler*, § 823 BGB, Rn. 638; *Baur/Hess*, Arzthaftpflicht und ärztliches Handeln, S. 33; *Bichlmeier*, JZ 1980, 54; Erman/*N. Klass*, Anh. zu § 12 BGB, Rn. 234; *Eser*, ZStW 1985, 20; *Fischer*, vor § 32 StGB, Rn. 3c; *Jescheck/Weigend*, Lehrbuch des Strafrechts AT, § 34, IV. 4.; KK/*Senge*, § 53 StPO, Rn. 48; *Kollhosser/Kubillus*, JA 1996, 340; *Laufs*, Arztrecht, Rn. 426; *Lackner/Kühl*, vor § 32 StGB, Rn. 16; LK/*Schünemann*, § 203 StGB, Rn. 94; LR/*Alexander Ignor/Camilla Bertheau*, § 53 StPO, Rn. 80, 81; *Lenckner*, NJW 1965, 323; MK/*Cierniak/Pohlit*, § 203 StGB, Rn. 58; MüKo/*Wagner*, § 823 BGB, Rn. 736; NK/*Kargl*, § 203 StGB, Rn. 52; *Otto*, Jura 2004, 680; *Pickel*, MDR 1984, 887; RGRK/*Nüßgens*, § 823 Anh. II BGB, Rn. 71; Sch/Sch/*Lenckner/Sternberg-Lieben*, Vorbem. §§ 32 ff. StGB, Rn. 39, 40; Sch/Sch/*Lenckner/Eisele*, § 203 StGB, Rn. 24; *Schaffland/Wiltfang*, 5001 § 4a BDSG, Rn. 21; SK/*Rogall*, § 53 StPO, Rn. 195; Soergel/*Spickhoff*, § 823 BGB, Rn. 122; *ders.*, § 823 Anh. I BGB, Rn. 106; *Stein/Jonas/C. Berger*, § 385 ZPO, Rn. 4; *Ulsenheimer*, Arztstrafrecht, Rn. 367; *Welp*, JR 1997, 35; *Wessels/Beulke*, Strafrecht AT, Rn. 374.

671 Ebenda; dazu *Deutsch/Spickhoff*, Medizinrecht, Rn. 256, 642, 685 ff.; *Lenckner*, ZStW 1960, 458; MüKo/*J. Schmitt*, § 105 BGB, Rn. 21; *Stucki-Gallwoszus*, Pflichtenkollision von Schweigepflicht und Aufklärungspflicht des Arztes, S. 35; PWW/*Völzmann-Stickelbrock*, § 107 BGB, Rn. 1.

672 MK/*Cierniak/Pohlit*, § 203 StGB, Rn. 59; NK/*Kargl*, § 203 StGB, Rn. 52.

673 *Amelung*, ZStW 1992, 525, 540 f.; LK/*Rönau*, vor § 32 StGB, Rn. 193; Sch/Sch/*Lenckner/Sternberg-Lieben*, Vorbem. §§ 32 ff. StGB, Rn. 40.

674 LK/*Rönnau*, vor § 32 StGB, Rn. 194; Sch/Sch/*Lenckner/Sternberg-Lieben*, a. a. O.

der Einwilligungsfähigkeit ist nur in Sondersituationen angebracht, also bei erheblichen psychischen Störungen oder bei der Abgabe der Einwilligungserklärung unter Drogen- oder Medikamenteneinfluss[675]. Der Begriff der Einwilligungsunfähigkeit ist nicht identisch mit der Schuldunfähigkeit gem. §§ 19, 20 StGB[676]. Wenn Minderjährige ihre Einwilligung in die Weitergabe von Daten erklären, so stellt sich die Frage, ob die Einwilligung Geschäftsfähigkeit voraussetzt oder ob eine allgemeine Einwilligungsfähigkeit Minderjähriger angenommen werden kann. Dieses Problem ist in all denjenigen Fällen relevant, in denen dem Minderjährigen die zivilrechtliche Geschäftsfähigkeit fehlt. Die Einwilligungsfähigkeit setzt nicht erst mit der Volljährigkeit ein[677]. Geschäfte Minderjähriger sind wirksam, ohne dass die Einsichtsfähigkeit im Einzelnen zu prüfen wäre, wenn sie gem. § 110 BGB aus ihnen überlassenen Mitteln bestritten werden[678]. Auch in diesen Fällen wird die notwendige Einsichts- und Steuerungsfähigkeit nur im Ausnahmefall fehlen. Im Strafrecht wird angenommen, dass Minderjährige über die Ausnahmefälle der beschränkten Geschäftsfähigkeit hinaus Einwilligungsfähigkeit dann besitzen, wenn im individuellen Fall die notwendige Einsichts-, Urteils- und Steuerungsfähigkeit gegeben ist[679]. Die Geschäftsfähigkeit ist keine Voraussetzung für die Einwilligungsfähigkeit bezüglich der Entbindung von der ärztlichen Schweigepflicht[680]. Allerdings ist zu bedenken, dass Wertungswidersprüche zum vermögensrechtlichen Minderjährigenschutz auftreten können. Die Einwilligung legalisiert den Eingriff in die betroffenen Rechte. Schadensersatzansprüche können nicht mehr geltend gemacht werden, weil der Eingriff rechtmäßig ist. Noch deutlicher wird die Problematik bei der Einwilligung in die Beschädigung von dem Minderjährigen gehörenden Sachen. In diesem Fall wird das Vermögen des Minderjährigen unmittelbar verringert. Während eine rechtsgeschäftliche Verfügung wegen des Fehlens der Einwilligung bis zur Genehmigung schwebend

---

675 Vgl. *Amelung/Eymann*, JuS 2001, 942, 945; *Heintzen/Lilie*, NJW 1997, 1604; *Kollhosser/Kubillus*, JA 1996, 340; *Trockel*, NJW 1970, 490; dazu näher *Amelung*, ZStW 1992, 538 f.

676 *Amelung*, ZStW 1992, 525; *Amelung/Eymann*, JuS 2001, 941; *Kollhosser/Kubillus*, JA 1996, 340; LK/*Rönnau*, vor § 32 StGB, Rn. 193; vgl. *Kamps*, MedR 1985, 201; *Roxin*, Strafrecht AT I, § 13 Rn. 86.

677 Hier nur *Spickhoff*, NJW 2007, 1632.

678 Vgl. OLG Karlsruhe FamRZ 1983, 744.

679 Vgl. *Amelung/Eymann*, JuS 2001, 941 ff.; LK/*Rönnau*, a. a. O.

680 *Kamps*, MedR 1985, 201; LK/*Hirsch* (1994), vor § 32 StGB, Rn. 118; LK/*Schünemann*, § 203 StGB, Rn. 94 m. w. N.; *Roxin/Schroth/Braun*, Medizinstrafrecht, S. 243; vgl. LR/*Alexander Ignor/Camilla Bertheau*, § 53a StPO, Rn. 80.

unwirksam ist, wäre in wirtschaftlich ebenso nachteiliger Weise die Einwilligung in die Sachbeschädigung wirksam[681]. So wünschenswert eine klare und einheitliche Altersgrenze für die Einwilligungsbefugnis auch ist, so stößt ihre Festlegung doch auf erhebliche praktische Schwierigkeiten[682]. Minderjährige sind bei ihren Einwilligungserklärungen grundsätzlich vom Dazwischentreten ihres gesetzlichen Vertreters unabhängig, sofern sie die erwähnte Fähigkeit haben[683]. Daher können Minderjährige den Arzt im Prinzip von der Schweigepflicht entbinden[684]. Die Vertretungsbefugnis des gesetzlichen Vertreters wird namentlich durch das Selbstbestimmungsrecht des Minderjährigen in Bezug auf seine Persönlichkeitsrechte begrenzt. Dennoch darf die Rolle des elterlichen Sorgerechts als ein Grund für die Beschränkung und für die Gewährleistung des Selbstbestimmungsrechts der Minderjährigen nicht außer Acht gelassen werden[685]. Minderjährige werden zwar als Subjekte ihrer Persönlichkeitsentwicklung weiterhin geschützt, umgekehrt kann aber das Dazwischentreten des gesetzlichen Vertreters bei der richtigen Persönlichkeitsbildung der ihm anvertrauten Minderjährigen auch eine wesentliche Rolle spielen[686]. Nach den meisten Stimmen aus der Literatur ist das 14. oder das 16. Lebensjahr eine Altersgrenze für die Einwilligungsfähigkeit z. B.

---

681 Vgl. *Amelung/Eymann*, JuS 2001, 942; Soergel/*Spickhoff*, § 823 Anh. I BGB, Rn. 109.

682 Vgl. *Spickhoff*, NJW 2000, 2300; *ders.*, FamRZ 2012, 1423.

683 OLG Karlsruhe FamRZ 1983, 743; *Deutsch/Spickhoff*, Medizinrecht, Rn. 642, 686; *Faber*, Ökonomische Analyse der ärztlichen Aufklärungspflicht, S. 31; *Jescheck/Weigend*, Lehrbuch des Strafrechts AT, § 34, IV. 4.; KK/*Senge*, § 53 StPO, Rn. 48; *Laufs*, Arztrecht, Rn. 426; *ders.*, NJW 1979, 1233; LK/*Schünemann*, § 203 StGB, Rn. 94; LR/*Alexander Ignor/Camilla Bertheau*, § 53 StPO, Rn. 81; MK/*Cierniak/Pohlit*, § 203 StGB, Rn. 58; MüKo/*Wagner*, § 823 BGB, Rn. 736, 738; NK/*Kargl*, § 203 StGB, Rn. 52; *Roxin/Schroth/Braun*, Medizinstrafrecht, S. 243; Soergel/*Spickhoff*, § 823 Anh. I BGB, Rn. 107; *Stucki-Gallwoszus*, Pflichtenkollision von Schweigepflicht und Aufklärungspflicht des Arztes, S. 35; a. A. hier nur mit der Einwilligung der Eltern *Kern*, NJW 1994, 755 f.; ähnlich *Fischer/Uthoff*, MedR 1996, 116; *Weichert*, NJW 2004, 1697.

684 *Fricke*, VersR 2009, 298 m. w. N.; NK/*Kargl*, a. a. O.; a. A. MüKo/*Müller-Glöge*, § 611 BGB, Rn. 96; *Stein/Jonas/Berger*, § 385 ZPO, Rn. 17.

685 Erman/*N. Klass*, Anh. zu § 12 BGB, Rn. 234; *Jescheck/Weigend*, Lehrbuch des Strafrechts AT, § 34, IV. 4.; *Klass*, AfP 2005, 516; *Lenckner*, ZStW 1960, 462.

686 Vgl. OLG München NJW 1958, 634; OLG Hamm NJW 1998, 3425; *Bamberger/Roth//Wendtland*, § 107 BGB, Rn. 2; *Deutsch*, AcP 1992, 167, 175; *Deutsch/Spickhoff*, Medizinrecht, Rn. 686 ff.; *Erman/N. Klass*, Anh. zu § 12 BGB, Rn. 234; *Gernhuber*, FamRZ 1962, 92 f.; *Lenckner*, ZStW 1960, a. a. O.; *Spickhoff*, NJW 2001, 1765; einschränkend *Reuter*, AcP 1992, 118.

in ärztliche Heilbehandlung[687]. Eine andere Ansicht vertritt das 14.[688] oder 15.[689] Lebensjahr bei Sozial-, Gesundheits-, Ausbildungs- und Arbeitsdaten i. V. mit den §§ 112, 113 BGB. Allerdings besteht ein Unterschied zwischen dem Verzicht auf die Vertraulichkeit von Daten und der Zustimmung zu einem Eingriff in die körperliche Integrität oder zum Verlust von Vermögen. §§ 112, 113 BGB werden kaum Anwendungsmöglichkeiten für die Entbindung von der Schweigepflicht bieten. Zwar geht es im Prinzip auch hier um die Wertehierarchie[690], jedoch sind sowohl die Einwilligung in die Offenbarung des Geheimnisses als auch diejenige in eine ärztliche Heilbehandlung auf dem Persönlichkeitsrecht aus Art. 2. GG i. V. mit dem Art. 1 I GG begründet. Diese Begründung bedeutet nicht, dass für die Wertehierarchie die Geschäftsfähigkeit im Hinblick auf vermögensrechtliche Positionen Vorrang habe. Ein 14-jähriger kann als Arbeitnehmer mit dem Arbeitgeber einen Arbeitsvertrag wirksam abschließen. Damit ist aber eine Einwilligung in die Datenweitergabe aus einem solchen Vertrag gegeben. Ferner kann die in §§ 112, 113 BGB beschriebene Ermächtigung des Minderjährigen vom gesetzlichen Vertreter im Prinzip auch zurückgenommen werden[691]. Nach einer anderen Ansicht ist die für die Geschäftsfähigkeit erforderliche gesetzliche Altersgrenze

---

687 *Baur/Hess*, Arzthaftpflicht und ärztliches Handeln, S. 33 f.; *Bamberger/Roth/Spindler*, § 823 BGB, Rn. 638; *Deutsch/Spickhoff*, Medizinrecht, Rn. 256, 686, 687; Erman/*N. Klass*, Anh. zu § 12 BGB, Rn. 234; *Faber*, Ökonomische Analyse der ärztlichen Aufklärungspflicht, S. 31; *Kern*, NJW 1994, 755; *Kollhosser/Kubillus*, JA 1996, 340; *Laufs/Uhlenbruck/Schlund*, Handbuch des Arztrechts, § 75, Rn. 37; Sch/Sch/*Lenckner/Sternberg-Lieben*, Vorbem. §§ 32 ff. StGB, Rn. 40; Soergel/*Spickhoff*, § 823 Anh. I BGB, Rn. 107; *Stucki-Gallwoszus*, Pflichtenkollision von Schweigepflicht und Aufklärungspflicht des Arztes, S. 35; *Tempel*, NJW 1980, 614; vgl. zu 16jährige Patientin BGH NJW 1972, 335; auch ein Alter von 16. Jahren *Knauf*, Mutmaßliche Einwilligung und Stellvertretung bei ärztlichen Eingriffen an Einwilligungsunfähigen, S. 48; 15. oder 16. Jahren in Einzelbereichen der Medizin *Deutsch*, AcP 1992, 175; früher oder ab 16. Lebensjahr *Lesch*, NJW 1989, 2311; ab Vollendung des 14. Lebensjahres *Spickhoff*, NJW 2000, 2299 m. w. N.; 18. und 14. Lebensjahr bei Datenweitergabe *Weichert*, NJW 2004, 1697, ebenso wie 18. Lebensjahr *Grömig*, NJW 1970, 1212; 16. Lebensjahre in den Fällen des § 114 BGB (weggefallen) *Woesner*, NJW 1957, 692.

688 LK/*Rönnau*, vor § 32 StGB, Rn. 195; *Roßnagel/Holznagel/Sonntag*, Datenschutzrecht, S. 687.

689 LK/*Schünemann*, § 203 StGB, Rn. 94; NK/*Kargl*, § 203 StGB, Rn. 52; im Ergebnis ebenso *Pickel*, MDR 1984, 887, gem. § 36 SGB I.

690 Vgl. *Lenckner*, ZStW 1960, 463.

691 Vgl. NK/*Simitis/Simitis*, § 4a BDSG, Rn. 22; *Reuter*, AcP 1992, 128 ff.; *Weichert*, NJW 2004, 1697; vgl. ferner MK/*Cierniak/Pohlit*, § 203 StGB, Rn. 58.

höher anzusehen als bei der widerruflichen Einwilligung[692]. Wenn eine starre Altersgrenze möglich ist, so stellt sich die Frage, ob sie bei der Einwilligung in eine Heilbehandlung berücksichtigt werden kann. Im Hinblick auf die Willensmängel und die Aufklärung werden Anforderungen an bestimmte Krankheiten, z. B. medizinisch indizierte Eingriffe bei relativ einfachen Krankheiten, Dringlichkeit und Komplikationsmöglichkeiten, angeführt[693]. Nach einer Ansicht, die Beachtung verdient, ist eine feste Altersstufe nicht von praktischer Bedeutung, weil die seelische und körperliche Entwicklung von Minderjährigen je nach Geschlecht und seelischem Zustand unterschiedlich sei[694]. Daher sei nicht nur die Verallgemeinerung einer festen Altersstufe im Medizinrecht unmöglich[695], sondern es könne auch keine starre Altersgrenze für die Einwilligungsfähigkeit gezogen werden[696]. Der Handlungsspielraum der Eltern in Bezug auf die Persönlichkeitsrechte und die darauf bezogene Selbstbestimmung verringert sich mit dem Wachsen der Einsichtsfähigkeit. Je reifer der Minderjährige ist, desto breiter ist der Kreis der Angelegenheiten, die nach seinem Willen zu gestalten sind[697]. Sobald es bei einem ärztlichen Eingriff auf die Zustimmung des minderjährigen Patienten ankommt, muss dieser auch seine Zustimmung zum Umgang mit seinen Daten abgeben und muss die Reichweite der Schweigepflicht des behandelnden Arztes durch eine Einwilligung bestimmen können. Demgegenüber hängt die flexible Altersgrenze im

---

692 *Amelung*, ZStW 1992, 528.

693 BVerfG ArztR 2008, 63; BGH NJW 1972, 336 f.; BGH NJW 1980, 1905; BGH VersR 1981, 456 f.; OLG Düsseldorf VersR 1980, 949; BGH NJW 2007, 217; *Bamberger/Roth/Spindler*, § 823 BGB, Rn. 609 ff., 638; *Deutsch/Spickhoff*, Medizinrecht, Rn. 244, 282 ff., 686; *Erman/G. Schiemann*, § 823 BGB, Rn. 138; *Kleinewefers*, VersR 1962, 200 ff.; *Kollhosser/Kubillus*, JA 1996, 340; PWW/*Schaub*, § 823 BGB, Rn. 208; Soergel/*Spickhoff*, § 823 Anh. I BGB, Rn. 92, 117 ff.; Staudinger/*Hager*, § 823 BGB, Rn. I 84 f.; *Tempel*, NJW 1980, 614 f.; vgl. zur strafrechtlichen Auffassung LK/*Rönnau*, vor § 32 StGB, Rn. 179, 194, 195; Sch/Sch/*Lenckner/Sternberg-Lieben*, Vorbem. §§ 32 ff. StGB, Rn. 40 ff.

694 Vgl. *Larenz/Wolf*, AT BGB, § 6, Rn. 13 ff.; *Schlund*, JR 1999, 335; zu Religionsmündigkeit und Einwilligungsfähigkeit *Bender*, MedR 1999, 265, diesbezüglich *Spickhoff*, FamRZ 2012, 1423 f.

695 *Stucki-Gallwoszus*, Pflichtenkollision von Schweigepflicht und Aufklärungspflicht des Arztes, S. 35.

696 BGH NJW 1964, 1177; *Baur/Hess*, Arzthaftpflicht und ärztliches Handeln, S. 33 f.; LK/*Rönnau*, vor § 32 StGB, Rn. 195; MüKo/*Huber*, § 1626 BGB, Rn. 41; vgl. zur Einwilligungsfähigkeit nach dem jeweiligen Verwendungszusammenhang in BDSG NK/*Simitis/Simitis*, § 4a BDSG, Rn. 21.

697 Vgl. *Kern*, NJW 1994, 755; *Lesch*, NJW 1989, 2310 f.

Sinne der Einwilligungsfähigkeit von gesellschaftlichen Wertungsmechanismen[698] oder von personalem Gefühl der Minderjährigen[699] ab. Das Urteil über diese soziale Wertigkeit hat auch sowohl die Rechtsunsicherheit als auch den unzureichenden Schutz für das Selbstbestimmungsrecht des Minderjährigen zur Folge[700]. In diesem Sinne ist der Verzicht auf feste Altersgrenzen für die Einwilligungsfähigkeit nicht überzeugend. Namentlich wäre es ideal, wenn die unterschiedlichen denkbaren Behandlungsfälle und die ihnen jeweils zuzuordnenden Altersstufen möglichst in einem einfachen Gesetz festgelegt würden[701]. Als mögliche Altersstufe im Hinblick auf die Einwilligung in die Datenweitergabe kann das 16. Lebensjahr in Betracht gezogen werden. Bei der Datenweitergabe ist es nicht anders, bei der gleichfalls die vorherige Einwilligung erforderlich ist, falls kein Unterschied zwischen dem Zeitpunkt des Abschlusses des Behandlungsvertrages und dem Zeitpunkt der Einwilligung in die Datenweitergabe besteht[702]. Auch wenn ein Minderjähriger einen Vertrag über die Datenweitergabe abschließen soll, kann § 1303 II BGB analog anwendbar sein, weil die Einwilligung eines gesetzlichen Vertreters nach der Heirat des Minderjährigen nicht mehr erforderlich ist[703]. Allerdings ist zu beachten, dass diese Altersgrenze nur als Richtlinie zur Bestimmung der Einwilligungsfähigkeit betrachtet wird[704].

2. *Korea*

Der koreanische Ausgangspunkt gleicht dem deutschen. Es ist auch in Korea unbestritten, dass die Einwilligungsfähigkeit der Verständnisfähigkeit für die Bedeutung und den Inhalt der Einwilligung bedarf. Und die Minderjährigen können einwilligen, wenn sie die Urteilsfähigkeit im Hinblick auf den Wirksamkeitsbereich der Einwilligung besitzen[705]. Die Rechtsprechung hat noch nicht über die erwähnte Altersgrenze entschieden, sondern nur über die Urteilsfähigkeit des

---

698 Vgl. *Spickhoff*, FamRZ 2012, 1423; *Stucki-Gallwoszus*, Pflichtenkollision von Schweigepflicht und Aufklärungspflicht des Arztes, S. 18, 54; vgl. ferner *Lenckner*, ZStW 1960, 451.

699 *Lesch*, NJW 1989, 2311, 2313, so Bestimmung nach Schmerzen und Risiken einer Venenpunktion i. V. m. § 223 StGB; ähnlich *Kollhosser/Kubillus*, JA 1996, 340.

700 Vgl. *Spickhoff*, NJW 2000, 2300.

701 Vgl. *Spickhoff*, NJW 2000, a. a. O.

702 Vgl. *Laufs*, Arztrecht, Rn. 362; *Roxin/Schroth/Braun*, Medizinstrafrecht, S. 244.

703 Vgl. zur Grundlage gem. § 19 StGB und § 3 JGG *Kamps*, MedR 1985, 201.

704 Vgl. *Deutsch/Spickhoff*, Medizinrecht, Rn. 686; Soergel/*Spickhoff*, § 823 Anh. I BGB, Rn. 107; *Spickhoff*, NJW 2000, 2299 f.; *ders*, NJW 2001, 1765.

705 *Kim, Sung Don*, Strafrecht AT, S. 335; *Kim/Sub*, Strafrecht AT, S. 261.

Patienten in Bezug auf den medizinischen Eingriff[706]. Unter strafrechtlichem Gesichtspunkt sei die Einwilligungsfähigkeit eine tatsächliche Angelegenheit, so dass eine starre Altersgrenze nicht erforderlich sei[707]. In Bezug auf den Behandlungsvertrag besagt eine Ansicht im Schrifttum, dass man sich bei der Festlegung einer Altersgrenze einfach auf die Gewohnheit berufen solle[708]. Das Dazwischentreten der Eltern sei als gerechtfertigt, wenn es Minderjährigen an der Urteilsfähigkeit über die Behandlung mangele[709]. Wenn jemand als Maßstab für die Festlegung einer Altersgrenze vorschlagen sollte, dass, je älter Minderjährige werden, desto ausgeprägter ihre Urteilsfähigkeit sei, könne ein solcher Vorschlag wegen der unterschiedlichen seelischen und körperlichen Entwicklung von Minderjährigen nicht akzeptiert werden[710]. Es genüge deshalb, dass die Frage der Einwilligungsfähigkeit auf der Einzelfallebene behandelt werde[711]. Eine solche, nichtakzeptable Ansicht würde bedeuten, dass die Kooperation zwischen dem Arzt und dem gesetzlichen Vertreter im Hinblick auf die Aufklärung und die Einwilligung hervorgehoben werden sollte[712]. Demgegenüber weist eine zivilrechtliche Ansicht darauf hin, dass gesetzliche Vorschriften, z. B. vor allem § 4 KBGB (Volljährigkeit ab dem 20. Lebensjahr) ähnlich wie § 2 BGB, als Maßstab für die Bestimmung einer festen Altersstufe in Verbindung mit der Einwilligungsfähigkeit betrachtet werden könnten[713]. Dieses Argument geht davon aus, dass die Anforderung für das Vorliegen der Einwilligungsfähigkeit und die damit verbundene Altersstufe niedriger seien als die Vorschriften der §§ 4 ff. KBGB über die Geschäftsfähigkeit[714]. Wegen dieser Tatsache wird das 18. Lebensjahr als maßgebliche Altersstufe angesehen. Des Weiteren wird im parlamentarischen Gesetzgebungsverfahren das 18. Lebensjahr als Beginn der Volljährigkeit vorgeschlagen[715], weshalb das 16. Lebensjahr einer

---

706 KOGH, Urteil vom 21.12.1999, 98Da29261; Urteil vom 27.3.1998, 97Da56761; Urteil vom 22.7.1997, 95Da49608 usw.; Das besondere Delikt, Sabopyeunsoowon 2007, S 253.

707 Hier nur *Kim/Sub*, Strafrecht AT, S. 261.

708 *Hong, So-Yoen*, Willensfähigkeit und Einwilligung des Minderjährigen, S. 157.

709 *Hong, So-Yoen*, Willensfähigkeit und Einwilligung des Minderjährigen, S. 157, 158.

710 *Hong, So-Yoen*, Willensfähigkeit und Einwilligung des Minderjährigen, S. 158.

711 *Hong, So-Yoen*, Willensfähigkeit und Einwilligung des Minderjährigen, S. 159, 168; *Jeong, Kyu Won*, Genuntersuchung gegenüber Minderjährigen, S. 127 ff.

712 *Hong, So-Yoen*, Willensfähigkeit und Einwilligung des Minderjährigen, S. 163 ff.

713 *Ryoo, Hwa-Shin*, Legal Issues Concerning the Competence of Minors in Clinical Investigation, S. 175.

714 *Ryoo, Hwa-Shin*, Legal Issues Concerning the Competence of Minors in Clinical Investigation, S. 174.

715 *You, Taeck Hyung*, Juristische Zeitung, 18.11.1974.

entsprechenden Altersstufe bis zur Veränderung des § 4 KBGB entspricht[716]. Dieser gesetzgeberische Vorschlag ist im Parlament angenommen worden, und daher wird die Vorschrift über die neue Volljährigkeit am 01.07. 2013 in Kraft treten[717]. Jedoch sollte man beachten, dass sich die koreanische Altersbestimmung nach dem Mondkalender richtet. Nach dieser Berechnungsmethode liegt die koreanische Altersstufe tatsächlich noch höher als die deutsche, auch wenn der neuen Vorschrift gefolgt wird. Nach dieser Ansicht ist die Einwilligungsfähigkeit nach dem auf einen Minderjährigen einwirkenden Gefahrengrad des Eingriffs in die körperliche Integrität bei einem Behandlungsvertrag in unterschiedlicher Weise in Betracht zu ziehen[718]. In diesem Zusammenhang steht der Schutz für das informationelle und das körperliche Selbstbestimmungsrecht des Minderjährigen im Vordergrund[719], aber ein Dazwischentreten der Eltern wird nicht von vornherein ausgeschlossen[720].

3. *Zusammenfassung und Zwischenergebnis*

a) Deutschland

Einwilligende haben die Einwilligungsfähigkeit, die sich aus der Einsichts- und der Urteilsfähigkeit zusammensetzt, die sich auf die von der Schweigepflicht zu entbindende Person und auf den Umfang der Informationen beziehen. Die Einsichtsfähigkeit bedarf nicht der Geschäftsfähigkeit, und daher werden Minderjährige im Prinzip als berechtigt angesehen, den Arzt von der Schweigepflicht zu entbinden. Im Prinzip sollte die Vertretungsbefugnis des gesetzlichen Vertreters dem Schutz des Selbstbestimmungsrechts des Minderjährigen dienen.

b) Korea

Die koreanische Auffassung im Hinblick auf die Einwilligungsfähigkeit gleicht der deutschen. Bei der Altersgrenze geht es zwar um die Gewohnheit und daher um die Einzelfrage, aber die Rechtsprechung und das Schrifttum erwähnen die Datenweitergabe nicht. Mittlerweile orientiert sich der Schwerpunkt an der Ko-

---

716 *Ryoo, Hwa-Shin*, Legal Issues Concerning the Competence of Minors in Clinical Investigation, S. 175.

717 http://www.law.go.kr/lsSc.do?menuId=0&query=%EB%AF%BC%EB%B2%95#liBgcolor1.

718 *Ryoo, Hwa-Shin*, Legal Issues Concerning the Competence of Minors in Clinical Investigation, S. 173 ff.

719 *Ryoo, Hwa-Shin*, Legal Issues Concerning the Competence of Minors in Clinical Investigation, S. 176.

720 *Hong, So-Yoen*, Willensfähigkeit und Einwilligung des Minderjährigen, S. 159.

operation zwischen dem Arzt und dem gesetzlichen Vertreter im Hinblick auf die Aufklärung und die Einwilligung. Ab dem 01. 07. 2013 wird das 18. Lebensjahr als Volljährigkeit das in § 4 KBGB festgeschriebene 20. Lebensjahr ersetzen. Somit kann das 16. Lebensjahr als Altersgrenze bei einem Behandlungsvertrag angesehen werden. Diese Altersgrenze liegt wegen der Berechnungsmethode nach dem Mondkalender noch höher als in Deutschland.

III. Sonstige Voraussetzungen der wirksamen Einwilligungserklärung

1. Einwilligung und Geheimhaltungswille

Die Einwilligung muss vor der Tat vorliegen[721]. Im zeitlichen Zusammenhang ist die Kenntnis des Patienten vor dem Zeitpunkt der Vereinbarung zwischen dem Arzt und der Verrechnungsstelle oder zumindest vor der tatsächlichen Datenweitergabe erforderlich. In diesem Zusammenhang stellt sich die Frage, ob und, wenn ja, wem gegenüber und ggf. in welcher Form die Einwilligung manifestiert sein muss. Die Entscheidung darüber hängt zunächst davon ab, ob der Geheimnisbegriff des § 203 StGB einen Geheimhaltungswillen umfasst und ob der Geheimhaltungswille intersubjektiv feststellbar sein muss. Nach den meisten strafrechtlichen Ansichten muss der Geheimhaltungswille tatsächlich vorhanden sein[722]. Für den Willen zur Geheimhaltung bedürfe es jedoch weder einer ausdrücklichen Erklärung noch einer sonstigen Kundgabe[723]. Dagegen wird eingewandt, dass diese Konstruktion von der Absicht des Gesetzgebers abweiche und mit dem objektiven Tatbestand des § 203 StGB nicht im Einklang stehe[724]. Der Geheimhaltungswille müsse zum Zweck des Kommunikationsschutzes des Betroffenen feststellbar sein und ausdrücklich erklärt werden[725]. Dieser Standpunkt entspreche der Ableitung des Geheimnis-

---

721 BGH NJW 2006, 522, 526; *Fischer*, vor § 32 StGB, Rn. 3c; *Geppert*, ZStW 1971, 954; LK/*Schünemann*, § 203 StGB, Rn. 103; MK/*Cierniak*/*Pohlit*, § 203 StGB, Rn. 60; Sch/Sch/*Lenckner*/*Sternberg-Lieben*, vorb. § 32 StGB, Rn. 44; vgl. bei Beginn der Tat LK/*Rönnau*, vor § 32 StGB, Rn. 171.

722 RGSt 13, 60, 62; 66, 273, 274; OLG Hamm NJW 2001, 1957; LK/*Schünemann*, § 203 StGB, Rn. 24; *Mennicke*/*Radtke*, MDR 1993, 401; SK/*Hoyer*, § 203 StGB, Rn. 5; im Ergebnis ebenso *Schmidt*, ZStW 1967, 783.

723 LK/*Schünemann*, a. a. O.; *Mennicke*/*Radtke*, a. a. O.; MK/*Cierniak*/*Pohlit*, § 203 StGB, Rn. 17, andererseits Rn. 60; *Roxin*/*Schroth*/*Braun*, Medizinstrafrecht, S. 233.

724 *Risse*/*Reichert*, NJW 2008, 3681; *Rogall*, NStZ 1983, 413; vgl. zum Ausgangspunkt *Fischer*, § 203 StGB, Rn. 6.

725 *Fischer*, § 203 StGB, Rn. 6; NK/*Kargl*, § 203 StGB, Rn. 8, 57; *Risse*/*Reichert*, NJW 2008, 3681; im Ergebnis ebenso *Bongen*/*Kremer*, NJW 1990, 2912; vgl. OLG Hamm NJW 2001, 1957; MK/*Cierniak*/*Pohlit*, § 203 StGB, Rn. 60.

schutzes aus der allgemeinen Handlungsfreiheit des Art. 2. GG[726], der eine lebendige natürliche Person voraussetze. Die Handlungsfreiheit als verfassungsrechtliche Grundlage kann den allgemein anerkannten Geheimnisschutz des Verstorbenen nicht erfassen. Die ärztliche Schweigepflicht ergibt sich aus dem allgemeinen Persönlichkeitsrecht im Sinne des Art. 2 I GG i. V. mit dem Art. 1 I GG. Es ist daher nicht erforderlich, dass der Geheimhaltungswille mit der Kundgabe oder der Manifestation zum Ausdruck gebracht wird, weil das informationelle Selbstbestimmungsrecht an sich geschützt wird, so dass es nicht eines Geheimhaltungswillens, sondern allenfalls des Fehlens der Manifestation nach außen bedarf. Diese Sichtweise entspricht auch dem Normzweck des § 203 StGB. Für den Vertrauensschutz kommt es nicht darauf an, ob der Geheimhaltungswille im Verhältnis zu Dritten geäußert worden ist oder nicht. Der Schutz der Vertrauensbeziehung ist auch dann notwendig, wenn der Geheimnisträger seinen Geheimhaltungswillen nicht zu erkennen gegeben hat[727]. Auch aus dem Verhältnis des § 203 StGB zu §§ 134, 823 BGB ergibt sich, dass der angeführte Standpunkt unzutreffend ist. Der objektive Tatbestand des § 203 StGB i. V. mit dem § 134 BGB kennt keinen Geheimhaltungswillen des Rechtsgutträgers. Das Rechtsgut des § 823 BGB ist ein Geheimnisschutz vor unbefugter Offenbarung, nicht der Schutz eines Geheimhaltungswillens.

2. *Schriftform vor allem bei der vom BDSG erfassten Datenweitergabe*

a) Schriftformerfordernis gem. § 4a BDSG?

Wenn die Kundgabe und die Manifestation der Einwilligungserklärung zum Zweck des Kommunikationsschutzes erforderlich sind, dann kommt es auch darauf an, wie die Erteilung der Einwilligungserklärung festgestellt werden kann. Anforderungen an die Wirksamkeit einer Einwilligung werden in verschiedenen Rechtsgebieten unterschiedlich festgeschrieben. Daher wird die Forderung vertreten, dass Rechtfertigungen im einfachen Recht einheitlich beurteilt werden sollten[728]. In der datenschutzrechtlichen Literatur ist es nicht umstritten, dass die Einwilligung gem. § 4a BDSG bei der Datenweitergabe schriftlich erteilt werden muss. Für die wirksame Einwilligung im Sinne des § 4a BDSG sollte die damit verbundene Voraussetzung des § 126 I BGB[729] erfüllt sein. Dieses

726 Hierzu nur *Britz*, Freie Entfaltung durch Selbstdarstellung, S. 25 f.; *Ehmann*, AcP 1988, 236 f.

727 Vgl. MK/*Cierniak/Pohlit*, § 203 StGB, Rn. 60; *Rogall*, NStZ 1983, 6 und 413.

728 Vgl. *Deutsch/Spickhoff*, Medizinrecht, Rn. 545, 642; *Kreuzer*, NJW 1975, 2234.

729 *Bongen/Kremer*, NJW 1990, 2914; *Däubler/Klebe/Wedde/Weichert*, § 4a BDSG, Rn. 11; *Gola/Schomerus*, § 4a BDSG, Rn. 13; NK/*Simitis/Simitis*, § 4a BDSG,

Argument richtet sich auf die Abgrenzung zwischen ausdrücklicher und stillschweigender Einwilligung und damit auf die Unzulässigkeit stillschweigender und mutmaßlicher Einwilligung[730]. Daher ist die ausdrückliche Einwilligung zumindest bei der Weitergabe der im BDSG geschützten Dateien erforderlich. Bei der Abtretung einer Honorarforderung geht es daher um die schriftliche Einwilligung, soweit die Übergabe der Arztpraxis an den Praxisnachfolger gem. § 3 BDSG als Übermittlung angesehen wird und nicht wegen besonderer Umstände eine andere Form gem. § 4 II S. 2 BDSG angemessen ist[731]. Als Beispiele für besondere Umstände gem. § 4a I S. 3 BDSG wird nach einer Ansicht eine langandauernde Geschäftsbeziehung genannt, in der wiederkehrende Daten erhoben werden, oder Fälle besonderer Eilbedürftigkeit[732]. In diesem Fall reichen mündliche Einwilligungen aus. Wenn die Erklärung nur schriftlich abgegeben werden kann, ist die Schriftform gem. §§ 126, 126a BGB zu wahren, wobei die elektronische Form der Erklärungsabgabe nicht ausgeschlossen ist[733]. Es ist aber zweifelhaft, ob die mündliche Einwilligung z. B. bei einer schweren Erkrankung das Schriftformerfordernis gem. § 4a BDSG ersetzen kann, weil es immer nur um die Einwilligung in automatisierte Datenverarbeitung und Datenweitergabe geht (vgl. auch §§ 630d, 630e BGB)[734]. Nach einer anderen Ansicht liegen besondere Umstände nur bei Kenntnis der je spezifischen Verarbeitungsumstände vor, indem langjährige geschäftliche Beziehungen den konkreten Verarbeitungszusammenhang betreffen[735]. Nach diesem Argument sind Eilbedürftigkeit und eine langandauernde Geschäftsbeziehung i. V. m. § 4a I S. 3 BDSG kaum von praktischer Bedeutung. Somit wird eine konkludente, stillschweigende oder mutmaßliche Einwilligung aus der Art der wirksamen Einwilligung im Sinne des BDSG ausgeschlossen[736]. Diese datenschutzrechtlichen Argumente entsprechen

---

Rn. 33; *Roßnagel/Holznagel/Sonntag*, Datenschutzrecht, S. 689; *Roßnagel/Pfitzmann/Garstka*, DuD 2001, 258; *Wienke/Sauerborn*, MedR 2000, 519; vgl. zu § 2 GOZ *Spickhoff/Pannke*, Medizinrecht, § 2 GOZ, Rn. 22.

730 Vgl. NK/*Simitis/Simitis*, § 4a BDSG, Rn. 44.

731 OLG Bremen NJW 1992, 757, 758; *Bongen/Kremer*, NJW 1990, 2914; *König*, NJW 1991, 756; *Roßnagel*, NJW 1989, 2304; *Weichert*, NJW 2004, 1697; vgl. MüKo/*Roth*, § 399 BGB, Rn. 27; *Pickel*, MDR 1984, 887.

732 *Gola/Schomerus*, § 4a BDSG, Rn. 13.

733 *Bergmann/Möhrle/Herb*, § 4a BDSG 01, Rn. 73a, 84; *Fricke*, VersR 2009, 299; *Gola/Schomerus*, § 4a BDSG, Rn. 13.

734 Vgl. *Deutsch/Spickhoff*, Medizinrecht, Rn. 122; *Kern*, MedR 2006, 206.

735 NK/*Simitis/Simitis*, § 4a BDSG, Rn. 45 f.

736 NK/*Simitis/Simitis*, § 4a BDSG, Rn. 44; *Roßnagel*, NJW 1989, 2304; vgl. *Tiedemann*, NJW 1981, 948.

nicht der wirksamen Einwilligungserklärung als rechtfertigender Anforderung im Sinne des § 203 StGB. Aus diesem Grund können sie nicht akzeptiert werden. Nach einer im strafrechtlichen Schrifttum verbreiteten Auffassung ist aufgrund der Subsidiarität der Erlaubnistatbestände des § 4a BDSG i. V. m. § 1 III BDSG[737], aufgrund des freien Willensentschlusses des Patienten[738] oder aufgrund des Schutzes des Vertrauensverhältnisses zwischen Arzt und Patient[739] die Schriftform der Einwilligungserklärung in § 203 StGB nicht erforderlich. Somit könne der Einwilligende seine Einwilligung ausdrücklich oder konkludent geben[740]. Dieses Argument wird damit begründet, dass unmittelbare datenschutzrechtliche Auswirkungen des Verstoßes gegen die Formvorschriften nur auf die Einwilligungserklärung im Sinne des § 4a BDSG einen Einfluss hätten. Zudem richte sich das im BDSG geschützte öffentliche Interesse nicht auf einen für den Strafgrund des § 203 StGB maßgeblichen Eingriff in das Schutzinteresse[741], so dass es um das Verhältnis zwischen § 203 I. Nr. 1 und Nr. 6 StGB gehe[742]. Daher führe ein Verstoß gegen § 4a BDSG zwar zur datenschutzrechtlichen Unwirksamkeit der Einwilligungserklärung, aber nicht zur Strafbarkeit gem. § 203 StGB[743]. Soweit die datenschutzrechtliche Ansicht die Einwilligung als rechtsgeschäftliche Erklärung ansieht und damit auf zivilrechtliche Vorschriften und auf die vertragliche Bindungswirkung Bedacht nimmt, sollten die zivilrechtlichen Vorschriften im Einzelfall beachtet werden, um die Bestimmung dieses Paragraphen,

---

737 Sch/*Sch*/*Lenckner*, § 203 StGB, 27. Auflage, Rn. 24a; kritisch *Bongen*/*Kremer*, NJW 1990, 2913.

738 Erman/*N. Klass*, Anh. zu § 12 BGB, Rn. 231; NK/*Kargl*, § 203 StGB, Rn. 56; ähnlich *Kern*, MedR 2006, 206; vgl. *Körner-Dammann*, NJW 1992, 730 und 1544.

739 HK-GS/*Tag*, § 203 StGB, Rn. 45; vgl. Soergel/*Spickhoff*, § 823 Anh. I BGB, Rn. 141.

740 BGH NJW 1991, 2957; OLG Karlsruhe NStZ 1994, 141; *Bongen*/*Kremer*, NJW 1990, 2912; Erman/*N. Klass*, Anh. zu § 12 BGB, Rn. 231; *Fischer*, § 203 StGB, Rn. 33 ff.; LK/*Rönnau*, vor § 34 StGB, Rn. 163; LK/*Schünemann*, § 203 StGB, Rn. 106; PWW/*Völzmann-Stickelbrock*, § 107 BGB, Rn. 2; PWW/*Weinreich*, § 1365 BGB, Rn. 17; Sch/Sch/*Lenckner*/*Eisele*, § 203 StGB, Rn. 24a ff.; SK/*Rogall*, § 53 StPO, Rn. 202; Soergel/*Spickhoff*, § 823 Anh. I BGB, Rn. 105.

741 HK-GS/*Tag*, § 203 StGB, Rn. 45; LK/*Schünemann*, § 203 StGB, Rn. 106 m. w. N.; MK/*Cierniak*/*Pohlit*, § 203 StGB, Rn. 61; *Schmitz*, JA 1996, 953; im Ergebnis ebenso *Fischer*, § 203 StGB, Rn. 33; NK/*Kargl*, § 203 StGB, Rn. 56.

742 Vgl. *Laufs*, NJW 1980, 1319; *Schmidt = Beck*, NJW 1991, 2336; *Spickhoff*/*Pannke*, Medizinrecht, § 10 GOZ, Rn. 22.

743 HK-GS/*Tag*, § 203 StGB, Rn. 45; LK/*Schünemann*, § 203 StGB, Rn. 106; MK/*Cierniak*/*Pohlit*, § 203 StGB, Rn. 61 m. w. N.; NK/*Kargl*, § 203 StGB, Rn. 56; vgl. *Spickhoff*/*Pannke*, Medizinrecht, § 2 GOZ, Rn. 22.

dieser Vorschriften und dieser Bindungswirkung systematisch durchzusetzen[744]. Zwar ist die Frage der Schriftform gem. § 126 BGB i. V. m. § 4a BDSG kein Problem, aber die mündliche Unterrichtung der Angehörigen ist von § 4 BDSG nicht erfasst. Außerdem ist es nicht erforderlich, dass der Patient seine Einwilligung in der gem. § 4a I BDSG erforderlichen Schriftform erteilt[745].

b) Wirksamkeit einer formularmäßigen Einwilligung

Die grundlegende Frage lautet, ob eine formularmäßige Einwilligung in die Datenweitergabe möglich ist. Das ist in den Grenzen des § 4a BDSG der Fall, der sich auf Indiskretionsfälle bezieht, die nicht vom BDSG erfasst sind und in denen eine formularmäßige Einwilligung nicht möglich ist. Das ist aber kein Problem bei Factoringverträgen, denn alle Daten, die in diesem Zusammenhang vom Arzt an die Rechnungsstelle übermittelt werden, werden von dieser automatisiert weiterverarbeitet[746]. Trotzdem müssen diese Verträge hier erörtert werden, denn der Arzt wird sich u.U. auf eine formularmäßige Einwilligung berufen wollen, wenn er etwa die Absicht hat, die Angehörigen eines Patienten über eine HIV-Infektion zu unterrichten. Letztlich geht es um das Problem, wie genau die Einwilligung den Indiskretionsfall beschreiben muss, um wirksam zu sein, oder ob generelle, generalklauselartige Einwilligungen möglich sind. In der datenschutzrechtlichen Literatur ist nicht umstritten, dass ein Formverstoß zur Nichtigkeit der Einwilligung aufgrund der entsprechenden Anwendung der §§ 125, 126 BGB führt[747]. Bei schriftlichen, aber formularmäßig erteilten pauschalen Ermächtigungen kann es zweifelhaft sein, ob dem Einwilligenden die Tragweite seiner Erklärung bewusst war[748]. Ist die Einwilligung in einen anderen Text integriert, so stellt § 4a I S. 4 BDSG Anforderungen an die Gestaltung einer wirksamen Einwilligung. Die Einwilligung muss von dem Erklärenden eigenhändig unterzeichnet werden. Eine solche formularmäßig erteilte Einwilligung des Patienten wird gegenüber der Dokumentationspflicht des Arztes jedenfalls im Gericht angenommen[749]. Sie verbindet sich mit dem Beweis. Bei

---

744 Vgl. *Kühne*, JZ 1979, 242 f.

745 Vgl. *Deutsch/Spickhoff*, Medizinrecht, Rn. 309.

746 Vgl. Erman/*H. P. Westermann*, § 399 BGB, Rn. 8.

747 OLG Bremen NJW 1992, 757; *Fricke*, VersR 2009, 299; *Bergmann/Möhrle/Herb*, § 4a BDSG 01, Rn. 88, 90; *Gola/Schomerus*, § 4a BDSG, Rn. 13.

748 *Fischer/Uthoff*, MedR 1996, 116; *Hollmann*, NJW 1978, 2332; ähnlich *Schaffland/Wiltfang*, 5001 § 4a BDSG, Rn. 11 ff.; andererseits *Bongen/Kremer*, NJW 1990, 2914; NK/*Kargl*, § 203 StGB, Rn. 52.

749 Vgl. *Deutsch/Spickhoff*, Medizinrecht, Rn. 545; *Fricke*, VersR 2009, 299.

Formularverträgen muss die Einwilligungserklärung Bestandteil des zu unterzeichnenden Schriftstücks sein. Es geht eigentlich darum, ob die allgemeinen Geschäftsbedingungen akzeptiert werden und ob rechtsgeschäftliche Vorschriften gerade auf die damit erteilte Einwilligung anwendbar sein können. Diese Frage ist deshalb von wesentlicher Bedeutung, weil geklärt sein muss, ob ein Verstoß gegen die allgemeinen Geschäftsbedingungen zur Gesamt- oder zur Teilnichtigkeit führt[750]. Nach der datenschutzrechtlichen Auffassung führt nicht nur ein Formmangel gem. § 125 BGB zur Nichtigkeit, sondern ist auch die vorformulierte Einwilligungserklärung möglich und sind daher §§ 305 ff. BGB über allgemeine Geschäftsbedingungen anwendbar[751]. Die Anwendbarkeit der §§ 305 ff. BGB ist auch strafrechtlich maßgebend[752]. Diese Paragraphen können nicht auf die speziellen Fallgruppen, sondern auf die rechtsgeschäftlichen Schuldverhältnisse und auf die einzelnen Bestimmungen anwendbar sein[753]. Diese Vorschriften i. V. m. der Einwilligungserklärung bilden als allgemeines Kriterium den Rahmen für den vertraglichen Inhalt[754]. Daraus ergibt sich, dass die normalen Auslegungsregeln über die Willenserklärung gem. §§ 133, 157 BGB[755] nicht den Verträgen über die Datenweitergabe und über die Krankenhausaufnahme entsprechen[756]. Ein Hinweis auf allgemeine Geschäftsbedingungen, in denen die Einwilligungserklärung enthalten ist, genügt auch dann nicht, wenn die Einwilligungserklärung in den allgemeinen Geschäftsbedingungen deutlich hervorgehoben ist[757]. Die meisten in der Literatur vertretenen Auffassungen

---

750 Vgl. BGH MedR 1991, 328.

751 *Deutsch/Spickhoff*, Medizinrecht, Rn. 92 ff.; *Gola/Schomerus*, § 4a BDSG, Rn. 8, 13 f.; NK/*Simitis/Simitis*, § 4a BDSG, Rn. 26; *Roßnagel/Holznagel/Sonntag*, Datenschutzrecht, S. 700; *Schaffland/Wiltfang*, 5001 § 4a BDSG, Rn. 9, 11, 13 ff.; *Wilde/Ehmann/Niese/Knoblach*, Art. 15 BayDSG, Rn. 15; vgl. zur zivilrechtlichen Auffassung Soergel/*Spickhoff*, § 823 Anh. I BGB, Rn. 143.

752 *Hollmann*, NJW 1978, 2332 f.; LK/*Schünemann*, § 203 StGB, Rn. 104 m. w. N., dagegen Einwände *Fischer/Uthoff*, MedR 1996, 119; daher im Rahmen des BDSG *Büser*, BB 1997, 216, dagegen Einwände *Hümmerich/Kniffka*, NJW 1979, 1185; a. A. gegen die Anwendung der §§ 305 ff. BGB LK/*Rönnau*, vor § 34 StGB, Rn. 163 m. w. N.

753 Vgl. *Deutsch/Spickhoff*, Medizinrecht, Rn. 637; LK/*Rönnau*, vor § 32 StGB, Rn. 163.

754 Vgl. OLG Hamm NJW 1993, 791; *Büser*, BB 1997, 216; *Klass*, AfP 2005, 517.

755 Vgl. BGH NJW 1991, 2957; *Klass*, AfP 2005, 511; *Kohte*, AcP 1985, 125, 127.

756 Vgl. NK/*Simitis/Simitis*, § 4a BDSG, Rn. 40, 84; Palandt/*Heinrichs* (2008), § 305 BGB, Rn. 6; *Schaffland/Wiltfang*, 5001 § 4a BDSG, Rn. 11, 13, 31; Soergel/*Spickhoff*, § 823 Anh. I BGB, Rn. 143.

757 *Bergmann/Möhrle/Herb*, § 4a BDSG 01, Rn. 91; *Däubler/Klebe/Wedde/Weichert*, § 4a BDSG, Rn. 13; *Deutsch/Spickhoff*, Medizinrecht, Rn. 310; *Gola/Schomerus*, § 4a

besagen, dass für den Einwilligungserklärenden der Versicherungsvertrag, der Krankenhausaufnahmevertrag oder die Generalvollmacht „überschaubar" sein müsse[758]. In diesem Zusammenhang könnten formularmäßig erteilte pauschale Ermächtigungen in Krankenhausaufnahme- und Versicherungsverträgen durchaus zweifelhaft sein[759]. Wenn unangemessene wirtschaftliche Bedingungen ohne weiteres zulässig sind, so habe dies auch eine persönliche und wirtschaftliche Abhängigkeit von einem Nichtmediziner zur Folge[760]. Dies ist eigentlich nicht anders als beim Krankenhausaufnahmeformular[761]. Deshalb muss ein Einwilligungsformular gem. §§ 305c, 307 ff. BGB über den Umfang und über die Zielsetzung der Entbindung von der Schweigepflicht hinreichend klar geschrieben sein[762]. Dies bezieht sich inhaltlich auch auf den Zweck der Abtretung, der Einziehung und der gerichtlichen Geltendmachung der Forderung durch die Abrechnungsstelle sowie auf den Zweck und die Folgen der Einwilligung und deren Verweigerung[763]. Zurzeit ist zu beobachten, dass sich in der Praxis die Verwendung von Einwilligungsformularen einbürgert[764]. Dies bedeutet aber nicht, dass das bereits bestehende Vorformular von vornherein verweigert werden darf oder §§ 305 ff. BGB nicht ohne weiteres angewandt werden sollten[765],

BDSG, Rn. 14; *Roßnagel/Holznagel/Sonntag*, Datenschutzrecht, S. 695, 700; Soergel/*Spickhoff*, § 823 Anh. I BGB, Rn. 141; Staudinger/*Coester*, § 307 BGB, Rn. 409.

758 AG Neuß NJW 1992, 1564; *Bergmann/Möhrle/Herb*, § 4a BDSG 01, Rn. 91; LK/*Schünemann*, § 203 StGB, Rn. 104 m. w. N.; MK/*Cierniak/Pohlit*, § 203 StGB, Rn. 59; NK/*Kargl*, § 203 StGB, Rn. 52; im Ergebnis ebenso *Hollmann*, NJW 1978, 2332.

759 *Deutsch/Spickhoff*, Medizinrecht, Rn. 642; Sch/Sch/*Lenckner/Eisele*, § 203 StGB, Rn. 24; im Ergebnis ebenso BGH NJW 1992, 2350; vgl. *Däubler/Klebe/Wedde/Weichert*, § 4a BDSG, Rn. 18, 31 f.; *Mand*, MedR 2003, 398; Soergel/*Spickhoff*, § 823 Anh. I BGB, Rn. 141; *Taupitz*, MDR 1992, 423; *Ulsenheimer*, Arztstrafrecht, Rn. 374c; *Weichert*, NJW 2004, 1696.

760 Vgl. *Spickhoff*, NJW 2002, 1759.

761 *Deutsch/Spickhoff*, Medizinrecht, Rn. 122, 310 ff.; a. A. *Taupitz*, MDR 1992, 423.

762 Dazu näher *Deutsch/Spickhoff*, Medizinrecht, Rn. 122, 309 f.; *Hollmann*, NJW 1978, 2332; zur datenschutzrechtlichen Auffassung *Bergmann/Möhrle/Herb*, § 4a BDSG 01, Rn. 10, 26 f.; *Däubler/Klebe/Wedde/Weichert*, § 4a BDSG, Rn. 33; *Roßnagel/Schnabel*, NJW 2008, 3537.

763 Staudinger/*Coester*, § 307 BGB, Rn. 409 ff.; vgl. *Bergmann/Möhrle/Herb*, § 4a BDSG 01, Rn. 75; *Fischer/Uthoff*, MedR 1996, 116; *Gola/Schomerus*, § 4 BDSG, Rn. 40 und § 4a BDSG, Rn. 11; NK/*Simitis/Simitis*, § 4a BDSG, Rn. 28, 84; *Roßnagel/Holznagel/Sonntag*, Datenschutzrecht, S. 700 f.

764 Hier nur *Jungbecker*, MedR 1990, 173.

765 Vgl. *Ayasse*, VersR 1987, 538; *Deutsch*, NJW 1982, 2588; Erman/*G. Schiemann*, § 823 BGB, Rn. 140; *Deutsch/Spickhoff*, Medizinrecht, Rn. 122; *Fischer/Uthoff*,

weil es nicht für die tatsächliche Praxis und die schriftliche Aufklärung ohne Belang ist[766]. Der Wille des Betroffenen darf gem. § 305b BGB, in dem vorgesehen ist, dass die Individualabrede den allgemeinen Geschäftsbedingungen vorgeht, nicht außer Acht gelassen werden[767]. Diese Vorschrift tritt zu dem Verhältnis zwischen der Einwilligung und der Aufklärung hinzu, wobei nach verbreiteter Ansicht die schriftliche Aufklärung und die damit erteilte Einwilligung weder das mündliche Gespräch noch den Willen des Patienten ersetzen dürfen[768]. In diesem Punkt sei die von der Voraussetzung für die wirksame Aufklärung abweichende Klausel nichtig[769]. Auch im Rahmenvertrag bezüglich des Krankenhausaufnahmeformulars kann die Datenweitergabe als ein Inhalt erfasst werden. In diesem Zusammenhang müssen die mit dem Vorformular geleistete Aufklärung und die darin verzeichnete Unterschrift von Anfang an möglichst kontrolliert und im engen Sinne verstanden werden. Wenn sich das Vorformular auf die beliebige Datenweitergabe bezieht und der Krankenhausaufnahmevertrag wegen der Ablehnung der Datenweitergabe des Krankenhauses verweigert wird, kann dieser Inhalt des Vorformulars als eine unangemessene Benachteiligung gem. §§ 307 I S. 1, 308 Nr. 5 BGB nichtig sein[770]. Zwar ist die Datenweitergabe ohne Vereinbarung und Einwilligung gem. § 134 BGB nichtig, jedoch kann auch nicht abgelehnt werden, dass ein Behandlungsvertrag als Ganzer einen Vertrag über die Datenweitergabe umfasst. Dadurch bildet die Vereinbarung über die Behandlung als Grundgeschäft einen Kern[771]. Demgemäß bezieht sich das

---

MedR 1996, 119; Soergel/*Spickhoff*, § 823 Anh. I BGB, Rn. 141; *Spickhoff*, AcP 2008, 386; *ders.*, NJW 2004, 1712.

766 Vgl. *Deutsch/Spickhoff*, Medizinrecht, Rn. 123, 642.

767 Vgl. Erman/*N. Klass*, Anh. zu § 12 BGB, Rn. 239 m. w. N.; *Fischer/Uthoff*, MedR 1996, 119; *Kuhla*, NJW2000, 845; *Schütte*, NJW 1979, 592 f.

768 OLG Stuttgart MedR 1996, 82; *Bamberger/Roth/Spindler*, § 823 BGB, Rn. 612; *Deutsch*/Spickhoff, Medizinrecht, Rn. 309 ff., 314 ff., 545; Erman/*G. Schiemann*, § 823, Rn. 140; *Faber*, Ökonomische Analyse der ärztlichen Aufklärungspflicht, S. 29; *Katzenmeier*, JZ 2007, 643; *Laufs*, NJW 1983, 1349; PWW/*Schaub*, § 823 BGB, Rn. 208; Soergel/*Spickhoff*, § 823 Anh. I BGB, Rn. 141 ff.; *Spickhoff*, NJW 2004, 1717; *ders.*, NJW 2005, 1699; *ders.*, NJW 2006, 2076; Staudinger/*Hager*, § 823 BGB, Rn. I 80; *Tempel*, NJW 1980, 615 f.; ähnlich *Kuhlmann*, NJW 1973, 2240.

769 Soergel/*Spickhoff*, § 823 Anh. I BGB, Rn. 143.

770 Vgl. BGH NJW 1995, 2027; *Coester-Waltjen*, Jura 2003, 26; *Deutsch/Spickhoff*, Medizinrecht, Rn. 122; *Gola/Schomerus*, § 4a BDSG, Rn. 8; *Schafft/Ruoff*, CR 2006, 500; Staudinger/*Coester*, § 307 BGB, Rn. 413; *Weichert*, NJW 2004, 1698; vgl. ferner zu Leichenschau LG Mainz VersR 1988, 724, 725; *Haas*, NJW 1988, 2933.

771 Vgl. *Fischer/Uthoff*, MedR 1996, 116, 119.

Erfüllungsgeschäft auf die Bemühung der Behandlung und auf die Honorarabrede[772]. Wenn sich der Behandlungsvertrag in erster Linie auf die Datenweitergabe an Dritte richtet oder aufgrund von deren Ablehnung durch den Patienten ganz nichtig ist, so verstößt auch dies gegen das körperliche und das informationelle Selbstbestimmungsrecht[773].

3. *Möglichkeit der ordnungsgemäßen Willensbildung*

a) **Einwilligende und die Inhalte der Aufklärung**

Eine wirksame Einwilligung setzt voraus, dass der Einwilligende die Bedeutung und die Tragweite seiner Entscheidung sowohl in Bezug auf die Einbuße von Rechtspositionen als auch im Hinblick auf möglicherweise gegebene Vorteile einschätzen kann[774]. Die Aufklärung des Arztes ist in der Regel formlos, so dass sie mündlich oder schriftlich erteilt werden kann (vgl. Jetzt § 630e BGB)[775]. Neben Informationen über Tatsachen sind auch Informationen über rechtliche Folgen der Tatsachenlage notwendig. Es geht weiterhin darum, inwieweit der Arzt dem Einwilligenden die betreffende Information geben muss. Vor der Datenweitergabe an einen Dritten muss der Patient möglichst in allen Punkten, welche sich auf die Bedeutung seiner Entscheidung, auf die Tragweite seiner Einwilligung und auf die Vorstellung der Rechtsfolgen beziehen, aufgeklärt und über sie informiert werden[776]. In Bezug auf die notwendige inhaltliche Klarheit der Aufklärung des Patienten berücksichtigt das OLG Karlsruhe die Tatsache der Abwicklung der Patientenrechnungen bei einer Forderungsabtretung[777]. Außerdem weist das BVerfG darauf hin, dass sich GOÄ für Zahnärzte auf den besonderen Informationswert des Patienten beziehe[778]. Der Patient kann ohne zahnärztliche

---

772 Vgl. BGH NJW 1991, 2957; *Dörner*, NJW 1987, 699.

773 Vgl. BGH MedR 1991, 329; BGH NJW 1995, 2027; *Berger*, NJW 1995, 1587; *Deutsch/Spickhoff*, Medizinrecht, Rn. 122, 308, 340, 642; *Fischer*, § 203 StGB, Rn. 33a; *Fischer/Uthoff*, MedR 1996, 116 ff.

774 LK/*Rönnau*, vor § 32 StGB, Rn. 192 f. m .w. N.; im Ergebnis ebenso *Bongen/Kremer*, NJW 1990, 2914; *Deutsch*, NJW 1982, 2587 f.; vgl. *Spickhoff*, NJW 2000, 2299.

775 *Deutsch/Spickhoff*, Medizinrecht, Rn. 122, 308, 314; *Faber*, Ökonomische Analyse der ärztlichen Aufklärungspflicht, S. 27; MüKo/*Wagner*, § 823 BGB, Rn. 797; *Rehborn*, MDR 2000, 1106; Soergel/*Spickhoff*, § 823 Anh. I BGB, Rn. 141.

776 BGH NJW 1992 2350; *Göppinger*, NJW 1958, 241 ff.

777 OLG Karlsruhe NJW 1998, 831; MK/*Cierniak/Pohlit*, § 203 StGB, Rn. 59; vgl. AG Bad Hamburg NJW 1984, 2638.

778 BVerfG ArztR 2008, 69.

Aufklärung über § 12 II GOÄ nicht dessen Bedeutung erkennen[779]. Deshalb muss der Zahnarzt seinem Patienten den mit dem Behandlungsvertrag und mit den Erstattungsansprüchen verbundenen Inhalt und alle personenbezogenen Informationen mitteilen[780]. Demgegenüber schließen die meisten Ansichten im strafrechtlichen Schrifttum diese Fehlvorstellung mangels der erforderlichen Rechtsgutbezogenheit aus dem irrtümlichen Grund aus[781]. Weiterhin kann das Rechtsgeschäft auf Grund von Fehlvorstellungen anfechtbar sein, soweit diese auf das schutzwürdige Rechtsgut erheblich einwirken[782]. In diesem Punkt ist die Fehlvorstellung des Irrenden über die einzelne Tatsache[783] und über die Randfragen oder die Begleitumstände[784] ohne Belang in Bezug auf den Willensmangel. Gegen diese Differenzierung nach der Rechtsgutbezogenheit wird eingewandt, dass es sich um die Trennung von Unwirksamkeitsurteil und Zurechnungsfrage und damit um eine Interessenabwägung zwischen dem Einwilligenden und dem Eingreifenden im Kontext „regulativer“ Normen handele[785]. Daher könnte sich es erübrigen, auf die rechtliche Beurteilung des Rechtsguts und auf den subjektiven Tatbestand des § 203 StGB einzugehen[786]. Außerdem entspricht die Abwägung auf der Grundlage einer ökonomischen Betrachtungsweise ggf. nicht dem körperlichen und informationellen Selbstbestimmungsrecht des Patienten[787]. Man sollte aber in Rechnung stellen, dass die vom OLG Karlsruhe beurteilte

---

779 Vgl. BVerfG NJW 1980, 1901; *Spickhoff*, NJW 2004, 1712.

780 Im Ergebnis ebenso BGH NJW 1992, 2350; LG Kleve NJW 1991, 756; *Schlund*, JR 1977, 268; einschränkend BVerfG a. a. O.

781 HK-GS/*Dölling*, § 228 StGB, Rn. 6; *Jescheck/Weigend*, Lehrbuch des Strafrechts AT, § 34, IV. 5.; Sch/Sch/*Lenckner/Eisele*, § 203 StGB, Rn. 24; *Otto*, Jura 2004, 680; *Wessels/Beulke*, Strafrecht AT, Rn. 376a.

782 NK/*Kargl*, § 203 StGB, Rn. 52; vgl. zur zivilrechtlichen Auffassung Soergel/*Spickhoff*, § 823 Anh. I BGB, Rn. 105, 116.

783 Sch/Sch/*Lenckner/Sternberg-Lieben*, Vorbem. §§ 32 ff. StGB, Rn. 46; Sch/Sch/*Lenckner/Eisele*, § 203 StGB, Rn. 24; vgl. *Meyer-Goßner/Schmitt*, § 53 StPO, Rn. 49.

784 Sch/Sch/*Lenckner/Sternberg-Lieben*, Vorbem. §§ 32 ff. StGB, Rn. 46; *Wessels/Beulke*, Strafrecht AT, Rn. 376a.

785 *Amelung*, ZStW 1997, 499 ff.; *Amelung/Eymann*, JuS 2001, 944.

786 Vgl. NK/*Simitis /Simitis*, § 4a BDSG, Rn. 42.

787 Vgl. BGH MedR 1991, 329; *Bamberger/Roth/Spindler*, § 823 BGB, Rn. 612; Erman/*G. Schiemann*, § 823 BGB, Rn. 138; *Faber*, Ökonomische Analyse der ärztlichen Aufklärungspflicht, S. 28 f.; MüKo/*Wagner*, § 823 BGB, Rn. 797; Soergel/*Spickhoff*, § 823 BGB, Rn. 225; *Spickhoff*, AcP 2008, 359; *ders.*, NJW 2000, 2298; vgl. ferner zum Zeitpunkt des Aufklärungsgesprächs nach dem ärztlichen Heileingriff *Hoppe*, NJW 1998, 783 f.

Rechnung auch ein in § 203 StGB geschütztes Geheimnis beinhaltet, soweit sie sich auf die Information des Patienten bezieht. Die Rechtswidrigkeit wird einfach durch die Übergabe an Dritte ohne vorherige ausreichende Aufklärung des Arztes und die damit verbundene Einwilligung erfüllt. Nach einer datenschutzrechtlichen Ansicht ist der Arzt verpflichtet, seinen Patienten auf die Folgen der Verweigerung der Einwilligung hinzuweisen, sofern der Patient eine solche Aufklärung verlangt hat[788]. Jedoch kommt es nicht darauf an, ob der Patient von dem Arzt ausdrücklich eine solche Aufklärung verlangt oder nicht. Ohne die vorherige Aufklärung des Arztes kann der Patient von solchen Folgen nichts wissen und kann sie nicht erkennen[789]. Es geht um eine freiwillige Entscheidung des Patienten. Diese Entscheidung ist von der vorherigen mündlichen Aufklärung des Arztes abhängig. In diesem Sinne kann der Patient Aufklärung fordern oder verweigern[790]. Dabei kommt es im Prinzip nicht darauf an, ob die Aufklärung die wirtschaftlichen Belange des Patienten oder die des Arztes betrifft[791]. Die Aufklärung umfasst sowohl das Vorliegen der Schweigepflicht in § 203 StGB als auch alle Umstände bezüglich des § 402 BGB[792]. Die zivilrechtliche Rechtsfolge muss eigentlich aus dem Gegenstand der ärztlichen Aufklärung ausgeschlossen bleiben, weil der Arzt kein Jurist ist[793]. Es sollte aber beachtet werden, dass i. d. R. der Wille und das Interesse des Patienten auch dann Vorrang haben sollten, wenn ihre Berücksichtigung zu einem Konflikt mit dem ökonomischen Interesse des Arztes führen könnte[794].

---

788 *Schaffland/Wiltfang*, 5001 § 4a BDSG, Rn. 10.

789 Vgl. zu Honorarvereinbarung bei Abschluss des Behandlungsvertrages AG Bad Hamburg NJW 1984, 2638.

790 Vgl. *Giesen*, JZ 1988, 1030; *Giebel/Wienke*, u.a., NJW 2001, 864; *Roßner*, NJW 1990, 2292 ff.; Soergel/*Spickhoff*, § 823 Anh. I BGB, Rn. 117, 133 ff.; *Spickhoff*, NJW 2001, 1761 f.

791 Vgl. *Laufs*, NJW 2000, 1760; *Michalski*, VersR 1997, 137, 139 f.; MüKo/*Wagner*, § 823 BGB, Rn. 770; Soergel/*Spickhoff*, § 823 Anh. I BGB, Rn. 131; *Spickhoff*, NJW 2004, 1717; *ders.*, NJW 2005, 1696 ff.; *ders.*, NJW 2009, 1719; vgl. ferner *Faber*, Ökonomische Analyse der ärztlichen Aufklärungspflicht, S. 23 f.; *Rehborn*, MDR 2000, 1103; *Taupitz*, NJW 1992, 716; *Terbille/Schimitz-Herschiedt*, NJW 2000, 1754;

792 Vgl. BGH JZ 1994, 46 m. Anm. *Mankowski.*; OLG Hamburg NJW 1993, 1335, bei Rechtsanwalt.

793 Vgl. *Fischer/Uthoff*, MedR 1996, 116, 118; *Hollmann*, NJW 1978, 2332; zur datenschutzrechtlichen Auffassung *Schaffland/Wiltfang*, 5001 § 4a BDSG, Rn. 10.

794 Vgl. Soergel/*Spickhoff*, § 823 Anh. I BGB, Rn. 131; *Spickhoff*, AcP 2008, 359, 388; *ders.*, NJW 2004, 1712.

b) Tierärztliche Information

Der Aufklärende ist der behandelnde oder der diagnostizierende Arzt. Der Arzt kann einen anderen Arzt und/oder seinen Patienten über den Zweck, über den Ablauf und über das Risiko hinsichtlich der Krankheit und der Untersuchung sachgerecht informieren[795]. Im Verhältnis zu dem Hauptgeheimnisträger stellt sich die Frage, ob Tierärzten die Aufklärungspflicht ebenso wie Humanmedizinern auferlegt werden kann und ob sie eine tierärztliche Information aufgrund ihres Interesses am Honorar ohne Einwilligung der Kunden an Dritte weitergeben dürfen. Ein Tierarztvertrag wird i. d. R. als Dienst- oder als Werkvertrag klassifiziert[796]. Nach einer beachtenswerten Auffassung darf ein Tierarzt seinen Honoraranspruch nicht ohne Einwilligung des Besitzers an eine Verrechnungsstelle oder an eine berufsständische Rechtsschutzstelle abtreten, weil sich eine solche Rechnung auf dic Information des Besitzers beziehe[797]. Auch der Eigentümer oder der Besitzer eines Tiers wird gem. §§ 854, 903 ff. BGB geschützt[798], so dass der Tierarzt das Interesse des Auftraggebers durch Aufklärung und Beratung zu berücksichtigen habe[799]. Daher müsse der Tierarzt die Einwilligung des Besitzers einholen. Die Datenweitergabe ohne eine solche Einwilligung widerspreche deshalb dem Selbstbestimmungsrecht des Besitzers gem. Art. 2 I GG i. V. m. Art. 1 I GG und seinem als ein sonstiges Recht in § 823 I BGB geschützten Interesse[800].

4. *Einwilligung und Aufklärung in Korea*

Was die Schriftform betrifft, so ist es nicht umstritten, dass diese keine Voraussetzung für das Vorliegen einer wirksamen Einwilligungserklärung im Sinne des Strafrechts ist, was bedeutet, dass der Einwilligende formlos, ausdrücklich oder stillschweigend einwilligen kann[801]. Die Diskussion um die Voraussetzungen für

---

795 Dazu näher *Deutsch/Spickhoff*, Medizinrecht, Rn. 307 ff.; Soergel/*Spickhoff*, § 823 Anh. I BGB, Rn. 138 ff.; *Spickhoff*, NJW 2001, 1761 f.; vgl. OLG München NJW 1993, 797, 798.

796 *Deutsch/Spickhoff*, Medizinrecht, Rn. 368; MüKo/*Müller-Glöge*, § 611 BGB, Rn. 80; *Terbille/Adolphsen*, Medizinrecht, § 12, Rn. 49; vgl. Soergel/*Teichmann*, vor § 631 BGB, Rn. 88.

797 LG Bochum NJW 1993, 1535 m. krit. Anm. *Wilhelms.*; *Deutsch/Spickhoff*, Medizinrecht, Rn. 63; *Terbille/Adolphsen*, Medizinrecht, § 12, Rn. 171.

798 Vgl. BGH NJW 1980, 1905.

799 *Deutsch/Spickhoff*, Medizinrecht, Rn. 371.

800 Vgl. BGH NJW 1982, 1327 f.

801 *Bae, Jong Dae*, Strafrecht AT, § 76/12; *Jeong/Park*, Strafrecht AT, S. 274; *Kim, Sung Don*, Strafrecht AT, S. 335; *Kim/Sub*, Strafrecht AT, S. 260; *Lee, Jae Sang*, Strafrecht

das Zustandekommen einer gültigen Zustimmungserklärung dreht sich meistens um die traditionelle Streitfrage nach dem Unterschied zwischen Einverständnis und Einwilligung. Bei diesem Diskussionsschwerpunkt ergibt sich, dass die Einwilligung durch ein bestimmtes Verhalten oder eine bestimmte Kundgabe geäußert werden soll. Es genügt deshalb, dass sich die Einwilligung irgendwie nach außen manifestieren muss[802]. Somit gilt die stillschweigende Einwilligung als eine Art der Einwilligung, soweit sie von außen als solche erkannt werden kann[803]. Die Prüfung der Frage, ob der Geheimhaltungswille intersubjektiv feststellbar sein muss, ist in Korea irrelevant. Eine Rechtsprechung über die stillschweigende Einwilligung lässt sich bis heute noch nicht finden. Nur das Protokoll über § 21 KMG weist auf eine Forderung der Krankenversicherung hin. Demnach kann die Krankenversicherung von dem Arzt Einsicht in die Aufzeichnungen über die Behandlung des Versicherten fordern, soweit die ausdrückliche Einwilligung des Patienten eingeholt worden ist[804]. Im Zivilrecht läuft die stillschweigende Einwilligung auf die traditionelle Frage nach der Willenserklärung i. V. m. der Rechtswirkung hinaus. Es ist jedoch nicht umstritten, dass sich die als tatsächlich erteilte Einwilligung angesehene stillschweigende Einwilligung von der mutmaßlichen Einwilligung unterscheidet. Daher wird die erstgenannte Einwilligung von vornherein als eigenständige Einwilligung angesehen[805].

Im KBGB gilt der Grundsatz der Formfreiheit als Freiheit des Rechtsgeschäfts[806]. Die Vertragsparteien können eine Schriftform über das Rechtsgeschäft vereinbaren, auch wenn eine Schriftform im KBGB nicht vorgeschrieben wird[807]. Diese vereinbarte Schriftform muss die inhaltlich übereinstimmenden Willenserklärungen und deren Inhalte sowie die Unterzeichnung aller Vertragsparteien enthalten. Im Prinzip ist die Willenserklärung nichtig, wenn eine Vertragspartei den Inhalt wegen Unklarheit der Schriftform nicht verstehen kann oder wenn

---

AT, Rn. § 20/21; *Park, Sang Ki*, Strafrecht AT, S. 211; *Shin, Dong Woon*, Strafrecht AT, S. 298; *Son, Dong Kwan*, Strafrecht AT, Rn. § 14/24.

802 *Bae, Jong Dae*, Strafrecht AT, § 76/12; *Jeong/Park*, Strafrecht AT, S. 274; *Kim, Sung Don*, Strafrecht AT, S. 334, 337; *Kim/Sub*, Strafrecht AT, S. 260; *Lee, Jae Sang*, Strafrecht, § 20/21; *Park, Sang Ki*, Strafrecht AT, S. 211; *Shin, Dong Woon*, Strafrecht AT, S. 298; *Son, Dong Kwan*, Strafrecht AT, § 14/24.

803 *Kim, Sung Don*, Strafrecht AT, S. 337.

804 Protokoll 01254–29539, 10.05.1991; 65507–1269, 24.10.1994, bei ärztlichen Befunde.

805 *Kim, Sung Don*, Strafrecht AT, S. 340.

806 *Guak, Eyun Jik*, AT des BGB, S. 202; *Kim, Cheng Han*, AT des BGB, S. 215; *Kim, Yong Han*, AT des BGB, S. 244; vgl. *Lee, Young June*, AT des BGB, S. 154

807 *Lee, Young June*, AT des BGB, S. 158.

sich der Inhalt auf den Widerspruch zu der Willenserklärung bezieht[808]. Die allgemeinen Geschäftsbedingungen wie §§ 305 ff. BGB haben bislang noch nicht in KBGB Eingang gefunden, und deshalb kann auf die vor der Schuldreform in Deutschland geführte Diskussion rekurriert werden[809]. Die rechtsgeschäftliche Auslegung vor allem bezüglich der ergänzenden Auslegung entspricht nicht den allgemeinen Geschäftsbedingungen[810]. Die Rechtsprechung geht davon aus, dass allgemeine Geschäftsbedingungen wirksam sind, soweit der Vertragspartner des Verwenders einwilligt, dass sie in den Vertragsbestandteil aufgenommen werden[811]. In diesem Zusammenhang finden die in KAGB[812] festgeschriebenen Prinzipien der Auslegung Anwendung. Es geht um das Prinzip der strengen Auslegung in § 5 KAGB, um die Lehre der Offenen Kontrolle des Rechtsgeschäfts in § 6 KAGB und um die dagegen verstoßende Unwirksamkeit der Bestimmungen der allgemeinen Geschäftsbedingungen in § 7 KAGB.

Gem. § 17 der Verordnung des KPISG und gem. § 12 der Verordnung des KDSG muss der Datenträger dem Rechtsgutsträger gegenüber seine Einwilligung im Prinzip in schriftlicher Form bekunden. In diesem Zusammenhang sind die Aufklärung und die Einwilligung per Telefon bei der Datenweitergabe zulässig. Zwar werden die genannten Gesetze als Spezialrecht gegenüber dem Zivil- und dem Strafrecht angesehen, doch kommen sie wegen ihrer ergänzenden Wirkung von vornherein nicht in Betracht.

In Bezug auf die Möglichkeit der ordnungsgemäßen Willensbildung ist es nicht umstritten, dass die ohne hinreichende Aufklärung auf der Versicherungsklausel verzeichnete Unterschrift nicht als wirksame Einwilligung des Patienten angesehen wird[813]. Die Nichtigkeit des Vertragsbestandteils mangels einer solchen Aufklärung ergibt sich aus dem Grundsatz Treu und Glauben gem. § 2 KBGB[814]. Die Einwilligung setzt die vorherige und hinreichende Aufklärung voraus, auch wenn dafür beim Einwilligenden spezielle Kenntnisse erforderlich sind. Aber dieses Argument betrifft nur Operationsfälle[815].

---

808 Vgl. *Lee, Young June*, AT des BGB, S. 158, 354.
809 Vgl. *Kohte*, AcP 1985, 128 ff.; *Jungbecker*, MedR 1990, 174 ff.
810 *Lee, Young June*, AT des BGB S. 292.
811 KOGH, Urteil vom 28.7.1992, 91Da5624; *Lee, Young June*, AT des BGB, S. 293.
812 Englischer Text „REGULATION OF STANDARDIZED CONTRACTS ACT“.
813 KOGH, Urteil 30.5.2000, 99Da66236.
814 *Lee, Young June*, AT des BGB, S. 64.
815 *Kim, Sung Don*, Strafrecht AT, S. 337.

5. *Zusammenfassung und Zwischenergebnis*

a) Deutschland

Die Einwilligung muss dem Empfänger vor oder spätestens bei Beginn des Rechtsgeschäfts gegeben werden. Die Einwilligungserklärung setzt die Kenntnis des Patienten vor dem Zeitpunkt der Vereinbarung zwischen dem Arzt und den Dritten oder zumindest von der tatsächlichen Datenweitergabe voraus. Der Geheimnisbegriff im Sinne des § 203 StGB umfasst den Geheimhaltungswillen. Im Prinzip bedarf es weder einer ausdrücklichen Erklärung noch einer sonstigen Kundgabe. Keine Voraussetzung für eine Einwilligungserklärung in § 203 StGB ist die schriftliche Form. Die Schriftform im Sinne des § 126 BGB i. V. m. dem § 4a BDSG kommt zwar im Rahmen des Anwendungsbereichs des § 1 II Nr. 3 BDSG in Betracht, wenn die datenschutzrechtliche Ansicht die Einwilligung als rechtsgeschäftliche Erklärung im Sinne des § 182 BGB ansieht, aber es ist zweifelhaft, ob die normalen Auslegungsregeln über die Willenserklärung gem. §§ 125 ff. BGB ohne weiteres auf die Indikationsfälle zur Anwendung kommen können. Es geht ohnedies um die rechtliche Wirkung der formularmäßig gegebenen Einwilligung und der erteilten Ermächtigung. Hierbei können die Vorschriften über allgemeine Geschäftsbedingungen in §§ 305 ff. BGB angewendet werden, nach denen das Vorformular gem. §§ 305c, 307 I S. 1, 308 Nr. 5 BGB inhaltlich hinreichend klar und angemessen geschrieben sein muss. Trotz der Unterschrift auf dem Vorformular wird der Wille des Betroffenen gem. § 305 b BGB nicht außer Acht gelassen. Die Einwilligung setzt die hinreichende Aufklärung des Arztes voraus, die mündlich oder schriftlich erteilt werden kann. Jedoch kann die schriftliche Aufklärung noch kein mündliches Gespräch ersetzen. Der Arzt muss dabei den Patienten über alle Punkte bezüglich der Bedeutung der Entscheidung des Patienten, der Tragweite seiner Einwilligung, der Vorstellung der Rechtsfolgen und der Abwicklung der Patientenrechnungen sowie aller Umstände aufklären. Es kommt nicht darauf an, ob der Patient von dem Arzt ausdrücklich eine solche Aufklärung verlangt oder nicht.

b) Korea

Die koreanische strafrechtliche Auffassung leitet sich aus der traditionellen Frage nach dem Unterschied zwischen Einverständnis und Einwilligung her. Gemäß dieser Auffassung bedarf die Einwilligungserklärung keiner Schriftform und muss sich nur irgendwie nach außen manifestieren. Im KBGB gibt es keine Vorschriften über allgemeine Geschäftsbedingungen wie §§ 305 ff. BGB. Daher kommen das Prinzip der strengen Auslegung in § 5 KAGB, die Lehre der Offenen Kontrolle des Rechtsgeschäfts in § 6 KAGB und die dagegen verstoßende

Unwirksamkeit der Bestimmungen der allgemeinen Geschäftsbedingungen in § 7 KAGB als maßgeblich in Betracht.

IV. Arten der Einwilligung

1. Ausdrückliche und stillschweigende Einwilligung

Im Prinzip muss sich also die Einwilligung nach außen in einer Einwilligungserklärung manifestieren. Auch wenn die Einwilligung in die Offenbarung nicht zwingend eine Manifestation des Willens im Sinne einer Einwilligungserklärung voraussetzt, so ist sie dennoch schon aus Gründen der Rechtssicherheit in der Regel notwendig[816]. Eine solche Erklärung ist ausdrücklich, aber auch stillschweigend möglich. Die konkludente Einwilligung könne im öffentlichen Recht nicht selten in Geltung bleiben[817]. Im Gegensatz dazu besagen einige Ansichten, dass nur die ausdrückliche Befreiung von der Schweigepflicht als gültig gelte[818]. Diese Auffassung geht davon aus, dass die stillschweigende Einwilligung wegen der Möglichkeit der Einwilligungseinholung oder mangels einer mündlichen Erklärung von vornherein aus der wirksamen Einwilligung ausgeschlossen werde. Jedoch besteht ein Unterschied zwischen ausdrücklicher und stillschweigender Einwilligung in der Ausdrucksweise, wobei die letztgenannte Einwilligung auch als Abgrenzung gegenüber einer mutmaßlichen Einwilligung dient[819]. In diesem Sinne ist die stillschweigende Einwilligung von praktischer Bedeutung[820]. Die ausdrückliche Einwilligung wirft in Bezug auf ihren Inhalt nur wenige Probleme auf. Der Inhalt der Erklärung ist bei einer schriftlichen Erklärung der Urkunde zu entnehmen, bei mündlichen Erklärungen ist der Inhalt schwieriger, aber ggf. mit Hilfe von Zeugen festzustellen. An die Feststellung des objektiven Wortlauts der Erklärung schließen sich allerdings Probleme bei der Auslegung von Erklärungen an. Dabei ist mittels der analogen Auslegung des § 133 BGB nach dem wahren Willen des Erklärenden zu forschen. Die stillschweigende Einwilligung ist in der Form eindeutig schlüssigen bzw. konkludenten Verhaltens möglich[821].

---

816 LK/*Rönnau*, vor § 32 StGB, Rn. 161 m. w. N.; vgl. *Amelung/Eymann*, JuS 2001, 941.

817 *Kohte*, AcP 1985, 124; zum strafrechtlichen Sinne *Schäfer*, wistra 1993, 284.

818 Hier nur BGH NJW 1992, 739 ff.; BGH JZ 1994, 47; *Kamps*, NJW 1992, 1545; *Körner-Dammann*, NJW 1992, 1544; *Schäfer*, wistra 1993, 284.

819 Vgl. *Kohte*, AcP 1985, 123; *Roxin*, Strafrecht AT I, § 18, Rn. 4.

820 Vgl. *Spickhoff/Knauer/Brose*, Medizinrecht, §§ 203–205 StGB, Rn. 34 f.

821 BGH NJW 1961, 261, 262; BGH NJW 1992, 739 ff.; *Bamberger/Roth/Spindler*, § 823 BGB, Rn. 641; *Däubler/Klebe/Wedde/Weichert*, § 4a BDSG, Rn. 16; *Deutsch/Spickhoff*, Medizinrecht, Rn. 140, 642; *Fischer*, § 203 StGB, Rn. 33 ff.; *Heintzen/*

Voraussetzung ist in beiden Fällen ein feststellbares Verhalten. Bloßes Schweigen erfüllt nicht die Voraussetzungen einer Willenserklärung bei Datenweitergabe[822]. Auch bei der Einwilligung hat Schweigen ebenso wie Dulden, Hinnahme oder Geschehenlassen keine Rechtswirkung[823]. Schweigen gilt deshalb auch dann nicht als konkludente Einwilligung, wenn ein Minderjähriger die Voraussetzung der zivilrechtlichen Volljährigkeit erfüllt[824]. Eine stillschweigende oder konkludente Einwilligung liegt dann vor, wenn ein inneres Einverstandensein des Geheimnisträgers mit der Tat feststellbar ist[825]. In Bezug auf die Entbindung von der Schweigepflicht wird die stillschweigende Einwilligung bei der Weiter- und der Nachbehandlung[826], bei einem Konsiliararzt[827], bei einem nachgelassenen Brief[828], bei Vorlage eines ärztlichen Attestes und bei Benennung von Vertrauenspersonen

---

Lilie, NJW 1997, 1603; HK-GS/*Trüg*, § 53 StPO, Rn. 24; KK/*Senge*, § 53 StPO, Rn. 50; KMR/*Neubeck*, § 53 StPO, Rn. 38; *Kohte*, AcP 1985, 123; *Langkeit*, NStZ 1994, 7; LR/*Alexander Ignor/Camilla Bertheau*, § 53 StPO, Rn. 80; *Meyer-Goßner/Schmitt*, § 53 StPO, Rn. 47; MüKo/*Müller-Glöge*, § 611 BGB, Rn. 95; Sch/Sch/*Lenckner/Eisele*, § 203 StGB, Rn. 24b ff.; *Schaffland/Wiltfang*, 5001 § 4a BDSG, Rn. 4; SK/*Rogall*, § 53 StPO, Rn. 202; *Tiedemann*, NJW 1981, 948.

822 *Däubler/Klebe/Wedde/Weichert*, § 4a BDSG, Rn. 16; PWW/*Frensch*, § 182 BGB, Rn. 4; *Roßnagel/Holznagel/Sonntag*, Datenschutzrecht, S. 694; vgl. Staudinger/*Gursky*, § 182 BGB, Rn. 11.

823 BGH NJW 1992, 2349; *Bongen/Kremer*, NJW 1990, 2912; *ders.*, MDR 1991, 1031; LK/*Rönnau*, vor § 32 StGB, Rn. 163; näher *Klass*, AfP 2005, 511.

824 OLG Düsseldorf FamRZ 1984, 1222.

825 LK/*Rönnau*, vor § 32 StGB, Rn. 163.

826 *Heintzen/Lilie*, NJW 1997, 1603.

827 *Bergmann/Möhrle/Herb*, § 4a BDSG 01, Rn. 59; *Heberer/Mößbauer*, MedR 2004, 139; *Kamps*, MedR 1985, 201; *Laufs*, NJW 1994, 1567; *Lackner/Kühl*, § 203 StGB, Rn. 18; *Laufs/Uhlenbruck/Schlund*, Handbuch des Arztrechts, § 75, Rn. 3; MüKo/*Müller-Glöge*, § 611 BGB, Rn. 96; NK/*Kargl*, § 203 StGB, Rn. 58; Sch/Sch/*Lenckner/Eisele*, § 203 StGB, Rn. 24c; *Ulsenheimer*, Arztstrafrecht, Rn. 373b, 373c; vgl. zur Aushändigung an den Nachfolger bei als Gedächtnisstütze dienenden von Arzt gefertigten Notizen *Kohlhaas*, GA 1958, 68; mit mutmaßlicher Einwilligung bei Konsiliararzt *Meurer*, in: *Szwarc*, AIDS und Strafrecht, S. 141; *Schlund*, JR 1977, 266; mit ausdrücklicher Einwilligung bei Konsiliararzt *Langkeit*, NStZ 1994, 7, diesbezüglich *Roßnagel*, NJW 1989, 2308; bei der Überweisung an anderen Arzt und an das Krankenhaus *Spickhoff/Scholz, Medizinrecht*, § 9 MBO, Rn. 3.

828 BGH NJW 1960, 550; KK/*Senge*, § 53 StPO, Rn. 50; LR/*Alexander Ignor/Camilla Bertheau*, § 53 StPO, Rn. 80; *Meyer-Goßner/Schmitt*, § 53 StPO, Rn. 47; *Solbach*, DRiZ 1978, 205.

als Zeugen[829] anerkannt[830]. Eine stillschweigende Einwilligung ist hingegen nicht als Folge einer früher einmal erfolgten Abtretung[831], der bloßen Unterschrift auf dem Vorformular oder aufgrund eines Hinweises im Warte- oder im Sprechzimmer[832] anzunehmen[833]. Im Hinblick auf den Anwendungsbereich besagen einige Ansichten, dass sich die stillschweigende Einwilligung des Patienten auf die Einbeziehung der in demselben Krankenhaus tätigen und mitbehandelnden Ärzte erstrecke, weil diese ohne weiteres in den Kreis der zum Wissen Berufenen einbezogen würden[834]. Demnach liege für Mitteilungen des Arztes an seinen Vertreter, an Assistenten, an Hilfskräfte im Sinne des § 203 III S. 2 StGB und an berufliche Partner in der Gemeinschaftspraxis sowie an die Krankenhausleitung und das Rechenzentrum des Krankenhauses zum Zweck der Abrechnung in der Regel eine stillschweigende Einwilligung vor[835]. Dagegen kann die Berechtigung zur Übermittlung von Patientendaten an eine externe Verrechnungsstelle oder einen anderen außenstehenden Geheimnisträger nicht aus einer stillschweigend erteilten Einwilligung hergeleitet werden[836]. Von einer stillschweigenden Einwilligung

829 OLG Karlsruhe NStZ 1994, 141; *Deutsch*, VersR 2001, 1474; *Deutsch/Spickhoff*, Medizinrecht, Rn. 642; *Fischer*, § 203 StGB, Rn. 33; HK-GS/*Trüg*, § 53 StPO, Rn. 24; KK/*Senge*, § 53 StPO, Rn. 50; KMR/*Neubeck*, § 53 StPO, Rn. 38; LR/*Alexander Ignor/Camilla Bertheau*, § 53 StPO, Rn. 80; *Meyer-Goßner/Schmitt*,§ 53 StPO, Rn. 47; Sch/Sch/*Lenckner/Eisele*, § 203 StGB, Rn. 24c; SK/*Rogall*, § 53 StPO, Rn. 202.

830 Hierzu näher *Lackner/Kühl*, § 203 StGB, Rn. 18; *Laufs/Uhlenbruck/Schlund*, Handbuch des Arztrechts, § 75, Rn. 1 f.; *Spickhoff/Knauer/Brose*, Medizinrecht, §§ 203–205 StGB, Rn. 34.

831 Vgl. BGH NJW 1992, 739; *Kamps*, NJW 1992, 1546; *Laufs*, NJW 1992, 1531.

832 *Laufs*, NJW 1995, 1595; *Wienke/Sauerborn*, MedR 2000, 518.

833 BGH NJW 1991, 2349 und 2957; BGH MedR 1991, 328; BGH NJW 1992, 739 und 2349; *Bergmann/Möhrle/Herb*, § 4a BDSG 01, Rn. 58 f.; *Bongen/Kremer*, NJW 1990, 2912; *Däubler/Klebe/Wedde/Weichert*, § 4a BDSG, Rn. 12; *Deutsch/Spickhoff*, Medizinrecht, Rn. 121 ff., 642; *Erman/H. P. Westermann*, § 399 BGB, Rn. 8; *Gola*, NJW 1995, 3289; *Gola/Schomerus*, § 4a BDSG, Rn. 14; *Gramberg-Danielsen/Kern*, NJW 1998, 2709 f.; *Laufs/Uhlenbruck/Schlund*, Handbuch des Arztrechts, § 75, Rn. 57; *Mand*, MedR 2003, 398; MüKo/*Roth*, § 399 BGB, Rn. 27; NK/*Simitis*/Simitis § 4a BDSG, Rn. 34, 41; *Roßnagel/Holznagel/Sonntag*, Datenschutzrecht, S. 695; *Schmidt-Beck*, NJW 1991, 2336; *Soergel/Hefermehl*, § 134 BGB, Rn. 15; *Taupitz*, VersR 1991, 1216 f.; *Ulsenheimer*, Arztstrafrecht, Rn. 370, 374.

834 *Langkeit*, NStZ 1994, 7; *Laufs/Uhlenbruck/Schlund*, Handbuch des Arztrechts, § 75, Rn. 1, 2; *Schlund*, JR 1977, 267; *Ulsenheimer*, Arztstrafrecht, Rn. 373 ff.

835 LG Kleve NJW 1991, 756; *Lackner/Kühl*, § 203 StGB, Rn. 18; vgl. zur Auskunft des Arztes gegenüber Versicherungsträger *Schlund*, JR 1977, 267.

836 Statt aller LG Kleve, a. a. O.; diesbezüglich näher Teil 4. D. II. b).

in die Offenbarung von Patientengeheimnissen kann bei einer Unterbringung in einem Mehrbettzimmer auszugehen sein[837]. Bei einer Visite in einem Mehrbettzimmer sind zwangsläufig die übrigen Patienten anwesend und hören das Gespräch zwischen dem Patienten und dem anwesenden medizinischen Personal mit. Der Arzt hat eine Sorgfaltspflicht gegenüber dem behandelten Patient, so dass er ihn während der Visite von anderen Patienten z. B. mittels eines Vorhangs absondern muss. Er muss auch versuchen, zu verhindern, dass anwesende Patienten das Gespräch mithören[838]. Die Tatsache, dass der Patient ein Mehrbettzimmer ausgewählt hat, ist für sich noch kein Grund dafür, von einem inneren Einverständnis mit der Anwesenheit anderer Patienten auszugehen. Eine stillschweigende Einwilligung kann auch in Bezug auf die Information von Angehörigen des Patienten gegeben sein. Als Beispiele werden genannt, dass der Patient zu Arztgesprächen in Begleitung von Angehörigen erscheint oder seine Angehörigen in sonstiger Weise erkennbar ins Vertrauen zieht[839].

2. *Die mutmaßliche Einwilligung*

a) **Rechtliche Bedeutung und Voraussetzungen**

aa) Rechtliche Grundlage

Wenn weder eine ausdrückliche noch eine stillschweigende Einwilligung erteilt worden ist, kann sich eine Rechtfertigung aus einer mutmaßlichen Einwilligung ergeben. Diese unterscheidet sich von anderen Formen der Einwilligung in ihrer Begrifflichkeit und Terminologie und in dem entwickelten Hintergrund. In diesem Zusammenhang wird die hypothetische Einwilligung im Prinzip ausgeschlossen[840]. Der Grund dafür ist, dass sie sich im Medizinrecht vor allem in Bezug auf das Verfahren entwickelt[841]. Es geht vor allem um das Phänomen, dass

837 *Langkeit*, NStZ 1994, 8.

838 Vgl. *Ulsenheimer*, Arztstrafrecht, Rn. 373 f.

839 *Langkeit*, NStZ 1994, 8; *Schlund*, JR 1977, 266; so kein Fall des Drittgeheimnisses *Mitsch*, JuS 1989, 967 m. w. N.

840 Vgl. *Deutsch/Spickhoff*, Medizinrecht, Rn. 334; *Spickhoff*, NJW 2005, 1699; *Spickhoff/Knauer/Brose*, Medizinrecht, §§ 203–205 StGB, Rn. 37; vgl. ferner *Lackner/Kühl*, vor § 32 StGB, Rn. 21a; NK/*Paeffgen*, vor §§ 32 ff. StGB, Rn. 168a m. w. N.

841 Dazu BVerfG ArztR 2008, 66; BGH MedR 1996, 81; BGH NJW 1991, 2344, 2345; BGH NJW 1994, 799, 801; BGH NJW 1996, 3074; OLG Bamberg VersR 1998, 1026; *Bamberger/Roth/Spindler*, § 823 BGB, Rn. 647; *Hoppe*, NJW 1998, 784; LK/*Rönnau*, vor § 32 StGB, Rn. 230 ff.; *Puppe*, GA 2003, 772 f.; *Spickhoff*, NJW 2005, 1699; *Spickhoff/Knauer/Brose*, Medizinrecht, §§ 203–205 StGB, Rn. 37; Staudinger/*Hager*, § 823 BGB, Rn. I 121.

der Schaden auch bei ordnungsgemäßer Aufklärung eingetreten wäre. In solchen Fällen besteht keine Kausalität zwischen der Verletzung der Aufklärungspflicht und dem Schaden[842]. Dieses Problem kann auch bei Verletzung der Schweigepflicht auftauchen, wenn über Umfang und Reichweite der Datenübertragung nicht hinreichend informiert wird. Es ist dann aber kein Problem der Rechtfertigung, sondern ein Problem der Kausalität wegen der Pflichtverletzung[843]. Angesichts der rechtlichen Grundlage stellt sich die Frage, ob die mutmaßliche Einwilligung als eigenständiger Rechtfertigungsgrund i. V. m. der Befreiung von der ärztlichen Schweigepflicht klassifiziert und akzeptiert werden kann. Nach verbreiteter Ansicht in der Rechtsprechung wie auch in der strafrechtlichen und der datenschutzrechtlichen Literatur wird die mutmaßliche Einwilligung als gewohnheitsrechtlich anerkannter Rechtfertigungsgrund[844] oder als eigenständiger Rechtfertigungsgrund nur zwischen Einwilligung und rechtfertigendem Notstand angesehen[845]. Zurzeit vertreten einige Autoren die datenschutzrechtliche Ansicht, dass die mutmaßliche Einwilligung wegen der besonderen Schriftform und der besonderen Umstände des § 4a BDSG nicht in den Anwendungsbereich des Datenschutzrechtsfalls falle[846]. Demnach sei die schriftliche Einwilligung des Patienten auch dann erforderlich, wenn der Arzt seine Unterlagen Dritten mitteilen will[847]. Daher solle der früherstmögliche Zeitraum gewählt werden, um die schriftliche Einwilligung einzuholen[848] und um das Eigeninteresse des Arztes zu schützen[849]. Es geht hierbei aber nur um den Anwendungsbereich des BDSG,

---

842 BGH NJW 1994, 2414; dazu näher *Mitsch*, JZ 2005, 281 ff.; *Spickhoff/Wellner*, Medizinrecht, §§ 823 ff. BGB, Rn. 280 f.

843 Vgl. *Spickhoff/Knauer/Brose*, Medizinrecht, §§ 203–205 StGB, Rn. 37.

844 *Bongen/Kremer*, NJW 1990, 2912; *Lackner/Kühl*, vor § 32 StGB, Rn. 20; NK/*Paeffgen*, vor §§ 32 ff. StGB, Rn. 157; *Roxin*, Strafrecht AT I, § 18, Rn. 8; *Wessels/Beulke*, Strafrecht AT, Rn. 380; ferner als eigenständiger Rechtfertigungsgrund BGH JZ 1988, 1022 mit krit. Anm. *Geppert*, JZ 1988, 1025 m. w. N.; *Deutsch*, VersR 2001, 1473; *Laufs/Uhlenbruck/Ulsenheimer*, Handbuch des Arztrechts, § 71, Rn. 9 m. w. N.; *Roxin/Schroth/Braun*, Medizinstrafrecht, S. 245.

845 *Fischer*, vor § 32 StGB, Rn. 4; LK/*Rönnau*, vor § 32 StGB, Rn. 214 m. w. N. und andererseits Rn. 222; *Otto*, Jura 2004, 681.

846 *Roßnagel*, NJW 1989, 2304; *Schmidt-Beck*, NJW 1991, 2336; bereits *Zittelmann*, AcP 1906, 102; zur zivilrechtlichen Auffassung *Kohte*, AcP 1985, 123 m. w. N.; vgl. zu einem höchstpersönlichen Rechtsgut nicht als Eingriffsgegenstand i. V. m. der mutmaßlichen Einwilligung LK/*Rönnau*, vor § 32 StGB, Rn. 224.

847 *Roßnagel*, NJW 1989, a. a. O.

848 *Roßnagel*, NJW 1989, a. a. O.

849 *Schmidt-Beck*, NJW 1991, 2335 ff.

der sich nicht mit § 203 StGB deckt. Die mutmaßliche wie auch die stillschweigende Einwilligung beruhen sich auf die Anerkennung der Personenautonomie im Sinne des Art. 2 I GG[850]. Durch Anwendung dieser Einwilligung wird der reale Wille des Patienten auch im Sinne von dessen Selbstbestimmungsrecht umgesetzt (vgl. jetzt § 630d BGB)[851].

bb) Voraussetzungen der mutmaßlichen Einwilligung

Soweit eine Entscheidung des Patienten bereits getroffen worden und erkennbar ist, bestehen kein Anlass und keine Rechtfertigung, diese Entscheidung durch den Rechtfertigungsgrund der mutmaßlichen Einwilligung zu relativieren. Wenn es möglich ist, vor dem eventuellen Geheimnisbruch eine Entscheidung des Patienten einzuholen, dann muss dies auch geschehen. Die Ermittlung eines mutmaßlichen Willens erhöht die Möglichkeit von Irrtümern und Missverständnissen und ist wegen der potentiellen Gefahren für die informationelle Selbstbestimmung des Patienten nur ein Notbehelf. Voraussetzung einer mutmaßlichen Einwilligung ist bei Eilbedürftigkeit des Handelns stets, dass eine tatsächlichen Einwilligung nicht oder nicht rechtzeitig einzuholen ist (jetzt § 630d Abs. 1 BGB), weil der Rechtsgutinhaber nicht erreichbar ist. Zum Zeitpunkt der Entscheidung über die weitere Vorgehensweise – Beginn einer Operation oder Offenbarung von Daten – ist der mutmaßliche Wille des Patienten deshalb immer nur eine fiktive Größe. Neben dem Fehlen der Erreichbarkeit setzt die mutmaßliche Einwilligung deshalb zusätzlich eine existenzielle Entscheidungssituation voraus. Daher ist die mutmaßliche Einwilligung nach einer Ansicht nur in Eil- oder in Notfällen überhaupt als Rechtfertigungsgrund denkbar[852]. Eine Ausnahme komme nur bei geringfügigen oder vorübergehenden Beeinträchtigungen in Frage, bei denen der Betroffene keinen Wert auf eine Befragung lege[853]. Zur rechtfertigenden Wirkung bedürfe die mutmaßliche Einwilligung des Betroffenen in der Regel der Prüfung aller Umstände, wenn die Einholung der Einwilligung nicht möglich

---

850 NK/*Paeffgen*, vor §§ 32 ff. StGB, Rn. 157; *Roxin*, Strafrecht AT I, § 18, Rn. 8.

851 Vgl. LK/*Rönnau*, § 203 StGB, Rn. 214, 221; NK/*Paeffgen*, vor §§ 32 ff. StGB, Rn. 161; *Roxin*, Strafrecht AT I, § 18, Rn. 5 f.

852 Erman/*N. Klass*, Anh. zu § 12 BGB, Rn. 230; *Tiedemann*, NJW 1981, 948.

853 *Fischer*, vor § 32 StGB, Rn. 5; HK-GS/*Tag*, § 203 StGB, Rn. 46; *Lackner/Kühl*, vor § 32 StGB, Rn. 21; NK/*Paeffgen*, vor §§ 32 ff. StGB, Rn. 159; *Otto*, wistra 1999, 204; Sch/Sch/*Lenckner/Sternberg-Lieben*, Vorbem. §§ 32 ff. StGB, Rn. 54; Sch/Sch/*Lenckner/Eisele*, § 203 StGB, Rn. 27; vgl. zu therapeutischem Privileg des Arztes *Deutsch*, NJW 1980, 1307.

ist[854]. Als Umstände werden persönliche Umstände, Wünsche, Bedürfnisse und Wertvorstellungen des Patienten angeführt[855]. Die genannten Umstände beziehen sich auf den Interessenschutz für den Patienten, so dass die mutmaßliche Einwilligung nicht aus dem bloßen wohlverstandenen Interesse des Berechtigten abgeleitet werden darf[856]. Die Frage nach der mutmaßlichen Einwilligung führt zu einer (angenommenen) einseitigen Einwilligung zwischen Geheimnisträger und Angehörigen des Patienten. Die Schwierigkeit besteht hierbei darin, den nichtgeäußerten Willen des Rechtsgutträgers festzustellen. Dabei bietet es sich an, auf die objektive Interessenlage des Rechtsgutträgers abzustellen. Diese Interessenlage darf aber nicht dazu dienen, einen festgestellten Willen des Rechtsgutträgers zu verändern[857]. Wenn der wirkliche Wille erkennbar ist, dann kommt es auf einen fiktiven Willen nicht an, auch wenn die getroffene Entscheidung der Interessenlage u. U. objektiv widerspricht[858]. Insoweit unterscheidet sich die Abwägung der Interessenlage von der Abwägung der Interessenlage bei einer Notstandslage gem. § 34 StGB. Die objektive Interessenlage und -abwägung sind nur ein mögliches Indiz für den Willen des Rechtsgutträgers. Wenn der Wille des Verletzten nicht „erkennbar" ist, dann kann davon ausgegangen werden, dass eine nach objektiven Maßstäben vernünftige Entscheidung der Interessenlage des Verletzten seinem mutmaßlichen Willen entspricht. Wenn andere Indizien ergeben, dass der Rechtsgutträger sich anders verhalten wollte, hat der auf diese Weise festgestellte wirkliche Wille Vorrang[859]. Weil es nicht um die wirkliche

854 BGH JZ 1988, 1021, bei Kaiserschnittoperation; BGH NJW 1993, 2372, 2374, bei Entbindungsmethoden während des Geburtsvorgangs; *Fischer*, § 203 StGB, Rn. 36; HK-GS/*Dölling*, § 228 StGB, Rn. 10; im Ergebnis ebenso NK/*Paeffgen*, vor §§ 32 ff. StGB, Rn. 161.

855 *Bamberger/Roth/Spindler*, § 823 BGB, Rn. 644; im Ergebnis ebenso HK-GS/*Dölling*, § 228 StGB, Rn. 10.

856 LG Augsburg NJW 1964, 1189 ff.; NK/*Kargl*, § 203 StGB, Rn. 61.

857 *Deutsch*, AcP 1992, 168; Sch/Sch/*Lenckner/Sternberg-Lieben*, Vorbem. §§ 32 ff. StGB, Rn. 57; *Spickhoff*, NJW 2000, 2298; *ders.*, NJW 2005, 1984; vgl. *Solbach*, DRiZ 1978, 205.

858 Vgl. LG Augsburg NJW 1964, 1190; *Bamberger/Roth/Spindler*, § 823 BGB, Rn. 644; *Deutsch/Spickhoff*, Medizinrecht, Rn. 262; *Geppert*, JZ 1988, 1026; *Hess*, ZEV 2006, 482; LK/*Rönnau*, vor § 32 StGB, Rn. 214; *Otto*, Jura 2004, 682; Sch/Sch/*Lenckner/Sternberg-Lieben*, Vorbem. §§ 32 ff. StGB, Rn. 57; Soergel/*Spickhoff*, § 823 Anh. I BGB, Rn. 115; *Spickhoff*, NJW 2000, 2298 f.

859 *Bamberger/Roth/Spindler*, § 823 BGB, Rn. 644; LK/*Hirsch* (1994), vor § 32 StGB, Rn. 137; LK/*Rönnau*, vor § 32 StGB, Rn. 214; *Schroth*, JuS 1992, 479; Sch/Sch/*Lenckner/Sternberg-Lieben*, Vorbem. §§ 32 ff. StGB, Rn. 57; Soergel/*Spickhoff*,

Einwilligung des Rechtsgutträgers geht[860], besteht die Gefahr einer beliebigen Interpretation unklarer Äußerungen[861]. Außerdem ist die Rechtfertigung durch mutmaßliche Einwilligung bei Handlungen im eigenen Interesse eines Dritten möglich[862]. Gerade wenn es um die Einwilligung in eigennützige Handlungen geht, muss man äußerst vorsichtig sein. Fehlendes Interesse an der Geheimhaltung darf weder aus der Sicht des Arztes noch aus dem Willen der Angehörigen hergeleitet werden[863], weil das Selbstbestimmungsrecht des Patienten den Interessen der genannten Personen vorgeht[864].

b) Mutmaßliche Einwilligung in Bezug auf Angehörige

Aus § 203 IV StGB ergibt sich, dass das Geheimnis nach dem Tod nicht auf den Erben oder auf Angehörige des Verstorbenen übergeht. Die Schweigepflicht des Arztes bleibt gegenüber den Angehörigen bestehen; die Offenbarung ist nur unter der Voraussetzung einer mutmaßlichen Einwilligung des Verstorbenen rechtmäßig. Geht es um Geheimnisse des Verstorbenen, dann kann die mutmaßliche Einwilligung unter erleichterten Voraussetzungen als Rechtfertigung in Frage kommen. Die Bedingung der Eilbedürftigkeit ist verzichtbar, weil der Verstorbene endgültig unerreichbar ist. Das Geheimhaltungsinteresse Verstorbener ist weniger geschützt als das Geheimnis der lebenden Person[865]. Dieses Geheimhaltungsinteresse kann sich daher darauf beschränken, dass Geheimnisse des Verstorbenen nur zu dessen Lebzeiten nicht haben bekannt werden sollen[866]. Der Arzt als letzte Instanz muss nach dem BGH selbst die Geheimhaltungswünsche

---

§ 823 Anh. I BGB, Rn. 115; *Spickhoff*, NJW 2000, 2298; *Wessels/Beulke*, Strafrecht AT, Rn. 381; vgl. *Arzt*, NJW 1967, 670 f.; *Jescheck/Weigend*, Lehrbuch des Strafrechts AT, § 34, VII. 1. a).

860 Vgl. *Roxin*, Strafrecht AT I, § 18, Rn. 6.

861 *Bamberger/Roth/Spindler*, § 823 Rn. 644 für *Spickhoff*.; *Spickhoff*, NJW 2000, 2298 f.

862 Sch/Sch/*Lenckner/Sternberg-Lieben*, Vorbem. §§ 32 ff. StGB, Rn. 55.

863 Im Ergebnis ebenso *Erdsiek*, NJW 1963, 633; Soergel/*Spickhoff*, § 823 Anh. I BGB, Rn. 115; *Spickhoff*, AcP 2008, 395 f.

864 *Erdsiek*, NJW 1963, 632 f.; *Hess*, ZEV 2006, 484; MK/*Cierniak/Pohlit*, § 203 StGB, Rn. 137 ff.; SK/*Hoyer*, § 203 StGB, Rn. 80; Soergel/*Spickhoff*, § 823 Anh. I BGB, Rn. 49, 115; *Spickhoff*, AcP 2008, 395 f.; *Spickhoff/Kanuer/Brose*, §§ 203–205 StGB, Rn. 34 f.; *Wessels/Beulke*, Strafrecht AT, Rn. 381; dazu näher *Roxin*, Strafrecht AT I, § 18, Rn. 19 f.

865 OLG Düsseldorf NJW 1959, 821; *Edenfeld*, ZEV 1997, 392; *Solbach*, DRiZ 1978, 205 ff.; dazu näher *Spickhoff/Spickhoff*, Medizinrecht, § 1 BGB, Rn. 18 m. w. N.

866 Vgl. BGH NJW 1984, 2893; diesbezüglich *Kern*, MedR 2006, 208.

des verstorbenen Patienten gewissenhaft prüfen[867]. Diese Gewissensentscheidung hinsichtlich der Offenbarung der Unterlagen unterliegt keiner gerichtlichen Nachprüfung[868], da dem Schutz des Vertrauens zwischen Arzt und Patient eine größere Bedeutung zukommt als dem Interesse der Erben und naher Angehöriger. Daher muss von diesen die mit der letzten Instanz verbundene Missbrauchsgefahr hingenommen werden[869]. Allerdings ist der Arzt dazu verpflichtet, darzulegen, dass sich seine Weigerung auf konkrete oder mutmaßliche Belange des verstorbenen Patienten stützt[870]. Eine kritische Meinung zu diesem Urteil des BGH besagt, dass es auf die gewissenhafte Entscheidungskompetenz des Arztes ankomme. Gemäß diesem kritischen Gesichtspunkt wird wegen der als letzte Instanz geltenden Entscheidung des Arztes im vorprozessualen Umfeld die Waffengleichheit zwischen den möglichen Gegnern eines Haftungsprozesses verschlechtert[871]. In diesem Zusammenhang besteht eine Missbrauchsgefahr, weil sich der Arzt auf eine Verweigerung der Einsichtnahme durch die Angehörigen des verstorbenen Patienten oder auf sein Zeugnisverweigerungsrecht berufen kann, um sowohl einer straf- als auch einer zivilrechtlichen Verfolgung zu entgehen[872]. Die Darlegungspflicht des Arztes bedeutet nicht, dass dieser Geheimnisse aus den Krankenakten offenbaren muss. Auch das Gericht prüft nur, ob der Arzt die Offenlegung lediglich aus grundsätzlichen sachfremden Erwägungen verweigern will[873]. Daher ist es zweifelhaft, ob der Arzt die Offenlegung und die Verweigerung des Geheimnisses selbst als gewissenhafter Richter beurteilen kann[874]. Diese Beurteilung hat nicht durch eine subjektive Entscheidung des Arztes, sondern zuerst durch den feststellbaren Wille des verstorbenen Patienten und damit die objektive Interessenabwägung zu geschehen[875]. Im Hinblick auf die Befreiung des Arztes von seiner

---

867 BGH NJW 1983, 2627, 2628 = BGH JZ 1984, 280; zustimmend *Bartsch*, NJW 2001, 863; kritisch MK/*Cierniak/Pohlit*, § 203 StGB, Rn. 137.

868 Oberste Bundesgerichte, VI. ZS, Urteil v. 31.8.1983 – VI ZR 259/81, FamRZ 19883, 1100 mit kritischer Anmerkung *Bosch*.; BGH JZ 1984, 280; vgl. BayObLG NJW 1987, 1493; *Ulsenheimer*, Arztstrafrecht, Rn. 368.

869 Vgl. *Laufs*, NJW 1992, 1531.

870 BGH JZ 1984, 281; OLG München VersR 2009, 41; *Bartsch*, a. a. O.; *Spickhoff/Scholz*, Medizinrecht, § 10 MBO, Rn. 7.

871 *Giesen*, JZ 1984, 282; dazu näher *Solbach*, DRiZ 1978, 205.

872 *Hess*, ZEV 2006, 481; dazu näher *Erdsiek*, NJW 1963, 633 f.; im Ergebnis ebenso Soergel/*Stein*, § 1922 BGB, Rn. 54; vgl. ferner *Lenckner*, NJW 1964, 1187.

873 *Hess*, ZEV 2006, 481; *Kühnl*, JA 1995, 330 f.

874 Vgl. *Giesen*, JZ 1984, 282 f.

875 Vgl. *Hess*, ZEV 2006, 482; MK/*Cierniak/Pohlit*, § 203 StGB, Rn. 137; Soergel/*Stein*, § 1922 BGB, Rn. 54, 55; *Spickhoff*, NJW 2000, 2298 f.

Schweigepflicht stehen der Wille des Erblassers und das Interesse des Erben im Vordergrund, aber nicht notwendig auch miteinander im Einklang. Allerdings werden in erster Linie der Wille und das Interesse des Erblassers hervorgehoben[876]. Das Geheimhaltungsinteresse des Verstorbenen erstreckt sich jedenfalls nicht auf das Faktum des Todes[877]. Erben oder Angehörige können in den Kreis der Wissenden einbezogen werden, wenn gerade sie in Bezug auf die Geheimnisse des Verstorbenen einwilligungs-berechtigt sind[878]. Dafür spricht, dass nach allgemeiner Ansicht die nächsten Angehörigen die nichtvermögensrechtlichen Interessen, die Erben das auf sie übergehende Vermögensinteresse wahrnehmen[879]. Es ist aber im Konfliktfall nicht nach der Entscheidung der Angehörigen oder der Erben zu fragen. Zu erforschen ist der geäußerte tatsächliche oder der mutmaßliche Wille des Verstorbenen in Bezug auf die Wahrung des Geheimnisses. Da die Erben in vollem Umfang in die vermögensrechtliche Stellung des Erblassers eintreten, steht ihnen auch die Dispositionsbefugnis in Bezug auf die Offenbarung der Geheimnisse zu, deren Kenntnis zur Verfolgung der Vermögensinteressen notwendig ist. Gleichwohl ist es denkbar, dass der Verstorbene ein Geheimnis gerade nicht hat preisgeben wollen, auch wenn die Erben dadurch Vermögensnachteile erleiden. Deshalb ist der vollständige Übergang der Dispositionsbefugnis in Bezug auf die Einhaltung der Schweigepflicht abzulehnen. Der Wille des Verstorbenen ist im Einzelfall zu klären. I. d. R. wird ohne besondere Umstände von einer mutmaßlichen Einwilligung des Verstorbenen auszugehen sein[880]. Im Fall der Rettungsmöglichkeit, z. B. bei einer HIV-Infektion, bejaht

---

876 BGH NJW 1984, 2893, 2894; *Bartsch*, NJW 2001, 862; *Edenfeld*, ZEV 1997, 393 f.; *Kühnl*, JA 1995, 330, 332; MK/*Cierniak/Pohlit*, § 203 StGB, Rn. 137 f.; Soergel/*Stein*, § 1922 BGB, Rn. 55; *Spickhoff*, NJW 2005, 1983 f.; *Spickhoff/Spickhoff*, Medizinrecht, § 1 BGB, Rn. 18; Staudinger/*Marotzke*, § 1922 BGB, Rn. 298.

877 Vgl. BayObLG NJW 1987, 1492; *Lenckner*, NJW 1964, 1187; Soergel/*Stein*, § 1922 BGB, Rn. 19, 53; *Spickhoff/Spickhoff*, Medizinrecht, § 1 BGB, Rn. 18; vgl. ferner *Bender*, VersR 2000, 322; *Franki*, MedR 2000, 464.

878 *Deutsch/Spickhoff*, Medizinrecht, Rn. 628; MüKo/*Leipold*, § 1922 BGB, Rn. 25; Sch/Sch/*Lenckner/Eisele*, § 203 StGB, Rn. 27; Soergel/*Stein*, § 1922 BGB, Rn. 53 ff.; *Spickhoff*, NJW 2005, 1984; Staudinger/*Marotzke*, § 1922 BGB, Rn. 296.

879 Vgl. hier nur BGH NJW 1984, 2894 f.; *Lange/Kuchinke*, Erbrecht, S. 113; dazu näher *Spickhoff*, NJW 2005, a. a. O.

880 Vgl. zur Durchsetzung von Versorgungs-, Versicherungs- oder Rentenansprüchen *Spickhoff*, NJW 2005, 1984; *Rein*, VersR 1977, 121 f.; *Roxin/Schroth/Braun*, Medizinstrafrecht, S. 245 und andererseits *Hollmann*, NJW 1978, 2332; dagegen Einwände *Kern*, MedR 2006, 207; vgl. zu konkreten oder mutmaßlichen Belangen des Verstorbenen OLG München VersR 2009, 41.

eine zivilrechtliche Ansicht die mutmaßliche Einwilligung des HIV-Infizierten, weil dessen Familie ohne weiteres zum Personenkreis der zum Wissen Befugten gehöre. Aus demselben Grund wird diese Einwilligung im Fall eines Selbstmordentschlusses des Patienten geltend gemacht, so dass der Arzt die Familie des Patienten über dessen Situation informieren darf[881]. Dieses Argument zielt grundsätzlich auf den Interessenschutz der Angehörigen des Patienten ab. Ferner vertreten einige Autoren die Meinung, dass Gespräche mit nahen Angehörigen oder schriftliche Aufzeichnungen, z. B. Tagebücher, der Ermittlung und der Feststellung des mutmaßlichen Willens des Patienten i. V. m. der Aufklärung des Arztes dienten[882]. Diese Interpretation kann nicht überzeugen, weil sie eine uferlose Erweiterung der mutmaßlichen Einwilligung und daher eine Außerachtlassung des wirklichen Willens des Patienten zur Folge hat[883]. Außerdem besteht die ärztliche Schweigepflicht im Prinzip auch gegenüber den Angehörigen des Patienten, soweit diese weder Einwilligungsberechtigte noch selbst Vertragspartei des Arztes sind. Bei den dargestellten Fällen geht es um die ausdrückliche Einwilligung, um den Notstand gem. § 34 StGB oder um die Beihilfe gem. § 27 StGB, jedoch nicht um die Frage der mutmaßlichen Einwilligung[884].

3. *Korea*

In Korea ist es nicht umstritten, dass die mutmaßliche Einwilligung eine Tat rechtfertigt und als Rechtfertigungsgrund angesehen wird[885], jedoch wird im Strafrecht über die rechtliche Qualifikation im Vergleich zu anderen Einwilligungen intensiv diskutiert. Nach einer Auffassung gilt die mutmaßliche Einwilligung als Einwilligungssurrogat. Dieses Argument folgt der Lehre von *Metzger*, nach der die mutmaßliche Einwilligung mit der tatsächlichen Einwilligung zusammenhängen kann, wenn argumentiert werden kann, dass der Verletzte eine für ihn existenzielle Entscheidungssituation zu erkennen vermag und in sie einwilligen kann[886]. Als entsprechender Maßstab ergibt sich eine solche Einwilligung aus

881 *Weise*, Persönlichkeitsschutz durch Nebenpflichten, S. 48; einschränkend NK/*Kargl*, § 203 StGB, Rn. 62.

882 *Faber*, Ökonomische Analyse der ärztlichen Aufklärungspflicht, S. 31.

883 Vgl. *Kern*, MedR 2006, 207.

884 Vgl. NK/*Kargl*, § 203 StGB, Rn. 62; *Spickhoff*, AcP 2008, 409 f.

885 *Kim, Sung Don*, Strafrecht AT, S. 340 m. w. N.

886 Dazu *Lenckner*, NJW 1964, 1188; Sch/Sch/*Lenckner*/*Sternberg-Lieben*, Vorbem. §§ 32 ff. StGB, Rn. 54.

dem Prinzip des mangelnden Interesses[887]. Eine andere Auffassung weist darauf hin, dass die Interessenabwägung bei der mutmaßlichen Einwilligung nur als Indiz für den festgestellten Willen des Rechtsgutträgers berücksichtigt werden könne. Zwar beruhe die mutmaßliche Einwilligung auf dem fiktiven Willen des Verletzten[888], jedoch sei die objektive Vernünftigkeit bei der Urteilsbildung über diesen Willen als Indiz zu berücksichtigen[889]. Im Vergleich zu anderen Einwilligungen und zum Notstand wird die mutmaßliche Einwilligung daher als eigenständiger Rechtfertigungsgrund angesehen[890]. In diesem Zusammenhang kehrt die verbreitete Auffassung zu der Frage zurück, ob die mutmaßliche Einwilligung als Grundsatz der Auslegung trotz Nichtvorliegens einer Vorschrift über sie in eine Einwilligung im Sinne des § 24 KStGB oder in eine rechtmäßige Handlung im Sinne des § 20 KStGB eingeschlossen werden kann. Kritische Ansichten zu den dargestellten Auffassungen gehen davon aus, dass die mutmaßliche Einwilligung deshalb nicht als eigenständiger Rechtfertigungsgrund angenommen werde, weil nicht nur sie im KStGB nicht festgeschrieben sei, sondern auch § 20 KStGB, der einen anderen gesetzlichen Rechtfertigungsgrund erfasse, den allgemeinen Rechtfertigungsgrund regele. Die mutmaßliche Einwilligung ergebe sich aus dem Prinzip des erlaubten Risikos, das einen Rechtfertigungsgrund und zugleich eine rechtmäßige Handlung im Sinne des § 20 KStGB darstelle[891]. Es genüge deshalb, dass die mutmaßliche Einwilligung eine Art rechtmäßiger Handlung im Sinne des § 20 KStGB darstelle[892]. Unter dem Gesichtspunkt des Prinzips *lex specialis derogat legi generali* besagt eine andere Ansicht, dass § 24 KStGB den verkörperten Rechtfertigungsgrund gegenüber § 20 KStGB regele. Somit werde § 20 KStGB von vornherein ausgeschlossen, sondern komme nur § 24 KStGB für die mutmaßliche Einwilligung zur entsprechenden Anwendung[893]. Die

887 *Bae, Jong Dae*, Strafrecht AT, S. 357; *Park, Sang Ki*, Strafrecht AT, S. 195; *Shin, Dong Woon*, Strafrecht AT, S. 311.

888 *Lee, Jae Sang*, Strafrecht AT, 20/29; *Yim, Woong*, Strafrecht AT, S. 236.

889 *Lee, Jae Sang*, Strafrecht AT, 20/28; vgl. zur deutschen Auffassung *Kern*, MedR 2006, 207 f.

890 *Ahn, Dong Jun*, Strafrecht AT, S. 132; *Jeong/Park*, Strafrecht AT, S. 285; *Kim/Kim*, Strafrecht AT, S. 313; *Lee, Jae Sang*, Strafrecht AT, 20/28 ff.; *Lee, Jung Won*, Strafrecht AT, S. 196; *Lee, Hyung Guk*, Strafrecht AT, S. 370; *Yim*, Woong, Strafrecht AT, S. 236.

891 *Jeong, Young* Il, Strafrecht AT, S. 204.

892 *Jin, Ge Ho*, Rechtliche Bedeutung der mutmaßlichen Einwilligung, S. 32; *Jeong, Young Il*, Strafrecht AT, S. 204; *Kim, Sung Don*, Strafrecht AT, S. 341; *Kim/Sub*, Strafrecht AT, S. 328; *Kwon, Ohgeol*, Strafrecht AT. 247; *Lee, Ki Hean*, Mutmaßliche Einwilligung, S. 123; *Son, Dong Kwan*, Strafrecht AT, §14/34.

893 *Park, Sang Ki*, Strafrecht AT, S. 311; *Shin, Dong Woon*, Strafrecht AT, S. 213.

letztgenannte Auffassung ist überzeugend, weil nach dem Wortlaut des § 20 KStGB „eine den in der Gesellschaft obwaltenden Sitten entsprechende Handlung" vorsichtig anwendbar sein sollte. Eine solche Handlung kann dann berücksichtigt werden, wenn entsprechende Vorschriften in einfachen Gesetzen nicht bestehen. Die adäquate Frage lautet vielmehr, ob die mutmaßliche Einwilligung in eine Art der Einwilligung im Sinne des § 24 KStGB eingeschlossen werden kann. Es genügt, dass die mutmaßliche Einwilligung i. d. R. die sonstigen Voraussetzungen der Einwilligung erfüllt und dafür § 20 KStGB entsprechend anwendbar ist, soweit sie als gültige Einwilligung angesehen wird. Die Annahme der mutmaßlichen Einwilligung wird als eigenständiger Rechtfertigungsgrund angesehen und wird daher auf der Ebene denjenigen Voraussetzungen gleichgestellt, die für einen solchen Grund gegeben sein müssen. Der intern gebliebene mutmaßliche Willen des Geheimnisträgers reicht nur dann aus, wenn eine Entscheidung des Rechtsträgers nicht eingeholt oder wegen Eilbedürftigkeit des Handelns nicht abgewartet werden kann. Allerdings setzt die mutmaßliche Einwilligung voraus, dass die ausdrückliche Einwilligung des Verletzten nicht vorliegt. Der wirkliche Wille des Verletzten sollte objektiv vermutet werden. Daher wird die Annahme der mutmaßlichen Einwilligung durch die Ermittlung des fiktiven Willens des Verletzten entschieden. Auch bei persönlichen Umständen kommen zur rechtfertigenden Wirkung die persönliche Interessenlage, Wünsche und Wertvorstellungen des Verletzten in Betracht[894]. In diesem Zusammenhang geht es darum, ob der Handelnde die Pflicht zu gewissenhafter Prüfung hat oder nicht. Nach verbreiteter Auffassung ist eine solche Prüfung eine subjektive rechtfertigende Voraussetzung. Eine Ansicht weist auch darauf hin, dass diese Prüfungspflicht die rechtsstaatliche Lücke zwischen der tatsächlichen Einwilligung und der mutmaßlichen Einwilligung auffüllen könne[895]. Durch diese Prüfung werde eine Tat erst gerechtfertigt[896]. Daraus ergebe sich, dass die Tat gerechtfertigt werde, selbst wenn sie durch die unter *ex post* und unter objektivem Gesichtspunkt entschiedene gewissenhafte Prüfung des Handelnden nachträglich als unmöglich ermittelt werde. Die subjektive Vermutung des Handelnden über

894 *Bae, Jong Dae*, Strafrecht AT, S. 349; *Jin, Ge Ho*, Strafrecht AT, S. 370; *Kim, Sung Don*, Strafrecht AT, S. 341 ff.; *Kim/Sub*, Strafrecht AT, S. 329; *Lee, Jae Sang*, Strafrecht AT, § 20/36; *Yim, Woong*, Strafrecht AT, S. 258.

895 *Bae, Jong Dae*, Strafrecht AT, 76/14.

896 *Bae, Jong Dae*, Strafrecht AT, S. 349; *Jin, Ge Ho*, Strafrecht AT, S. 370; *Jeong/Park*, Strafrecht AT, S. 287; *Lee, Hyung Guk*, Strafrecht AT, S. 206; *Lee, Jae Sang*, Strafrecht AT, § 20/37; *Lee, Jung Won*, Strafrecht AT, S. 216; *Park, Sang Ki*, Strafrecht AT, S. 214; *Yim, Woong*, Strafrecht AT, S. 258.

die mutmaßliche Einwilligung des Verletzten werde von vornherein ausgeschlossen und sei daher nicht gerechtfertigt, obwohl nachträglich ermittelt werde, dass diese Vermutung dem wirklichen Willen des Verletzten entspreche[897]. Nach einer anderen Ansicht wird eine auf dieser Vermutung beruhende Tat gerechtfertigt, weil der wirkliche Wille und das Interesse des Rechtsgutträgers richtigerweise gedeckt würden[898]. Gegen die erörterte Auffassung wird zurzeit die Ansicht vertreten, dass die Prüfungspflicht als völlig entbehrlich gelte[899]. Der Grund dafür liege darin, dass es um die Frage der Schuld gehe, ob der Handelnde seine Pflicht zu gewissenhafter Prüfung erfüllt oder nicht. Somit werde die Tat ohne diese Prüfung gerechtfertigt, wenn nachträglich ermittelt wird, dass der Verletzte eingewilligt hat. Es gehe aber um den Erlaubnistatbestandsirrtum oder um den Rechtsirrtum, wenn die Einwilligung des Verletzten trotz dieser Prüfung des Handelnden tatsächlich als nicht existent ermittelt wird[900]. Auch diese Auffassung steht der Notwendigkeit der Prüfungspflicht entgegen, die sich aus der gesetzlichen Lücke über die mutmaßliche Einwilligung ergibt. Der Grund hierfür liegt darin, dass die durch Prüfungspflicht erreichbare Kontrolle für die willkürliche Anwendung der mutmaßlichen Einwilligung jedenfalls in dem Erlaubnismaßstab für die wirksame mutmaßliche Einwilligung als lösbar angenommen wird[901]. Außerdem entspricht die Prüfungspflicht als Voraussetzung der wirksamen mutmaßlichen Einwilligung keiner Voraussetzung eines anderen einzelnen Rechtfertigungsgrundes[902]. Bei der Frage der Datenweitergabe und der HIV-Infektion kann die mutmaßliche Einwilligung nicht in Betracht kommen. Wenn man der Ansicht folgt, nach der die mutmaßliche Einwilligung eine Art der Handlung im Sinne des § 20 KStGB ist und daher deren Tatbestand erfüllt werden sollte, dann ist die mutmaßliche Einwilligung von vornherein ausgeschlossen. Auch kann die mutmaßliche Einwilligung nicht auf die genannten Fälle anwendbar sein, soweit deren eigenständige Voraussetzungen nicht erfüllt werden. Es geht aber meistens um den gesetzlichen Rechtfertigungsgrund bei dem erstgenannten Fall. Demgegenüber läuft der letztgenannte Fall auf die Frage der Beilhilfe gem. § 252 KStGB

---

897 *Jin, Ge Ho*, Strafrecht AT, S. 371; *Kwon, Ohgeol*, Strafrecht AT, S. 251; *Yim, Woong*, Strafrecht AT, S. 259.

898 *Lee, Hyung Guk*, Strafrecht AT, S. 206.

899 *Kim/Sub*, Strafrecht AT, S. 332; *Oh, Young Geun*, Strafrecht AT, § 22/63; *Son, Dong Kwan*, Strafrecht AT, § 14/36.

900 *Lee, Ki Hean*, Mutmaßliche Einwilligung, S. 130; *Oh, Young Geun*, Strafrecht AT, § 22/64; *Son, Dong Kwan*, Strafrecht AT, § 14/36; vgl. *Kim/Sub*, Strafrecht AT, S. 333.

901 *Kim, Sung Don*, Strafrecht AT, S. 343; *Kim/Sub*, Strafrecht AT, S. 332 ff.

902 *Lee, Ki Hean*, Mutmaßliche Einwilligung, S. 130.

i. V. mit § 250 KStGB hinaus. Diese Fälle werden freilich auf der Ebene des Notstands gem. § 22 KStGB behandelt.

4. *Zusammenfassung und Zwischenergebnis*

a) Deutschland

Durch eine ausdrückliche oder eine stillschweigende Einwilligung kann der Arzt von seiner Schweigepflicht entbunden werden. Bloßes Schweigen wird jedoch als Grundlage für eine solche Entbindung von vornherein ausgeschlossen. Die Voraussetzung der stillschweigenden Einwilligungserklärung ist ein feststellbares Verhalten. Auch durch die mutmaßliche Einwilligung als eigenständigen Rechtfertigungsgrund wird die Offenbarung des Arztes gerechtfertigt. Grundlegende Voraussetzungen für eine solche Offenbarung sind Eilbedürftigkeit und eine existenzielle Entscheidungssituation. In Bezug auf das Interesse des Patienten werden dessen persönliche Umstände, Wünsche, Bedürfnisse und Wertvorstellungen in Betracht gezogen. Die objektive Interessenlage und -abwägung sind nur ein mögliches Indiz für den Willen des Rechtsgutträgers. Das Geheimhaltungsinteresse ergibt sich im Prinzip weder aus der Sicht des Arztes noch aus dem Willen der Angehörigen. Für die Prüfung der Interessenlage ist nicht allein die subjektive Entscheidung des Arztes als gewissenhaften Richters maßgeblich, sondern der feststellbare Wille des verstorbenen Patienten und damit die objektive Interessenabwägung. Das Geheimhaltungsinteresse des Verstorbenen erstreckt sich jedenfalls nicht auf das Faktum des Todes. Beim Fall der Rettungsmöglichkeit, z. B. HIV-Infektion und Selbstmordentschluss, geht es jedoch nicht um die mutmaßliche Einwilligung, sondern wird die Mitteilung an Angehörige oder Dritte durch die ausdrückliche Einwilligung oder durch den Notstand gem. § 34 StGB gerechtfertigt.

b) Korea

Im Hinblick auf die rechtliche Qualifikation und auf die Interessenlage gleicht der koreanische Meinungsstand dem deutschen. Einen wichtigen Unterschied macht allerdings das Verhältnis zwischen der Einwilligung und der rechtmäßigen Handlung in § 20 KStGB aus. Es erübrigt sich, dass die mutmaßliche Einwilligung aus dem Begriff der Einwilligung im Sinne des § 24 KStGB ausgeschlossen und gesondert berücksichtigt wird. Es kommt vielmehr darauf an, welche Voraussetzungen für die mutmaßliche Einwilligung als eigenständige Einwilligung erfüllt sein müssen. In diesem Zusammenhang divergieren zwar die im Schrifttum vertretenen Meinungen, jedoch gleichen die koreanischen Auffassungen im Wesentlichen sämtlich den deutschen. Aus dieser Tatsache kann man die gleiche Schlussfolgerung ziehen wie in den oben dargestellten Fällen.

V. Widerruflichkeit, Anfechtbarkeit und Rückwirkung

1. *Widerruf der Einwilligungserklärung*

Die Einwilligungserklärung kann grundsätzlich bis zur Vornahme des Rechtsgeschäfts, bis zum Tatzeitpunkt – Geheimnisoffenbarung[903] –[904] und bei der Einwilligung in die Aussage eines Zeugnisverweigerungsberechtigten bis zum Schluss der Vernehmung beim Verfahren[905] jederzeit widerrufen werden (vgl. § 630d Abs. 3 BGB). Allerdings kann der Arzt seine Ermächtigung gegenüber dem Inkassobüro einseitig widerrufen. In diesem Zusammenhang kommt es für die Zulässigkeit einer Weitergabe der Daten nicht auf eine schriftliche Einwilligung des Patienten an, weil sich die Datenweitergabe gem. §§ 3 a. F., 11 BDSG eigentlich aus einem Auftrag zwischen dem Arzt und dem Inkassobüro ergibt[906]. Im Zivilrecht fragt es sich, ob der Widerruf des Patienten noch möglich ist, wenn dieser im Rahmen eines Behandlungsvertrags in die Datenübermittlung eingewilligt hat und der Vertrag zwischen dem Arzt und der Verrechnungsstelle die Einwilligungserklärung des Patienten voraussetzt. Nach verbreiteter Auffassung in der Rechtsprechung und im strafrechtlichen Schrifttum ist ein „einseitiger" Widerruf aufgrund der rechtsgeschäftlichen Bindungswirkung bei vermögenswerten Geheimnissen nicht zulässig[907]. Nur wenn dem Betroffenen die Fortsetzung der Datenverarbeitung objektiv nicht mehr zuzumuten sei, solle ein Widerruf der Einwilligung mit Wirkung für die Zukunft möglich sein[908]. Es ist

---

903 NK/*Kargl*, § 203 StGB, Rn. 57; *Welp*, JR 1997, 36.

904 *Bamberger/Roth/Spindler*, § 823 BGB, Rn. 642; LK/*Rönnau*, vor § 32 StGB, Rn. 173; MüKo/*Bayreuther*, § 183 BGB, Rn. 1; MüKo/*Wagner*, § 823 BGB, Rn. 730; *Otto*, Jura 2004, 680; PWW/*Völzmann-Stickelbrock*, § 107 BGB, Rn. 2; PWW/*Frensch*, § 183 BGB, Rn. 1; Sch/Sch/*Lenckner/Sternberg-Lieben*, Vorbem. § 32 ff. StGB, Rn. 44; SK/*Hoyer*, § 203 StGB, Rn. 72; Soergel/*Spickhoff*, § 823 Anh. I BGB, Rn. 116; *Wessels/Beulke*, Strafrecht AT, Rn. 378.

905 Hierzu nur BGH JR 1997, 33; LR/*Alexander Ignor/Camilla Bertheau*, § 53 StPO, Rn. 73; bis zur Erstattung des Gutachtens *Ulsenheimer*, Arztstrafrecht, Rn. 366; vgl. zur Befreiung eines Zeugen NK/*Kargl*, § 203 StGB, Rn. 57.

906 *Taupitz*, MedR 1991, 330.

907 LK/*Schünemann*, § 203 StGB, Rn. 105; NK/*Kargl*, § 203 StGB, Rn. 57; *Welp*, JR 1997, 36; im Ergebnis ebenso MK/*Cierniak/Pohlit*, § 203 StGB, Rn. 60; vgl zur zivilrechtlichen Auffassung MüKo/*Wagner*, § 823 BGB, Rn. 730 unter Hinweis auf *Ohly*, „Volenti non fit iniuria", dazu näher *Deutsch/Spickhoff*, Medizinrecht, Rn. 255 f.; *Spickhoff*, VersR 2006, 1580.

908 *Bergmann/Möhrle/Herb*, § 4a BDSG 01, Rn. 24; NK/*Simitis/Simitis*, § 4a BDSG, Rn. 99, 101; *Roßnagel/Holznagel/Sonntag*, Datenschutzrecht, S. 703.

aber zweifelhaft, ob im Rahmen des § 203 StGB zwischen vermögenswerten und nichtvermögenswerten Geheimnissen unterschieden werden kann. Und es ist zu beachten, dass die Einwilligungserklärung vor der Datenweitergabe vorliegen muss[909]. Zivilrechtlich kann die Einwilligungserklärung aufgrund § 130 I S. 2 BGB vor oder zeitgleich mit ihrem Zugang bei dem Erklärungsempfänger widerrufen werden[910]. Die Rechtsgüter im Sinne des § 203 StGB beruhen eigentlich auf dem allgemeinen Persönlichkeitsrecht von Art. 1 I GG und Art. 2 GG, so dass diese Rechtsgüter Gegenstand eines Rechts, vor allem immaterieller Güter sein können[911]. In diesem Zusammenhang geht es darum, dass die Einwilligung keine rechtsgeschäftliche Willenserklärung ist. Es genügt deshalb, dass der volljährige Patient die Einwilligung jederzeit widerrufen kann, und dabei geht es dann darum, welche Vorschriften über Willenserklärungen analog anzuwenden sind und durch welche Vorschriften die freie Widerruflichkeit im einfachen Recht beschränkt werden kann[912]. Die Gültigkeit der Einwilligung des Minderjährigen ist ohnedies von der Genehmigung des gesetzlichen Vertreters gem. § 108 BGB abhängig, die dieser verweigern kann. Wird die Einwilligung des Minderjährigen nicht genehmigt, dann greift auch § 107 BGB nicht ein[913], weil die Einwilligung in die Datenweitergabe nicht lediglich einen rechtlichen Vorteil für den Patienten bedeutet. Es sollen in erster Linie das Selbstentscheidungs- und das Selbstbestimmungsrecht des Minderjährigen berücksichtigt werden[914]. Dieses Selbstbestimmungsrecht erstreckt sich auf vielfältige Bereiche, z. B. auf ein Versicherungsverhältnis und den antizipierten Verzicht[915], auf das Patiententestament[916] und den Schutz für den Arbeitnehmer[917]. § 183 BGB ist nicht anwendbar, weil der Patient mit dem Vertrag zwischen dem Arzt und der Verrechnungsstelle nichts zu tun hat, auch nicht der gesetzliche Vertreter. Der gesetzliche Vertreter

---

909 *Fischer/Uthoff*, MedR 1996, 116.

910 *Kohte*, AcP 1985, 137.

911 *Amelung*, ZStW 1992, 527, Fn. 7; *ders.* ZStW 1997, 493.

912 Vgl. *Amelung*, a. a. O.; *Boehmer*, MDR 1959, 705; *Schaffland/Wiltfang*, 5001 § 4a BDSG, Rn. 2, 26; im Ergebnis ebenso *Klass*, AfP 2005, 515; vgl. ferner NK/*Simitis*/*Simitis*, § 4a BDSG, Rn. 94, 98; *Roßnagel/Holznagel/Sonntag*, Datenschutzrecht, S. 702.

913 Vgl. *Boehmer*, MDR 1959, 705.

914 Vgl. *Reuter*, AcP 1992, 128; Soergel/*Spickhoff*, § 823 BGB, Rn. 125; *ders.*, § 823 Anh. I BGB, Rn. 109 ff.

915 *Deutsch/Spickhoff*, Medizinrecht, Rn. 260 ff., 642; *Spickhoff*, AcP 2008, 399 ff.

916 Vgl. Erman/*M. Schmidt*, § 2229 BGB, Rn. 9; *Spickhoff*, NJW 2000, 2301 f.; *ders.*, AcP 2008, 401.

917 *Vogel/Glas*, DB 2009, 1748.

hat den Behandlungsvertrag und ggf. die Entbindung von der Schweigepflicht zu genehmigen[918]. Im Verhältnis zum Patienten ist es ausreichend, dass die Einwilligung aufgrund unzureichender Aufklärung jederzeit widerrufen worden sein kann[919]. Wenn die Voraussetzung für die Einwilligungsfähigkeit erfüllt ist, dann kann die zivilrechtliche Vorschrift über die Willenserklärung anwendbar sein[920].

2. *Anfechtbarkeit der Einwilligungserklärung*

Der Unterschied zwischen der Widerruflichkeit und der Anfechtbarkeit besteht in der Rückwirkung gem. § 142 BGB. Das angefochtene Rechtsgeschäft ist als von Anfang an nichtig anzusehen[921]. Der Irrtum des Einwilligenden kann darin bestehen, dass er eine Einwilligungserklärung überhaupt nicht hat abgeben wollen. Praktisch bedeutsam ist der Erklärungsirrtum bei der Verwendung von vorformulierten Vertragsbedingungen, die zwar eine dem § 4a BDSG entsprechend gestaltete Einwilligungserklärung enthalten, die der Patient aber nicht zur Kenntnis genommen hat. Der Irrtum gem. § 119 BGB setze eine Diskrepanz von Vorstellung und Gewolltem voraus[922]. Wenn dem Vertragspartner die von der anderen Seite eingebrachten AGB gleichgültig sind, verbindet sich mit seiner Erklärung keine Vorstellung von deren Inhalt[923]. Zu einem Irrtum kann es unter diesen Umständen nicht kommen. Wer keine konkrete Vorstellung hat, irrt sich nicht, sondern geht bewusst ein Risiko ein. Die Erklärung bleibt zivilrechtlich wirksam und ist nicht anfechtbar[924]. Die Einwilligung setzt auch im strafrechtlichen Sinne voraus, dass der Einwilligende seine Erklärung bewusst abgegeben hat. Fehlt dem „Einwilligenden" das Bewusstsein, eine Einwilligungserklärung abzugeben, dann liegt strafrechtlich keine wirksame Einwilligung vor, ohne dass es der Anfechtung überhaupt bedarf[925]. Ebensowenig ist die Anfechtbarkeit im Datenschutzrecht problematisch, weil sich die Anfechtbarkeit wegen der Rückwirkung auf die gespeicherte Datenlöschung bezieht. Diese Löschung ergibt sich

918 Vgl. *Wessels/Beulke*, Strafrecht AT, Rn. 374.

919 Vgl. Erman/*N. Klass*, Anh. zu § 12 BGB, Rn. 230; *Trockel*, NJW 1970, 490.

920 Vgl. nur NK/*Kargl*, § 203 StGB, Rn. 52.

921 *Deutsch/Spickhoff*, Medizinrecht, Rn. 255; *Kohte*, AcP 1985, 140 ff.

922 Hier nur *Kühne*, JZ 1979, 243.

923 Vgl. MüKo/*Armbrüster*, § 119 BGB, Rn. 49 m. w. N.

924 Vgl. *Amelung*, ZStW 1997, 495; *Bamberger/Roth/Spindler*,§ 823 BGB, Rn. 642.

925 *Amelung*, ZStW 1997, 491, 493 ff.; LK/*Rönnau*, vor § 32 StGB, Rn. 173 m. w. N.; Sch/Sch/*Lenckner/Sternberg-Lieben*, Vorbem. §§ 32 ff. StGB, Rn. 45; ähnlich *Bichlmeier*, JZ 1980, 54; dazu näher *Kohte*, AcP 1985, 140 ff.; *Kühne*, JZ 1979, 243 f.; vgl. MüKo/*Wagner*, § 823 BGB, Rn. 730.

aber daraus, dass die Datenspeicherung gesetzlich nicht mehr zulässig ist (vgl. §§ 20, 35 BDSG)[926]. Demgegenüber betrifft der Widerruf des Einwilligenden den Verzicht auf zukünftige Datenerhebung, -verarbeitung oder -speicherung[927]. Die Wirkung der Anfechtung gem. § 142 BGB ist auch im Zivilrecht nicht zulässig, weil es ohnehin um den Schadensersatz des Anfechtenden gem. § 122 BGB bei Willenserklärung durch die Notwendigkeit einer Anfechtung, um die ungerechtfertigte Bereicherung gem. §§ 812 ff. BGB[928] oder um den Schadensersatz des Arztes gem. § 823 BGB geht[929]. Im Vergleich mit der Teilanfechtungserklärung gem. § 143 BGB und mit den AGB taucht vielmehr das Problem der Teilnichtigkeit gem. § 139 BGB auf.

3. *Rückwirkung und Genehmigung*

Die wirksame Einwilligung bezieht sich auf die ausdrückliche, die stillschweigende und die mutmaßliche Einwilligung. In diesem Zusammenhang stellt sich die Frage, ob die nachträgliche Entbindung von der Schweigepflicht als Genehmigung gem. § 184 BGB mit heilender Wirkung angesehen werden kann. Das OLG Köln die Position vertreten, dass die nachträgliche Zustimmung zur unbefugten Offenbarung von Daten rechtlich ohne Belang sei, die rechtfertigende Zustimmung notwendigerweise vor oder bei Beginn des Rechtsgeschäfts der Tat erteilt werden müsse[930]. Dem entspricht die im Strafrecht und im Datenschutzrecht herrschende Auffassung[931], derzufolge das Rechtsgeschäft von Anfang an nichtig sei[932]. Eine nachträglich erteilte Einwilligung kann jedoch als Verzicht

---

926 Vgl. *Ehmann*, RDV 1988, 177 f.; zu Daten aus einer Genomanalyse *Deutsch*, AcP 1992, 167.

927 Hier nur *Bergmann/Möhrle/Herb*, § 4a BDSG 01, Rn. 24; *Roßnagel/Holznagel/Sonntag*, Datenschutzrecht, 703.

928 Vgl. *Deutsch/Spickhoff*, Medizinrecht, Rn. 340.

929 Vgl. *Erman/N. Klass*, Anh. zu § 12 BGB, Rn. 235; *Klass*, AfP 2005, 514; *Kohte*, a. a. O.; Sch/Sch/*Lenckner/Sternberg-Lieben*, Vorbem. §§ 32 ff. StGB, Rn. 46 ff.; Soergel/*Spickhoff*, § 823 BGB, Rn. 123; *Spickhoff*, VersR 2006, 1580.

930 OLG Köln VersR 1992, 319 f.; vgl. OLG Köln NJW 1993, 793, 794; *Wessels/Beulke*, Strafrechts AT, Rn. 378.

931 *Auernhammer*, § 4 BDSG, Rn. 11; *Däubler/Klebe/Wedde/Weichert*, § 4a BDSG, Rn. 4; *Jescheck/Weigend*, Lehrbuch des Strafrechts AT, § 34, IV. 1.; LK/*Hirsch* (1994), vor § 32 StGB, Rn. 109; LK/*Rönnau*, vor § 32 StGB, Rn. 171; NK/*Simitis/Simitis*, § 4a BDSG, Rn. 27; *Pickel*, MDR 1984, 887; *Wessels/Beulke*, Strafrechts AT, Rn. 378; vgl. OLG Köln NJW 1993, a. a. O.

932 MüKo/*Schramm* (2006), vor 182 BGB, Rn. 15 m. w. N.; *ders.*, § 182 BGB, Rn. 28.

auf den Schadensersatzanspruch nach § 823 BGB gewertet werden[933]. Wenn die Genehmigung im Sinne des § 184 BGB in der deliktischen Haftung nicht von Bedeutung sein soll, könnte sie dennoch zur zivilrechtlichen Aufrechterhaltung des Rechtsgeschäftes gem. § 184 II BGB führen[934]. In diesem Zusammenhang besteht auch kein Eingriff in das Interesse eines Dritten. Denn §§ 134, 184 BGB folgen eigenen Regeln. Deshalb ist es durchaus möglich, dass der Arzt zwar strafbar handelt, die Abtretung der Forderung aber dennoch wirksam ist[935]. Die strafrechtliche Missbilligung erstreckt sich nicht auf die Wirksamkeit des Rechtsgeschäfts[936]. Für das Strafrecht ist es ausreichend, die nachträgliche Zustimmung nur in der Strafzumessung zu berücksichtigen, zumal auch die Strafbarkeit von einem Strafantrag des Verletzten abhängt[937].

4. Korea

Die Frage der Widerruflichkeit und der Anfechtbarkeit bezüglich der Einwilligung in die Offenbarung des Arztes wird nur im strafprozessualen Schrifttum diskutiert. Die zivilrechtliche Diskussion orientiert sich an Minderjährigen wegen der im Vergleich zum BGB zivilrechtlichen Besonderheit, die dann besteht, dass im KBGB die §§ 182 ff. BGB fehlen. Der Verzicht des Zeugnisverweigerungsberechtigten kann noch während (nicht nach) der Vernehmung angefochten (nicht widerrufen) werden, und daher darf die bis dahin durchgeführte Beweiserhebung im Verfahren nicht verwertet werden[938]. Diese Meinung beruft sich auf den BGH[939]. Im Hinblick auf die Anfechtbarkeit der Einwilligungserklärung ist im Strafrecht nicht umstritten, dass nur der Motivirrtum nicht auf die Wirksamkeit der Einwilligung einwirkt, soweit sich der Irrtum sich nicht auf den Umfang der Rechtsgutverletzung und die damit verbundene Gefahr bezieht. Dies ist darin begründet, dass der Einwilligende durch Abgabe seines freiwilligen Urteils einwilligen muss. Daher ist die Einwilligung unwirksam, wenn wegen Betrug, Täuschung, Irrtum oder Zwang ein Willensmangel besteht[940]. Bei einem

933 *Gola/Schomerus*, § 4a BDSG, Rn. 15; vgl. *Taupitz*, MDR 1992, 424 ff.

934 Vgl. MüKo/*Bayreuther*, vor § 182 BGB, Rn. 24; *ders.*, § 184 BGB, Rn. 41; *Deutsch/Spickhoff*, Medizinrecht, Rn. 121.

935 Vgl. *Auernhammer*, § 4 BDSG, Rn. 11.

936 Vgl. *Kern*, ZStW 1952, 285; *Larenz/Wolf*, AT des BGB, § 6, Rn. 10 f.

937 LK/*Rönnau*, vor § 32 StGB, Rn. 171 m. w. N.; im Ergebnis ebenso *Kern*, ZStW 1952, a. a. O.

938 *Bae/Lee/Jeong*, Lehrbuch des Strafprozessrechts, 48/51.

939 BGHSt 2, 99; BGH NStZ 1985, 13.

940 *Kim, Sung Don*, Strafrecht AT, S. 335 f.; vgl. *Kühne*, JZ 1979, 242 ff.

Rechtsgeschäft Minderjähriger ist die Einwilligung eines gesetzlichen Vertreters bis zur Vornahme des Rechtsgeschäfts erforderlich. Ausgenommen ist ein solches Rechtsgeschäft, das gem. § 5 I KBGB (vgl. § 107 BGB) als rechtlich vorteilhaft angesehen wird. Daher kann ein gegen § 5 I KBGB verstoßendes Rechtsgeschäft angefochten werden. Allerdings kann dem Minderjährigen das von seinem gesetzlichen Vertreter durch Ermächtigung bestimmte Vermögen gem. § 6 KBGB zur beliebigen Verfügung stehen. Der gesetzliche Vertreter kann die Einwilligung und die Genehmigung im Sinne der §§ 5, 6 KBGB bis zur Vornahme des Rechtsgeschäfts des Minderjährigen gem. § 7 KBGB anfechten. Die rechtsgeschäftliche Handlung des Stellvertreters, die keiner Stellvertretung entspricht, ist unwirksam. Zwar kann diese Unwirksamkeit durch die Bestätigung des Vertretenen keine heilende Wirkung haben[941], jedoch kann eine solche Bestätigung mit Wirkung für die Zukunft möglich sein, wenn das Rechtsgeschäft nicht der Form bedarf[942]. Außerdem gibt es im KBGB keine mit den §§ 184, 185 BGB vergleichbare Vorschrift[943]. Die Rechtsprechung urteilt deshalb im Einzelfall nach den allgemeinen Grundsätzen der Vertretung in den §§ 114 ff. KBGB und der Nichtigkeit in den §§ 137 bis 146 KBGB. Der allgemeine Grundsatz bezüglich der Genehmigung des Vertretenen in der Vertretung ohne Vollmacht aus §§ 130 bis 135 KBGB ist bei der Verfügung der Nichtberechtigten analog anwendbar[944]. Die Wirksamkeit der von dem Nichtberechtigten vorgenommenen Verfügung räumt dem Berechtigten Einfluss ein, wenn der Nichtberechtigte im eigenen Namen oder im eigenen Recht über das Recht des Dritten verfügt hat und der Berechtigte diese Verfügung nachträglich anerkannt hat. In diesem Urteil kommt lediglich die Anerkennung statt der Bestätigung zum Ausdruck, und die Wirksamkeit der Verfügung wird aus der Privatautonomie hergeleitet[945]. Zwar hat die Anfechtung wegen Irrtum Rückwirkung, aber diese Rückwirkung kann dem gutgläubigen Dritten gem. § 109 II KBGB keinen Einfluss nehmen[946]. Gem. § 249 KBGB könnte der Dritte (hier: die Verrechnungsstelle als Erwerber) die Daten des Patienten als zur Anfechtung Berechtigter gutgläubig erwerben, wenn sie ihm von dem Veräußerer *peaceably* und *openly*[947], im guten Glauben des Erwerbers an die

941 *Kim, Sang Yong*, AT des BGB, S. 532; *Lee, Young June*, AT des BGB, S. 418.

942 *Lee, Young June*, a. a. O.

943 *Lee, Young June*, AT des BGB, S. 439.

944 KOGH, Urteil vom 13.1.1981, 79Da2151; Urteil vom 11.10.1988, 87Da198.

945 KOGH, Urteil vom 9.11.2001, 2001Da44291.

946 *Lee, Young June*, AT des BGB, S. 370 f.

947 Vgl. *Lee, Young June*, AT des BGB, S. 373; diesbezüglich in Deutschland *Coester-Waltjen*, Jura 2003, 27 f.

Berechtigung des Übertragenden und ohne Fahrlässigkeit übertragen werden. Der gutgläubige Erwerberschutz ist nicht anders als bei der vom Nichtberechtigten vorgenommenen Verfügung[948] und bei Nichtigkeit wegen des Verstoßes gegen die guten Sitten sowie die soziale Ordnung in § 103 KBGB.

5. *Zusammenfassung und Zwischenergebnis*

a) Deutschland

Die Einwilligungserklärung muss vor der Datenweitergabe vorliegen und kann bis zur Vornahme des Rechtsgeschäfts oder bis zum Tatbeginn bei einem Delikt jederzeit widerrufen werden. Gem. § 130 I S. 2 BGB kann sie vor oder zeitgleich mit ihrem Eingang bei dem Erklärungsempfänger widerrufen werden. Im Prinzip kann der Minderjährige seine Einwilligungserklärung jederzeit freiwillig widerrufen, wenn er die Einwilligungsfähigkeit besitzt. Die Rückwirkung der Anfechtung gem. § 142 BGB ist nicht zulässig, weil es sich um die Löschung gespeicherter Daten und damit um den Schadensersatz des Anfechtenden gem. § 122 BGB und um die ungerechtfertigte Bereicherung gem. §§ 812 ff. BGB handelt. Eine nachträglich erteilte Einwilligung gilt als Verzicht auf den Schadensersatzanspruch gem. § 823 BGB. Wenn die Genehmigung im Sinne des § 184 BGB in der deliktischen Haftung nicht von Bedeutung sein soll, kann sie dennoch zur zivilrechtlichen Aufrechterhaltung des Rechtsgeschäftes gem. § 184 II BGB führen. Daher handelt der Arzt strafbar, die Abtretung der Forderung ist aber dennoch wirksam.

b) Korea

Im Prinzip setzt das Rechtsgeschäft des Minderjährigen die Einwilligung seines gesetzlichen Vertreters bis zur Vornahme des Rechtsgeschäfts voraus. Der gesetzliche Vertreter kann eine solche Einwilligung und eine Genehmigung im Sinne der §§ 5, 6 KBGB auch bis zur Vornahme des Rechtsgeschäfts des Minderjährigen gem. § 7 KBGB anfechten. Die Rückwirkung der Anfechtung wegen Irrtum kann dem gutgläubigen Dritten gem. § 109 II KBGB keinen Einfluss verschaffen. Gem. § 249 KBGB kann der Dritte die Daten des Patienten erwerben, soweit sie ihm von dem Veräußerer *peaceably* und *openly* übergeben werden. Zusätzlich werden der gute Glaube des Erwerbers an die Berechtigung des Übertragenden und die Nichtfahrlässigkeit vorausgesetzt. Der Schutz des gutgläubigen Erwerbers ist anwendbar auf den Fall der vom Nichtberechtigten vorgenommenen Verfügung und der Nichtigkeit wegen des Verstoßes gegen die guten Sitten sowie die soziale Ordnung in § 103 KBGB.

---

948 *Lee, Young June*, AT des BGB, S. 441.

Teil 4: Offenbarungsbefugnis, -pflicht und zivilrechtliche Haftung

A. Die haftungsrechtlichen Grundlagen

I. Deutschland

1. Vertragliche Grundlagen

Die ärztliche Schweigepflicht ist eine gesetzliche und vertragliche (Neben)Pflicht[949]. Diese vertragliche Nebenpflicht ergibt sich aus den §§ 157, 242 BGB[950] und auch aus dem § 241 II BGB i. V. mit den Arzt- und den Krankenhausaufnahmeverträgen[951]. Nach einer früher vertretenen Ansicht hat sich die Schweigepflicht des Arztes auf eine entgeltliche Geschäftsbesorgung im Sinne des § 675 BGB i. V. m. dem § 242 BGB gegründet[952]. Außerdem hat eine Auffassung die Schweigepflicht als Unterlassungspflicht zum Vergleich mit der Aufklärungspflicht als Pflicht zum Tun herangezogen[953]. Nach diesem Argument wird die Schweigepflicht als eine aus dem Behandlungs- oder dem Werkvertrag abgeleitete Nebenleistungspflicht angesehen[954]. Der Grund dafür ist, dass die Geheimhaltungspflicht des Arztes in erster Linie auf das Individualinteresse des Patienten und zugleich auf das medizinische Interesse des Arztes abzielen sollte[955]. Nach diesen Argumenten könnte die Schweigepflicht des Arztes aber als Hauptpflicht i. V. mit einer Gegenleistung gegenüber seiner anderen Pflicht angesehen werden[956]. Im Mittelpunkt dieses Arguments stehen der Heil- bzw. der Behandlungszweck. Es ist aber zweifelhaft, ob die

---

949 Hier nur *Spickhoff/Scholz*, Medizinrecht, § 10 MBO, Rn. 1; vgl. bei Schweigepflicht als Inhalt des Behandlungsvertrages *Hess*, ZEV 2006, 480.

950 *Müller*, MDR 1971, 966; *Weise*, Persönlichkeitsschutz durch Nebenpflichten, S. 188 m. w. N.

951 *Bamberger/Roth/Sutschet*, § 241 BGB, Rn. 88; *Eberbach*, JR 1986, 233; *Heberer/Mößbauer*, MedR 2004, 138; *Kuhlmann*, JZ 1974, 670; MüKo/*Ernst*, § 280 BGB, Rn. 100.

952 *Kleinewefers/Wilts*, NJW 1963, 2346.

953 Vgl. *Damm*, MedR 2004, 9, bei Rechtspflicht zur Angehörigenaufklärung bei der HIV-Infektion.

954 *You*, Der zivilrechtliche Schutz der Persönlichkeit bei der Verletzung der ärztlichen Schweigepflicht, S. 131 ff.

955 *You*, Der zivilrechtliche Schutz der Persönlichkeit bei der Verletzung der ärztlichen Schweigepflicht, S. 21.

956 Vgl. *Stucki-Gallwoszus*, Pflichtenkollision von Schweigepflicht und Aufklärungspflicht des Arztes, S. 32 f.

vertragliche haftungsrechtliche Qualifikation der beruflichen Schweigepflicht von diesem Zweck abhängig sein kann. Die Behandlung setzt das Bestehen eines Vertrauensverhältnisses zwischen dem Arzt und dem Patienten voraus. Der Behandlungsvertrag wird nach verbreiteter Auffassung als Dienstvertrag im Sinne des § 611 BGB (seit 20.2.2013 Einfügung in das BGB als § 630a BGB) angesehen[957]. Die Schweigepflicht ist eine aus dem Behandlungsvertrag abgeleitete vertragliche (Neben)Pflicht im Sinne des § 630a BGB und stützt in Bezug auf den Interessenschutz Dritter auf den Grundsatz von Treu und Glauben gem. § 242 BGB[958].

2. *Deliktische Haftung*

Nach Ansicht des BVerfG und des BGH kann sich der postmortale Persönlichkeitsrechtsschutz nicht auf das allgemeinen Persönlichkeitsrecht aufgrund des Art. 2 I GG berufen, weil dieser Artikel lediglich den Persönlichkeitsrechtsschutz der lebenden Person betreffe[959]. Im Hinblick auf den Schutz des Persönlichkeitsrechts gilt § 823 I BGB gegenüber den spezialgesetzlichen Vorschriften als subsidiär[960]. Daraus folgt auch, dass das postmortale Persönlichkeitsrecht nur durch einen gewissen Schutz über Schutznormen z. B. § 203 IV StGB erreicht werden kann[961]. Nach einer Ansicht kann kein Anhalt für den Schutz der Privatsphäre oder des allgemeinen Persönlichkeitsrechts durch §§ 823 I, 1004 BGB aus Gründen des Datenschutzes Grund gefolgert werden, weil sich ein solcher Schutz nur auf den außerhalb der einzelnen Regelungen liegenden Schutzzweck des gesamten Gesetzes beziehe, weshalb er nicht der geschützte Gegenstand der einzelnen Normen selbst sei[962]. Nach diesem Argument ist die Interessen- und Güterabwägung

---

957 *Deutsch/Spickhoff*, Medizinrecht, Rn. 108. m. w. N.; *Spickhoff*, NJW 2010, 1653.

958 Vgl. *Deutsch/Spickhoff*, Medizinrecht, Rn. 634; zur strafrechtlichen Auffassung *Göppinger*, NJW 1958, 242.

959 BVerfG NJW 1994, 783, bei Leichenöffnung; BVerfG NJW 2006, 3409; BGH NJW 2007, 685; *Kunig*, Jura 1993, 599; Staudinger/*Hager* (1999), § 823 BGB, Rn. C 34 m. w. N.; im Ergebnis ebenso *Jarass*, NJW 1989, 860; ähnlich *Stein*, FamRZ 1986, 10.

960 BVerfG DB 1981, 1392; Staudinger/*Hager* (1999), § 823 BGB, Rn. B 137 m. w. N.; a. A. *Larenz/Canaris*, Schuldrecht II/2, § 80 I, 3 ff. und § 80 III.

961 MüKo/*Schwerdtner* (1993), § 12 BGB, Rn. 193.

962 *Ehmann*, AcP 1988, 247 f., 268 f.; *ders.*, RDV 1988, 177; im Ergebnis ebenso *Büser*, BB 1997, 214, 216; *May*, NJW 1958, 2102 ff.; *Schack*, JZ 1990, 41; vgl. BVerfG RDV 2007, 20; RGRK/*Dunz*, § 823 Anh. I BGB, Rn. 4 ff.; zu Domain-Namen BGH NJW 2007, 684; zu Recht am eigenen Bild nach dem Tod des Abgebildeten *Seifert*, NJW 1999, 1896; zu Sozialdaten *Mrozynski*, NZS 1996, 545, 548 f.; a. A. *Auernhammer*, BB 1977, 207; *Degenhart*, JuS 1992, 362 f., 367f.; *Gallwas*, NJW 1992, 2785; *Roßnagel/Schnabel*, NJW 2008, 3535 f.

weder auf den Fall der Persönlichkeitsverletzung noch auf den des postmortalen Geheimnisschutzes anzuwenden[963]. Hierbei könnten Einschränkungen des Persönlichkeitsrechts lediglich durch andere verfassungsrechtlich geschützte Werte zustandekommen[964]. Auch mangels umfassender Schutznormen sei § 823 II BGB auf den rechtlichen Schutz an eigenen Daten kaum anwendbar[965]. Demgegenüber werden nach ständiger zivilrechtlicher Rechtsprechung und herrschender Auffassung das durch Art. 1 I GG und Art. 2 I GG gewährleistete allgemeine Persönlichkeitsrecht als sonstiges Recht und die Schweigepflichtverletzung als Anwendungsfall von § 823 I BGB angesehen[966]. Dieses Argument beruht darauf, dass das sonstige Recht im Sinne des § 823 I BGB i. V. mit dem Art. 1 I GG, 2 I GG als Rahmenrecht und auch als Quelle aller übrigen subjektiven Rechte hergeleitet werden kann[967]. Die Durchsetzung des Persönlichkeitsschutzes Verstorbener ist eine Aufgabe der Hinterbliebenen. Der zivilrechtliche Schutz der Geheimnisse Verstorbener wird aus der Totenfürsorge der Angehörigen des Verstorbenen hergeleitet, die nach deren Wortsinn jegliche Fürsorge für den Toten betrifft. In Bezug auf § 1922 BGB argumentiert eine Ansicht, dass die Persönlichkeit auch nach dem Tod fortbestehe und daher die rechtliche Grundlage von dem Schutz der Menschenwürde gem. Art. 1. I GG[968] und § 823 I BGB ausgehen

963 Hier nur BVerfG NJW 2006, 3409; Erman/*N. Klass*, Anh. zu § 12 BGB, Rn. 70.

964 Erman/*N. Klass*, a. a. O.; MüKo/*Leipold*, § 1922 BGB, Rn. 101 m. w. N.; vgl. MK/*Cierniak/Pohlit*, § 203 StGB, Rn. 3.

965 *Meister*, BB 1976, 1588; vgl. zur Interessenabwägung im Sinne des § 823 II BGB *Hubmann*, AcP 1956, 98 ff.; zu rechtsstaatlichen Gesichtspunkten *Peters*, JZ 1983, 913; zu BDSG *Ehmann*, AcP 1988, 268 f.; zu § 1 UWG *Deutsch*, JZ 1963, 387.

966 BGH NJW 1957, 1146; *Degenhart*, JuS 1992, 362; *Eberbach*, JR 1986, 234; *Kleinewefers/Wilts*, VersR 1963, 990; *Kreuzer*, NJW 1975, 2234; im Ergebnis ebenso *Canaris*, JuS 1989, 170; vgl. Palandt/*Sprau*, § 823 BGB, Rn. 148; Staudinger/*Hager* (1999), § 823 BGB, Rn. C 170; zur historischen Entwicklung des allgemeinen Persönlichkeitsrechts im Zivilrecht *Deutsch*, AcP 1992, 162 f. und 170; zum Persönlichkeitsrechtsschutz BGH JZ 1990, 37, 38; *Medicus/Lorenz*, Schuldrecht II, Rn. 1301; zur datenschutzrechtlichen Auffassung *Auernhammer*, BB 1977, 209; *Bergmann/Möhrle/Herb*, § 3 BDSG 01, Rn. 6 f.; *Bongen/Kremer*, MDR 1991, 1032; *Klippel*, BB 1983, 412, 414; zur strafprozessualen Auffassung *Blau*, NJW 1973, 2236; zur verfassungsrechtlichen Auffassung *Gallwas*, NJW 1992, 2786 ff.

967 Erman/*G. Schiemann*, § 823 BGB, Rn. 4, 48 m. w. N.; im Ergebnis ebenso *Meister*, BB 1976, 1588; vgl. ferner Soergel/*Spickhoff*, § 823 BGB, Rn. 86, 90; vgl. zum verfassungsrechtlichen Sinne *Dreier/Dreier*, Art. 2 I GG, Rn. 81.

968 BVerfG NJW 2001, 594; *Diederichsen*, Jura 2008, 7; *Westermann*, FamRZ 1969, 561 ff.; vgl. zu Art. 1 III GG *Bizer*, NVwZ 1993, 654.

solle[969]. Daraus ergebe sich auch, dass, wenn die Angehörigen gegen den Persönlichkeitsrechtsschutz des Verstorbenen verstoßen, der Schutz des Erblassers durch sie und durch das Bestehen familiärer und sozialer Beziehungen zwischen den Angehörigen und deren Verstorbenem nicht mehr gewährleistet sei[970]. Trotzdem soll die Anwendung des § 823 I BGB vorsichtig geschehen, weil der Begriff „sonstiges Recht" in Bezug auf den Schutz des allgemeinen Persönlichkeitsrechts abstrakt und unklar ist[971]. Dieses Problem liegt auch bei dem Begriff des Persönlichkeitsrechts in § 8 II BDSG vor. Daher bleibt noch die Frage der Konkretisierung der Interessen- und Güterabwägung i. V. mit dem sonstigen Recht im Sinne des § 823 I BGB zu klären[972], damit der Geheimnisschutz Verstorbener i. V. mit deren wirklichem Willen realisiert wird, und die grenzenlose Erweiterung des allgemeinen Persönlichkeitsrechts gegenüber dem Interesse der berechtigten Angehörigen oder Dritter vermieden wird[973]. Dadurch erreichbare Konkretisierungen und Einschränkungen des allgemeinen Persönlichkeitsrechts dienen der Bestimmung des Tatbestands und der Rechtswidrigkeit[974].

Bei der ärztlichen Schweigepflicht geht es um die Geheimnisse bestimmter Personen und um deren Schutz durch bestimmte Berufsangehörige. Hinsichtlich dieses Schutzbereiches gibt es keinen Unterschied zwischen Verfassungsrecht, Strafrecht und Zivilrecht[975]. Geschützt wird neben dem allgemeinen Vertrauen in die Verschwiegenheit der Angehörigen bestimmter Berufe auch das Interesse des Betroffenen. Beide Interessen sollten nach Möglichkeit miteinander im Einklang

969 BGH JZ 1990, 37 ff.; OLG Schleswig JZ 1987, 774 m. Anm. *Schack.*; *Petersen*, Jura 2008, 271 f.; Soergel/*Spickhoff*, § 823 BGB, Rn. 110; dazu näher *Spickhoff/Spickhoff*, Medizinrecht, § 1 BGB, Rn. 17; vgl. Soergel/*Stein*, § 1922 BGB, Rn. 25, 26.

970 Soergel/*Stein*, § 1922 BGB, Rn. 26.

971 Vgl. *Deutsch*, JZ 1963, 388; Soergel/*Spickhoff*, vor § 823 BGB, Rn. 18.

972 Vgl. BGH NJW 1957, 1146; *Deutsch*, AcP 1992, 164; *ders.*, JZ 1963, 388 f.; Erman/*G. Schiemann*, § 823 BGB, Rn. 4; *Fricke*, VersR 2009, 305; *Medicus/Lorenz*, Schuldrecht II, Rn. 1308; zur verfassungsrechtlichen Auffassung *Degenhart*, JuS 1992, 363 f.

973 Vgl. *Deutsch*, AcP 1992, 164 f.; Erman/*N. Klass*, Anh. zu § 12 BGB, Rn. 129; *Lilie*, Zur Zukunft der Organ-und Gewebespende, Festschrift für *Adolf Laufs* zum 70. Geburtstag, S. 970; *Medicus/Lorenz*, Schuldrecht II, Rn. 1308; RGRK/*Dunz*, § 823 Anh. I BGB, Rn. 46; *Spickhoff*, NJW 2005, 1984; *Westermann*, FamRZ 1969, 567; zur datenschutzrechtlichen Auffassung *Bull*, NJW 2006, 1622 f.

974 Vgl. *Canaris*, AcP 1984, 230; *ders.*, JuS 1989, 169 f.; *Deutsch*, AcP 1992, 163 f.; *Smith*, ZEuP 1999, 305.

975 Vgl. Erman/*N. Klass*, Anh. zu § 12 BGB, Rn. 125 ff.; *Kreuzer*, NJW 1975, 2234.

stehen[976]; denn der Normzweck des § 203 StGB zielt auf den Individualschutz und zugleich auf den Schutz der Allgemeinheit ab[977]. Ein Verstoß gegen § 203 StGB kann nur vorsätzlich begangen werden. Dagegen erfordert § 823 II BGB die Verletzung der Schutznorm. Wenn diese nur vor vorsätzlichen Eingriffen schützen will, muss auch Vorsatz gegeben sein. Fahrlässige Verletzung der Schweigepflicht ist kein Verstoß gegen ein Schutzgesetz im Sinne des § 823 II BGB, weil § 203 StGB vor diesem Verhalten nicht schützt[978]. Auch Rechtswidrigkeit für § 823 II BGB Haftungsvoraussetzung ist[979].

II. Korea

1. Vertragliche Grundlagen

Nach ständiger Rechtsprechung und herrschender Auffassung wird der Behandlungsvertrag als Auftrag im Sinne des § 680 KBGB angesehen[980]. Die ärztliche Schweigepflicht im Sinne des koreanischen Zivilrechts ist keine vertragliche Nebenleistungspflicht, sondern eine vertragliche Nebenpflicht[981]. Die Schweigepflicht im Sinne des § 317 KStGB gehört zu der in § 103 KBGB festgeschriebenen sozialen Ordnung. Diese Ordnung umfasst ein zwingendes Recht[982]. Die zivilrechtliche Schweigepflicht ergibt sich nicht aus der eigenen Geschäftsführung des Beauftragten, sondern aus dem Inhalt des Grundsatzes von Treu und

---

976 Vgl. RGRK/*Steffen*, § 823 BGB, Rn. 541; Soergel/*Spickhoff*, vor § 823 BGB, Rn. 36 ff.; *ders*, § 823 BGB, Rn. 191 ff.

977 Vgl. BGH NJW 1987, 1818, zu § 267 im Sinne des § 823 II BGB; *Woesner*, NJW 1957, 692; ohne Meinungsstand *Giesen/Poll*, JR 1994, 29, diesbezüglich Teil 1. B.

978 Vgl. *Deutsch/Spickhoff*, Medizinrecht, Rn. 638; *Medicus/Lorenz*, Schuldrecht II, Rn. 1324; *Spickhoff*, NJW 2000, 848.

979 Hier nur RGRK/*Steffen*, § 823 BGB, Rn. 559; Soergel/*Spickhoff*, § 823 BGB, Rn. 207 ff.

980 KOGH Urteil vom 13.12.1988, 85DaKa1491; Urteil vom 27.7.1993, 92Da15031; *Guak, Eyun Jik*, Schuldrecht BT, S. 342; *Kim, Yong Han*, Die Haftung durch die Behandlung, S. 4; *Mun, Jung Du*, Medizinprozess – Mittelpunkt des Behandlungsvertrages –, S. 68; *Kim, Min Joong*, Behandlungsvertrag, S. 38; *Sub, Kwang Min*, Rechtsverhältnis des Behandlungsvertrages, S. 55; *Lee, Eun Young*, Schuldrecht BT, S. 937; im Ergebnis ebenso *Kim, Sung Gil*, Die gesetzliche Haftung für den Behandlungsfehler des Arztes, S. 631; *Lee, June Sang*, Die Studie über die Behandlungsfehler, S. 9; vgl. zum Behandlungsvertrag als Dienstvertrag im Sinne des § 655 KBGB *Kim, Hyung Bae*, Arbeitsrecht, S. 181; *Lee, Young Hyi*, Die Studie über die rechtliche Qualifikation des Arbeitsvertrages und die Grenzstruktur, S. 59, kritisch *Lee, Eun Young*, Schuldrecht BT, S. 498.

981 *Lee, Eun Young*, Schuldrecht BT, S. 939.

982 Vgl. *Lee, Eun Young*, Schuldrecht AT, S. 191.

Glauben gem. § 2 KBGB[983]. Wegen dessen Generalklausel und daher wegen der Gefahr der Zuflucht zu allgemeinen Klauseln versucht eine Auffassung, den in der Rechtsprechung entwickelten Inhalt des Grundsatzes „Treu und Glauben“ im Sinne des § 2 KBGB zu typisieren[984]. Dieses Argument weist auf die Gefahr des individuellen und – vor allem – des institutionellen Rechtsmissbrauchs hin[985]. Die inhaltliche Kategorie bezieht sich auf Aufklärungs-, Beratungs-, Auskunfts-, Anzeige-, Mitwirkungs-, Fürsorge-, Obhuts- und Schutzpflicht[986]. Daher könnte die Schweigepflicht auch zu einer Fürsorgepflicht gehören[987]. Aber die dargestellte einzelne Funktionsgruppe darf nicht ohne weiteres im KBGB kodifiziert werden, weil Treu und Glauben im Sinne des § 2 KBGB auf die Balance zwischen Stabilität und Dynamik des Gesetzes abzielt[988].

2. *Deliktische Haftung*

Das KBGB enthält keine mit § 823 II BGB vergleichbare Vorschrift. § 750 KBGB ist als haftungsrechtliche Generalklausel ähnlich wie § 704 I BGB-Vorentwurf[989] aufgebaut. Jede schuldhafte widerrechtliche Handlung löst Schadensersatzpflichten aus, ohne dass dafür die Verletzung eines besonderen Rechtsguts oder einer den Schutz einer bestimmten Person bezweckenden Norm Voraussetzung ist. Es ist umstritten, ob das Geheimnis des Patienten als *privacy right* i. V. m. § 751 KBGB anzusehen ist[990]. Eine traditionelle Frage im koreanischen Zivilrecht lautet ferner, ob das allgemeine und das besondere Persönlichkeitsrecht positiv bestimmt werden sollten. Eine Ansicht lehnt den im Zivilrecht haftungsrechtlich bedeutsamen Begriff des allgemeinen Persönlichkeitsrechts ab. In § 751 KBGB wird dieses Recht „nicht als aktiver Schutzgegenstand“ festgeschrieben. Die unerlaubte Handlung im Sinne des § 751 KBGB setzt die Verletzung von Leben, Körper, Freiheit, Ehre voraus. Außerdem setzt § 750 KBGB nach den in Rechtsprechung und Schrifttum herrschenden Meinungen lediglich eine unerlaubte

983 Vgl. *Lee, Eun Young*, Schuldrecht BT, S. 568.
984 *Ko, Sang Yong*, AT des BGB, S. 117; *Kim, Sang Yong*, AT des BGB, S. 14; *Lee, Young June*, AT des BGB, S. 58.
985 *Lee, Young June*, a. a. O.
986 *Lee, Young June*, AT des BGB, S. 62 ff.
987 Vgl. *Lee, Young June*, AT des BGB, S. 62, 64.
988 *Lee, Young June*, AT des BGB, S. 58.
989 Dazu *Deutsch*, JZ 1963, 385 f.; Soergel/*Spickhoff*, vor § 823 BGB, Rn. 3 ff.
990 *Joo, Ho No*, Die Pflicht des Arztes im Medizingesetz, S. 216; *Lee, Eun Young*, Schuldrecht BT, S. 568, 765, 988; vgl. zu dieser Rechtsgrundlage in Deutschland *Bull*, NJW 1979, 1179.

Verletzungshandlung gegenüber den Schutzgütern voraus. Somit umfasst dieser Paragraph bereits den materiellen und den immateriellen Schaden[991]. Daher ist es nicht erforderlich, dass persönliche Interessen als Rechtsbegriff gelten[992]. Unter diesem Gesichtspunkt wird das Persönlichkeitsrecht als verfassungsrechtliches Grundrecht gewährleistet, und die verfassungsrechtliche Norm wird in die Inhaltsbildung bezüglich des haftungsrechtlichen Schutzguts des Privatrechts einbezogen[993]. Schließlich wird das besondere Persönlichkeitsrecht, z. B. in Bezug auf Ehre, Privatleben, Geheimhaltung der persönlichen Information, Namensrecht usw., durch ein besonderes Gesetz geschützt[994]. Nach diesem Argument wird das Geheimnis Verstorbener jedoch nur in dem engen Rahmen der Verletzung des Namens, des eigenen Bilds oder des Privatlebens geschützt, weil es sich dabei um eine private Information handelt[995]. Demgegenüber werden nach verbreiteter Auffassung das allgemeine und das besondere Persönlichkeitsrecht positiv im haftungsrechtlichen Schutzbereich berücksichtigt. In § 751 KBGB werden der immaterielle Schaden und die Verletzung von Körper, Freiheit, Ehre als beispielhaft festgeschrieben[996]. Daher können diese Rechtsgüter als persönliches Interesse oder als Persönlichkeitsrecht bezeichnet werden[997]. Wenn die in § 751 KBGB nicht aufgeführten besonderen Persönlichkeitsrechte verletzt werden, dann wird eine solche Verletzung durch § 750 KBGB geschützt. Im Hinblick auf den dargestellten Meinungstand kommt es freilich darauf an, wie der Schutzbereich des allgemeinen Persönlichkeitsrechts und wie bei dessen Verletzung Tatbestand und Rechtswidrigkeit bestimmt werden können. Nach den im Schrifttum herrschenden Ansichten wird die Rechtswidrigkeit durch ein Verhaltensunrecht qualifiziert[998]. Maßgeblich sei die im sozialen Leben geforderte tatsächliche Norm. Der Urteilsmaßstab der Rechtwidrigkeit seien also sowohl alle einfachen Gesetze als

991 KOGH, Urteil vom 27.6.1967, 66Da1592; Urteil vom 29.8.1967, 67Da1414; Urteil vom 25.7.1972, 73Da1100; *Kim, Sang Young*, Schuldrecht BT, S. 218; *Lee, Eun Young*, Schuldrecht BT, S. 763; *Lee, Tae Jae*, Schuldrecht BT, S. 556.

992 *Lee, Eun Young*, Schuldrecht BT, S. 973.

993 *Lee, Eun Young*, a. a. O.

994 *Lee, Eun Young*, Schuldrecht BT, S. 972.

995 *Lee, Eun Young*, Schuldrecht BT, S. 992.

996 *Guak, Eyun Jik*, Schuldrecht BT, S. 491; *Kim, Sang Young*, Schuldrecht BT(Ha), S. 170, 218.

997 *Guak, Eyun Jik*, a. a. O.; *Lee, Young June*, AT des BGB, S. 42.

998 *Guak, Eyun Jik*, Schuldrecht BT, S. 488; *Kim, Joo Su*, Schuldrecht BT, S. 631; *Kim, Sang Young*, Schuldrecht BT(Ha), S. 221; *Lee, Eun Young*, Schuldrecht BT, S. 802; *Sub, Kwang Min*, Theoretische Struktur der Zurechnung bei der außervertraglichen Haftung, S. 29 m. w. N.

auch die guten Sitten sowie die soziale Ordnung[999]. In diesem Punkt bestimmt die Rechtsprechung die Rechtswidrigkeit bei einer Verletzung des allgemeinen Persönlichkeitsrechts durch Interessen- und Güterabwägung[1000]. Wenn der Meinung gefolgt wird, die das besondere und das allgemeine Persönlichkeitsrecht negativ auffasst, dann ist der Geheimnisschutz Verstorbener sehr eng. Denn das Geheimnis Verstorbener wird ausdrücklich weder in § 317 KStGB noch in § 19 KMG festgeschrieben. Daher wird das Geheimnis Verstorbener nur mit besonderen Gesetzen geschützt, zum Beispiel mit dem Urheberrecht. Jedoch ist diese Meinung im Ergebnis identisch mit entgegengesetzten Ansichten, weil die Verletzung des Geheimnisses als Schutzgegenstand bereits auf der tatbestandlichen Ebene der §§ 750, 751 KBGB behandelt wird. In diesem Zusammenhang dient die begriffliche Bestimmung des besonderen und des allgemeinen Persönlichkeitsrechts dem zivilrechtlichen Geheimnisschutz Verstorbener. In Korea ist es zunächst noch erforderlich, dass das besondere Persönlichkeitsrecht in dem Tatbestand des § 751 KBGB positiv bestimmt wird[1001].

III. Zusammenfassung und Zwischenergebnis

1. Deutschland

Die ärztliche Schweigepflicht wird als gesetzliche und vertragliche (Neben)Pflicht qualifiziert. Die erstgenannte Pflicht ergibt sich aus § 203 StGB i. V. mit dem § 134 BGB, während die letztgenannte Pflicht aus der vertraglichen Nebenpflicht i. V. mit dem § 241 II BGB (jetzt § 630a BGB) und auch aus der mit dem Grundsatz von Treu und Glauben verbundenen besonderen Nebenpflicht in § 242 BGB abgeleitet wird. Das informationelle Selbstbestimmungsrecht i. V. mit dem in Art. 1 I GG und Art. 2 I GG gewährleisteten Persönlichkeitsrecht wird als sonstiges Recht in § 823 I BGB geschützt, und die Schweigepflichtverletzung wird als dessen Anwendungsfall angesehen. Maßgeblich ist die Interessen- und Güterabwägung für Konkretisierung und Einschränkung des allgemeinen Persönlichkeitsrechts i. V. mit der Bestimmung des Tatbestands und der Rechtswidrigkeit. Der Geheimnisschutz Verstorbener wird zwar nicht wie der Geheimnisschutz Lebender gewährleistet, sondern es werden in erster Linie der wirkliche Wille Verstorbener und deren durch dessen Ermittlung erreichbare Interesse berücksichtigt. Die Anwendung von § 823 II BGB setzt eine Verletzung der Schutznorm voraus.

---

999 *Guak, Eyun Jik*, Schuldrecht BT, S. 489; *Kim, Sang Young*, Schuldrecht BT(Ha), S. 167; *Lee, Eun Young*, Schuldrecht BT, S. 801; vgl. zu BVerfG NJW 2006, 3409.

1000 KOGH, Urteil vom 11.10.1988, 85DaKa29; Urteil vom 26.11.1993, 93Da18389.

1001 Vgl. *Deutsch*, AcP 1992, 163 f.

2. Korea

Die Schweigepflicht wird in § 2 KBGB aus einer Fürsorgepflicht gem. dem Grundsatz Treu und Glauben in § 2 KBGB als vertragliche Nebenpflicht und § 103 KBGB aus einem zwingenden Recht in abgeleitet. Das Geheimnis des Patienten wird als *privacy right* i. V. m. §§ 750, 751 KBGB geschützt. Die Auffassung im Hinblick auf die Bestimmung des allgemeinen und des besonderen Persönlichkeitsrechts gleicht der deutschen.

B. Offenbarungsbefugnis und Haftung des Arztes auch für Gehilfen

I. Deutschland

1. Gewohnheitsrecht

Die Befugnis zur Offenbarung von Geheimnissen könnte sich aus dem Gewohnheitsrecht ergeben. Für Rechtfertigungsgründe gilt der Grundsatz *nulla poena sine lege* nicht[1002]. Art 103 II GG schützt vor einer dem Täter nachteiligen abweichenden Unrechtsbewertung. Der Gesetzesvorbehalt hindert nicht daran, ungeschriebene, langandauernde und nichtbestrittene Regeln zugunsten des Täters zu berücksichtigen[1003]. Die allgemeine und gleichmäßige Übung muss von einer Rechtsüberzeugung der beteiligten Rechtsgenossen getragen sein[1004]. Zwar werden in Art. 2 EGBGB jegliche Rechtsnorm und damit auch die gewohnheitsrechtlich gebildete Norm als Gesetz festgeschrieben[1005], jedoch entspricht die Öffnung durch das Gewohnheitsrecht nicht den allgemein anerkannten Rechtfertigungsgründen des § 823 BGB i. V. mit dem § 203 StGB. Daraus ergibt sich, dass sich eine solche Offenbarung im Vergleich mit der gesetzlich verbotenen Offenbarung und der gewohnheitsrechtlich erlaubten Offenbarung in Widersprüche verwickelt, wenn sie seit langem mit Rechtsüberzeugung ausgeübt wird. Dieser Widerspruch ist eine gesetzliche Lücke, weshalb die rechtfertigende Offenbarung durch die Gesetzgebung zustandekommen sollte[1006]. Daher ist die Offenbarung durch das Gewohnheitsrecht von Anfang an nicht zu

1002 BVerfGE 95, 96, 132.
1003 BGHSt 11, 241.
1004 *Honsell*, Einleitung zum BGB, in: Eckpfeiler des Zivilrechts, Rn. 78 ff. m. w. N.
1005 Siehe zu den Protokollen MüKo/*Säcker*, Einleitung des BGB, Rn. 92 ff.
1006 Vgl. *Honsell*, Einleitung zum BGB, in: Eckpfeiler des Zivilrechts, Rn. 79.

erlauben[1007]. Das bezieht sich einerseits auf mögliche Rechtfertigungsgründe im Strafrecht selbst, andererseits ist für das Strafrecht auch das Gewohnheitsrecht anderer Rechtsgebiete verbindlich[1008]. Die unbestrittene und langjährige Überzeugung der Beteiligten, dass ein bestimmtes Verhalten erlaubt ist, verhindert die Strafbarkeit eines solchen Verhaltens. In diesem Sinne wird die Weitergabe personenbezogener Daten nach einer „betriebstypischen Usance" i. V. m. der konkludenten Einwilligung gerechtfertigt[1009]. Soweit eine explizite gesetzliche Regelung besteht, kommt ein Rückgriff auf das Gewohnheitsrecht zur Rechtfertigung von einer dem Gesetz widersprechenden Datenweitergabe ohnehin nicht in Betracht. Grundsätzlich ist es zwar denkbar, dass eine langjährige Nichtanwendung eines Gesetzes durch die Beteiligten zu einem gewohnheitsrechtlich begründeten Ausschluss der Strafbarkeit führt[1010]. In diesem Sinne könnte eine langjährige, bei allen Beteiligten unumstrittene Überschreitung von gesetzlichen Übermittlungsbefugnissen die Strafbarkeit gem. § 203 StGB ausschließen. Derartige Voraussetzungen liegen aber bei den überwiegend jüngeren Vorschriften zum Datenschutz und zur Datenübermittlung nicht vor. Es gibt keine Hinweise auf eine langjährige Praxis der Missachtung dieser Vorschriften und angesichts der hohen Bedeutung, die die Allgemeinheit dem Datenschutz einräumt, auch keine einhellige Überzeugung, dass die Datenweitergabe einschränkende Vorschriften unverbindlich seien. Fraglich ist auch, ob die Berechtigung zur Weitergabe personenbezogener Daten überhaupt in dieser allgemeinen Form einer unbestrittenen Überzeugung der Beteiligten entsprochen hat[1011]. Die jüngere Rechtsprechung zur Weitergabe von Patientendaten bei einer Praxisveräußerung oder zur Übermittlung von Daten an Inkassounternehmen geht überhaupt nicht auf ein Gewohnheitsrecht zur Datenübermittlung ein[1012]; ein solches Recht wird in den jeweiligen Urteilen nicht einmal erwähnt. Gewohnheitsrecht gilt ohnehin nicht zeitlich unbegrenzt. Eine unbestrittene Überzeugung kann in Zweifel gezogen werden, es kann sich eine abweichende Überzeugung bilden. Die zahlreichen neueren Regelungen des Gesetzgebers zum Schutz des Datengeheimnisses bzw. zur Übermittlung von Daten machen deutlich, dass das Recht

1007 Vgl. zu Richter- und Gewohnheitsrecht i. V. m. § 823 II BGB Soergel/*Spickhoff*, § 823 BGB, Rn. 190.
1008 Sch/Sch/*Eser*/*Hecker*, § 1 StGB, Rn. 15.
1009 Seit *Heinemann*, JW 1930, 1555; AG Aachen v. 11.4.1990 (11 C 88/90); *Auernhammer*, § 1 BDSG, Rn. 29; NK/*Kargl*, § 203 StGB, Rn. 58.
1010 Sch/Sch/*Eser*/*Hecker*, § 1 StGB, Rn. 10 m. w. N.
1011 Vgl. *Bergmann*/*Möhrle*/*Herb*, § 4a BDSG 01, Rn. 25a.
1012 Hier nur BGH NJW 1992, 737.

zur informationellen Selbstbestimmung vor dem Hintergrund der technischen Entwicklung ganz allgemein einer Neubewertung unterzogen worden ist[1013].

2. *Befugnis des Arztes zur Datenweitergabe an Dritte gem. §§ 399, 402 ff. BGB?*

Der Konzentration des Arztes und seiner Mitarbeiter auf die spezifisch medizinische Tätigkeit dient die Entlastung von buchhalterisch-administrativen Aufgaben. Verbreitet ist der Usus, dass die Rechnungen für privatärztliche Tätigkeiten nicht von der Praxis selbst, sondern von ärztlichen Verrechnungsstellen oder anderen Anbietern entsprechender Dienstleistungen erstellt werden. Um den Arzt vollständig von der Rechnungsausstellung und dem Inkasso der Forderung zu entlasten, werden die Honorarforderungen gegenüber den Patienten oder die Einziehungsermächtigung an die Verrechnungsstelle bzw. das Inkassounternehmen gem. § 398 BGB abgetreten. Die Verpflichtung zur Weitergabe von Patientendaten folgt aus § 402 BGB. Der Zedent ist verpflichtet, dem Zessionar die zur Geltendmachung der Forderung notwendigen Auskünfte zu erteilen und die zum Beweis dienenden Unterlagen zu übergeben[1014]. In diesem Punkt bestehen Parallelen zu § 807 ZPO[1015]. Rechtlich ist der Vertrag zwischen dem Arzt und der Verrechnungsstelle als echtes Factoring einzuordnen[1016]. Für die Frage der Weitergabe von Daten ist allerdings nicht entscheidend, welche rechtliche Qualifikation ein solcher Vertrag im Einzelnen aufweist[1017]. Voraussetzung einer Rechtfertigung der Weitergabe von Patientendaten an die Verrechnungsstelle nach § 402 BGB ist in jedem Fall eine wirksame Abtretung. Nur eine von der Rechtsordnung anerkannte wirksame Abtretung kann die in § 402 BGB normierten Pflichten auslösen[1018]. Für das erörterte Problem der Berechtigung zur Offenbarung von Patientendaten gegenüber der Verrechnungsstelle kommt es darauf an, ob eine wirksame Abtretung möglich ist. Weil § 402 BGB Folge selbst die Abtretung regelt, kommt es zur Kollision von gesetzlicher Schweigepflicht und vertraglicher

1013 Vgl. NK/*Simitis*/*Simitis*, § 4a BDSG, Rn. 26.

1014 Vgl. *Coester-Waltjen*, Jura 2003, 25.

1015 Hier nur *Berger*, NJW 1995, 1589.

1016 OLG Bremen NJW 1992, 757, 758 = MedR 1992, 168; OLG Hamm NJW 1993, 791, 792; *Laufs*, NJW 1992, 1531; vgl. zum unechten Factoring BGHZ 58, 364; LG Köln NJW 1990, 2944; *Bongen*/*Kremer*, NJW 1990, 2914.

1017 Vgl. Erman/*H. P. Westermann*, § 399 BGB, Rn. 8.

1018 Vgl. *Berger*, NJW 1995, 1588; *Bergmann*/*Möhrle*/*Herb*, § 4a BDSG 01, Rn. 65; *Bongen*/*Kremer*, NJW 1990, 2915; *Lips*/*Schönberger*, NJW 2007, 1568; *Mankowski*, JZ 1994, 50; MüKo/*Armbrüster*, § 134 BGB, Rn. 54.

Offenbarungspflicht[1019]. Die Rechtsprechung löst den Konflikt über § 134 BGB und sieht § 203 StGB als gesetzliches Verbot der Datenweitergabe und damit der Forderungsabtretung ohne Einwilligung an, um die Interessen des von der Zession betroffenen Patienten zu schützen[1020].

3. *Notstand (§§ 228, 904 BGB)*

Wenn der Notstand des § 34 StGB als rechtfertigend angesehen wird, geht es auch um das Verhältnis zu Notständen gem. §§ 228, 904 BGB in Bezug auf die Rechtswidrigkeit. Es ist klar, dass die strafrechtliche Rechtfertigung nur aus §§ 32 ff. StGB hergeleitet werden kann, während im Zivilrecht die Frage zu klären ist, ob neben §§ 228, 904 BGB auch § 34 StGB herangezogen werden kann[1021]. In diesem Zusammenhang bleibt die rechtfertigende Pflichtenkollision inzwischen noch offen[1022]. I. d. R. werden zivilrechtliche Notstände gegenüber dem § 34 StGB als *leges speciales* angesehen[1023]. Angesichts des Anwendungsbereichs des zivil- und des strafrechtlichen Notstands und der GoA kommt es darauf an, von welchen Vorschriften die modernen komplexen Fälle in Bezug auf das Indiskretionsdelikt praktisch abgedeckt werden können[1024]. Als Lösung ist es irrelevant, dass nur die *ultima-ratio*-Funktion des Strafrechts oder das Postulat der Widerspruchsfreiheit der Gesamtrechtsordnung hervorgehoben werden[1025]. § 34 StGB kann nach einer zivilrechtlichen Ansicht nicht ohne weiteres auf die zivilrechtliche Rechtswidrigkeit einwirken. Der Grund hierfür besteht darin,

---

1019 Vgl. *Fischer/Uthoff*, MedR 1996, 115, 118; RGRK/*Krüger-Nieland/Zöller*, § 134 BGB, Rn. 9.

1020 BGH NJW 1996, 775; BGH NJW 2005, 1506 f.; OLG Oldenburg NJW 1992, 758; *Deutsch/Spickhoff*, Medizinrecht, Rn. 117, 119, 121; *Laufs*, NJW 1996, 1579; vgl. AG Grevenbroich NJW 1990, 1536.

1021 So h. M. *Bamberger/Roth/Dennhardt*, § 228 BGB, Rn. 2; Erman/*E. Wagner*, § 228 BGB, Rn. 1; Palandt/*Ellenberger*, § 228 BGB, Rn. 2; Staudinger/*Repgen*, § 228 BGB, Rn. 4; PWW/*Kesseler*, § 228 BGB, Rn. 1.

1022 Vgl. zur datenschutzrechtlichen Auffassung *Tiedemann*, NJW 1981, 948; zur strafrechtlichen Auffassung LK/*Zieschang*, § 34 StGB, Rn. 82, 87; LK/*Schünemann*, § 203 StGB, Rn. 133.

1023 MüKo/*Grothe*, § 228 BGB, Rn. 12; Staudinger/*Repgen*, § 228 BGB, Rn. 4; vgl. LK/*Zieschang*, § 34 StGB, Rn. 72; NK/*Neumann*, § 34 StGB, Rn. 122 ff.; Sch/Sch/*Lenckner/Perron*, § 34 StGB, Rn. 6.

1024 Vgl. ferner *Deutsch/Spickhoff*, Medizinrecht, Rn. 100, 161, 655.

1025 Vgl. LK/*Zieschang*, § 34 StGB, Rn. 82; zum ultima-ratio-Prinzip *Lorenz*, MDR 1992, 317; zur zivilrechtlichen Auffassung *Bamberger/Dennhardt*, § 228 BGB, Rn. 2; Staudinger/*Repgen*, § 228 BGB, Rn. 5.

dass sich § 34 StGB und §§ 228, 904 BGB im Tatbestand voneinander unterscheiden. Daher weicht die direkte Anwendung des § 34 StGB von der Absicht des BGB-Gesetzgebers ab[1026]. Grundsätzlich sind zivilrechtliche und strafrechtliche Notstände im Normzweck im Hinblick auf den Rechtsgutsschutz und im Tatbestand im Hinblick auf die Notstandshandlung sowie auf die Notstandslage einander ähnlich[1027]. Diese Notstände unterscheiden sich aber in der Rechtsfolge im Hinblick auf den Schadensersatz und in dem Anwendungsbereich im Hinblick auf das als Schutzgut geschützte höchstpersönliche Rechtsgut[1028]. § 34 StGB ist zwar in Schutzbereich und in Tatbestandsvoraussetzungen strenger als §§ 228, 904 BGB, jedoch spielen diese Vorschriften eine wesentliche Rolle als Kriterium für die Abgrenzung zwischen der Notwehr in § 32 StGB und dem Notstand in § 34 StGB[1029]. Außerdem ist der entschuldigende Notstand in § 35 StGB von vornherein nicht von rechtfertigender Bedeutung im Zivilrecht, weil es um das Verschulden im Sinne des § 276 I BGB geht[1030]. Es ist jedoch zweifelhaft, ob eine durch strafwidrigkeitsrechtlichen Notstandsregeln gerechtfertigte Handlung, etwa bei Mitteilung an den Lebenspartner eines HIV-Infizierten[1031] oder bei Abtretung einer vom Arzt erstellten Rechnung[1032] i. V. m. §§ 201, 203 StGB, durch § 228 BGB noch gerechtfertigt werden kann.

4. *Die Geschäftsführung ohne Auftrag*

a) GoA als Rechtfertigungsgrund

Die Vorteile durch die Anwendung der GoA liegen darin, dass sich die Lösung für verschiedene Fälle auf deren Paragraphen bezieht, die in der Hauptsache meistens das Verhältnis zum Auftraggeber oder die tatsächliche Situation des Geschäftsherrn betreffen. Angesichts der Rechtswidrigkeit stellt sich die Frage, ob die GoA gem. §§ 677 ff. BGB als Rechtfertigungsgrund angesehen werden kann. Nach verbreiteter zivilrechtlicher Auffassung ergibt sich die GoA aus einem gesetzlichen

---

1026 Vgl. MüKo/*Grothe*, § 228 BGB, Rn. 2; Soergel/*Fahse*, § 228 BGB, Rn. 8.

1027 Hier nur *Schroth*, JuS 1992, 476 f.

1028 MüKo/*Grothe*, § 228 BGB, Rn. 2; Soergel/*Fahse*, § 228 BGB, Rn. 8; vgl. LK/*Zieschang*, § 34 StGB, Rn. 72, 82, 87; NK/*Neumann*, § 34 StGB, Rn. 88.

1029 Vgl. LK/*Zieschang*, § 34 StGB, Rn. 82.

1030 Erman/*E. Wagner*, § 228 BGB, Rn. 1; MüKo/*Grothe*, § 228 BGB, Rn. 4; Staudinger/*Repgen*, § 228 BGB, Rn. 5.

1031 MüKo/*Grothe*, § 228 BGB, Rn. 3; vgl. *Erb*, JuS 2010, 17, 20.

1032 Vgl. OLG Oldenburg NJW 1992, 758, 759; *Everts*, NJW 2002, 3138; SK/*Hoyer*, § 203 StGB, Rn. 83.

Schuldverhältnis und ist daher ein Rechtfertigungsgrund[1033]. Demgegenüber kommt eine auftragslose Geschäftsführung nach einer anderen Auffassung lediglich als schuldrechtliche Ausgleichsfunktion zur Geltung[1034]. Somit akzeptiert die strafrechtliche Auffassung vor allem §§ 677, 687 BGB nicht als strafrechtlichen Rechtfertigungsgrund[1035]. Zwar hat die GoA wirklich eine schuldrechtliche Ausgleichsfunktion in Bezug auf die Rechtsfolge, jedoch betrifft diese Funktion keine Voraussetzung des Wirkungseintritts der GoA[1036]. Und die Absicht des BGB-Gesetzgebers hat die rechtfertigenden Merkmale in §§ 677 ff. BGB aufgrund der sozialen Beihilfe hervorgehoben, so dass die Ausgleichsfunktion nur als begleitend betrachtet worden ist[1037]. Angesichts des Rechtfertigungsgrunds sollte man auch darauf Rücksicht nehmen, dass § 34 StGB wegen des strengen Tatbestands im Anwendungsbereich sehr eng sind[1038]. Deshalb könnten §§ 677 ff BGB bei modernen komplexen medizinischen Fällen in Betracht kommen[1039].

b) Tatbestände der GoA

GoA setzt sich aus der berechtigten und der unberechtigten Geschäftsführung nach dem Interesse der Partei und nach dem Willen des Geschäftsherrn zusammen. Die grundlegende Art der GoA ist interessens- und willensgemäße Geschäftsbesorgung gem. § 677 BGB. Diese GoA kann nicht auf der Grundlage eines nichtigen Vertrages zustandekommen. Daher muss sie auf einem fehlerhaften

1033 *Bamberger/Roth/Gehrlein*, § 677 BGB, Rn. 4; Erman/*H. Ehmann* (2008), vor § 677 BGB, Rn. 7; *Giesen*, Jura 1996, 292; *Knauf*, Mutmaßliche Einwilligung und Stellvertretung bei ärztlichen Eingriffen an Einwilligungsunfähigen, S. 100; RGRK/*Steffen*, vor § 677 BGB, Rn. 82; *Schroth*, JuS 1992, 477 für *Zitelmann*; *Lent.*; *Schwerdtner*, Jura 1982, 593; Staudinger/*Bergmann*, Vorbem. zu §§ 677 ff. BGB, Rn. 243.

1034 MüKo/*Seiler*, vor § 677 BGB, Rn. 17 m. w. N.

1035 *Fischer*, vor § 32 StGB, Rn. 4 m. w. N.; *Roxin*, Strafrecht AT I, § 18 A, Rn. 7, 9; a. A. *Schroth*, JuS 1992, a. a. O.; Staudinger/*Bergmann*, Vorbem. zu §§ 677 ff. BGB, Rn. 243 m. w. N.; dagegen Einwand *Hemming*, JuS 1992, 984.

1036 Vgl. auch als Rechtfertigungsrgund im Strafrecht HK-GS/*Dölling*, § 228 StGB, Rn. 12; *Lackner/Kühl*, vor § 32 StGB, Rn. 9; LK/*Rönnau*, vor § 32 ff StGB, Rn. 215; abl. Sch/Sch/*Lenckner/Sternberg-Lieben*, Vorbem. §§ 32 ff. StGB, Rn. 55.

1037 Seit *Kohler*, Die Menschenhilfe im Privatrecht, zit. in *Schubert*, AcP 1978, 428 Fn. 22; *Martinek*, Ungerechtfertigte Bereicherung und GoA, in: Eckpfeiler des Zivilrechts, Rn. 72.

1038 Vgl. HK-GS/*Dölling*, § 228 StGB, a. a. O.; *Lackner/Kühl*, vor § 32 StGB, a. a. O.

1039 Vgl. *Schroth*, JuS 1992, 477 f.; *Schubert*, AcP 1978, 434 ff.; *Martinek*, Ungerechtfertigte Bereicherung und GoA, in: Eckpfeiler des Zivilrechts, Rn. 6, 72 ff.; vgl. ferner LK/*Rönnau*, vor § 32 StGB, Rn. 215.

oder einem unwirksamen Vertrag beruhen[1040]. In diesem Sinne bildet der wirkliche oder der mutmaßliche Wille des Geschäftsherrn einen wesentlichen Inhalt des Tatbestandes[1041]. Bei §§ 679 ff. BGB geht es demgegenüber um eine besondere tatsächliche Situation und um ein damit verbundenes objektives Interesse des Geschäftsherrn[1042]. § 679 BGB setzt im Prinzip ein rechtliches Gebot für das Eingreifen des Geschäftsführers oder den Rechtfertigungsgrund durch ein dringendes öffentliches Interesse voraus[1043]. Angesichts von dessen Voraussetzung stellt sich die Frage, ob sich § 680 BGB auch auf das Vermögen der Angehörigen des Geschäftsherrn ausdehnen kann und ob die Gefahrenlage dem Geschäftsherrn tatsächlich als „drohend und dringend" erscheinen muss. Diese Frage ergibt sich aus der begrifflichen Unklarheit und daher aus der Möglichkeit der mehrdeutigen Interpretation[1044]. § 680 BGB bezieht sich sowohl auf das Vermögen des Geschäftsherrn als auch auf die in § 823 I BGB enumerativ aufgezählten Rechtsgüter[1045]. Angesichts der Ausdehnung des § 680 BGB stellt sich die Frage, ob dessen Anwendungsbereich das Vermögen der dem Geschäftsherrn nahestehenden Angehörigen erfassen kann. Nach einer früheren, aber auch noch heute vertretenen Auffassung kann § 680 BGB auf die Gefahrabwehr des Geschäftsführers für das Vermögen der dem Geschäftsherrn nahestehenden Personen, zu denen Familien- oder Hausangehörige gehören, anwendbar sein[1046]. Nach diesem Argument darf die personelle Grenzziehung nicht zu weit gezogen werden. Die Hilfeleistung des Geschäftsführers hänge freilich im Einzelfall von dessen Willen ab[1047]. Nach einer anderen Auffassung kommt das Vermögen der Angehörigen des Geschäftsherrn oder der ihm nahestehenden Personen von vornherein nicht in Betracht[1048]. Dieses Argument beruht darauf, dass diese Ausdehnung des § 680 BGB von der Absicht des Gesetzgebers abweiche[1049]. Außerdem betreffe der Fall

---

1040 Staudinger/*Bergmann*, Vorbem. zu §§ 677 ff. BGB, Rn. 193; *ders.*, § 677, Rn. 13.

1041 Vgl. *Spickhoff*, AcP 2008, 402.

1042 Hierzu nur Palandt/*Sprau*, § 677 BGB, Rn. 3 ff. und § 679 BGB, Rn. 1 ff.

1043 *Berg*, JuS 1975, 686; kritisch MüKo/*Seiler*, § 679 BGB, Rn. 13.

1044 *Martinek*, Ungerechtfertigte Bereicherung und GoA, in: Eckpfeiler des Zivilrechts, Rn. 95; *Martinek*/*Theobald*, JuS 1997, 618; Soergel/*Beutel*, § 680 BGB, Rn. 8.

1045 Soergel/*Beuthien*, § 680 BGB, Rn. 2; Staudinger/*Bergamann*, § 680 BGB, Rn. 9 m. w. N.

1046 *Giesen*, Jura 1996, 291; RGRK/*Steffen*, § 680 BGB, Rn. 4; Staudinger/*Wittmann* (1995), § 680 BGB, Rn. 4 m. w. N.

1047 RGRK/*Steffen*, § 680 BGB, Rn. 5.

1048 Soergel/*Beuthien*, § 680 BGB, Rn. 6; vgl. Staudinger/*Bergmann*, § 680 BGB, Rn. 10.

1049 Soergel/*Beuthien*, § 680 BGB, Rn. 6; Staudinger/*Bergmann*, Vorbem. zu §§ 677 ff. BGB, Rn. 180 f.; *ders.*, § 680 BGB, Rn. 10.

der Gefahrabwehr für das Vermögen der dem Geschäftsherrn nahestehenden Personen zumeist die gegenüber dem Gefährdeten bestehende Unterhaltspflicht des Geschäftsherrn im Sinne des § 677 BGB[1050]. Es gehe nicht um das Dienst- oder das Arbeitsverhältnis zwischen der gegenüber dem Gefährdeten bestehende Person und dem Geschäftsführer[1051]. Daher solle der genannte Fall durch GoA der §§ 677, 681 BGB oder durch einen Vertrag mit dem Geschäftsherrn oder mit dessen Angehörigen gelöst werden[1052]. Dieser Meinungsstreit ist für den Fremdgeschäftsführungswillen und beim Ersatz von Aufwendungen des Geschäftsführers gem. §§ 683, 687 BGB von praktischer Bedeutung. Der letztgenannten Auffassung wird zugestimmt, weil es zweifelhaft ist, ob nur ein solches mit dem Angehörigen des Geschäftsherrn verbundenes Vermögen ohne weiteres unter die Geschäftsführungspflicht des Geschäftsführers fällt und dieser zum Schadensersatz verpflichtet ist[1053].

c) Schutzgegenstand und Fahrlässigkeit bezüglich der Gefahrenlage

Nach einer früher vertretenen Ansicht kann § 679 BGB auf den Fall der sog. Appellselbstmörder zur analogen Anwendung kommen, auch wenn der der Geschäftsführung entgegenstehende Wille des Geschäftsherrn gegen das gesetzliche Verbot des § 134 BGB oder gegen die guten Sitten verstößt[1054]. Heutzutage wird dieses Argument zumeist nicht mehr akzeptiert, weil diese analoge Anwendung nicht nur von der Absicht des Gesetzgebers abweicht, sondern auch der Wille des geistig gestörten Selbstmörders außer Acht gelassen wird[1055]. Daher soll nach einer anderen Auffassung die nachträgliche Zustimmung im Sinne der §§ 104 Nr. 2, 105, 684 S. 2 BGB auf den genannten Fall analog angewendet werden[1056]. § 679 BGB setzt das öffentliche Interesse oder eine gesetzliche Unterhaltspflicht gegenüber dem Geschäftsherrn voraus. Aber der Selbstmordversuch verstößt an und für sich weder gegen ein gesetzliches Verbot gem. § 134

1050 MüKo/*Seiler*, § 680 BGB, Rn. 3; Soergel/*Beuthien*, a. a. O.

1051 Vgl. *Deutsch/Spickhoff*, Medizinrecht, Rn. 165; Soergel/*Beuthien*, a. a. O.; Staudinger/*Bergmann*, § 680 BGB, Rn. 10.

1052 Vgl. *Deutsch/Spickhoff*, Medizinrecht, Rn. 102; Staudinger/*Wittmann* (1995), § 680 BGB, Rn. 4.

1053 Vgl. Soergel/*Spickhoff*, § 823 Anh. I BGB, Rn. 48.

1054 *Berg*, JuS 1975, 686; RGRK/*Steffen*, vor § 677 BGB, Rn. 71; Staudinger/*Wittmann* (1995), § 679 BGB, Rn. 10.

1055 *Bamberger/Roth/Gehrlein*, § 679 BGB, Rn. 6; Erman/*H. Ehmann* (2008), § 679 BGB, Rn. 5; MüKo/*Seiler*, § 679 BGB, Rn. 13.

1056 MüKo/*Seiler*, § 679 BGB, Rn. 13; im Ergebnis ebenso *Schroth*, JuS 1992, 477.

BGB, noch stellt er eine Sittenwidrigkeit gem. § 138 BGB dar[1057]. Demgemäß besteht für den Arzt weder ein gesetzliches noch ein vertragliches Gebot, soweit er gegenüber dem Geschäftsherrn keine vertragliche Haftung gem. §§ 611, 617, 618 BGB und keine Fürsorgepflicht gem. §§ 1601, 1626 BGB übernimmt[1058]. Bei einem Selbstmordversuch kann der Arzt deshalb aufgrund des § 679 BGB nicht von der Schweigepflicht entbunden und kann die Offenbarung nicht gerechtfertigt werden. Auch wenn die schuldrechtliche Ausgleichfunktion der GoA hervorgehoben wird, so könnte der Aufwendungsanspruch des Geschäftsführers gem. § 684 BGB in Betracht kommen. Es ist aber zweifelhaft, ob der Geschäftsführer seine Aufwendung wegen eines Rettungsversuchs, der gegen einen freiverantwortlich unternommenen Suizid, Suizidversuch oder Appellsuizid verstößt, geltend machen kann und wem gegenüber dieser Anspruch tatsächlich gestellt werden kann[1059]. Es geht freilich darum, ob die Ausgleichskosten des Geschäftsführers bei einem eigenverantwortlich unternommenen Appellsuizid und die Kosten für die Lebensrettung des Selbstmörders miteinander verrechnet werden können[1060]. Denn der Arzt hat die Rettung aus einem altruistischen Grund unternommen. Daher sollte er die Aufwendung dem Geschäftsführer im Prinzip selbst in Rechnung stellen. Wenn der Selbstmörder an einer geistigen Krankheit leidet, so verliert seine Genehmigung auch gem. § 104 II BGB an Geltung. Es geht vielmehr um die Haftung des gesetzlichen Vertreters und damit um die Einwilligungsfähigkeit des Selbstmörders. Wenn umgekehrt jemand in einer normalen Situation einen Suizidversuch unternimmt, geht seine Selbstverantwortlichkeit dem Rettungswillen des Geschäftsführers vor[1061].

Wenn der Notstandshandelnde im Sinne des § 34 StGB die Gefahr selbst verschuldet oder absichtlich hervorgerufen hat, dann geht es um Fahrlässigkeit und um Irrtum[1062]. Demgegenüber kann nach einer im Zivilrecht verbreiteten Auffassung § 680 BGB bei irrtümlicher Annahme einer Gefahrensituation angewendet werden. Die für die Anwendung dieses Paragraphen angeführten Gründe divergieren stark voneinander. § 680 BGB ist anwendbar, soweit der Geschäftsführer

---

1057 Vgl. *Larenz*, Schuldrecht II/I, S. 445; MüKo/*Seiler*, § 679 BGB, Rn. 13; *Zimmermann*, FamRZ 1979, 106 f.

1058 Vgl. *Deutsch/Spickhoff*, Medizinrecht, Rn. 102; Erman/*H. Ehmann* (2008), § 679 BGB, Rn. 3; Erman/*T. W. Dornis*, § 680 BGB, Rn. 6; *Schubert*, AcP 1978, 437; Staudinger/*Bergmann*, Vorbem. zu §§ 677 BGB, Rn. 199; *ders.*, § 679 BGB, Rn. 24.

1059 Vgl. *Zimmermann*, FamRZ 1979, 107 ff.

1060 Vgl. Erman/*H. Ehmann*, § 679 BGB, Rn. 5 m. w. N.; Staudinger/*Bergmann*, a. a. O.

1061 Vgl. Erman/*H. Ehmann*, a. a. O.; *Spickhoff*, NJW 2007, 1637.

1062 Hier nur *Fischer*, § 34 StGB, Rn. 11.

die tatsächliche Gefahrensituation unverschuldet oder nicht grob fahrlässig verkennt[1063] oder wenn der Geschäftsherr den Schein einer Gefahr jedenfalls schuldhaft veranlasst hat[1064] oder wenn die Vorschriften über die GoA durch Differenzierung zwischen berechtigter und unberechtigter GoA im Einzelfall mittels eines angemessenen Interessenausgleichs angewandt werden[1065]. Diese Argumente gehen davon aus, dass der historische Hintergrund des § 680 BGB eine Menschenhilfe sei und hierbei die Bemühung des Geschäftsführers, nicht aber ein Erfolg bei der Gefahrabwendung im Vordergrund stehe[1066]. Daher geht es nicht darum, ob die Gefahrabwendung gelingt oder nicht. Nach einer anderen Ansicht, die die schuldrechtliche Ausgleichsfunktion der GoA hervorhebt, setzt § 680 BGB eine tatsächliche Gefahr voraus[1067]. Dieses Argument beruht darauf, dass einerseits der Wille des Geschäftsherrn außer Acht gelassen werde und andererseits die als Zweck des § 680 BGB angesehene mitmenschliche Hilfe von der gesetzgeberischen Absicht abweiche, weil einerseits dem Geschäftsführer die fremdnützige Geschäftsführung im Notfall gestattet werde und es andererseits um die überholende Kausalität gehe[1068]. Es ist daher zweifelhaft, ob die Haftungsmilderung des § 680 BGB beim Indiskretionsdelikt gelten kann, weil die Mitteilung des Arztes an Dritte als Geschäftsführung eigentlich unmöglich ist, wenn eine drohende dringende Gefahr tatsächlich nicht besteht. Auch wenn der Anschein der Gefahr vom Geschäftsherrn selbst schuldhaft verlasst worden ist, ist die Geschäftsführung ohne Vorhandensein einer tatsächlichen Gefahrenlage nicht mehr zu rechtfertigen.

§ 681 BGB erwähnt die als Nebenpflicht geltende Anzeigepflicht des Geschäftsführers gegenüber dem Geschäftsherrn. Daher stellt sich die Frage, ob § 681 BGB auf den Fall der Datenweitergabe an Dritte anwendbar ist. Es geht darum, wie der Ausdruck „tunlich" des § 681 BGB verstanden werden muss. Der Geschäftsführer verpflichtet sich, dem Geschäftsherrn die Übernahme der

1063 Palandt/*Sprau*, § 680 BGB, Rn. 2; PWW/*Fehrenbacher*, § 680 BGB, Rn. 2; RGRK/*Steffen*, § 680 BGB, Rn. 7; Soergel/*Beuthien*, § 680 BGB, Rn. 8.

1064 Erman/*Ehmann* (2008), § 680 BGB, Rn. 5.

1065 *Martinek*, Ungerechtfertigte Bereicherung und GoA, in: Eckpfeiler des Zivilrechts, Rn. 95; *Martinek*/*Theobald*, JuS 1997, 618.

1066 Erman/*T. W. Dornis*, § 680 BGB, Rn. 5; Palandt/*Sprau*, § 680 BGB, Rn. 2; RGRK/*Steffen*, § 680 BGB, Rn. 7 ff.; Soergel/*Beuthien*, § 680 BGB, Rn. 8.

1067 MüKo/*Seiler*, § 680 BGB, Rn. 5 für *Berg*; *Wollschläger*.; im Ergebnis ebenso Staudinger/*Bergmann*, § 680 BGB, Rn. 13.

1068 Staudinger/*Bergmann*, § 680 BGB, Rn. 12 ff. m. w. N.; vgl. *Deutsch*/*Spickhoff*, Medizinrecht, Rn. 165.

Geschäftsführung bis zu[1069] oder vor[1070] dieser Ausführung anzuzeigen, und danach hat er die Entscheidung des Geschäftsherrn abzuwarten. Es ist aber zweifelhaft, ob die Datenweitergabe an eine Verrechnungsstelle als in § 681 S. 1 BGB festgeschriebene „nicht mit Aufschub verbundene Gefahr" gelten kann. Die Pflicht zur Auskunft und zur Rechenschaftslegung des Geschäftsführers gem. Satz 2 ist auch bei dem genannten Fall irrelevant, weil gem. den in diesem Satz genannten §§ 666 bis 668 BGB die Erteilung der Auskunft das „Verlangen" des Auftraggebers voraussetzt.

5. *Der Vertrag mit Schutzwirkung für Dritte*

Der Vertrag mit einem Patienten könnte im Zivilrecht eine Garantenstellung zugunsten von Angehörigen des Vertragspartners im Sinne eines Vertrages mit Schutzwirkung für Dritte begründen. In diesem Zusammenhang stellt sich die Frage, unter welchen Voraussetzungen ein Dritter in einen vertraglichen Schutzbereich einbezogen ist. Den Vertrag mit Schutzwirkung für Dritte akzeptieren Rechtsprechung und zivilrechtliche Auffassung mit verschiedenen Vorschriften als haftungsrechtliche Grundlage, also gem. § 241 II BGB[1071] und damit gem. § 311 III BGB[1072], gem. §§ 133, 157[1073] sowie auch gem. § 242 BGB[1074] oder gem.

1069 Erman/*T. W. Dornis*, § 681 BGB, Rn. 4; Staudinger/*Bergmann*, § 681 BGB, Rn. 4.

1070 Erman/*H. Ehmann* (2008), § 681 BGB, Rn. 1; Soergel/*Beuthien*, § 681 BGB, Rn. 2.

1071 PWW/*Medicus/Stürner*, vor § 328 bis 335 BGB, Rn. 2.

1072 *Eckebrecht*, MDR 2002, 427; Staudinger/*Otto*, § 280 BGB, Rn. B 11 m. w. N.; *Kilian*, NZV 2004, 494, bei Begutachtungsvertrag; *Spindler/Rieckers*, JuS 2004, 278; einschränkend Staudinger/*Belling*, § 831 BGB, Rn. 40; dagegen Einwände *Canaris*, JZ 2001, 520; Erman/*H. P. Westermann*, vor § 328 BGB, Rn. 9 ff.; *ders.*, § 328 BGB, Rn. 11; MüKo/*Gottwald*, § 328 BGB, Rn. 166; Sorgel/*Hadding*, Anh. zu § 328 BGB, Rn. 5.

1073 BGH NJW 1984, 356, bei Sachverständigen; *Bayer*, JuS 1996, 475; *Dahm*, JZ 1992, 1169 f.; dagegen Einwände *Canaris*, JZ 1965, 476; MüKo/*Gottwald*, § 328 BGB, Rn. 166.

1074 BGHZ 56, 269, 273; LG München NJW 1983, 1621, bei Mandatsvertrag; *Canaris*, JZ 1965, 476 f., 482; *Jauernig/Stadler*, § 328 BGB, Rn. 21; *Larenz*, Schuldrecht I, § 17 II, S. 210 ff.; *ders.*, NJW 1956, 1193 f.; *ders.*, NJW 1960, 81; Sorgel/*Hadding*, Anh. zu § 328 BGB, Rn. 6 f.; ferner mit dem Gewohnheitsrecht *Bamberger/Roth/Janoschek*, § 328 BGB, Rn. 46, dagegen Einwände BGH NJW 1996, 2928 m. w. N.; MüKo/*Gottwald*, § 328 BGB, Rn. 165, Fn. 572.

§ 328 II[1075] BGB[1076] oder nur gem. dem Grundsatz *neminem laedere*[1077]. Trotz der Verschiedenheit der zur Begründung herangezogenen Vorschriften muss stets eine Nähe zur vertraglichen Leistung (Leistungsnähe)[1078] und zum Gläubiger (Gläubigernähe)[1079] gegeben sein. Der in die Schutzwirkung einbezogene Personenkreis muss objektiv erkennbar und schutzbedürftig sein[1080]. Diese Voraussetzungen liegen beim Indiskretionsdelikt, z. B. beim Fall der Offenbarung einer HIV-Infektion des Patienten gegenüber Angehörigen, nicht vor. Die Leistung des Arztes besteht in der Erhebung eines Befundes, einer Diagnose und ggf. einer Behandlung des Patienten. Für das Kriterium der Leistungsnähe muss der Dritte mit der Leistung in Berührung kommen. Dabei reicht der „zufällige" Leistungskontakt nicht aus[1081]. Der Dritte muss den mit der Leistung verbundenen Gefahren in ähnlicher Weise wie der Gläubiger selbst ausgesetzt sein[1082]. Als Beispiel für die Leistungsnähe wird das die Mutter beim Einkauf begleitende Kind angeführt[1083]. In diesem Zusammenhang kommen beim Indiskretionsdelikt Angehörige nur dann in Betracht, wenn sich die Indiskretion gerade auf ihre Geheimnisse bezieht. Bei der Information der Angehörigen über eine HIV-Infektion des Partners werden aber ausschließlich Geheimnisse des Patienten und Vertragspartners offenbart, Rechtsgüter der Angehörigen können durch die Offenbarung und damit durch die Pflichtverletzung gegenüber dem Vertragspartner nicht beeinträchtigt werden[1084]. Auch die Voraussetzung der Gläubigernähe ist beim Behandlungs- oder beim Diagnosevertrag nicht

1075 RGZ 91, 21; dagegen Einwände *Bayer*, JuS 1996, 473 f.; *Larenz*, NJW 1956, 1193 f.; *Gernhuber*, JZ 1962, 554; vgl. zu Drittschadensliquidation *Heiseke*, NJW 1960, 78; *Hohloch*, FamRZ 1977, 533; gegen die Drittschadensliquidation Einwände Erman/*H. P. Westermann*, vor § 328 BGB, Rn. 9; *ders.*, § 328 BGB, Rn. 11; *Larenz*, NJW 1960, 79 f.; PWW/*Medicus*, § 249 BGB, Rn. 97 f.; Sorgel/*Hadding*, Anh. zu § 328 BGB, Rn. 4.

1076 RG 152, 177; BGH NJW 1951, 596.

1077 *Picker*, AcP 1983, 369; *ders.*, JZ 1987, 1048 f.

1078 BGH 2, 97; BGHZ 49, 350, 354; BGHZ 70, 327, 329; BGHZ 129, 168.

1079 BGHZ 51, 96; BGHZ 56, 273; *Eckebrecht*, MDR 2002, 427 f.

1080 BGHZ 49, 354; BGHZ 75, 323; BGH NJW 1956, 1194; BGH NJW 1985, 489; *Bamberger/Roth/Janoschek*, § 328 BGB, Rn. 53; *Dahm*, JZ 1992, 1169, 1172; Staudinger/*Otto*, § 280 BGB, Rn. B 11 für Staudinger/*Jagmann*; vgl. zur subjektiven Erkennbarkeit des Schuldners Staudinger/*Belling*, § 831 BGB, Rn. 42.

1081 Staudinger/*Belling*, § 831 BGB, Rn. 42 für *Gernhuber*.

1082 BGH NJW 1956, 1194; MüKo/*Gottwald*, § 328 BGB, Rn. 178.

1083 Vgl. PWW/*Medicus/Stürner*, vor §§ 328 bis 335 BGB, Rn. 6.

1084 Vgl. *Laufs*, Arztrecht, Rn. 432.

gegeben[1085]. Gläubigernähe setzt ein Interesse des Gläubigers am Schutz des einbezogenen Dritten voraus. Im Fall der Indiskretion besteht keine Interessen-identität zwischen Gläubiger und dem von der Indiskretion betroffenen Dritten. Es ist das genaue Gegenteil der Fall. Die am häufigsten vertretenen Auffassungen gehen von der Obhuts- und der Fürsorgepflicht als dogmatischer Grundlage aus[1086], die aus der vertraglichen Vereinbarung und aus deren „Zweck" herangezogen wird[1087]. Der Behandlungsvertrag richtet sich jedoch nicht nur auf die Vertragspartei, sondern bezieht sich auch auf die Arbeitsbemühung, nicht auf den Erfolg und daher nicht auf die Gesundheitsgarantie[1088]. In diesem Punkt kann die Schutzpflicht gerade nicht aus deren Zweck, sondern muss aus dem vertraglich vereinbarten Inhalt und dem Normzweck des Schutzgesetzes i. V. mit § 823 II BGB hergeleitet werden[1089]. Im Allgemeinen sollte in erster Linie der wirkliche Wille der vertraglichen Partei gem. § 133 BGB ermittelt[1090] und sollte die davon unabhängige vertragliche Haftung im Prinzip ausgeschlossen werden[1091], weil es ohnehin um den Inhalt des Behandlungsvertrages geht. Zwar darf die strafrechtliche Garantenpflicht nicht ohne weiteres aus jeglicher vertraglichen (Neben-)Pflicht hergeleitet werden, sondern es kann die aus dem Grundsatz Treu und Glauben gem. § 242 BGB abgeleitete Sicherungsaufklärung in Betracht kommen[1092]. Diese Aufklärungspflicht als unechte vertragliche Haftung gem. §§ 611 ff. BGB (jetzt §§ 630a ff. BGB) steht dem Dritten gegenüber. Daher sollte sie sich auf den mit dem Zustandekommen des

1085 Vgl. PWW/*Medicus/Stürner*, vor §§ 328 bis 335 BGB, Rn. 7 ff.

1086 *Bender*, MedR 2002, 627.

1087 Vgl. Erman/*H. P. Westermann*, vor § 328 BGB, Rn. 10; MüKo/*Ernst*, § 280 BGB, Rn. 102, 107; MüKo/*Gottwald*, § 328 BGB, Rn. 166 ff.

1088 Vgl. *Bender*, VersR 2000, 323; *Deutsch/Spickhoff*, Medizinrecht, Rn. 94 ff., 108; *Heberer/Mößbauer*, MedR 2004, 138; *Laufs*, NJW 1996, 1580; *Spickhoff*, NJW 2002, 2533; Staudinger/*Richardi* (2005), Vorbem. zu §§ 611 ff. BGB, Rn. 53 ff.

1089 Vgl. BGH NJW 1996, 2929; *Lorenz*, JZ 1966, 144; Soergel/*Spickhoff*, § 823 BGB, Rn. 114; *ders.*, § 823 Anh. I BGB, Rn. 183 ff.; *Spickhoff*, NJW 2002, 2534.

1090 Vgl. zu HIV-Infizierten und der Auslegung des Behandlungsvertrages *Bender*, VersR 2000, 323; *Hopt*, NJW 1987, 1746.

1091 Vgl. Erman/*H.P. Westermann*, vor § 328 BGB, Rn. 10; *Hopt*, NJW 1987, 1746; MüKo/*Gottwald*, § 328 BGB, Rn. 164 ff.; *Vogels*, MDR 1999, 1445.

1092 Vgl. *Deutsch/Spickhoff*, Medizinrecht, Rn. 276, 646; Soergel/*Spickhoff*, § 823 Anh. I BGB, Rn. 130; *Seibl*, JA 2006, 6; *Spickhoff*, NJW 2000, 848.

Vertrages verbundenen Grundsatz Treu und Glauben gem. § 242 BGB und auf die darin berücksichtigte Interessenabwägung berufen[1093].

6. *Die Haftung für Erfüllungs- und Verrichtungsgehilfen*

Wie bereits dargelegt, steht die Funktionseinheit bezüglich der strafrechtlichen Täterschaft i. V. m. dem § 203 III StGB als wichtiger Maßstab im Vordergrund[1094]. Die Arbeitsteilung nach der Funktionseinheit zielt darauf ab, die Patientendaten möglichst effektiv kontrollieren zu können[1095]. Im Zivilrecht handelt es sich um das Verhältnis zwischen dem Erfüllungsgehilfen im Sinne des § 278 BGB[1096] und dem Verrichtungsgehilfen im Sinne des § 831 BGB. Eine traditionelle Frage ist auch die Exkulpationsmöglichkeit in der deliktischen Haftung gem. § 831 BGB[1097]. Eine solche Möglichkeit liegt nach Rechtsprechung und deliktsrechtlicher Auffassung wegen der strengen Anforderungen von § 831 BGB praktisch sehr selten vor[1098]. Die Anwendung des § 831 I BGB i. V. mit dem § 823 II BGB setzt auch die Rechtswidrigkeit voraus. Der Geschäftsherr haftet aus vermutetem eigenen Verschulden für die Verletzung des Schutzgesetzes durch den Gehilfen[1099]. Außerdem verweisen einige Auffassungen auf die Erweiterung der vertraglichen Schadensersatzansprüche gem. § 278 BGB im Vergleich mit dem § 831 BGB[1100]. Erfüllungsgehilfe im Sinne des § 278 BGB ist jede Person, die von dem Schuldner

---

1093 Vgl. BGH NJW 2005, 2617 f.; *Bamberger/Roth/Spindler*, § 823 BGB, Rn. 632; *Bayer*, JuS 1996, 476; *Deutsch*, VersR 2001, 1474; Soergel/*Spickhoff*, § 823 BGB, Rn. 42; *ders.*, § 823 Anh. I BGB, Rn. 129 ff.; *Spickhoff*, NJW 2000, 848 f.; *ders.*, NJW 2002, 2534 ff.; *Dahm*, JZ 1992, 1170 f.; *Engländer*, MedR 2001, 144; *Larenz*, NJW 1960, 80 f.; MüKo/*Gottwald*, § 328 BGB, Rn. 198; *Schlund*, JR 2000, 376; Staudinger/*Hager*, § 823 BGB, Rn. I 28; vgl. zum Ausgangspunkt *Canaris*, JZ 1965, 476; vgl. ferner *Terbille/Schmitz-Herscheidt*, NJW 2000, 1755.

1094 Siehe bereits Teil 2. B. II. 1 und näher dazu Soergel/*Spickhoff*, § 823 Anh. I BGB, Rn. 166 ff.

1095 Siehe bereits Teil 2. B. II. 2. b).

1096 Zu § 278 BGB und § 53a StPO *Krekler/Schonard*, wistra 1998, 139.

1097 Dazu näher *Deutsch/Spickhoff*, Medizinrecht, Rn. 379 ff.; Soergel/*Spickhoff*, § 823 Anh. I BGB, Rn. 7, 51 m. w. N.

1098 *Bayer*, JuS 1996, 477; *Bäune/Dahm*, MedR 2004, 652; *Büsken/Klüglich*, VersR 1994, 1145 f.; Soergel/*Spickhoff*, § 823 Anh. I BGB, Rn. 51; dazu näher mit Ausnahme bei Großbetrieb *Jakobs*, VersR 1969, 1062, 1066 f.

1099 *Büsken/Klüglich*, VersR 1994, 1145; *Deutsch*, NJW 2000, 1746; *ders.*, VersR 2004, 142; dazu näher Soergel/*Spickhoff*, § 823 BGB, Rn. 207 ff.

1100 *Diederichsen*, VersR 2005, 436; MüKo/*Oetker*, § 253 BGB, Rn. 2 m. w. N.; *Spindler/Rieckers*, JuS 2004, 276.

zur Erfüllung seiner Pflichten aus dem Schuldverhältnis eingeschaltet wird, auch wenn dies nur gelegentlich und für jeweils kurze Zeit geschieht. Auch eine rechtsgeschäftliche Verbindung und ein bloßes Gefälligkeitsverhältnis zwischen Schuldner und Erfüllungsgehilfen sind keine Voraussetzung[1101]. Die Haftung des Arztes als Schuldner erstreckt sich auf sein gesamtes Personal[1102]. Nicht einmal die Arbeitnehmereigenschaft ist dafür Voraussetzung. Es kommt nicht darauf an, ob sich die Tätigkeit des Erfüllungsgehilfen aus einer Rechtsverbindlichkeit gegenüber dem Schuldner oder aus einer sozialen Abhängigkeit von diesem ergibt[1103]. Der grundlegende Unterschied zwischen den beiden Vorschriften besteht in der Weisungsabhängigkeit und in der Kontrollmöglichkeit[1104]. Die Auswahlbefugnis des Arztes bezieht sich auf bestimmte Aufgaben, also auf die Teilnahme an der Behandlung. Es handelt sich um das Direktionsrecht, die Überwachungs- und die Kontrollpflicht, wobei es bei diesen Pflichten auf die Weisung und die Sorgfaltspflicht des Arztes ankommt[1105]. Bei dem Erfüllungsgehilfen gem. § 278 BGB stehen die Privatautonomie und der Wille des Schuldners (hier des Arztes) im Vordergrund[1106]. In diesem Sinne ist der Wille des Erfüllungsgehilfen irrelevant. Daher könnten die nur gelegentlich mithelfende Ehefrau des Arztes und dessen Sprechstundenhilfe[1107] auch als Erfüllungsgehilfin angesehen werden[1108]. Trotzdem spricht eine Rechtsprechung lediglich von der unmittelbaren Kontrolle des Arztes gegenüber seinen Gehilfen bei der Schweigepflichtverletzung[1109]. Außerdem schließt eine Auffassung aufgrund des weitgehenden Informationsschutzes des Patienten die Anwendung des § 831 BGB aus. Daraus ergibt sich, dass Anforderungen an das Schweigegebot nicht höher als an den Tatbestand

---

1101 Grundlegend BGH NJW 1954, 1193; Palandt/*Grüneberg*, § 278 BGB, Rn. 2.

1102 MüKo/*Grundmann*, § 278 BGB, Rn. 35.

1103 *Erman/H. P. Westermann*, § 278 BGB, Rn. 24 m. w. N.; ähnlich *Kleinewefers/Wilts*, NJW 1963, 2346.

1104 Vgl. BGH VersR 1954, 496, 497; *Däubler*, JuS 2002, 626; MüKo/*Grundmann*, § 278 BGB, Rn. 6 ff., 42 f.; Staudinger/*Löwisch/Caspers*, § 278 BGB, Rn. 25.

1105 Vgl. *Bamberger/Roth/Spindler*, § 823 BGB, Rn. 711 ff.; *Deutsch/Spickhoff*, Medizinrecht, Rn. 91, 379, 400 ff.; PWW/*Schaub*, § 823 BGB, Rn. 214 für *Spickhoff/Seibl.*; *Schmidt*, AcP 1970, 530; Soergel/*Spickhoff*, § 823 Anh. I BGB, Rn. 168, 250; *Spickhoff/Seibl*, MedR 2008, 463 ff. und NZS 2008, 57 ff.

1106 BGH NJW 1954, 1193; Erman/*H. P. Westermann*, § 278 BGB, Rn. 15; MüKo/*Grundmann*, § 278 BGB, Rn. 42; Palandt/*Grüneberg*, § 278 BGB, Rn. 7; Staudinger/*Löwisch/Caspers*, § 278 BGB, Rn. 17, 19.

1107 Vgl. *Kleinewefers/Wilts*, NJW 1963, 2346.

1108 Vgl. Teil 2. B. II. 2. a).

1109 Hier nur BGH NJW 1992, 2350.

dieses Paragraphen sind[1110]. Angesichts des ursächlichen Zusammenhangs mit der Erfüllung der Schuldverbindlichkeit stellt sich die Frage, nach welchem Abgrenzungskriterium der Schuldner für seinen Erfüllungsgehilfen haften muss. Nach einer Auffassung muss sich der Schuldner alle schädigenden Handlungen gem. § 278 BGB zurechnen lassen, die der Gehilfe gegenüber dem Gläubiger begeht, weil der Gläubiger dem Schuldner seine Rechtsgütersphäre öffne[1111]. Daher wird die gefahrenerhöhende Wirkung infolge des Einsatzes des Gehilfen unter Berücksichtigung der Beherrschbarkeit der Gefahr[1112] oder in der Frage des Einzelfalls[1113] erfasst. Im Allgemeinen sollten der selbständige Betriebsarzt und der im Krankenhaus tätige Arzt voneinander gesondert betrachtet werden[1114].

Bei Verrichtungsgehilfen im Sinne des § 831 BGB geht es nicht um eine Auswahl unter den sich um eine Arbeitsstelle bewerbenden Arbeitnehmern, sondern nur um bereits beruflich tätige Personen. Als Stelle, an der ein Verrichtungsgehilfe tätig ist, wird in der Regel das Verhältnis zwischen allen Ärzten und dem Chefarzt, zwischen diesem und dem Krankenhausträger[1115], zwischen der Urlaubsvertretung und dem Arzt[1116], zwischen dem Assistenzarzt und dem Chefarzt, zwischen der Krankenschwester und den Pflegekräften genannt[1117]. Davon ausgeschlossen ist das Verhältnis zwischen der Krankenkasse und dem Arzt, soweit die Untersuchung oder die Begutachtung von der Kasse nicht im Sinne einer Anweisung an den Vertrauensarzt, an den bei ihr angestellten Arzt oder an das Krankenhaus übertragen worden ist[1118]. Außerdem wird die Anwendung des § 831 BGB nur bei ehelicher Lebensgemeinschaft gem. § 1353 BGB ausgeschlossen, weil der Begriff des Verrichtungsgehilfen enger ist. Voraussetzung für eine Haftung des Arztes ist eine Weisungsbefugnis des Schuldners gegenüber

---

1110 *Kleinewefers/Wilts*, NJW 1963, 2345.

1111 Staudinger/*Löwisch/Caspers*, § 278 BGB, Rn. 53 m. w. N.; insoweit PWW/*Schmidt-Kessel*, § 278 BGB, Rn. 19.

1112 MüKo/*Grundmann*, § 278 BGB, Rn. 46.

1113 *Kleinewefers/Wilts*, NJW 1963, 2347; PWW/*Schmidt-Kessel*, § 278 BGB, Rn. 19; Staudinger/*Löwisch/Caspers*, § 278 BGB, Rn. 54.

1114 Vgl. *Kleinewefers/Wilts*, NJW 1963, 2345, 2348; *Laufs*, NJW 1996, 1572; Staudinger/*Löwisch/Caspers*, § 278 BGB, Rn. 73; Staudinger/*Belling*, § 831 BGB, Rn. 108.

1115 OLG Stuttgart MedR 1996, 83.

1116 BGH NJW 1956, 1834.

1117 *Bamberger/Roth/Spindler*, § 831 BGB, Rn. 40; MüKo/*Wagner*, § 831 BGB, Rn. 45; Staudinger/*Belling*, § 831 BGB, Rn. 108; Staudinger/*Hager*, § 823 BGB, Rn. I 131 ff. m. w. N.

1118 Vgl. Erman/*H. P. Westermann*, § 278 BGB, Rn. 27.

dem Verrichtungsgehilfen[1119]. Die Schweigepflichtverletzung des Zahntechnikers kann in den Verantwortungsbereich des Zahnarztes fallen, soweit die Information über dessen Patienten nicht anonym weitergegeben worden ist. Der Zahntechniker ist Erfüllungsgehilfe, weil der Patient beim Arzt Zahnersatz bestellt, der Arzt aber zur Erfüllung der Teilpflicht „technische Herstellung des Zahnersatzes" einen Dritten einschaltet (vgl. § 613 BGB[1120]). Die Haftung des Zahnarztes ergibt sich bereits aus der Gefahrenquelle für den Schaden des Gläubigers wegen der Datenweitergabe des Schuldners und damit aus der falschen Auswahl des Zahntechnikers im Auftrag oder im Werkvertrag[1121]. Daher haftet der Zahnarzt für den Techniker nur, wenn ihn ein Verschulden bei der Auswahl und dem Einsatzes zu einer Verrichtung tritt[1122]. Relevant ist der Anspruch nur, wenn der vertragliche Anspruch im Einzelfall nicht besteht. Es ist im Ergebnis nicht anders als bei dem Krankenhausträger, es geht um den Verrichtungsgehilfen im Sinne des § 831 BGB, soweit im Krankenhaus ein zahntechnischen Labor eingerichtet worden ist[1123].

Angesichts der Sorgfaltspflicht des Arztes stellt sich die Frage, ob sich die Dauer der Berufsausübung des Gehilfen auf die Überwachungs- und die Kontrollpflicht des Arztes auswirkt. Nach der Rechtsprechung und einer Ansicht in der Literatur könnte sich die Sorgfaltspflicht des Arztes im Verhältnis zu seinen Gehilfen mit deren wachsender Berufserfahrung verringern[1124]. Aber es ist zweifelhaft, ob die mit dem Verschulden für den körperlichen Schaden verbundene Sorgfaltspflicht ohne weiteres auf das Indiskretionsdelikt angewendet werden kann. Die Sorgfaltspflicht hängt kaum mit der Berufsdauer des anderen Arztes oder derjenigen seiner Gehilfen zusammen. Hierbei reicht es aus, dass der vertragsabschließende Arzt wegen des unzulässigen Einsatzes von Hilfskräften nach § 613 S. 1 BGB für den Patienten haftet[1125]. Der Arzt sollte eine

---

1119 Staudinger/*Belling*, § 831 BGB, Rn. 108.

1120 Dazu *Könning*, VersR 1989, 228; dazu näher *Spickhoff*, JZ 2008, 688 f.

1121 Vgl. *Könning*, VersR 1989, a. a. O.; Staudinger/*Löwisch*/*Caspers*, § 278 BGB, Rn. 39; ferner zum Vertrag zwischen behandelndem Arzt und Labormediziner *Spickhoff*, JZ 2010, 470.

1122 Vgl. *Kamanabrou*, NJW 2001, 1186; *Könning*, VersR 1989, a. a. O.; Staudinger/*Löwisch*/*Caspers*, a. a. O.; Staudinger/*Belling*, § 831 BGB, Rn. 30.

1123 Vgl. *Könning*, VersR 1989, 228 f.

1124 BGH NJW 1988, 2298; MüKo/*Wagner*, § 831 BGB, Rn. 45; Staudinger/*Belling*/*Eberl-Borges* (2001), § 831 BGB, Rn. 106; vgl. zur strafrechtlichen Auffassung *Heghmanns*/*Niehaus*, NStZ 2008, 59, 61.

1125 *Deutsch*/*Spickhoff*, Medizinrecht, Rn. 399; vgl. ferner *Spickhoff*, JZ 2008, 688 f.

Gesamtbeurteilung eines an der Behandlung teilnehmenden Gehilfen vornehmen, wobei er dessen Gesamtzustand sorgfältig überprüfen muss[1126]. In diesem Punkt unterscheidet sich die Haftung für die Heilberufe von der Haftung für die übertragene Aufgabe[1127]. Daher wird dem an der Heilbehandlung teilnehmenden Krankenhausarzt eine eigene Schweigepflicht auferlegt. § 278 BGB ist auf das Verhältnis zwischen dem selbständigen Privatarzt und dessen Gehilfen anwendbar. Es kommt nicht darauf an, ob die Sorgfaltspflicht des Arztes von der Berufserfahrung des Gehilfen abhängig ist oder nicht[1128].

II. Korea

1. Gewohnheitsrecht

Im Zusammenhang mit der Interpretation des § 1 KBGB wird erörtert, ob Gewohnheitsrecht und Richterrecht als Gesetz anzusehen sind. Nach verbreiteter Auffassung bleibt das Gewohnheitsrecht auf eine ergänzende Wirkung beschränkt[1129]. Nach einer anderen Auffassung hat das Gewohnheitsrecht dagegen die gleiche Wirkung wie das Gesetz[1130]. Die Frage nach einem Konflikt zwischen dem Gesetz und dem Gewohnheitsrecht kann demnach im Hinblick auf die Geltendmachung kaum aufkommen. Wenn ein vom Gesetz abweichendes Gewohnheitsrecht besteht, kommt ein solches Gewohnheitsrecht in erster Linie deshalb zur Anwendung, weil sich das Gesetz dem sozialen Wandel anpassen soll[1131]. Auch im Hinblick auf die Wirkung des Richterrechts divergieren die Meinungen. Das Richterrecht gilt nach einer Ansicht aufgrund der lange andauernden Rechtsprechung und der Wahrscheinlichkeit von deren tatsächlicher Anwendung als gesetzliche Norm[1132]. Nach dieser kritischen Ansicht soll die Befugnis zur Gesetzgebung durch die Justiz tatsächlich anerkannt werden[1133]. Diese Begründung ist nicht überzeugend, weil sie vom demokratischen Prinzip der Gewaltenabteilung

---

1126 Vgl. *Bamberger/Roth/Spindler*, § 823 BGB, Rn. 679 ff.; *Deutsch/Spickhoff*, Medizinrecht, Rn. 209, 210; *Schmidt*, AcP 1970, 505 ff.; Soergel/*Spickhoff*, § 823 Anh. I BGB, Rn. 77, 168.

1127 *Deutsch/Spickhoff*, Medizinrecht, Rn. 400.

1128 Vgl. *Deutsch/Spickhoff*, Medizinrecht, Rn. 358, 401.

1129 Seit *Lee, Young June*, AT des BGB, S. 20 ff.; *Kim, Sang Yong*, AT des BGB, S. 23; *Lee, Eun Young*, AT des BGB, S. 45.

1130 *Bang, Soon Won*, AT des BGB, S. 12; *Kim, Cheng Han*, AT des BGB, S. 37; *Lee, Young Sub*, AT des BGB, S. 72.

1131 *Beck, Tae Seng*, AT des BGB, S. 19.

1132 Hier nur *Guak, Eyun Jik*, AT des BGB, S. 20.

1133 Seit *Lee, Young June*, AT des BGB, S. 22; *Kim, Sang Yong*, AT des BGB, S. 25.

abweicht. Zwar kann die höchstrichterliche Rechtsprechung das nachgeordnete Gericht und den Staatsbürger binden, dennoch hat dies außerhalb des konkret entschiedenen Verfahrens nur eine tatsächliche, hingegen keine gesetzliche Wirkung[1134]. Als Konsequenz kann Richterrecht nur als Gewohnheitsrecht entstehen, indem eine lange andauernd ausgeübte Rechtsprechung eine Gewohnheit bildet. Zusätzlich bedarf es der durch die Rechtsprechung gemeinsam bestätigten Rechtsüberzeugung. Auf diese Weise haben Rechtsprechung und Gewohnheitsrecht gegenüber dem Gesetz die Funktion einer Gesetzesergänzung und stehen zueinander in einem komplementären Verhältnis[1135]. Ungeachtes dieses divergenten Meinungsstands wäre das Ergebnis das gleiche wie das deutsche.

2. *Factoring und Subrogationsrecht*

Wie bereits dargelegt, gibt es in Korea keine der deutschen vergleichbaren Verrechnungsstellen. Aus dieser Tatsache könnten die einzelnen zivilrechtlichen Vorschriften i. V. mit der Rechtsnatur des Factoringvertrages als Anknüpfungspunk abgeleitet werden[1136]. Das grundlegende Verkehrsverhältnis des Factoringvertrages setzt ein Dreiecksverhältnis zwischen factor, client und Kunden voraus. Der Klient muss die schriftliche Einwilligung des Kunden über die Forderungsabtretung an den factor einholen. Daher wäre eine solche Abtretung ohne Einwilligung nichtig[1137]. Zwar könnte das Sub-rogationsrecht des Gläubigers in §§ 404, 405 KBGB, das das französische Subrogationsrecht in Art. 1666 C.C. übernommen hat, in Betracht kommen, aber wenn das Recht des Schuldners ein höchstpersönliche Recht betrifft, so kann dieses Recht gem. § 404 I KBGB von Anfang an nicht anwendbar sein. In diesem Zusammenhang taucht das Problem auf, ob dieses Recht gegenüber dem Gestaltungsrecht des Schuldners ausgeübt werden kann. Nach Rechtsprechung und im Schrifttum verbreiteter Auffassung ist § 404 I KBGB in einem weiteren Bereich zulässig, also Anfechtung sowie Bestätigung wegen Geschäftsunfähigkeit, Täuschung oder Drohung, der Wahl in Gattungsschuld, der Aufrechnung, des Rücktritts[1138] und der Kündigung[1139] des

1134 *Lee, Young June*, AT des BGB, S. 23.

1135 Seit *Lee, Young June*, AT des BGB, S. 23; *Kim, Hack Dong*, Goshiyeunku 12. 1993, S. 96; *Kim, Sang Yong*, AT des BGB, S. 25; *Lee, Eun Young*, AT des BGB, S. 61.

1136 Siehe zum strafrechtlichen Tatbestand Teil 2. B. II. 3; zur Offenbarungspflicht im Sinne des Strafrechts Teil 3. B. I. 4. a).

1137 Vgl. *Lee, Eun Young*, Schuldrecht BT, S. 386.

1138 KOGH, Urteil vom 21.4.1960, 4294Minsang483.

1139 KOGH, Urteil vom 24.2.1976, 76Da52.

Vertrages und Minderung usw[1140]. Dennoch sind §§ 404, 405 KBGB auf den Fall der Selbstbestimmungsrechtsverletzung des Schuldners nicht anwendbar[1141].

3. *Der zivilrechtliche Notstand und KGoA*

In Korea gibt es noch keine Diskussion über das Verhältnis zwischen dem strafrechtlichen Notstand und KGoA. Dies liegt daran, dass der Notstand des § 761 II KBGB nach Rechtsprechung und verbreiteter Auffassung gegenüber der rechtswidrigen Handlung nicht eingreifen kann[1142]. Umgekehrt gilt der strafrechtliche Notstand als *lex specialis*, und der zivilrechtliche Meinungsstand folgt ohne weiteres den strafrechtlichen Lehren. Daraus ergibt sich, dass eine mit § 904 BGB vergleichbare Vorschrift noch nicht in KBGB eingefügt worden ist. Zwar ist KGoA in §§ 734 ff. KBGB in der Struktur und im Meinungsstand ähnlich der GoA in Deutschland[1143], aber es fehlen im KBGB die irrtümliche Eigengeschäftsführung des § 687 I BGB und die unechte Eigengeschäftsführung des § 687 II BGB. Es kommt deshalb darauf an, ob die unechte Geschäftsführung zulässig sein kann. Wenn der subjektive Fremdgeschäftsführungswille des Geschäftsführers als erforderlich gilt, dann handelt es sich bei einer solchen Eigengeschäftsführung um eine ungerechtfertigte Bereicherung oder um eine unerlaubte Handlung[1144]. Nach einer anderen Ansicht kommt die Geschäftsführung ohne Auftrag des § 734 KBGB zustande. Dieses Argument geht davon aus, dass der subjektive Fremdgeschäftsführungswille nicht erforderlich sei[1145]. Diesem Argument kann nicht zugestimmt werden, weil die Geschäftsführung des Geschäftsführers gem. § 734 II KBGB den Willen des Geschäftsherrn oder

---

1140 *Guak, Eyun Jik*, Schuldrecht AT, S. 180; *Kim, Joo Su*, Schuldrecht AT, S. 215; *Kim, Ki Sun*, Schuldrecht AT, S. 178; *Kim, Sang Yong*, Schuldrecht AT, S. 288; *Kim, Yong Han*, S. 241; *Kim/Kim*, Schuldrecht AT, S. 183; *Chang, Kyung Hack*, Schuldrecht AT, S. 286.

1141 *Lee, Eun Young*, Schuldrecht AT, S. 431 f.; vgl. zum Gläubigerwechsel gem. § 399 I BGB a. F. *Coester-Waltjen*, Jura 2003, 26.

1142 KOGH, Urteil vom 24.3.1981, 80Da1592; *Lee, Eun Young*, Schuldrecht des BT, S. 807.

1143 Siehe zur Theorie der Menschenhilfe *Guak, Eyun Jik*, Schuldrecht des BT, S. 585; *Kim, Cheng Han*, Schuldrecht des BT, S. 388; *Kim, Joo Su*, Schuldrecht des BT, S. 514; Zuständigkeitstheorie *Lee, Eun Young*, Schuldrecht des BT, S. 649.

1144 *Guak, Eyun Jik*, Schuldrecht des BT, S. 418; *Kim, Cheng Han*, Schuldrecht des BT, S. 400; *Kim, Sang Young*, Schuldrecht des BT(Ha), S. 6 ff.; *Lee, Tae Jae*, Schuldrecht des BT, S. 407.

1145 *Lee, Eun Young*, Schuldrecht des BT, S. 659.

den Schutz des öffentliche Interesses gem. § 734 III KBGB voraussetzt[1146]. § 734 III KBGB könnte bei der Datenweitergabe an Dritte berücksichtigt werden, soweit die Geschäftsführung dem öffentlichen Interesse entspricht[1147]. Auch bei der Geschäftsführung zur Gefahrabwendung findet § 735 KBGB Anwendung. Sein Anwendungsbereich beschränkt sich auf das Leben, den Körper, die Ehre oder das Vermögen. Er ist daher enger gefasst als der Schutzgegenstand des § 750 KBGB. Somit taucht nicht das Problem auf, dass dieser Paragraph auf den Fall der Suizidgefahr des Geschäftsherrn anwendbar sein könnte. Es geht bei der Ausdehnung der GoA über die genannten Fälle hinaus eigentlich um eine unerlaubte Handlung gem. §§ 750, 753 KBGB.

4. Der Vertrag mit Schutzwirkung für Dritte

Der Vertrag mit Schutzwirkung für Dritte wird auch im Vergleich mit der deliktischen Haftung gem. § 750 KBGB diskutiert. Es gab einen Fall, in dem ein koreanischer traditioneller Arzt, der gleichzeitig als behandelnder Arzt und als Produzent von Medikamenten tätig war, die Ehefrau eines Patienten vor Nebenwirkungen der von ihm hergestellten Medikamente zwar gewarnt, sie darüber aber nur unzureichend aufgeklärt hatte. Aufgrund der nur mangelhaften Risikoaufklärung hatte sie ihrem Ehemann diese koreanischen traditionellen Medikamente verabreicht, der daraufhin wegen der übermäßigen Medikation starb. Nach Ansicht der Rechtsprechung hat der koreanische traditionelle Arzt so über Medikamente aufzuklären, damit der Käufer (hier: die Ehefrau) die Einnahme der Medikamente oder deren Anwendung aufgrund ausreichender Aufklärung selbst auswählen und bestimmen kann. Diese Aufklärungspflicht ergibt sich aus dem Gebot von Treu und Glauben gem. § 2 KBGB[1148]. Als dogmatische Grundlage wird der Vertrag mit Schutzwirkung für Dritte befürwortet oder verweigert. Nach den am häufigsten vertretenen Auffassungen wird eine aus der Schutzwirkung eines solchen Vertrages resultierende Aufklärungspflicht zugunsten des Angehörigen verneint, weil die Rechtsprechung den Exkulpationsbeweis nach außerordentlich strengen Anforderungen beurteilt und ihn daher kaum akzeptiert[1149]. Eine andere Auffassung hebt dagegen die Exkulpationsmöglichkeit und die Annahme der Exkulpation i. V. m. der Haftung für Verrichtungsgehilfen gem. § 756 I KBGB

1146 *Kim, Sang Yong*, Schuldrecht BT(Ha), S. 13.

1147 *Kim, Sang Yong*, Schuldrecht des BT(Ha), S. 14.

1148 KOGH, Urteil vom 10.12.2002, 2001Da56904.

1149 *Lee, Eun Young*, Schuldrecht BT, S. 138 m. w. N.; *Kim, Jae Hyung*, Die Aufklärungspflicht des traditionellen Arztes, S. 241, 268.

hervor[1150]. Im Allgemeinen wird der Vertrag mit Schutzwirkung auch aufgrund des Grundsatz *neminem laedere*[1151] oder aufgrund der Gläubigernähe[1152] befürwortet. Mittlerweile wird die Ansicht vertreten, dass die Nebenpflicht der Hauptpflicht ohne weiteres folge[1153], so dass die ärztliche Aufklärungspflicht von der Behandlungspflicht abhängig sei. Diese Meinung geht davon aus, dass sich die Aufklärungspflicht aus dem Behandlungsvertrag ergebe[1154]. Nach einer anderen Ansicht erweitert sich diese Konstruktion auf die Offenbarungspflicht gegenüber Dritten. Demnach wird die Offenbarung gegenüber Dritten aufgrund der vertraglichen Nebenpflicht bejaht, obwohl der Arzt die ausdrückliche Einwilligung des HIV-Infizierten nicht eingeholt hat[1155]. Zur Begründung geht diese Auffassung davon aus, dass Angehörige und Dritte, z. B. Sexualpartner, von Anfang an in die Schutzpflicht des Arztes fielen, indem die als Hauptpflicht angesehene Aufklärungspflicht der Schweigepflicht vorrangig sei[1156]. Aber dieses Argument überzeugt nicht, weil sich die Schweigepflicht auf § 317 KStGB als zwingendes Recht und dagegen verstoßende Handlung im Sinne des § 103 KBGB beruft. Daher ist es zweifelhaft, ob eine solche Pflicht durch die Aufklärungspflicht als vertragliche Nebenpflicht sogar gegenüber Angehörigen gebrochen werden darf.

5. *Die Haftung für Erfüllungs- und Verrichtungsgehilfen*

Der Erfüllungsgehilfe wird in § 391 KBGB festgeschrieben, das diesen Paragraphen aus § 278 BGB übernommen hat[1157]. Somit nähert sich der koreanische Meinungsstand im Wesentlichen dem deutschen an. Eine rechtsgeschäftliche Verbindung zwischen Schuldner und Erfüllungsgehilfen wird nicht vorausgesetzt. Daher ist die in einem bloßen Gefälligkeitsverhältnis tätige Person ein

---

1150 *Kim, Min Joong*, Vertrag und Dritte, S. 486, 525; *Song, Deok Su*, Vertrag mit Schutzwirkung zugunsten Dritten, S. 454.

1151 *Park, Hye Ho*, Die Haftung gegenüber Dritten – pro für die Annahme des Vertrages mit Schutzwirkung zugunsten Dritten –, S. 395.

1152 *Won, Sang Chol*, Verhältnis zwischen vertraglicher und deliktischer Haftung, S. 157, 164; kritisch *Park, Hye Ho*, Die Haftung gegenüber Dritten – pro für die Annahme des Vertrages mit Schutzwirkung zugunsten Dritten –, S. 421.

1153 *Sub, Kwang Min*, Die Schutzpflicht auf dem Schuldrecht, S. 95, 118, aufgrund der Aufklärungspflicht als Nebenpflicht.

1154 *Lee, Eun Young*, Schuldrecht BT, S. 940; siehe weiter bereits Teil 3. D. III. 4.

1155 *Kim, Min Joong*, Die rechtliche Maßnahme gegenüber AIDS, Die Zeitung für das Recht, 14.06.1990.

1156 *Kim, Min Joong*, a. a. O.; vgl. zur deutschen Auffassung *Damm*, MedR 2004, 9.

1157 *Lee, Eun Young*, Schuldrecht AT, S. 253.

Erfüllungsgehilfe im Sinne des § 391 KBGB[1158]. Die Diskussion richtet sich auf die Frage, ob der Schuldner für einen durch das Verschulden einer selbständigen Person, also des Nachfolgeunternehmers oder des Transportunternehmers, angerichteten Schaden haftet. Nach einer Auffassung muss hierfür die Möglichkeit des Dazwischentretens auf Seiten des Schuldners vorliegen. Es geht hierbei um die Auswahl, die Weisung und die Kontrolle gegenüber dem Erfüllungsgehilfen. Unter diesem Gesichtspunkt entfällt die Haftung des Schuldners trotz der von diesem getroffenen Auswahl, wenn die selbständige Person die Weisung oder die Kontrolle nicht befolgt. Daher kann der Gläubiger nur von dem Schuldner einen Schadensersatz fordern[1159]. Mittlerweile wird in Rechtsprechung und Schrifttum die Meinung vertreten, dass der Schuldner für den durch das Verschulden einer Person verursachten Schaden hafte, wenn er diese Person als Mittel für seine Schulderbringung benutzt. Es komme nicht auf die Auswahl, die Weisung und die Überwachung des Schuldners sowie auf die untergeordnete oder die selbständige Stellung im Verhältnis zu dem Schuldner an. Allerdings werde eine solche Haftung durch eine Vereinbarung mit dem Gläubiger oder durch die Vorschrift über den Haftungsausschluss ausgeschlossen[1160]. Die Haftung für den Verrichtungsgehilfen gem. § 756 KBGB wird weder als Fahrlässigkeitshaftung[1161] noch als verschuldensunabhängige Haftung[1162] angesehen[1163]. Im Vergleich zum deutschen Grund für den Schadensersatz des Geschäftsherrn gem. § 831 BGB geht eine verbreitete Auffassung von dem Gesichtspunkt der *culpa in contrahendo* aus. Daher setzt das Gehilfendelikt also eine vorsätzlich oder fahrlässig begangene unerlaubte Handlung voraus[1164]. Ersetzt der Geschäftsherr dem Geschädigten einen

1158 *Lee, Eun Young*, Schuldrecht AT, S. 254.

1159 *Guak, Eyun Jik*, Schuldrecht AT, S. 98; *Kim, Cheng Han*, Schuldrecht AT, S. 54; *Kim, Joo Su*, Schuldrecht AT, S. 114; *Kim*, Yong Han, Schuldrecht AT, S. 132.

1160 KOGH, Urteil vom 13.4.1999, 98Da51077; Urteil vom 12.7.2002, 2001Da44338; *Kim, Hyung Bae*, Schuldrecht AT, S. 161; *Kim, Sang Yong*, Schuldrecht AT, S. 140; *Kim/Kim*, Schuldrecht AT, S. 85; Ko, *Sang Yong*, Das Verschulden des Erfüllungsgehilfen, S. 72; *Lee, Eun Young*, Schuldrecht AT, S. 255 für *Esser/Schmidt*; *Medicus*.

1161 Siehe zur früheren vertretenen Ansicht *Lee, Tae Jae* (1981), Schuldrecht BT, S. 437.

1162 Siehe zur früheren vertretenen Ansicht *Kim, Hyun Tae*, Deliktsrecht, S. 32.

1163 *Guak, Eyun Jik*, Schuldrecht BT, S. 512; *Kim, Jang Woo*, Schuldrecht BT, 524; *Kim, Sang Yong*, Schuldrecht BT (Ha), S. 243; *Kwon, Yong Woo*. Deliktsrecht, S. 106.

1164 KOGH, Urteil vom 11.8.1981, 81Da298; *Guak, Eyung Jik*, Schuldrecht BT, S. 516; *Kim, Cheng Han*, Schuldrecht BT, S. 486; *Kim, Hyun Tae*, Deliktsrecht, S. 386; *Kim, Jang Woo*, Schuldrecht BT, S. 527; *Kim, Joo Su*, Schuldrecht BT, S. 698; *Kim, Ki Sun*, Schuldrecht, S. 413; *Kim, Sang Yong*, Schuldrecht BT (Ha), S. 247; *Lee, Tae Jae*, Schuldrecht BT, S. 492; a. A. *Lee, Eun Young*, Schuldrecht BT, S. 851.

Schaden gem. § 756 III KBGB, so kann er seinen Verrichtungsgehilfen für von ihm selbst geleisteten Schadensersatz in Anspruch nehmen, außer wenn der Verrichtungsgehilfe selbst schon dem Verletzten den Schaden ersetzt hat[1165]. Wenn dem Geschädigten sein Schaden von jemandem ganz oder teilweise ersetzt wird, so ist die Schadensersatzpflicht eines anderen insoweit ausgeschlossen[1166]. Bis heute findet sich keine Rechtsprechung, die die Exkulpation des Geschäftsherrn annähme[1167]. Daher nähert sich § 756 KBGB in der Praxis einer verschuldensunabhängigen Haftung an[1168], und die Exkulpationsmöglichkeit ist im vergleichenden Zusammenhang zwischen § 391 KBGB und § 756 KBGB nicht mehr maßgeblich. Eine Diskussion über die oben erwähnten Personen, also Ehefrau des Arztes, Krankentransporteur, Pförtner im Ärzte- oder im Krankenhaus, Zahntechniker, findet im koreanischen Schrifttum noch nicht statt. Daher kann die deutsche Diskussion dabei behilflich sein, in Korea eine Lösung zu finden.

III. Zusammenfassung und Zwischenergebnis

1. Deutschland

Das Gewohnheitsrecht als Offenbarungsbefugnis ist von Anfang an ausgeschlossen. Bei der Erfüllung der in § 402 BGB normierten Pflichten darf der Arzt seine patientenbezogenen Daten an die Verrechnungsstelle weitergeben. Bei der rechtfertigenden Pflichtenkollision zwischen §§ 228, 904 BGB und § 34 StGB kommt zuerst der zivilrechtliche Notstand in Betracht. Die GoA wird in §§ 677 ff. BGB als Rechtfertigungsgrund angesehen. Trotz der den modernen komplexen medizinischen Fällen scheinbar entsprechenden Vorschriften über die GoA ist deren Anwendungsbereich im Hinblick auf die Offenbarungsbefugnis des Arztes sehr eng, sind diese Vorschriften also nicht auf den Fall sog. Appellselbstmörder und den Fall der Datenweitergabe an die Verrechnungsstelle anwendbar. Denn das Interesse und der wirkliche Wille des Geschäftsherrn stehen im Vordergrund. Auf Grund eines Vertrages mit Schutzwirkung zugunsten

---

1165 *Guak, Eyung Jik*, Schuldrecht BT, S. 512; *Kim, Cheng Han*, Schuldrecht BT, a. a. O.; *Kim, Jang Woo*, Schuldrecht BT, S. 524; *Kim, Ki Sun*, Schuldrecht BT, S. 412; *Kim, Sang Yong*, Schuldrecht (Ha), a. a. O.; a. A. *Lee, Eun Young*, Schuldrecht BT, S. 852.

1166 KOGH, Urteil vom 18.8.1960, 4292MinSang772; Urteil vom 13.12.1994, 94Da17246.

1167 KOGH, Urteil vom 2.6.1964, 63Da804; Urteil vom 28.10.1964, 64Da693; Urteil vom 31.1.1968, 65Da376.

1168 *Guak, Eyung Jik*, Schuldrecht BT, S. 517; *Kim, Sang Yong*, Schuldrecht BT (Ha), S. 240, 250.

Dritter kann dem Arzt keine Offenbarungsbefugnis und -pflicht gegenüber Angehörigen ggf. Dritten gegeben werden, und daher ist die Mitteilung an andere Personen nicht gerechtfertigt. Erfüllungsgehilfe im Sinne des § 278 BGB ist jede Person. Es kommt nicht auf den Willen des Gehilfen an, sondern der Arzt haftet wegen falscher Auswahl des Gehilfen gegenüber dem Patienten. Daher können die gelegentlich mithelfende Ehefrau des Arztes und Zahntechniker als Gehilfen im Sinne des § 278 BGB gelten. Bei einer Schweigepflichtverletzung ist § 831 BGB im Prinzip nicht anwendbar, weil sich die Sorgfaltspflicht des Arztes gegenüber seinen Verrichtungsgehilfen auf bestimmte, eng definierte Bereiche, etwa das Direktionsrecht, die Überwachungspflicht und die Kontrollpflicht, bezieht. Die Verletzung dieser Sorgfaltspflicht entspricht nicht dem Indiskretionsdelikt.

2. Korea

Das Gewohnheitsrecht oder das Richterrecht wird nicht als selbständiger Rechtfertigungsgrund für die Schweigepflicht des Arztes angesehen. Das Subrogationsrecht gem. §§ 401, 404, 405 KBGB ist nicht auf den Fall der Forderungsabtretung anwendbar, weil diese Paragraphen keinem Gestaltungsrecht bezüglich der Verletzung des informationellen Selbstbestimmungsrechts entsprechen. Der strafrechtliche Notstand gilt im Zivilrecht ohne weiteres als *lex specialis.* § 734 III KBGB ist auf den Fall des Schutzes des öffentlichen Interesses anwendbar und § 735 KBGB auf den Fall der Suizidgefahr. Im Hinblick auf die Schutzwirkung mit Vertrag zugunsten Dritter und auf den Erfüllungsgehilfen und den Verrichtungsgehilfen gleicht die koreanische Diskussion im Wesentlichen der deutschen.

C. Offenbarungspflicht im Verhältnis zu Angehörigen

I. Deutschland

1. Bevollmächtigte und Vertreter

Unproblematisch ist nach der im Strafrecht[1169] und im Datenschutzrecht[1170] vertretenen Ansicht die Übermittlung der Einwilligungserklärung durch einen Boten. Der Unterschied zwischen dem Boten und der Stellvertretung besteht in der Willensbetätigung des Geheimnisträgers[1171]. Er überlässt die Entscheidung über

---

1169 Vgl. nur LK/*Rönnau*, vor § 32 StGB, Rn. 186 a. E.

1170 Hier nur *Gola/Schomerus*, § 4a BDSG, Rn. 10; NK/*Simitis/Simitis*, § 4a BDSG, Rn. 31; *Roßnagel/Holznagel/Sonntag*, Datenschutzrecht, S. 689.

1171 MüKo/*Schramm*, vor § 164 BGB, Rn. 42 f. m. w. N.

die Willensbildung einer anderen Person, dem Bevollmächtigten oder dem Stellvertreter. Im Hinblick auf die Einwilligungserklärung zur Datenverarbeitung gem. § 4a BDSG wird die Meinung vertreten, dass die Einwilligungserklärung von einem Stellvertreter i. S. der §§ 164 ff. BGB abgegeben werden könne[1172]. Nach einer Ansicht ist die Verwendung der Daten durch einen Vertreter aufgrund des Schutzes des informationellen Selbstbestimmungsrechts und wegen der höchstpersönlichen Qualifikation der Einwilligung nicht zulässig[1173]. Bezüglich der Entbindung von der Zeugnispflicht ist eine Vertretung in der Erklärung daher unzulässig, auch wenn der Geheimnisgeschützte willensunfähig ist[1174]. Die Erteilung der Einwilligung ist nach einer im Strafrecht vertretenen Ansicht im Wege gewillkürter Vertretung durch Vertreter in der Erklärung zur Entbindung von der Schweigepflicht möglich[1175]. Dieses Argument wird jedoch für höchstpersönliche Rechtsgüter in Zweifel gezogen, jedenfalls für den Fall, dass der Wesenskern des Persönlichkeitsrechts betroffen ist[1176]. Zum Kern des Persönlichkeitsrechts wird aber vor allem die körperliche Integrität gerechnet, nicht aber der Geheimnisschutz[1177]. Eine Stellvertretung wird schließlich dann ausgeschlossen, wenn man der Lehre vom tatbestandsausschließenden Einverständnis folgt. Wenn die Straftat gerade darin besteht, dass es um den Willen des Opfers geht, dann scheidet eine Stellvertretung in jedem Fall aus[1178]. Die Datenweitergabe an einen Dritten wirft insbesondere bei minderjährigen Patienten Schwierigkeiten auf. Im strafrechtlichen Schrifttum einerseits und im datenschutzrechtlichen Schrifttum andererseits werden unterschiedliche Meinungen zum Problem der Weitergabe der Daten nicht voll geschäftsfähiger Personen vertreten, wobei diese

---

1172 *Gola/Schomerus*, § 4a BDSG, a. a. O.; *Schaffland/Wiltfang*, 5001 § 4a BDSG, Rn. 24; *Roßnagel/Holznagel/Sonntag*, Datenschutzrecht, S. 689; einschränkend *Bergmann/Möhrle/Herb*,§ 4a BDSG 01, Rn. 11a.; vgl. zum Vertrag zwischen Labormediziner und Patienten *Spickhoff*, JZ 2010, 471 f.

1173 *Däubler/Klebe/Wedde*, § 4a BDSG, Rn. 6; NK/*Simitis/Simitis*, § 4a BDSG, Rn. 31; ebenso wie zivilrechtliche Auffassung *Kern*, NJW 1994, 757.

1174 *Göppinger*, NJW 1958, 244; *Kohlhaas*, GA 1958, 73; KK/*Senge*, § 53 StPO, Rn. 48; *Meyer-Goßner/Schmitt*, § 53 StPO, Rn. 48; dazu näher LR/*Alexander Ignor/Camilla Bertheau*, § 53a StPO, Rn. 81 m. w. N.

1175 LK/*Schünemann*, § 203 StGB, Rn. 103; MK/*Cierniak/Pohlit*, § 203 StGB, Rn. 60; NK/*Kargl*, § 203 StGB, Rn. 57.

1176 *Lenckner*, ZStW 1960, 462; Sch/Sch/*Lenckner/Sternberg-Lieben*, Vorbem. §§ 32 ff. StGB, Rn. 41 ff.; dazu näher LK/*Rönnau*, vor § 32 StGB, Rn. 186 m. w. N.; vgl. zu vermögenswerten Geheimnissen LK/*Schünemann*, § 203 StGB, Rn. 103.

1177 A. a. O.

1178 Sch/Sch/*Lenckner/Sternberg-Lieben*, Vorbem. §§ 32 ff. StGB, Rn. 31 ff.

unterschiedlichen Meinungen im Ergebnis einander ähnlich sind. Beim Fall der Einwilligungserklärung durch den gesetzlichen Vertreter geht es i. d. R. um die Einwilligungsfähigkeit eines nicht voll Geschäftsfähigen. Darum bedarf der Arzt der Einwilligung des noch nicht voll Geschäftsfähigen[1179].

2. Das elterliche Sorgerecht gem. §§ 1626, 1631 BGB

Wenn Minderjährige die Einwilligung nicht wirksam selbst erteilen können, steht das Recht zur Einwilligung den personensorgeberechtigten Eltern zu. Hier könnte man die Meinung vertreten, dass sich die Verfügungsbefugnis der Eltern mit wachsender Reife des Minderjährigen relativiere – die Eltern können nicht mehr allein wirksam einwilligen, sondern benötigen die Zustimmung des Minderjährigen. Der Minderjährige kann aber noch nicht eigenverantwortlich handeln. Nach einer Ansicht kann der Arzt den Eltern eine Mitteilung machen, wenn er Zweifel in deren Einwilligung zu einem Schwangerschaftsabbruch der Minderjährigen hegt[1180]. Ferner sind nach einer Ansicht die Eltern „Selbstbetroffene" bezüglich der Tatsache[1181], Eltern der schwangeren Minderjährigen zu sein[1182]. Zwar gehen diese Argumente davon aus, dass die Einwilligungsfähigkeit bei der Minderjährigen vorhanden sei[1183], jedoch solle deren allgemeines Persönlichkeitsrecht hinter das elterliche Personensorgerecht gem. §§ 1626, 1666 BGB zurücktreten[1184]. Unter Berücksichtigung der Rechtssicherheit könne der Arzt unnötige Friktionen zum Strafrecht vermeiden[1185]. Daher müsse der Arzt lediglich die Einwilligung des gesetzlichen Vertreters einholen und ihn über den Schwangerschaftsabbruch informieren[1186]. Daraus ergebe sich, dass die Rechtswirksamkeit des Behandlungsvertrages mit dem Minderjährigen von der Einwilligung der Eltern gem. §§ 107, 1626 BGB abhängig sei[1187]. Das Geheimnis des Ungeborenen

---

1179 Siehe bereits Teil 3. D. II. 1.

1180 *Spickhoff/Spickhoff*, Medizinrecht, § 12 GOÄ, Rn. 5; vgl. zur Einwilligung des abwesenden Elternteils BGH VersR 2010, 1183.

1181 *Woesner*, NJW 1957, 692.

1182 *Schmitz*, JA 1996, 775; diesbezüglich Teil 3. A. III. 1. b) und 2.

1183 Vgl. LG Berlin FamRZ 1980, 285.

1184 OLG *Hamm* NJW 1998, 3424; MüKo/*J. Schmitt*, § 105 BGB, Rn. 21; Palandt/*Götz*, § 1626 BGB, Rn. 11; vgl. zum Ausgangspunkt PWW/*Völzmann-Stickelbrock*, § 107 BGB, Rn. 1; diesbezüglich bereits Teil 3. B. III. 2. b).

1185 *Bamberger/Roth/Spindler*, § 823 BGB, Rn. 638; diesbezüglich bereits Teil 3. D. IV. 2. b); zu GoA *Schroth*, JuS 1992, 480.

1186 OLG Hamm, a. a. O.

1187 LG München FamRZ 1979, 850; vgl. MüKo/*Huber*, § 1626 BGB, R. 39 m. w. N.

sei kein Rechtsgut im Sinne des § 203 StGB, weil dieser Paragraph ohnedies das Geheimnis der Schwangeren betreffe[1188]. Es ist auch selbstverständlich, dass die „körperliche Integrität“ der Minderjährigen nicht verletzt werden darf und auch durch das Dazwischentreten des gesetzlichen Vertreters geschützt werden kann[1189]. In diesem Zusammenhang dürfen das informationelle und das körperliche Selbstbestimmungerecht der Minderjährigen durch das elterliche Sorgerecht gem. § 1626 I BGB nicht außer Acht gelassen werden[1190]. Beim Selbstbestimmungsrecht der Minderjährigen ist die Situation im Prinzip nicht anders als bei der Geschäftsunfähigkeit und bei einem Fall medizinischer Indikation i. V. m. dem Einwilligungsberechtigten[1191]. Das in erster Linie zu berücksichtigende Selbstbestimmungsrecht der Einwilligungsunfähigen und der damit verbundene Interessenschutz werden auch in familienbezogenen Vorschriften festgeschrieben, etwa bei dem Antrag des Geschäftsunfähigen gem. §§ 1896 ff. BGB[1192], beim Willen des Betreuten gem. §§ 1901, 1901b, 1903 BGB[1193] und bei der gerichtlichen Maßnahme gem. § 1666 BGB[1194], wenn zwischen dem Betreuten und seinem gesetzlichen Vertreter ein Streitfall besteht. Konsequenterweise darf der Arzt keinem gesetzlichen Vertreter ohne die ausdrückliche Einwilligung der Minderjährige eine Mitteilung machen. Daher können sich Minderjährige allein für oder gegen den Abbruch der Schwangerschaft und damit für oder gegen die Entbindung von der ärztlichen Schweigepflicht entscheiden[1195].

1188 Siehe bereits Teil 2. A. I. 2.

1189 Vgl. OLG München NJW 1958, 634; LG Berlin FamRZ 1980, 286.

1190 Vgl. *Bamberger/Roth/Veit*, § 1626 BGB, Rn. 25 ff.; *Deutsch/Spickhoff*, Medizinrecht, Rn. 681, 741, 802; *Klass*, AfP 2005, 516; MüKo/*Huber*, § 1626 BGB, Rn. 42 ff.; *Scherer*, FamRZ 1997, 591; *Schlund*, JR 1999, 335; *Schwerdtner*, NJW 1999, 1526; *Spickhoff*, AcP 2008, 360 ff.; Staudinger/*Peschel-Gutzeit*, § 1626 BGB, Rn. 98; *Wasserburg*, NStZ 2003, 356.

1191 Vgl. LG Berlin FamRZ 1980, 286; LG Köln NJW 1995, 1622; *Bamberger/Roth/Veit*, § 1626 BGB, Rn. 24; vgl. ferner zum strafrechtlichen Gesichtspunk *Lilie*, JZ 1991, 544, 546.

1192 Dazu näher *Spickhoff*, NJW 2000, 2302 f.; *Spickhoff/Spickhoff*, Medizinrecht, § 1896 BGB, Rn. 1 ff.

1193 Dazu näher Soergel/*Spickhoff*, § 823 Anh. I BGB, Rn. 114, 125; *Spickhoff*, AcP 2008, 361 ff., 392 f., 402 f.; *ders.*, NJW 2000, 2300 ff.; *ders.*, NJW 2011, 1652 m. w. N.

1194 Vgl. LG Berlin FamRZ 1980, 285; MüKo/*J. Schmitt*, § 105 BGB, Rn. 22 ff.; *Bamberger/Roth/Veit*, § 1626 BGB, Rn. 25.2; *Scherer*, FamRZ 1997, 591 f.

1195 Im Ergebnis ebenso *Deutsch*, AcP 1992, 175; *Deutsch/Spickhoff*, Medizinrecht, Rn. 97, 741; *Laufs*, NJW 1991, 1523; Soergel/*Spickhoff*, § 823 Anh. I BGB, Rn. 107; Staudinger/*Peschel-Gutzeit*, § 1626 BGB, Rn. 98 ff.; *Ulsenheimer*, Arztstrafrecht,

3. *Erben als Einwilligungsberechtigte gem. §§ 1922 ff. BGB*

Der Einwilligende muss ein Einwilligungsberechtigter sein und eine Dispositionsbefugnis besitzen[1196]. Im Prinzip hat das Recht der Angehörigen auf Entbindung von der Schweigepflicht von gesetzlichen Vorschriften auszugehen. Hierbei ist nur die Wahrnehmung einer fallbezogenen Güter- oder Interessenabwägung unter Beachtung aller persönlichkeitsrechtlichen Grundsätze von rechtlicher Bedeutung[1197]. Nur das vermögenswerte Geheimnis ist vererblich, und daher wird der Erbe bei Eintritt des Erbfalls als Verfügungsberechtigter über das vermögenswerte Geheimnis angesehen. Daher kann der Arzt von Erben und nahen Angehörigen des Verstorbenen von seiner Schweigepflicht entbunden werden[1198]. Das höchstpersönliche Geheimnis des Verstorbenen geht allerdings nicht auf den Erben über, weshalb seine Einwilligung in die Offenbarung eines solchen Geheimnisses ohne rechtliche Bedeutung ist[1199]. Der Erbe kann in die Preisgabe des Geheimnisses des Verstorbenen auch dann nicht einwilligen, wenn die Voraussetzung für die Wahrnehmung vermögenswerter Rechte erfüllt ist[1200]. Eine andere Auffassung wendet sich gegen die Trennung

---

Rn. 367; vgl. zu Eltern als Schuldner *Spickhoff/Spickhoff*, Medizinrecht, § 12 GOÄ, Rn. 5; zum Ausgangspunkt *Bamberger/Roth/Veit*, § 1626 BGB, Rn. 25.1.

1196 *Deutsch/Spickhoff*, Medizinrecht, Rn. 260, 642; *Göppinger*, NJW 1958, 241; HK-GS/*Tag*, § 203 StGB, Rn. 46 ff.; KK/*Senge*, § 53 StPO, Rn. 46; KK/*Nack*, § 97 StPO, Rn. 7; NK/*Kargl*, § 203 StGB, Rn. 54; *Roxin/Schroth/Braun*, Medizinstrafrecht, S. 242; *Scholz*, NJW 1981, 1989; *Timm*, Grenzen der ärztlichen Schweigepflicht, S. 21; dazu näher *Meyer-Goßner/Schmitt*,§ 53 StPO, Rn. 46; SK/*Rogall*, § 53 StPO, Rn. 196.

1197 Vgl. *Kohlhaas*, GA 1958, 73 f.

1198 OLG Hamm NJW 1962, 691; OLG Stuttgart MDR 1983, 237; *Deutsch*, AcP 1992, 170; *Deutsch/Spickhoff*, Medizinrecht, Rn. 628, 642; LK/*Schünemann*, § 203 StGB, Rn. 54, 95, 117; *Roxin/Schroth/Braun*, a. a. O.; Sch/Sch/*Lenckner/Eisele*, § 203 StGB, Rn. 25, 70; vgl. hier nur OLG München AnwBl 1975, 159, 160.

1199 RGSt 71, 21; BayObLG NJW 1987, 1492; BGH NJW 1984, 2894 f.; OLG Hamm NJW 1962, 691; *Edenfeld*, ZEV 1997, 396; Erman/*M. Schmidt*, § 2229 BGB, Rn. 9; *Lackner/Kühl*, § 203 StGB, Rn. 27; LK/*Schünemann*, § 203 StGB, Rn. 54, 117; NK/*Kargl*, § 203 StGB, Rn. 10; *Roxin/Schroth/Braun*, a. a. O.; *Schack*, JZ 1990, 40; Sch/Sch/*Lenckner/Eisele*, § 203 StGB, Rn. 25; SK/*Hoyer*, § 203 StGB, Rn. 14, 79; SK/*Rogall*, § 53 StPO, Rn. 201; *Woesner*, NJW 1957, 692.

1200 BGH JZ 1984, 280; OLG Hamm NJW 1962, 691; OLG München VersR 2009, 41; BayLSG NJW 1962, 1789; *Lackner/Kühl*, § 203 StGB, Rn. 27; *Lange/Kuchinke*, Erbrecht, S. 113; LK/*Schünemann*, § 203 StGB, Rn. 54, 95, 117; NK/*Kargl*, § 203 StGB, Rn. 10; Staudinger/*Marotzke*, § 1922 BGB, Rn. 297; *Stein/Jonas/C. Berger*, § 385 zwischen einem Auskunftsanspruch und dem vererblichen Recht, den Arzt von dessen Schweigepflicht zu entbinden[1201]. Erben als Rechtsnachfolger haben einen reinen Auskunftsanspruch nach der Natur des Geheimnisses und dem Willen des Erblassers. Ein solcher Auskunftsanspruch ergibt sich aus den §§ 399, 401 BGB und daher aus der ergänzenden Auslegung gem. § 157 BGB[1202]. Jedoch kann der Patient den Arzt formlos von dessen Schweigepflicht befreien. Einem solchen Schritt sollte die Ermittlung des wirklichen Willens des Verstorbenen vorausgehen[1203]. Erben oder Angehörige haben nach einem Urteil kein eigenes Einsichtsrecht, sondern nur ein Einsichtsrecht, das aus dem Einsichtsrecht des Verstorbenen als Nebenanspruch des Behandlungsvertrages hergeleitet wird[1204]. Nach diesem Argument kann der nichtvermögensrechtliche und höchstpersönliche Hauptanspruch zwar auf die Erben übergehen, die Erbschaft umfasst aber gem. § 1922 BGB nicht das Recht, den Arzt von der Pflicht zur Verschwiegenheit zu befreien[1205], weil die Schweigepflicht des Arztes durch eine Einsichtnahme der Erben nicht verletzt werden dürfe[1206]. Der Bruch der ärztlichen Schweigepflicht könne lediglich durch die geäußerte oder durch die mutmaßliche Einwilligung des Geheimnisgeschützten gerechtfertigt werden, nicht durch die Erbenstellung[1207]. Die Meinung des BGH wird in zahlreichen Arbeiten nicht akzeptiert: Nach einer Ansicht können der behandelnde Arzt oder die Angehörigen, etwa der überlebende Ehegatte, ein erwachsenes Kind oder ein Freund, als Funktionsnachfolger[1208], und als postmortale Quasi-Stellvertreter gem. dem Willen des verstorbenen Patienten angesehen werden. Daher könne das Geheimnis mit dem Einverständnis der genannten Personen offenbart

---

ZPO, Rn. 19; *Ulsenheimer*, Arztstrafrecht, Rn. 368; *Wessels/Hettinger*, Strafrecht BT I, Rn. 569; vgl. zum Ausgangspunkt *Berger*, NJW 1995, 1587.

1201 Soergel/*Stein*, § 1922 BGB, Rn. 54; *Stein*, FamRZ 1986, 11.

1202 Soergel/*Stein*, a. a. O.; *Stein*, FamRZ 1986, 12 ff.

1203 Vgl. *Lange/Kuchinke*, Erbrecht, S. 114; *Solbach*, DRiZ 1978, 205; *Spickhoff*, NJW 2000, 2301 f.

1204 BGH NJW 1983, 2627, 2628.

1205 BayObLG NJW 1987, 1492; *Lange/Kuchinke*, Erbrecht, S. 113; a. A. *Stein*, FamRZ 1986, 13, 18.

1206 BGH NJW 1983, 2628; *Bartsch*, NJW 2001, 862; *Hess*, ZEV 2006, 481; vgl. dazu *Lange/Kuchinke*, Erbrecht, S. 113, Fn. 203.

1207 BGH NJW 1983, 2628; BGH NJW 1984, 2894 f.; BayObLG NJW 1987, 1492; *Bartsch*, NJW 2001, 862; *Hess*, ZEV 2006, 481; *Laufs*, NJW 1991, 1525; MK/*Cierniak/Pohlit*, § 203 StGB, Rn. 137; im Ergebnis ebenso *Lackner/Kühl*, § 203 StGB, Rn. 27; *Ulsenheimer*, Arztstrafrecht, Rn. 368.

1208 BGH JZ 1984, 280; auch als Rechtsnachfolger *Kühnl*, JA 1995, 332.

werden[1209]. Es sollte aber berücksichtigt werden, dass die Schweigepflicht des Arztes im Prinzip auch gegenüber den Funktionsnachfolgern besteht[1210]. Es ist zwar selbstverständlich, dass einerseits das vermögenswerte Geheimnis Bestandteil des Nachlasses im Sinne des § 1922 BGB ist und es andererseits um Arzt- und Krankenhauskosten als Schuld des Patienten geht. Daher werden die Erben als Auskunftsverpflichtete gem. § 2314 BGB und ein Zessionar (hier: Arzt) als Auskunftsberechtigte gem. § 2317 II BGB i. V. m. § 401 BGB angesehen[1211]. Der Umfang der von dem Arzt zu erteilenden Auskunft wird aber beschränkt auf die vertragsbezogene Information[1212]. Höchstpersönliches und vermögenswertes Geheimnis sind jedoch nicht immer voneinander zu trennen[1213]. Geheimnisse können so zusammenhängen, dass das vermögenswerte Geheimnis nur in der Weise offenbart werden kann, dass gleichzeitig höchstpersönliche Geheimnisse aufgedeckt werden. Das Recht zur Einwilligung steht dem Erben als Rechtsnachfolger des Erblassers gem. § 1922 BGB zu, wenn er eine vermögensrechtliche Position innehat[1214]. Für die Person des Einwilligungsberechtigten kommt es deshalb auf den Charakter des Rechtsguts im Verhältnis zu den Angehörigen an. Das gilt auch für die Dispositionsbefugnis selbst. Demgemäß darf der Arzt zur Begründung seiner Honorarforderung dem Erben gegenüber die höchstpersönlichen Daten zur Krankheit und zur Behandlung offenbaren. Der Arzt darf nicht Vorteile aus dem Recht zur Offenbarung ziehen und sich gleichzeitig auf die Schweigepflicht berufen, wenn es um die damit zusammenhängenden Rechte des Forderungsgegners geht[1215]. Grundsätzlich ist zu beachten, dass sich das Geheimnis im Sinne des § 203 StGB insgesamt auf den Inhalt des allgemeinen Persönlichkeitsrechts i. V. m. Art. 1 I GG und Art. 2 I GG bezieht[1216]. Daher ist von Anfang an die Meinung zu bezweifeln, dass der vererbliche Auskunftsanspruch und das unvererbliche Recht auf die Entbindung von der Schweigepflicht gesondert voneinander berücksichtigt werden könnten[1217].

1209 *Bosch*, FamRZ 1983, 1101.

1210 Vgl. BayObLG NJW 1987, 1492; *Edenfeld*, ZEV1997, 397; *Stein*, FamRZ 1986, 11 f.

1211 Vgl. *Muscheler*, Erbrecht, Rn. 4141.

1212 Vgl. *Muscheler*, Erbrecht, Rn. 4151.

1213 Vgl. *Kern*, MedR 2006, 206; *Kühnl*, JA 1995, 332; MK/*Cierniak*/*Pohlit*, § 203 StGB, Rn. 137 ff.; *Solbach*, DRiZ 1978, 205; Staudinger/*Marotzke*, § 1922 BGB, Rn. 298.

1214 Hier nur BayObLG NJW 1987, 1492.

1215 Vgl. *Kühnl*, JA 1995, 332.

1216 Vgl. *Buschmann*, NJW 1970, 2083; *Hess*, ZEV 2006, 481 f.; *Kühnl*, JA 1995, 331 f.

1217 Vgl. *Solbach*, DRiZ 1978, 205; *Stein*, FamRZ 1986, 11, 13.

4. *Einsichtnahme in die Krankenunterlagen des Patienten*

a) Herausgabe der Krankenunterlagen

Das Einsichtsrecht gründet auf Art. 2 I GG i. V. m. Art. 1 I GG[1218] und ergibt sich aus einer Nebenpflicht des Behandlungsvertrages gem. § 611 BGB (jetzt §§ 630a, 630g BGB) i. V. mit dem § 242 BGB[1219]. In diesem Zusammenhang ist es nicht erforderlich, dass der Behandlungsvertrag i. V. mit dem Einsichtsrecht des Patienten und mit der Dokumentationspflicht des Arztes aufgrund des Vertrauensschutzes des Patienten oder der Rechtsklarheit als Rechtspflicht gelten muss[1220]. § 810 BGB kommen teilweise als gesetzlicher Anspruch in Betracht[1221]. In diesem Zusammenhang geht es i. d. R. um die Röntgenaufnahme, die als Geheimnis im Sinne des § 203 StGB angesehen wird[1222]. Zwar kann § 810 BGB nach einer Ansicht teilweise anwendbar sein, jedoch wird dieser Paragraph wegen der Abhängigkeit von der Zielsetzung des Behandlungsvertrages und mangels des Charakters der Urkunde i. V. mit der ärztlichen Aufzeichnung als entbehrlich angesehen[1223]. Daher ist § 810 BGB vom Behandlungsvertrag

---

1218 BVerfGE 79, 256, 268; BVerfG NJW 2006, 1116; BGHZ 85, 327; 106, 146; *Ahrens*, NJW 1983, 2609; *Deutsch/Spickhoff*, Medizinrecht, Rn. 625; Soergel/*Spickhoff*, § 823 Anh. I BGB, Rn. 257; *Spickhoff/Scholz*, Medizinrecht, § 10 MBO, Rn. 5; Staudinger/*Coester*, § 307 BGB, Rn. 414.

1219 BGH NJW 1983, 328; OLG München NJW 2001, 2806; *Ahrens*, NJW 1983, 2612; *Bamberger/Roth/Gehrlein*, § 810 BGB, Rn. 6; *Deutsch/Spickhoff*, Medizinrecht, Rn. 625; *Fuchs*, ArztR 1996, 322; *Lux*, GesR 2004, 8; *Maunz/Dürig/Di Fabio*, Art. 2 Abs. 1 GG, Rn. 139; MüKo/*Krüger*, § 260 BGB, Rn. 24; Soergel/*Spickhoff*, § 823 Anh. I BGB, Rn. 257; vgl. zu Neben(leistungs-)pflichten *Spickhoff/Greiner*, Medizinrecht, §§ 823 ff. BGB, Rn. 295.

1220 Vgl. *Hohloch*, NJW 1982, 2578 f.

1221 LG Dortmund NJW 2001, 2806; LG Göttingen NJW 1979, 601; AG Essen NJW-RR 1998, 262 f.; *Ahrens*, NJW 1983, 2610; *Bamberger/Roth/Fuchs*, § 611 BGB, Rn. 64; *Daniels*, NJW 1976, 348; *Deutsch*, AcP 1992, 171; *Deutsch/Spickhoff*, Medizinrecht, Rn. 625, 631; *Fuchs*, ArztR 1996, 322; *Hinne*, NJW 2005, 2271; *Hohloch*, NJW 1982, 2582 *Hess*, ZEV 2006, 480, Fn. 6; MüKo/*Krüger*, § 260 BGB, Rn. 23; PWW/*Buck-Heeb*, § 810 BGB, Rn. 7; Soergel/*Spickhoff*, § 823 Anh. I BGB, Rn. 257; Staudinger/*Coester*, § 307 BGB, Rn. 414; Staudinger/*Maburger*, § 810 BGB, Rn. 20; *Wasserburg*, NJW 1980, 621; *Zimmermann*, FamRZ 1981, 932; vgl. zu Einsichtsrecht in tierärztliche Behandlungsunterlagen LG Hildesheim NJW-RR 1992, 415, 416; *Bemmann*, VersR 2005, 760, 765 f.

1222 *Däubler/Klebe/Wedde/Weichert*, § 3 BDSG, Rn. 8; *Kilian*, NJW 1987, 697; *Müller*, MDR 1971, 968; *Schlund*, JR 1977, 265.

1223 BGH NJW 1983, 330; OLG Stuttgart NJW 1958, 2119; *Gehrlein*, NJW 2001, 2773 f.; *Laufs*, NJW 1975, 1435; im Ergebnis ebenso Erman/*R. Wilhelmi*, § 810 BGB, Rn. 4.

unabhängig und wird daher von Anfang an ausgeschlossen[1224]. Nach diesem Argument kann der Patient vom Arzt grundsätzlich eine „Kopie" fordern[1225]. Eine andere Ansicht erfasst sowohl die Ablichtung als auch die Original-Röntgenaufnahme aufgrund § 811 I S. 2 BGB bei einem Streitfall (vgl. § 630g Abs. 1 BGB)[1226]. Als Rechtsgrundlage für Herausgabeansprüche kann der Patient vom Arzt die Röntgenbilder aufgrund des Behandlungsvertrages gem. §§ 611 ff. BGB (jetzt §§ 630a, 630g BGB)[1227], des Werkvertrages gem. §§ 631, 651 BGB[1228] oder aufgrund des Geschäftsbesorgungsvertrages gem. §§ 666 ff.[1229], 675 BGB[1230] fordern. Im Prinzip sind §§ 810, 985 BGB bei Nichtvorhandensein einer schriftlichen Verkörperung nicht anwendbar[1231], jedoch sollte auch das Verhältnis zum berechtigten Dritten in Betracht kommen[1232]. Die Röntgenaufnahme existiert gem. § 242 BGB (jetzt § 630g BGB) für das Interesse des Patienten, für dasjenige von dessen Angehörigen und dasjenige des Arztes (oder

---

1224 *Bamberger/Roth/Gehrlein*, § 811 BGB, Rn. 6 für MüKo/*Hüffer*; *Nüßgens.*; *Laufs*, NJW 1975, 1435.

1225 OLG München NJW 2001, 2806; LG Dortmund NJW 2001, 2806; LG Köln VersR 1986, 775; AG Essen NJW-RR 1998, 262 f.; *Ahrens*, NJW 1979, 603; *Bamberger/Roth/Gehrlein*, § 810 BGB, Rn. 6; Erman/*R. Wilhelmi*, § 810 BGB, Rn. 4; *Gehrlein*, NJW 2001, 2773 f.; *Wasserburg*, NJW 1980, 620; vgl. zur Ablehnung der Überlassung der Originalkartei *Grömig*, NJW 1970, 1212.

1226 OLG München NJW 2001, 2807; *Deutsch/Spickhoff*, Medizinrecht, Rn. 631; Soergel/*Spickhoff*, § 823 Anh. I BGB, Rn. 259; Staudinger/*Coester*, § 307 BGB, Rn. 414; Staudinger/*Richardi/Fischinger*, Vorbem. zu §§ 611 ff. BGB, Rn. 128; im Ergebnis ebenso *Spickhoff*, NJW 2002, 1766; vgl. zur strafprozessualen Auffassung *Kohlhaas*, NJW 1972, 1120 f.; a. A. OLG Stuttgart NJW 1958, 2119; AG Hagen NJW-RR 1998, 262; *Gehrein*, NJW 2001, 2773 f.

1227 OLG Stuttgart NJW 1958, 2119 f.

1228 *Daniels*, NJW 1976, 345.

1229 *Hohloch*, NJW 1982, 2579; dagegen Einwände *Laufs*, NJW 1975, 1435; *Schmid*, NJW 1987, 683 m. w. N.

1230 *Ahrens*, NJW 1979, 603 für *Steffen.*; kritisch *Rieger*, NJW 1975, 2239.

1231 *Ahrens*, NJW 1983, 2610; *Deutsch/Spickhoff*, Medizinrecht, Rn. 631; *Lux*, GesR 2004, 10; Staudinger/*Marburger*, § 810 BGB, Rn. 8, 20; *Wasserburg*, NJW 1980, 622; im Ergebnis ebenso OLG Stuttgart NJW 1958, 2119; zum Ausgangspunkt a. A. *Hohloch*, NJW 1982, 2583.

1232 Vgl. BGH VersR 1989, 252; *Bamberger/Roth/Gehrlein*, § 810 BGB, Rn. 6; Erman/*R. Wilhelmi*, § 810 BGB, Rn. 4; *Hohloch*, a. a. O.; MüKo/*Krüger*, § 260 BGB, Rn. 24; MüKo/*Habersack*, § 810 BGB, Rn. 6, 16; *Spickhoff/Scholz*, Medizinrecht, § 10 MBO, Rn. 6 f.; *Spickhoff/Spickhoff*, Medizinrecht, § 1896 BGB, Rn. 14.

des Krankenhausträgers)[1233]. Diese Konstellation erstreckt sich auch auf das der Krankenversicherung gegenüber erstattete ärztliche Gutachten[1234]. Aber das OLG Köln und einige im Schrifttum vertretene Ansichten lehnen das Interesse des Patienten ab[1235]. Die Vertreter dieser Meinung haben die von ihnen zitierte Rechtsprechung verkannt, weil diese Rechtsprechung sich auf § 810 BGB, nicht auf § 242 BGB stützt[1236]. Des Weiteren wird die Herausgabe der zahnärztlichen Röntgenaufnahme nach einer Entscheidung des AG Krefeld mangels Behandlungsbedürftigkeit i. V. m. dem nachbehandelnden Arzt abgelehnt[1237]. Diese Entscheidung geht davon aus, dass sich die zahnärztliche Behandlung weder von anderen ärztlichen Behandlungen noch von der Dokumentationspflicht unterscheidet. Daher ist es zweifelhaft, ob die zahnärztliche Röntgenaufnahme wirklich keine Behandlungsbedürftig-keit für einen anderen Arzt betrifft[1238].

b) Dokumentationspflicht des Arztes

Das Einsichtsrecht knüpft sich notwendigerweise an die Dokumentationspflicht des Arztes und wird dadurch in der Praxis gewährleistet (jetzt § 630f BGB)[1239]. Daraus ergibt sich, dass Krankenunterlagen des Arztes als Bestandteil dessen sorgfältigen Behandlung auch im Interesse des Patienten geführt werden[1240].

1233 *Deutsch/Spickhoff*, Medizinrecht, Rn. 625, 631; im Ergebnis ebenso BGH VersR 1989, 252 f.; Staudinger/*Marburger*, § 810 BGB, Rn. 20; vgl. *Kilian*, NJW 1987, 697; *Zimmermann*, FamRZ 1981, 932.

1234 OLG Frankfurt MedR 1992, 161; *Ahrens*, NJW 1983, 2612; MüKo/*Habersack*, § 810 BGB, Rn. 16; Staudinger/*Marburger*, § 810 BGB, Rn. 20.

1235 OLG Köln NJW 1983, 2641; MüKo/*Krüger*, § 260 BGB, Rn. 25; *Wasserburg*, NJW 1980, 620.

1236 Vgl. BGH NJW 1983, 2627 f.

1237 AG Krefeld MDR 1986, 586; im Ergebnis ebenso *Rieger*, NJW 1975, 2239 m. w. N.

1238 Vgl. *Deutsch/Spickhoff*, Medizinrecht, Rn. 631 mit OG Zürich; *Barnikel*, NJW 1975, 592; *Jakobs*, NJW 1975, 1437 ff.; *Kilian*, NJW 1987, 696 ff.; ferner zum zahnärztlichen Behandlungsvertrag als Dienstvertag zuletzt *Spickhoff*, NJW 2012, 1775 m. w. N.

1239 Vgl. *Deutsch/Spickhoff*, Medizinrecht, Rn. 608 ff.; *Hess*, ZEV 2006, 480.

1240 Vgl. BVerfG NJW 2006, 1117 f.; BGH VersR 1989, 252; OLG Nürnberg NJW 1958, 272; *Ahrens*, NJW 1983, 2610; *Baur/Hess*, Arzthaftpflicht und ärztliches Handeln, S. 67, 70; *Daniels*, NJW 1976, 348; *Deutsch*, NJW 1980, 1308; *Franki*, MedR 2000, 464; *Deutsch*, AcP 1992, 171; *Deutsch/Spickhoff*, Medizinrecht, Rn. 625 f.; *Giesen*, JZ 1989, 442; *Laufs*, Arztrecht, Rn. 420; *ders.*, NJW 1980, 1318; *Müller*, MDR 1971, 970; MüKo/*Krüger*, § 260 BGB, Rn. 25; PWW/*Buck-Heeb*, § 810 BGB, Rn. 7; *Roßnagel*, NJW 1989, 2303, 2308; *Spickhoff/Greiner*, Medizinrecht, §§ 823 ff. BGB, Rn. 295; *Spickhoff/Scholz*, Medizinrecht, § 10 MBO, Rn. 1 f.; Staudinger/*Marburger*,

Der Patient kann auf seine Kosten vom Arzt oder vom Heilpraktiker verlangen (vgl. § 630g Abs. 2 BGB)[1241], die Unterlagen an ihn oder an den nachbehandelnden Arzt herauszugeben[1242]. Die Herausgabe an den Patienten kann bei einem prozessualen Streitfall mit dem Arzt zur Geltung kommen[1243]. Demgemäß kann das Gericht nach § 142 ZPO anordnen, die Krankenunterlagen einem außerhalb des Rechtsstreits stehenden Arzt vorzulegen[1244]. Was den Anwendungsbereich betrifft, so kommt die Dokumentationspflicht des Arztes nach einer Ansicht nur im Hinblick auf das Beweismittel zur Geltung (vgl. § 630h BGB). Nach diesem Argument sollten ärztliche Aufzeichnungen der Entscheidungsfindung des Gerichts dienen[1245]. Die dem Gericht vorgelegte Dokumentation des Arztes wird im Verfahren entweder als Nachteil oder als Vorteil für ihn bewertet. Diese Vorlegung folgt aber der freien Entscheidung des Arztes[1246] und dient ggf. dem therapeutischen Zweck des Patienten[1247]. Bei Behandlungsfehlern kommt es nicht auf die Aufbewahrungsfrist der Dokumentation an (vgl. §§ 630f Abs. 3, 630h BGB)[1248]. Außerdem werden subjektive Eindrücke, etwa persönliche

---

§ 810 BGB, Rn. 20; Staudinger/*Richardi*/*Fischinger*, Vorbem. zu §§ 611 ff. BGB, Rn. 128; *v. Lewinski*, MedR 2004, 97.

1241 LG Köln MedR 1994, 408; *Laufs*, NJW 1995, 1599; *Deutsch*/*Spickhoff*, Medizinrecht, Rn. 625; *Franki*, MedR 2000, 464; *Lux*, GesR 2004, 9; *Bamberger*/*Roth*/*Gehrlein*, § 810 BGB, Rn. 6; Soergel/*Spickhoff*, § 823 Anh. I BGB, Rn. 257.

1242 *Deutsch*/*Spickhoff*, Medizinrecht, Rn. 625; *Heintzen*/*Lilie*, NJW 1997, 1603; *Laufs*/*Uhlenbruck*/*Schlund*, Handbuch des Arztrechts, § 75, Rn. 5; *Lux*, GesR 2004, 8; *Spickhoff*, NJW 2002, 1766; vgl. zur Rechenschaftspflicht des Arztes Staudinger/*Richardi* (2005), Vorbem. zu §§ 611 ff. BGB, Rn. 1275; *Wasserburg*, NJW 1980, 620; a. A. *Daniels*, NJW 1976, 347; *Grömig*, NJW 1970, 1212.

1243 BGH NJW 1983, 2628; OLG Nürnberg NJW 1958, 272 mit kritischer Anmerkung *Kaufmann*.; im Ergebnis ebenso *Kohlhaas*, NJW 1972, 1120 f.; a. A. MüKo/*Müller-Glöge*, § 611 BGB, Rn. 92.

1244 *Bamberger*/*Roth*/*Gehrlein*, § 810 BGB, Rn. 6; einschränkend *Daniels*, NJW 1976, 349.

1245 OLG Celle MDR 1952, 376, 377 m. Anm. *Maaßen*.

1246 Vgl. BGH NJW 1978, 2338 f.; *Deutsch*/*Spickhoff*, Medizinrecht, Rn. 523 ff.; *Stürner*, NJW 1981, 1759 ff.

1247 BVerfG NJW 1999, 1777; *Deutsch*/*Spickhoff*, Medizinrecht, Rn. 625 ff.; *Laufs*, NJW 1994, 1567; MüKo/*Krüger*, § 260 BGB, Rn. 25; *Spickhoff*/*Scholz*, Medizinrecht, § 10 MBO, Rn. 1; dazu näher *Hohloch*, NJW 1982, 2582 f., 2585; *Spickhoff*, NJW 2010, 1658; vgl. BGH NJW 1983, 330; *Laufs*, NJW 1996, 1578.

1248 Vgl. BGH MDR 1983, 298; *Deutsch*/*Spickhoff*, Medizinrecht, Rn. 625 ff., 611; Soergel/*Spickhoff*, § 823 Anh. I BGB, Rn. 247 ff.; *Spickhoff*, NJW 2010, 1655; vgl. ferner *Baur*/*Hess*, Arzthaftpflicht und ärztliches Handeln, S. 67; *Kohlhaas*, NJW 1972, 1120, 1121.

Äußerungen und Notizen des Arztes[1249], Verdachtsdiagnose oder Bemerkungen über Dritte, aus dem Gegenstand des Einsichtsrechts ausgeschlossen[1250]. Wenn nicht die Unterlagen in offenbarungspflichtige naturwissenschaftliche Befunde und emotionale Bemerkungen getrennt werden, sei die „doppelte Buchführung" des Arztes wegen der genannten subjektiven Eindrücke tatsächlich zulässig[1251]. Gegen diese Ausnahmen geht ein Argument von der Unklarheit der Abgrenzung zwischen naturwissenschaftlichen Befunden und emotionalen Bemerkungen aus[1252]. Dies bezweckt die Gewährleistung des Selbstbestimmungsrechts und der personalen Würde des Patienten[1253]. Die Überprüfung der „doppelten Buchführung oder Akten" gehört eigentlich zu den Aufgaben der zuständigen Behörde oder des Gerichts[1254]. Es geht deshalb um die Beweislast, nicht um den Gegenstand des Einsichtsrechts (vgl. §§ 630f, 630h BGB)[1255]. Nach einer Ansicht kommt das Recht zur Einsicht in eine Akte über Patientenbeschwerden einem Chefarzt nicht zu, weil es sich hierbei nicht um einen Bestandteil von dessen Personalakte handele[1256]. Die Dokumentationspflicht wird auch dem Tierarzt auferlegt[1257]. Nach einer Ansicht wird das Einsichtsrecht „grenzenlos" gewährt, weil sich die tierärztliche Unterlage nicht auf die Behandlung einer Person beziehe[1258]. Jedoch bedarf es des angeführten Grundes nicht, weil die

---

1249 *Grömig*, NJW 1970, 1212.

1250 BVerfG NJW 2006, 1119; BGH MDR 1983, 298; LG Saarbrücken MedR 1996, 323; *Bamberger/Roth/Gehrlein*, § 811 BGB, Rn. 6; *Deutsch/Spickhoff*, Medizinrecht, Rn. 626; *Fuchs*, ArztR 1996, 322; *Gehrlein*, NJW 2001, 2773; *Giesen*, JZ 1989, 442; *Laufs*, NJW 1980, 1319; *Lux*, GesR 2004, 9; MüKo/*Krüger*, § 260 BGB, Rn. 25; MüKo/*Müller-Glöge*, § 611 BGB, Rn. 91; MüKo/*Habersack*, § 810 BGB, Rn. 16; PWW/*Buck-Heeb*, § 810 BGB, Rn. 8; Soergel/*Spickhoff*, § 823 Anh. I BGB, Rn. 258; Staudinger/*Marburger*, § 810 BGB, Rn. 20; vgl. bei Handelsregister *Canaris*, JuS 1989, 171.

1251 *Bamberger/Roth/Fuchs*, § 611 BGB, Rn. 64; *Fuchs*, ArztR 1996, 322 m. w. N.

1252 *Waschmuth/Schreiber*, JZ 1983, 308.

1253 *Hinne*, NJW 2005, 2272; vgl. BVerfG NJW 1999, 1777; differenzierend nach früherem Tod oder langem Leben des Geheimnispflichtigen *Kohlhaas*, GA 1958, 68 f.

1254 Vgl. zu Beschlagnahme gem. § 94 StPO *Weyand*, wistra 1990, 6 ff.; zu Zeugnisverweigerungsrecht *Spickhoff*, NJW 2001, 1764.

1255 Vgl. *Daniels*, NJW 1976, 349.

1256 *Deutsch/Spickhoff*, Medizinrecht, Rn. 146.

1257 OLG Hamm VersR 2003, 1139; *Bemmann*, VersR 2005, 761 ff.; *Deutsch/Spickhoff*, Medizinrecht, Rn. 372.

1258 Erman/*R. Wilhelmi*, § 810 BGB, Rn. 4; Staudinger/*Marburger*, § 810 BGB, Rn. 20; vgl. MüKo/*Habersack*, § 810 BGB, Rn. 6; vgl. zur Einschränkung des Einsichtsrechts LG Hildesheim NJW-RR 1992, 415, 416.

Sorgfaltspflicht des Tierarztes derjenigen der Humanmediziner im Rahmen des Informationsschutzes gleicht[1259].

II. Korea

1. *Bevollmächtigte und Vertreter*

In Korea ist die Mitteilung der Einwilligungserklärung nur durch einen Boten zulässig, nicht durch einen Vertreter[1260]. Die durch den Vertreter erteilte Einwilligung muss dem vermuteten realen Willen und dem Interesse des Rechtsgutträgers entsprechen[1261]. Nach einer Ansicht unterscheiden sich die Einwilligung im strafrechtlichen Sinne und diejenige im zivilrechtlichen Sinne bezüglich des Rechtsgeschäfts voneinander[1262]. Nach diesem Argument ist die gewillkürte Stellvertretung im Rahmen des von dem gesetzlichen Vertreter ermächtigten Umfangs zulässig[1263]. Im Allgemeinen wird eine Einwilligungserklärung über höchstpersönliche Rechtsgüter, etwa über die Organspende eines Minderjährigen, durch den gesetzlichen Vertreter und über das Persönlichkeitsrecht durch den gewillkürten Stellvertreter von Anfang an ausgeschlossen[1264]. Diese strafrechtliche Meinung übersieht jedoch das informationelle Selbstbestimmungsrecht, das sich auf das Persönlichkeitsrecht und damit auf höchstpersönliche Rechtsgüter bezieht. Hierbei stehen auch die Privatautonomie und der Schutz der Minderjährigen im Vordergrund. Daher ist es irrelevant, dass der Unterschied zwischen der Einwilligung im zivilrechtlichen und derjenigen im strafrechtlichen Sinne hervorgehoben wird[1265]. Die im KBGB festgeschriebene gewillkürte Stellvertretung ist detaillierter als im BGB, etwa der Umfang der Vertretungsmacht gem. § 118 KBGB, Untervertreter gem. §§ 120 bis 123 KBGB und Anscheinsvertretung gem. §§ 126, 127, 129 KBGB. Diese Vertretungsformen zielen auf den Verkehrsschutz ab[1266]. Der Entstehungsgrund der gesetzlichen Vertretung wird auch im KBGB im einzelnen festgeschrieben, etwa §§ 5 ff. KBGB (Fähigkeit der Minderjährigen), § 10 KBGB (Fähigkeit der *Quasi-Incompetent* Person), § 13 KBGB (Fähigkeit der Entmündigten). Gesetzliche

1259 Vgl. *Bemmann*, VersR 2005, 766; *Deutsch/Spickhoff*, Medizinrecht, Rn. 372.

1260 *Kim, Sung Don*, Strafrecht AT, S. 335; *Kim/Sub*, Strafrecht AT, S. 262.

1261 *Kim, Sung Don*, a. a. O.; *Kim/Sub*, Strafrecht AT, S. 261 ff.; *Shin, Dong Woon*, Strafrecht AT, S. 302.

1262 *Kim, Sung Don*, a. a. O.; *Kim/Sub*, Strafrecht AT, S. 262.

1263 *Kim, Sung Don*, a. a. O.

1264 *Kim/Sub*, a. a. O.

1265 Vgl. *Lee, Eun Young*, AT des BGB, S. 456, 459; *Lee, Young Jun*, AT des BGB, S. 144.

1266 *Lee, Young June*, AT des BGB, S. 423.

Vertreter von Minderjährigen sind gem. § 911 KBGB die Eltern oder gem. §§ 928, 931, 932, 936 KBGB der Vormund oder gem. §§ 23, 1023, 1053, 1096 KBGB durch das Vormundschaft- oder das Nachlassgericht bestellte Betreuer und Pfleger. Das Vertretungsgeschäft wird durch die gesetzliche Vertretungsmacht vorgenommen, nicht durch die Vollmacht des Vertretenen[1267]. Die Selbstbestimmung des Vertretenen wird als deren wesentlicher Kern gegenüber der gesetzlichen Vertretung aufgefasst[1268]. Nur bei einem von dem gesetzlichen Vertreter erlaubten Erwerbsgeschäft ist der Minderjährige gem. § 8 I KBGB wie ein Erwachsener unbeschränkt geschäftsfähig. Zwar kann der gesetzliche Vertreter eine dem Minderjährigen erteilte Ermächtigung anfechten und kann sie ausdrücklich auf den in ihr festgeschriebenen Umfang beschränken, jedoch kann gem. § 8 II KBGB (vgl. § 112 BGB) eine solche Anfechtung hinter das Interesse des gutgläubigen Dritten zurücktreten. Es kommt deshalb nicht darauf an, ob die Einwilligungserklärung durch einen gewillkürten Stellvertreter zustandekommen kann. Namentlich bezieht sich die Vertretung auf das Rechtsgeschäft oder auf die Willenserklärung. Ausnahmsweise ist die Vertretung über das Rechtsgeschäft nicht zulässig, wenn das Gesetz eine solche Vertretung verbietet oder wenn die rechtliche Natur des Rechtsgeschäfts keiner Stellvertretung entspricht[1269]. Die Vertretung ist nicht auf die rechtsgeschäftsähnliche Handlung anwendbar, soweit der Fall nicht unter eine Willensmitteilung oder unter eine Vorstellungsmitteilung fällt[1270].

2. *Selbstbestimmungsrecht der Schwangeren*

a) GesMKG[1271]

Gem. § 14 I des Gesetzes über die Gesundheit von Müttern und Kindern (GesMKG) muss der Arzt die Einwilligung der Schwangeren und ihres Ehemanns (hier auch des Mannes in einer nicht-ehelichen Lebensgemeinschaft) in eine geplante Abtreibung einholen. Der Arzt kann die Abtreibung mit Einwilligung nur der Schwangeren bei Tod, Vermißtheit oder Verschollenheit des Ehemanns sowie bei Vorliegen besonderer Gründe vornehmen (Abs. 2). Wenn die Schwangere oder ihr Ehemann wegen einer körperlichen, geistigen oder seelischen Störung keine Willenserklärung abgibt, bedarf es der Einwilligung

1267 *Lee, Young June*, AT des BGB, S. 429.

1268 Vgl. *Lee, Young June*, a. a. O.; vgl. zur deutschen Auffassung *Larenz/Wolf*, AT des BGB, § 46, Rn. 13 ff.

1269 *Lee, Young June*, AT des BGB, S. 418.

1270 *Lee, Young June*, AT des BGB, S. 419 m. w. N.

1271 Englischer Text „MOTHER AND CHILD HEALTH ACT".

der Eltern, des Betreuers oder des Unterhaltspflegers (Abs. 3). Das Selbstbestimmungsrecht der Frauen auf den Schwangerschaftsabbruch wird bis heute in Korea kaum diskutiert. Daraus ergibt sich, dass nicht nur das Lebensrecht der ungeborenen Kinder stärker als das Recht der Schwangeren auf Abtreibung hervorgehoben wird[1272], sondern dass auch religiöse Gründe gegen den Schwangerschaftsabbruch einen Einfluss haben[1273]. Dieser Grund wird in einem neuen Urteil des KVerfG aufgegriffen[1274]. Nach diesem Urteil ist der Wille der Frauen über den Schwangerschaftsabbruch außer Acht zu lassen, weil nach § 14 GesMKG die Entscheidung über ihn der tatsächlichen und der symbolischen Kontrolle des Ehmanns unterliege. Bei Nichtvorliegen der Willensvereinbarung zwischen der Schwangeren und ihrem Ehemann sollte aber nach einer im KVerfG vertretenen Mindermeinung und nach einer juristischen Ansicht mit dem amerikanischen Urteil über „*Planned Parenthood v. Casey* (1992)" das Selbstbestimmungsrecht der Schwangeren gewährleitet werden[1275]. Eine Ansicht thematisiert das Selbstbestimmungsrecht der minderjährigen Schwangeren so wie den Fall der schwangeren Ehefrau[1276]. Diese Meinung schlägt vor, dass in das GesMKG ein neuer Paragraph über die Voraussetzungen für den Schwangerschaftsabbruch von Minderjährigen eingeführt werden sollte. Die Voraussetzungen für den Schwangerschaftsabbruch von Minderjährigen sollten weniger scharf gefasst werden als die Voraussetzungen für den Schwangerschaftsabbruch der schwangeren Ehefrau im Sinne von § 14 GesMKG[1277], weil das Kind einer ledigen Mutter und diese selbst der Gefahr gesellschaftlicher und finanzieller Schwierigkeiten, wegen Unklarheit über die Fortdauer der Beziehung mit dem Lebenspartner, der Diskriminierung, der Armut oder der Unselbständigkeit im Alter usw. ausgesetzt seien[1278].

1272 KVerfG, Urteil vom 31.7.2008, 2004Heonba81; KOGH, Urteil vom 11.6.1985, 84Do1958; *Yang, Hyun Ah*, Korean Journal of Women's Studies 2005, 8.

1273 *Kim, Jong Se*, Gender and Culture 2010, 84; vgl. Soergel/*Spickhoff*, § 823 Anh. I BGB, Rn. 107.

1274 KVerfG, Urteil vom 23.8.2012, 2010Heonba402.

1275 KVerfG, Urteil vom 23.8.2012, 2010Heonba402; *Kim, Jong Se*, Gender and Culture 2010, 86 ff., 101.

1276 *Kim, Jong Se*, Gender and Culture 2010, 100.

1277 *Kim, Jong Se*, a. a. O.

1278 *Kim, Jong Se*, Gender and Culture 2010, 86; *Yang, Hyun Ah*, Korean Journal of Women's Studies, 27.

b) Der strafrechtliche Schutz

Eltern können aufgrund des elterlichen Sorgerechts i. V. mit der rechtmäßigen Handlung i. S. des § 20 KStGB den Arzt um Mitteilung des Geheimnisses ihrer Kinder bitten. Daher ist der Arzt, wenn er dieser Bitte nachkommt, gem. § 317 KStGB nicht strafbar[1279]. Falls eine solche Mitteilung ausdrücklich als Nachteil für den Patienten gilt oder falls der Patient den Arzt um Nichtmitteilung an die Eltern bittet, wird eine Mitteilung des Arztes als unbefugte Offenbarung angesehen[1280]. Auch wenn der Arzt dem Ehegatten oder der Ehegattin eine Mitteilung über eine - auch früher - Schwangerschaft oder eine Geschlechtskrankheit macht, ist eine solche Mitteilung rechtswidrig[1281], weil sie von der Absicht des Gesetzgebers, die den Interessensschutz des Geheimnisgeschützten bezweckt, und von dem Vertrauensschutz zwischen dem Arzt und dem Patienten abweicht[1282].

c) Der zivilrechtliche Schutz

Bei der ärztlichen Behandlung Minderjähriger ist die Einwilligung des gesetzlichen Vertreters erforderlich, die sich aus der elterlichen Fürsorgepflicht gem. § 913 KBGB ergibt. Nach dem Wortlaut dieses Paragraphen haben die Eltern die Pflicht und das Recht, für den Schutz des minderjährigen Kindes und für dessen Erziehung zu sorgen. Die Pflicht und das Recht im Sinne des § 913 KBGB enden im Prinzip mit der Heirat der Minderjährigen. Zivilrechtliche Ehemündigkeit ist gem. § 807 KBGB die Vollendung des 18. Lebensjahres. Diese Altersgrenze wird nach dem Mondkalender bestimmt, aber ab dem 01.7.2013 wird die Volljährigkeit bei Vollendung des 19. Lebensjahres gem. § 4 KBGB *nicht* nach dem Mondkalender eintreten. Der Unterschied zwischen der Altersgrenze für die Ehemündigkeit und derjenigen für die Volljährigkeit wird daher nicht mehr von gesetzlicher Bedeutung (vgl. §§ 2, 1303 II BGB) sein. Im Vergleich zum § 14 I GesMKG erfasst die Mündigkeit nach der Heirat der Minderjährigen gem. § 826–2 KBGB nur die gesetzliche Heirat[1283]. Nach der Rechtsprechung sind der subjektive Heiratswille der Betroffenen und die objektive Substanz der eheähnlichen Lebensgemeinschaft Voraussetzungen dafür, dass die Betroffenen als Ehegatten geschützt werden[1284]. Bei Erfüllung der

1279 *Joo, Ho No*, Die Pflicht des Arztes im Medizingesetz, S. 219.

1280 *Park, Young Ho*, The Law of Medical Malpractice, S. 743.

1281 *Joo, Ho No*, a. a. O.; *Shin, Hyun Ho*, Allgemeiner Medizinprozess, S. 183.

1282 *Joo, Ho No*, a. a. O.

1283 Vgl. *Lee, Eun Young*, AT des BGB, S. 162.

1284 KOGH, Urteil vom 30.1.2001, 2000Do4942; Urteil vom 24.3.2006, 2005Du15595; Urteil vom 14.2.2008, 2007Do3952.

subjektiven und der objektiven Voraussetzungen können Eltern nicht mehr als Einwilligungsberechtigte angesehen werden. Demgemäß dürfte der Arzt den Eltern keine Mitteilung machen. Es ist auch zweifelhaft, ob der Arzt vor einem geplanten Schwangerschaftsabbruch dem biologischen Vater des ungeborenen Kindes eine Mitteilung machen darf[1285].

3. *Vererblichkeit der Entbindungsbefugnis und Einsichtnahme*

Gem. § 1005 KBGB geht zwar mit dem Tode einer Person deren Vermögen als Ganzes auf die Erben über, jedoch sind davon höchstpersönliche Rechte und Verpflichtungen ausgeschlossen. Im zivilrechtlichen Schrifttum ist noch nicht die Frage erörtert worden, ob gem. diesem Paragraphen Erben oder Angehörige eigene Ansprüche in Bezug auf die Befugnis zur Entbindung von der ärztlichen Schweigepflicht erheben können. Diese Frage wird in Korea im Zusammenhang mit dem Schadensersatz erörtert[1286]. Eine zivilrechtliche Ansicht betrachtet das Einsichtsrecht des Patienten als Nebenpflicht des Arztes i. V. mit der Auskunfts- und der Rechenschaftspflicht des Beauftragten im Sinne des § 683 KBGB[1287]. Nach einer anderen Ansicht wird in Zweifel gezogen, ob gem. diesem Paragraphen der Arzt dem Patienten eine Mitteilung machen oder ihn aufklären muss, wenn er bei ihm eine unheilbare Krankheit diagnostiziert hat oder behandelt[1288]. Die Mitteilungspflicht des Arztes und das Einsichtsrecht des Patienten werden in besonderen Gesetzen, etwa in §§ 21 ff. KMG, festgeschrieben. Das Einsichtsrecht des Patienten wird gewährleistet, um das informationelle Selbstbestimmungsrecht vor der Gefahr des Missbrauches der ärztlichen Schweigepflicht zu schützen. Das Einsichtsrecht wird auch durch die Aufbewahrung der Krankenunterlagen gem. §§ 22, 23 KMG gewährleistet, die die schriftlichen und die elektronischen Aufzeichnungen über die Behandlung, über die Geburtshilfe und über die Krankenpflege umfassen. Nach dem KVerfG und dem KOGH können diese Aufzeichnungen für die Weiterbehandlung des Patienten und für eine entsprechende Mitteilung und Aufklärung des behandelnden Arztes gegenüber einem anderen Arzt nutzbar sein. Daher müsse der Arzt den Behandlungsverlauf

---

1285 Vgl. *Jeong, Hyeonmi*, Journal of Criminal Law 2004, 698; *Lee, Young June*, AT des BGB, S. 764.

1286 Siehe unten D. I. 2.

1287 *Lee, Eun Young*, Schuldrecht BT, S. 939.

1288 *Lee, Bo Hwan*, Rechtliche Struktur der zivilrechtlichen Haftung infolge des Behandlungsfehlers, S. 24.

detailliert aufzeichnen[1289]. Nach einer Ansicht kann der Arzt die Einsichtnahme des Patienten oder von dessen Familie sowie Dritter in die Krankenunterlagen und deren Herausgabe verweigern, wenn sich die Krankenunterlagen auf einen Behandlungsfehler des Arztes beziehen[1290]. Diese Meinung übersieht den § 21 KMG. Der Arzt darf nämlich gem. § 21 I KMG einem Dritten seine Krankenunterlagen weder aushändigen noch ihm Einsicht in sie gewähren. Gem. § 21 II S. 2 KMG kann der Patient oder ggf. ein Dritter von dem behandelnden Arzt eine Kopie der Krankenunterlagen auf eigene Kosten fordern, soweit diese Krankenunterlagen für eine Weiterbehandlung durch den Arzt nicht als notwendig gelten. Der gewillkürte Stellvertreter des Patienten wird in § 21 II Nr. 2 KMG festgeschrieben. Nach der gesetzgeberischen Absicht sollte die Möglichkeit zur Einsichtnahme des Patienten durch den Vertreter gewährleistet werden, auch wenn der Patient sie nicht ausübt[1291]. Nach dem Wortlaut dieses Paragraphen wird aber nur der Patient als Ermächtigender genannt, weshalb es unklar ist, ob auch der nicht voll Geschäftsfähige als Ermächtigender angesehen werden kann. Der gewillkürte Stellvertreter muss dem Arzt die schriftliche Einwilligung des Patienten und die Vollmachtsurkunde vorlegen. Ohne eine solche Einwilligung darf der Arzt den Anspruch eines Dritten, etwas der privaten Krankenkasse, auf Einsichtnahme verweigern[1292]. Der Arzt ist verpflichtet, die Identität des Vertreters und die Zweckbindung der ihm vorgelegten Vollmachtsurkunde zu überprüfen[1293]. Nach einer Ansicht ist der Arzt nicht gesetzlich dazu verpflichtet, der Krankenversicherung die Einsichtnahme in die Krankenunterlagen und deren Herausgabe zu gestatten, auch wenn ihm die Versicherung eine schriftliche Einwilligung des Patienten vorlegt[1294]. Aber diese Meinung übersieht § 21 II Nr. 9 KMG, nach dem das Einsichtsrecht der Versicherung bei Versicherungsfällen gewährleistet wird. Gem. § 21 II Nr. 3 KMG ist das Einsichtsrecht des Ehegatten oder der Ehegattin des Patienten, seiner Eltern oder seiner Kinder sowie der Eltern eines Ehegatten zulässig, wenn die genannten Personen die Einwilligung des Patienten wegen dessen Todes oder Bewusstlosigkeit nicht einholen können. Bei Erfüllung dieser Voraussetzung ist die Vorlage einer Bescheinigung über ein Verwandtschaftsverhältnis mit dem Patienten erforderlich.

1289 KVerfGE, Urteil vom 22.2.2001, 2000Heonma604; KOGH, Urteil vom 23.1.1998.

1290 *Park, Young Ho*, The Law of Medical Malpractice, S. 745 ff.

1291 Protokoll 65507–526, 19.5.2000.

1292 Protokoll 65507–65, 20.1.2000.

1293 Protokoll 65507–919, 22.7.1994.

1294 *Joo, Ho No*, Die Pflicht des Arztes im Medizingesetz, S. 223; vgl. zur deutschen Auffassung *Ulsenheimer*, Arztstrafrecht, Rn. 374c.

III. Zusammenfassung und Zwischenergebnis

1. Deutschland

Bei der Datenweitergabe durch den Arzt ist gem. §§ 164 ff. BGB die Mitteilung einer Einwilligungserklärung nur durch Boten, nicht hingegen durch den Stellvertreter zulässig. Bei dem gesetzlichen Vertreter kommt es auf die Einwilligungsfähigkeit der Minderjährigen und damit auf den Schutz von deren informationellem Selbstbestimmungsrecht an. Daher geht gem. §§ 1626, 1666 III BGB das Selbstbestimmungsrecht der minderjährigen Schwangeren dem elterlichen Personensorgerecht vor. Erben und Angehörige können ihre eigene Dispositionsbefugnis auch zur Befreiung des Arztes von der Schweigepflicht ausüben, soweit mit dem vermögenswerten Geheimnis gleichzeitig höchstpersönliche Geheimnisse aufgedeckt werden. Die Geheimnisoffenbarung des Arztes wird durch die Ausübung des Einsichtsrechts des Patienten gerechtfertigt. Das Einsichtsrecht des Patienten und die Dokumentationspflicht des Arztes ergeben sich aus den §§ 630f, 630g BGB.

2. Korea

Im Prinzip kann die Einwilligungserklärung durch Boten mitgeteilt werden. Da die Einwilligung als rechtsgeschäftsähnliche Handlung angesehen wird, ist die Vertretung im Sinne der §§ 118 ff. BGB auf die Willensmitteilung oder die Vorstellungsmitteilung anwendbar. Die Schweigepflicht des Arztes wird durch das elterliche Sorgerecht gem. § 913 KBGB bezüglich des Schwangerschaftsabbruchs nicht gebrochen, und daher ist eine Mitteilung gegenüber den Eltern nicht gerechtfertigt. Das Einsichtsrecht des Patienten, der Angehörigen und Dritter wird in §§ 21 ff. KMG geregelt, jedoch hat sich die zivilrechtliche Diskussion noch nicht mit diesem Problem befasst. Bei Erfüllung der Voraussetzung dieser Paragraphen ist die Geheimnisoffenbarung gerechtfertigt.

D. Rechtsfolgen: Schadensersatz, Nichtigkeit des Rechtsgeschäfts und ungerechtfertigte Bereicherung

I. Schadensersatzanspruch wegen Geheimnisoffenbarung

1. Deutschland

Die Verletzung der ärztlichen Schweigepflicht kann gem. § 823 II BGB i. V. m. dem § 203 StGB einen Schadensersatzanspruch auslösen, etwa beim Verlust des Arbeitsplatzes durch eine unbefugte Mitteilung an den Arbeitgeber, oder auch einen Anspruch auf Ersatz eines Nichtvermögensschadens gem. § 823 I BGB i. V. m.

dem § 847 BGB a. F., etwa bei Verletzung der Individualsphäre[1295]. Mittlerweile besagen einige Ansichten, dass Schadensersatzansprüche gem. § 823 I BGB bei einer Verletzung des postmortalen Persönlichkeitsrechts nicht mehr zustandekommen könnten, etwa im Vergleich zum Namensrechtsschutz gem. § 12 BGB, denn dieses Namensrecht gilt als besonderes Persönlichkeitsrecht[1296]. Es geht darum, ob und wie der Verletzte gem. § 253 II BGB wegen der unbefugten Geheimnisoffenbarung ein Schmerzensgeld verlangen kann. Der Schmerzensgeldanspruch der §§ 253 II, 823 I BGB wegen immateriellen Schadens i. V. mit allgemeinen Persönlichkeitsrechtsverletzungen setze alle nachteiligen Folgen einer Körperverletzung oder Gesundheitsschädigung voraus[1297]. Ein Schmerzensgeld beschränke sich deshalb grundsätzlich auf medizinisch nachweisbare schwere Verletzungen und auf eine nicht anderweitig zu erlangende Genugtuung[1298]. Ein Anspruch auf Geldentschädigung könne auch wegen der Weitergabe personenbezogener Daten im Sinne des § 32 BDSG zustandekommen, soweit sich eine daraus resultierende Schädigung auf Ruf und Kredit des Betroffenen beziehe[1299]. Es gehe um die Verletzung des allgemeinen Persönlichkeitsrechts gem. §§ 823 I, 847 (a. F.) BGB[1300]. Im Rahmen der Reform des Schadensrechts (01.08.2002) komme ausdrücklich eine Aufnahme des allgemeinen Persönlichkeitsrechts in § 253 II BGB nicht in Betracht[1301]. Daher ergibt sich nach einer Ansicht die Geldentschädigung wegen

1295 *Eberbach*, JR 1986, 234; *Kleinewefers/Wilts*, VersR 1963, 990; im Ergebnis ebenso *Deutsch*, VersR 2001, 1472; vgl. zu § 823 II BGB i. V. mit dem § 32 BDSG OLG Frankfurt WM 1988, 154; zu § 823 II BGB i. V. mit dem § 3 BDSG *Bongen/Kremer*, NJW 1990, 2914, dazu näher *Roßnagel/Schnabel*, NJW 2008, 3536.

1296 Hier nur BGH NJW 2007, 684 mit kritischer Anmerkung *Wanckel* m. w. N.; RGRK/*Dunz*, § 823 Anh. I BGB, Rn. 4; zu § 189 StGB und § 22 KUG a. F. *May*, NJW 1958, 2102.

1297 BGH NJW 1989, 2317; BGH NJW 1993, 783; BGH NJW 2006, 607 f.; *Bamberger/Roth/Spindler*, § 253 BGB, Rn. 12, 25; *Deutsch*, VersR 2001, 1472; *Diederichsen*, VersR 2005, 437; *Deutsch/Spickhoff*, Medizinrecht, Rn. 634, 638; kritisch *Mayenburg*, VersR 2002, 283 ff.; vgl. *Deutsch*, JZ 2002, 589 f.; *Spickhoff*, NJW 2001, 1759.

1298 A. a. O.

1299 Vgl. BGH NJW 1985, 1619; *Hümmerich/Kniffka*, NJW 1979, 1187 m. w. N.; *Kleinewefers/Wilts*, VersR 1963, 990.

1300 *Bamberger/Roth/Bamberger* (2003), § 823 Anh. BGB, Rn. 50; *Degenhart*, JuS 1992, 362; im Ergebnis ebenso *Bongen/Kremer*, NJW 1990, 2914; vgl. *Becker*, MDR 1974, 891 m. w. N.

1301 Begr RegE BT-Drucks, 14/7752, S. 25; dazu näher *Däubler*, JuS 2002, 627; *Katzenmeier*, JZ 2002, 1033; *Medicus/Lorenz*, Schuldrecht II, Rn. 1311; *Mayenburg*, a. a. O.; *Wagner*, NJW 2002, 2056; a. A. *Spindler/Rieckers*, JuS 2004, 275 f.

Verletzung des allgemeinen Persönlichkeitsrechts nicht aus § 253 BGB, sondern beruht der Anspruch auf dem eigenständigen, unmittelbar aus dem Schutzauftrag des Art. 1 GG und des Art. 2 I GG abgeleiteten Rechtsbehelfs mit eigenständigen Voraussetzungen und eigenen Bemessungskategorien[1302]. Bei Schaden wegen Geheimnisoffenbarung geht es i. d. R. um seelische Beeinträchtigungen und daher um ein Schmerzensgeld. In diesem Zusammenhang kann der Geschädigte seinen seelischen Schaden kaum medizinisch nachweisen, weil das seelische Leid nicht messebar ist und keine genau vorhersehbaren seelischen Einbußen nach sich zieht[1303]. Daher könnte der seelische Schaden durch eine Geldentschädigung als dem Geschädigten selbst zugutekommendes Mittel gem. § 823 II BGB i. V. m. dem Art. 1 GG und Art. 2 I GG ausgeglichen werden (vgl. auch § 8 II BDSG)[1304], soweit sich dieser Schaden auf seelische Störungen wegen Rechts- oder Rechtsgutsverletzungen bezieht[1305].

Ein Mitverschulden des Patienten gem. § 254 BGB kann bei Verletzung der Schweigepflicht von vornherein nicht in Betracht kommen, weil der Schaden durch eine Verletzungshandlung des Arztes, z. B. durch Geheimnisoffenbarung, eingetreten sein kann[1306]. Beseitigungs- und Unterlassungsanspruch im Sinne des §§ 823, 1004 BGB sind auf den Fall der Verletzung des Persönlichkeitsrechts i. V. m. dem Geheimnisoffenbarung analog anwendbar[1307], soweit noch ein durch eine objektiv rechtswidrige Handlung geschaffener fortdauernder Zustand der Störung und die Besorgnis der Wiederholung einer vorausgegangenen Verletzung des

1302 OLG München NJW-RR 2001, 629, 630; *Bamberger/Roth/Bamberger* (2003), § 823 Anh. BGB, Rn. 103; *Diederichsen*, Jura 2008, 1; PWW/*Medicus*, § 253 BGB, Rn. 25; *Smith*, ZEuP 1999, 307; *Wagner*, NJW 2002, 2056; dagegen Einwände *Däubler*, JuS 2002, 627; vgl. *Auernhammer*, BB 1977, 210; *Deutsch*, AcP 1992 164 f., 178; *ders.*, ZRP 2001, 351 f.; MüKo/*Rixecker*, Anhang zu § 12 BGB, Rn. 222.

1303 Vgl. MüKo/*Rixecker*, Anhang zu § 12 BGB, Rn. 223; vgl. *Mayenburg*, VersR 2002, 283.

1304 Vgl. *Diederichsen*, VersR 2005, 437; *Fricke*, VersR 2009, 305; *Spickhoff*, NJW 2002, 2531 ff. m. w. N.

1305 Vgl. *Diederichsen*, Jura 2008, 2; *Deutsch*, VersR 1993, 1045; *Eberbach*, JR 1986, 234; *Katzenmeier*, JZ 2002, 1033; *Klippel*, BB 1983, 414; *Mayenburg*, VersR 2002, 287; MüKo/*Rixecker*, Anhang zu § 12 BGB, Rn. 222; *Spickhoff*, NJW 2004, 1715 ff.; *Spindler/Rieckers*, JuS 2004, 276.

1306 Vgl. *Diederichsen*, VersR 2005, 438 f.; *Deutsch/Spickhoff*, Medizinrecht, Rn. 634, 638; Soergel/*Spickhoff*, § 823 Anh. I BGB, Rn. 203; zur Haftung für Hilfspersonen oben B. I. 5 und 6.

1307 Vgl. BGH JZ 1990, 37, 39; *Canaris*, JuS 1989, 171; *Petersen*, Jura 2008, 272, 274; PWW/*Prütting*, § 12 BGB, Rn. 19, 30.

Persönlichkeitsrechts vorliegen[1308]. Nach einer anderen datenschutzrechtlichen Ansicht können solche Ansprüche von Anfang an nicht geltend gemacht werden, weil sie unter die Aufgabe eines besonderen Gesetzes fielen[1309]. Jedoch fehlen Ansprüche auf Unterlassung, Beseitigung und Auskunft in speziellen Bestimmungen bezüglich der Schweigepflichtverletzung, etwa im BDSG und in § 203 StGB. Nach einer Ansicht gilt in diesem Zusammenhang der allgemeine Persönlichkeitsrechtsschutz gem. §§ 823 II, 1004 BGB gegenüber einer unbegrenzten Erhebung, Speicherung, Verwendung und Weitergabe personenbezogener Daten[1310].

2. Korea

Die koreanische Diskussion orientiert sich i. d. R. am *right of publicity*[1311], nicht am *right of privacy* i. V. mit der ärztlichen Schweigepflichtverletzung[1312]. Deshalb wird hier die in Rechtsprechung und Schrifttum geführte allgemeine juristische Diskussion dargelegt. Nach der in Rechtsprechung und Schrifttum herrschenden Meinung gelten §§ 751, 752 KBGB für die Ersatzpflicht wegen immateriellen Schadens i. V. mit der Verletzung des allgemeinen Persönlichkeitsrechts als beispielhaft[1313]. Wenn jemand die in § 751 KBGB genannten Rechtsgüter verletzt, so wird vermutet, dass der Verletzte einen seelischen Schmerz erleidet. Es kommt nicht darauf an, ob er tatsächlich einen seelischen Schaden gefühlt hat oder nicht. Die Verletzung der in § 751 KBGB nicht aufgezählten Rechtsgüter, etwa des Interesses der Ehefrau bei außerehelichem sexuellen Verkehr des Ehemanns, verstößt gegen den § 750 KBGB[1314]. Im KBGB wird die Ersatzberechtigung wegen immateriellen Schadens nicht eingeschränkt. Diese juristische Ansicht ist aus dem C.C. übernommen worden[1315]. Den in § 752 KBGB aufgezählten Personen

1308 *Bamberger/Roth/Bamberger* (2003), § 823 Anh. BGB, Rn. 103; *Deutsch/Spickhoff*, a. a. O.; PWW/*Englert*, § 1004 BGB, Rn. 5.

1309 Siehe bereits oben A. I. 2.

1310 *Bamberger/Roth/Bamberger* (2003), § 823 Anh. BGB, Rn. 49; *Bamberger/Roth/Spindler*, § 823 BGB, Rn. 200.

1311 Hier nur *Kwon, Tae-Sang*, (The) Korean journal of civil law am 6. 2012, 43 ff.

1312 Vgl. *Lee, Bong-Rim*, A Study on Jurisprudential Aspects in the Right of Privacy and Publicity as the of Personality, Wonkwang Journal of Law School research (09.2008), 193 ff.

1313 KOGH, Urteil vom 29.8.1967, 67Da1414; Urteil vom 28.12.1971, 71Da2256; Urteil vom 26.9.1978, 78Da1545; *Guak, Eyun Jik*, Schuldrecht BT, S. 574; *Kim, Sang Yong*, Schuldrecht BT (Ha), S. 218, 452, 455

1314 *Guak, Eyun Jik*, Schuldrecht BT, S. 575; *Kim, Sang Yong*, Schuldrecht BT (Ha), S. 454.

1315 *Kim, Sang Yong*, Schuldrecht BT (Ha), S. 456.

kann ein Schmerzensgeldanspruch zustehen, soweit sie einen seelischen Schaden medizinisch nachweisen[1316]. Die in § 752 KBGB nicht aufgezählten Personen können auch dann einen Schadensersatz geltend machen, wenn die Verletzung des Persönlichkeitsrechts den Tatbestand des § 750 KBGB erfüllt[1317]. Als Ersatzberechtigte werden Bruder, Geschwister und die Frau in einer eheähnlichen Lebensgemeinschaft angesehen[1318]. Im Prinzip ist der Schadensersatzanspruch aus den §§ 750 bis 752 BGB vererblich. Es kommt hierbei nicht auf materiellen oder auf immateriellen Schaden an[1319]. Der Schadensersatzanspruch wegen Verletzung des Persönlichkeitsrechts ist daher übertragbar und vererblich[1320]. Demgegenüber ist der Schadensersatzanspruch wegen Verletzung des *privacy right* weder übertragbar noch vererblich, wenn der verstorbene Verletzte seinen Anspruch vor dem Tod nicht vor Gericht geltend gemacht hat, weil sich ein solcher Anspruch auf ein höchstpersönliches Recht bezieht[1321]. Die Verletzung des *privacy right* umfasst einen materiellen und einen immateriellen Schaden. Als erstgenannter Schaden wird i. d. R. der Verlust der Arbeitsfähigkeit und eine Erkrankung wegen seelischer Beeinträchtigung genannt[1322]. Aber bei Verletzung der Ehre und des sexuellen Selbstbestimmungsrechts u. dgl. als Persönlichkeitsrecht kann nach einer verbreiteten Meinung nur ein immaterieller Schaden entstehen. Daher könne ein solcher Schaden durch eine Geldentschädigung ausgeglichen werden[1323]. Da die Ehre ausdrücklich eine soziale Bewertung des Verletzten im Vergleich zum *privacy right* umfasst, so kann diesem widersprüchlichen Argument nicht zugestimmt werden. Diese widersprüchliche Auffassung verkennt den Begriff des *right of publicity* als besonderes Persönlichkeitsrecht und den des *right of privacy* als

---

1316 Vgl. OLG Karlsruhe MedR 2007, 253.

1317 KOGH, Urteil vom 27.6.1967, 66Da1592; Urteil vom 25.9.1972, 73Da1100; *Guak, Eyun Jik*, Schuldrecht BT, S. 578.; *Kim, Sang Yong*, Schuldrecht BT (Ha), S. 218 ff., 455.

1318 *Guak, Eyun Jik*, Schuldrecht BT, S. 577 ff.; *Kim, Sang Yong*, Schuldrecht BT (Ha), S. 455; vgl. *Adelmann*, VersR 2009, 451 ff.; *Lilie*, JZ 1991, 544.

1319 KOGH, Urteil vom 28.2.1966, 65Da2523; Urteil vom 15.4.1969, 69Da268; Urteil vom 13.4.1976, 75Da396; *Kim, Sang Yong*, Schuldrecht BT (Ha), S. 450.

1320 KOGH a. a. O.; *Guak, Eyun Jik*, Schuldrecht BT, S. 588, 591; *Kim, Jang Woo*, Schuldrecht BT, S. 567; *Kim, Sang Yong*, Schuldrecht BT (Ha), S. 449; *Lee, Tae Jae*, Schuldrecht BT, S. 513; a. A. *Kim, Joo Su*, Schuldrecht BT, S. 820; *Lee, Eun Young*, Schuldrecht BT, S. 772.

1321 *Kim, Sang Yong*, Schuldrecht (Ha), S. 217; vgl. zur deutschen Auffassung *Spickhoff/Spickhoff*, Medizinrecht, § 1 BGB, Rn. 17.

1322 *Kim, Sang Yong*, a. a. O.

1323 *Kim, Sang Yong*, Schuldrecht BT (Ha), S. 450 ff.

allgemeines Persönlichkeitsrecht[1324]. Die Vorschriften über den Ersatz aus §§ 393, 394, 396, 399 KBGB werden im Abschnitt über die schadensersatzrechtliche Haftung wegen Nichterfüllung der Schuld festgeschrieben und damit auf den Schadensersatz wegen unerlaubter Handlung gem. § 763 KBGB entsprechend angewendet. Daher kann nach herrschender Auffassung der Verletzte wegen Nichterfüllung der Schuld ein Schmerzensgeld verlangen[1325]. Ein Urteil lehnt den Schmerzensgeldanspruch bei unbefugter Übermittlung von Unternehmenskundendaten an einen Dritten ab, weil das informationelle Selbstbestimmungsrecht hierbei zwar verletzt werde, sich jedoch die Entstehung eines seelischen Schadens nicht nachweisen lasse[1326]. Dieses Urteil gleicht im Wesentlichen der herrschenden Auffassung, weil ein seelischer Schaden durch ein Schmerzensgeld ausgeglichen werden kann, wenn sich eine seelische Beeinträchtigung nachweisen lässt[1327]. Der Beseitigungs- und der Unterlassungsanspruch des Verletzten gem. § 214 KBGB sind nach verbreiteter Auffassung auf den Fall der Verletzung des *right of privacy* i. V. mit dem Persönlichkeitsrecht analog anwendbar[1328]. In diesem Zusammenhang steht die Ausgleichfunktion im Vordergrund[1329].

II. Die Nichtigkeit des Rechtsgeschäfts gem. § 134 BGB

1. Deutschland

a) Normzweck und Tatbestand des § 134 BGB

Die Datenverarbeitungsvorschriften des BDSG gehören zu einem Verbotsgesetz im Sinne des § 134 BGB[1330]. § 134 BGB begrenzt die Privatautonomie

---

1324 Vgl. *Lee, Bong-Rim*, a. a. O.

1325 *Kim, Sang Yong*, Schuldrecht BT(Ha), S. 415 m. w. N.

1326 http://media.daum.net/society/others/view.html?cateid=1067&newsid=20110725164132734&p=seouleconom &RIGHT_COMM=R7; Seoul Economy Zeitung am 25. 7. 2011.

1327 Vgl. zum right of publicity SoeulGH, Urteil vom 28. 11. 2007, 2007GaHab2393 mit kritischer Anmerkung *Choi, Seung jae*, Press Arbitration Commission, Auflage 30, 79 ff.

1328 KOGH, Urteil vom 17.1.2005, 2003Ma1477, bei Ehre; Urteil vom 12.4.1996, 93Da40614, 40621; BusanOGH, Urteil vom 18.5.1995, 95KaHab5; *Guak, Eyun Jik*, Schuldrecht BT, S. 556; *Kim, Sang Yong*, Schuldrecht BT (Ha), S. 219; die früher vertretene a. A. *Kim/Ahn*, Schuldrecht BT, S. 830.

1329 KOGH, Urteil vom 12.4.1996, 93Da40614, 60621; *Kim, Sang, Yong*, Schuldrecht BT (Ha), S. 413.

1330 BGH NJW 1991, 2955; BGH NJW 1992, 737; OLG Bremen NJW 1992, 757; OLG Oldenburg NJW 1992, 758; *Bongen/Kremer*, NJW 1990, 2914; *Deutsch/Spickhoff*, zum Schutz der Allgemeinheit[1331]. Privatautonomie besteht nur im Rahmen der gesetzlich gezogenen Grenzen. § 134 BGB dient dazu, den Wertungen der öffentlich-rechtlichen oder der strafrechtlichen Verbotsnormen im Zivilrecht Geltung zu verschaffen[1332]. Die Straftatbestände des StGB sind ebenso wie auch Strafvorschriften außerhalb des StGB grundsätzlich Verbotsgesetze[1333]. Im Zweifel sind sie als Verbotsgesetze anzusehen[1334]. Trotzdem muss auch bei Strafvorschriften im Einzelnen geklärt werden, ob sie ihrem Zweck nach als Verbotsgesetz anzusehen sind. Die Strafbarkeit einer Handlung sollte nicht ohne weiteres als Verbot einer vertraglichen Vereinbarung im Hinblick auf eine zivilrechtliche Rechtsfolge gelten. § 134 BGB ist eine eigenständige Vorschrift und eine Auslegungsregel zugunsten der Nichtigkeitsfolge[1335]. Bei der Entscheidung der Nichtigkeit des verbotswidrigen Rechtsgeschäfts geht es darum, ob ein Verstoß gegen das Verbotsgesetz als verbotswidriges Rechtsgeschäft im Sinne des § 134 BGB gelten kann oder nicht[1336]. Die Voraussetzung für die Anwendung des Verbotsgesetzes enthält keine privatrechtliche Rechtsfolgenanordnung[1337]. In einem solchen Fall greift § 134 BGB nur ein, wenn die Gültigkeit des Rechtsgeschäfts mit dem Zweck des Verbotsgesetzes unvereinbar ist[1338]. Der mit der Forderungsabtretung bezweckte Erfolg liegt in der Übermittlung von Patientendaten an die Stelle, die die Honorarabrechnung erstellt. Es ist jedoch

---

Medizinrecht, Rn. 140, 637; *Laufs*, NJW 1992, 1531; Erman/*H. Palm/A. Arnold*, § 134 BGB, Rn. 22, 43, 52; *Medicus*, AT des BGB, Rn. 652a; MüKo/*Armbrüster*, § 134 BGB, Rn. 54; Palandt/*Ellenberger*, § 134 BGB, Rn. 16, 22a; PWW/*Ahrens*, § 134 BGB, Rn. 23, 35, 40; Soergel/*Hefermehl*, § 134 BGB, Rn. 15, 87.

1331 BGH 13, 182; Erman/*H. Palm/A. Arnold*, § 134 BGB, Rn.1; *Giesen/Poll*, JR 1994, 29; Palandt/*Ellenberger*, § 134 BGB, Rn. 1; PWW/*Ahrens*, § 134 BGB, Rn. 1 ff.; vgl. *Bork*, AT des BGB, Rn. 1097; *Larenz/Wolf*, AT des BGB, § 40, Rn. 2 ff.; *Ulrici*, JuS 2005, 1074.

1332 BGH NZM 2008, 497, 498; PWW/*Ahrens*, § 134 BGB, Rn. 2; vgl. *Beater*, AcP 1997, 507 m. w. N.

1333 MüKo/*Armbrüster*, § 134 BGB, Rn. 50.

1334 MüKo/*Armbrüster*, a. a. O.

1335 *Bamberger/Roth/Wendtland*, § 134 BGB, Rn. 2; MüKo/*Armbrüster*, § 134 BGB, Rn. 1 ff., 103; *Petersen*, Jura 2003, 533; PWW/*Ahrens*, § 134 BGB, Rn. 1; Staudinger/*Sack/Seibl*, § 134 BGB, Rn. 31; vgl. *Beater*, AcP 1997, 512; *Larenz/Wolf*, AT des BGB, § 40, Rn. 2, 6 ff.

1336 Vgl. Staudinger/*Sack/Seibl*, § 134 BGB, Rn. 2.

1337 MüKo/*Armbrüster*, § 134 BGB, Rn. 103; PWW/*Ahrens*, § 134 BGB, Rn. 1; Staudinger/*Sack/Seibl*, § 134 BGB, Rn. 31; vgl. *Ulrici*, JuS 2005, 1074.

1338 BGH MedR 1991, 328; BGH NJW 1991, 2956 ff.; PWW/*Ahrens*, § 134 BGB, Rn. 2, 16.

richtiger, zu fragen, ob der Gesetzeszweck im Interesse der Allgemeinheit fordert, § 203 StGB als Verbotsgesetz anzusehen[1339]. Die Nichtigkeit des Rechtsgeschäfts ist ohne weiteres gegeben, wenn beide an dem Vertrag Beteiligten gegen gesetzliche Verbote verstoßen[1340]. Das ist jedoch nicht bei einem Vertrag der Fall, in dem sich der Arzt unter Missachtung seiner Schweigepflicht zur Weitergabe von Daten verpflichtet[1341]. Strafbar nach § 203 StGB ist aber immer nur der Schweigepflichtige selbst, also der Arzt. Andere Personen kommen nur als Teilnehmer in Betracht[1342]. Für § 134 BGB reicht es aus, dass der objektive Tatbestand des gesetzlichen Verbots verletzt ist. Schuldhaftes Handeln ist hierfür keineswegs Voraussetzung[1343]. Zwar ist die subjektive Kenntnis der Tatsache des Geheimnisses erforderlich, jedoch geht es hier nicht um ein Geheimnis[1344].

b) Gesamtnichtigkeit

Werden ärztliche Forderungen unter Verletzung der Schweigepflicht an Dritte abgetreten, so ist es kaum umstritten, dass das Rechtsgeschäft nichtig ist[1345]. Hierfür werden jedoch in Rechtsprechung und Schrifttum verschiedene Gründe angeführt. Nach einer vom strafrechtlichen Aspekt ausgehenden Rechtsprechung ist ein solches Rechtsgeschäft aufgrund der Präventionsfunktion[1346] oder des Schutzzwecks des § 203 StGB i. V. m. dem § 134 BGB[1347] nichtig. Eine Gefährdung des Schutzgutes des § 203 I Nr. 1 StGB liege schon in einer vorbehaltlosen

---

1339 Vgl. LG Kleve NJW 1991, 756; RGRK/*Krüger-Nieland/Zöller*, § 134 BGB, Rn. 4.

1340 Vgl. zu § 283c StGB Soergel/*Hefermehl*, § 134 BGB, Rn. 87.

1341 Vgl. *Giesen/Poll*, JR 1994, 30 m. w. N.

1342 BGH MedR 1991, 328; BGH NJW 1991, 2956 m. w. N.

1343 BGH JZ 1994, 48; BGH MedR 1991, 329; BGH NJW 1991, 2956 f.; OLG Hamburg NJW 1993, 1335, 1336; *Bamberger/Roth/Wendtland*, § 134 BGB, Rn. 18; *Bork*, AT des BGB, Rn. 1110; *Giesen/Poll*, JR 1994, 30; *Larenz/Wolf*, AT des BGB, § 40, Rn. 26; *Medicus*, AT des BGB, Rn. 647; MüKo/*Armbrüster*, § 134 BGB, Rn. 54; Palandt/*Ellenberger*, § 134 BGB, Rn. 22a, 24; PWW/*Ahrens*, § 134 BGB, Rn. 14; *Petersen*, Jura 2003, 533; RGRK/*Krüger-Nieland/Zöller*, § 134 BGB, Rn. 14; Staudinger/*Sack/Seibl*, § 134 BGB, Rn. 292.

1344 *Larenz/Wolf*, AT des BGB, § 40, Rn. 26; vgl. Erman/*H. Palm/A. Arnold*, § 134 BGB, Rn. 10.

1345 Statt aller LG Kleve NJW 1991, 756; AG Grevenbroich NJW 1990, 1535, 1536; vgl. zur Abtretung des Honoraranspruchs an Tierärztliche Verrechnunsstelle OLG Celle NJW 1995, 786; LG Lüneburg NJW 1993, 2994; *Bemmann*, VersR 2005, 766; vgl. zur älteren Auffassung im Strafrecht LK/*Jähnke* (1989), § 203 StGB, Rn. 70 m. w. N.

1346 MüKo/*Armbrüster*, § 134 BGB, Rn. 103.

1347 BGH MedR 1991, 329; BGH NJW 1992, 739; BGH NJW 1992, 2348, 2350.

Verpflichtung zur Abtretung aller gegenwärtigen und zukünftigen Honorarforderungen. Demgemäß wird die Nichtigkeit des Kausalgeschäfts aus dem Gebot der inneren Widerspruchsfreiheit der Rechtsordnung abgeleitet. Dieses Gebot ergebe sich aus dem Postulat der Einheit der Rechtsordnung i. V. m. dem Art. 20 III GG[1348]. Dennoch ist einer Begründung, die mit dem Argument der Einheit der Rechtsordnung operiert, nicht zuzustimmen. Zwar läge ein Selbstwiderspruch der Rechtsordnung vor, wenn eine strafgesetzlich verbotene Handlung vertraglich zum Gebot erhoben werden dürfte[1349]. Trotzdem fordert die Einheit der Rechtsordnung nicht ohne weiteres, dass ein Rechtsgeschäft wegen des gegen ein Gesetz verstoßenden Inhalts als nichtig zu gelten habe[1350]. Ob der Verstoß gegen das Strafrecht zur Folge haben soll, dass die Rechtsordnung das Geschäft nicht anerkennt, kann, anders als bei der Sittenwidrigkeit, für die einzelnen Strafrechtsverstöße nicht allgemein beantwortet werden. Dies bringt schon der Wortlaut des § 134 BGB zum Ausdruck, der berücksichtigt, dass das Gesetz eine andere Rechtsfolge des Verstoßes gegen eine Verbotsnorm anordnen kann als die Nichtigkeit. Trifft ein Verbotsgesetz keine Aussage, dann besteht dieses als *lex imperfecta*[1351]. Während die Nichtigkeit dem Verbotszweck entspricht, wenn beide am Rechtsgeschäft Beteiligten verbotswidrig handeln, ist diese Folge dann nicht zwingend, wenn nur ein am Rechtsgeschäft Beteiligter verbotswidrig handelt[1352]. Hierin liegt gerade bei der Verletzung der Schweigepflicht eine Problematik, denn Adressat der Verbotsnorm ist allein der Arzt, nicht aber der Patient oder ein Dritter, an den die Forderung abgetreten wird. Nichtigkeit gem. § 134 BGB ist in diesem Fall nur dann die Folge, wenn der Verbotszweck die zivilrechtliche Nichtanerkennung des Rechtsgeschäfts fordert. Die Schweigepflicht soll sich auf den Schutz des Vertrauensverhältnisses zwischen dem Arzt und dem Patienten und zugleich auf den Schutz des informationellen Selbstbestimmungsrechts des Patienten i. V. m. dem Persönlichkeitsrecht richten[1353]. Welcher Person der Patient die bei ärztlicher Behandlung zutage tretenden, z. T. intimen Informationen anvertraut, darüber soll allein der Patient selbst entscheiden. Die rechtlich

1348 LK/*Hirsch* (1994), vor § 32 StGB, Rn. 10; *ders.*, § 34 StGB, Rn. 16; dazu näher LK/*Zieschang*, § 34 StGB, Rn. 19; vgl. *Peters*, JZ 1983, 914, 922.

1349 *Medicus*, AT des BGB, Rn. 647.

1350 Z. B. BGH NJW 2000, 1186, bei Verstoß gegen § 10 BAT; BGH NJW 2003, 3692, bei Verstoß gegen § 12 I BORA.

1351 MüKo/*Armbrüster*, § 134 BGB, Rn. 103; Staudinger/*Sack*/*Seibel*, § 134 BGB, Rn. 59 m. w. N.; vgl. zu Ergänzungsfunktion *Ulrici*, JuS 2005, 1075.

1352 BGH NJW 1991, 2955; vgl. Soergel/*Hefermehl*, § 134 BGB, Rn. 87.

1353 Siehe bereits Teil 1. B.

wirksame Abtretung der Honorarforderung würde dazu führen, dass der Patient gezwungen wäre, bei Einwänden gegen die Forderung Details preiszugeben, deren Kenntnis er gerade auf den behandelnden Arzt beschränken möchte. Diese Umstände zwingen dazu, der gegen § 203 StGB verstoßenden Abtretung jegliche rechtliche Anerkennung zu versagen[1354]. Damit ist aber noch nicht geklärt, ob das Kausalgeschäft oder das Erfüllungsgeschäft von der Nichtigkeit erfasst werden. Im Prinzip zieht der Verstoß gegen § 203 StGB i. V. m. dem § 134 BGB die Gesamtnichtigkeit des Rechtsgeschäfts nach sich. Ein solches Erfüllungsgeschäft kann nicht mehr als wertneutral gekennzeichnet werden, wenn die Datenübermittlung als notwendigen Bestandteil des Erfüllungsgeschäfts den Gesetzesverstoß enthält[1355]. Die Nichtigkeitsfolge erfasst nach der Rechtsprechung sowohl das Grundgeschäft als auch das Erfüllungsgeschäft der Abtretung, weil die Verbotswidrigkeit und die Nichtigkeit des Erfüllungsgeschäfts ausnahmslos auch des zugrundliegenden Kausalgeschäfts erfasst[1356]. Demnach ist es selbstverständlich, dass die Abtretung der Honorarforderung des Arztes an einen Dritten ohne Einwilligung des Patienten gesamt nichtig ist[1357]. Diese Nichtigkeit erstreckt sich auf die Einziehungsermächtigung[1358]. Sie wirkt nach einer Ansicht auf den Zeitpunkt der Abtretungsvereinbarung gem. § 306 BGB zurück[1359]. Demgegenüber ist einzuwenden, dass die vertragliche Vereinbarung zwischen dem Arzt und der Verrechnungsstelle an sich noch keinen Verstoß gegen § 203 StGB darstellt, weil sich dieser Paragraph auf die unbefugte Offenbarung als tatsächliche Handlung, etwa die tatsächliche Übergabe oder die Mitteilung, bezieht[1360]. Auch ist zum Zeitpunkt der Abtretung noch offen, ob eine wirksame Einwilligung des Patienten für den Zeitpunkt der Datenübermittlung an den Zessionar herbeigeführt werden kann[1361]. Erst wenn ein Abtretungsvertrag mit einem Behandlungsvertrag und einer sich daraus ergebenden Honorarforderung zusammentrifft, kann

---

1354 Vgl. nur BGH NJW 1991, 2955.

1355 Vgl. *Erman/H. P. Westermann*, § 398 BGB, Rn. 27a ff.

1356 BGH JZ 1961, 227, 228; BGH MedR 1991, 329; BGH NJW 1991, 2955, 2957; BGH NJW 1992, 2348, 2349; BGH NJW 1996, 774; OLG Köln NJW 1991, 754; OLG Köln VersR 1997, 624; OLG Oldenburg NJW 1992, 758.

1357 *Bamberger/Roth/Wendtland*, § 134 BGB, Rn. 22; *Lips/Schönberger*, NJW 2007, 1568; Staudinger/*Sack/Seibl*, § 134 BGB, Rn. 292 m. w. N.

1358 MüKo/*Roth*, § 399 BGB, Rn. 28.

1359 BGH NJW 1995, 2027; im Ergebnis ebenso OLG Hamburg NJW 1993, 791; siehe bereits Teil 3. D. III. 2. b).

1360 Vgl. *Coester-Waltjen*, Jura 2003, 26; MüKo/*Armbrüster*, § 134 BGB, Rn. 54.

1361 Vgl. *Berger*, NJW 1995, 1586.

§ 134 BGB anwendbar sein[1362]. Die Verpflichtung zur Abtretung ist verboten, obwohl die verbotswidrige Datenübermittlung als rechtlich verbotenes Verhalten eigentlich nur eine zur Durchführung des Erfüllungsgeschäfts notwendige Realhandlung ist. Daher kann das Abstraktionsprinzip im Prinzip nicht in Betracht kommen, sondern betrifft nur den Bereicherungsanspruch[1363].

c) Teilnichtigkeit

Im Prinzip führt die Nichtigkeit eines Teils eines Rechtsgeschäfts gem. § 139 BGB zur Nichtigkeit des gesamten Rechtsgeschäfts, „wenn nicht anzunehmen ist, dass es auch ohne den nichtigen Teil vorgenommen sein würde". Diese Vorschrift setzt ein teilbares Rechtsgeschäft voraus. Der Forderungskaufvertrag mit dem Factoringunternehmen oder der Dienstleistungsvertrag mit der ärztlichen Verrechnungsstelle könnten grundsätzlich teilweise in Geltung bleiben, wenn sie in nichtige und in wirksame Regelungen aufgeteilt werden können[1364]. Die Weitergabe von Patientendaten ist rechtmäßig, soweit der Patient in sie eingewilligt hat. Nur wenn keine Einwilligung vorliegt, verstoßen die genannten Verträge gegen § 203 StGB und damit gegen ein gesetzliches Verbot. Maßgebend ist, ob Arzt und Factoringunternehmen bzw. die Verrechnungsstelle an dem Vertrag festgehalten hätten, wenn ihnen die Nichtigkeit der Abtretung bzw. der Datenübermittlungsvereinbarung bei Forderungen gegen nicht einwilligende Patienten bekannt gewesen wäre[1365]. Vorbehaltlich abweichender Vereinbarungen ist der hypothetische Parteiwillen durch ergänzende Auslegung zu ermitteln[1366]. Maßgeblich ist nicht der tatsächliche Parteiwille, sondern eine objektive Bewertung des hypothetischen Parteiwillens[1367], aus der sich ergibt, ob der Vertrag vernünftigerweise auch ohne den nichtigen Teil geschlossen und durchgeführt worden wäre oder nicht[1368]. Sind keine Indizien hierfür zu ermitteln, dann bleibt

---

1362 Vgl. *Deutsch/Spickhoff*, Medizinrecht, Rn. 121 ff.

1363 Vgl. OLG Köln VersR 1997, 623; *Berger*, NJW 1995, 1588; *Coester-Waltjen*, Jura 2003, a. a. O.; *Spickhoff*, NJW 2009, 1716; *Wagner*, JZ 1994, 232; vgl. zum Ergebnis *Giesen/Poll*, JR 1994, 30.

1364 Vgl. BGH NJW 1996, 774; *Bongen/Kremer*, NJW 1990, 2915.

1365 Vgl. BGH NJW 1996, 2087; *Deutsch/Spickhoff*, Medizinrecht, Rn. 637; *Wagner*, JZ 1994, 231 f.

1366 RGZ 118, 218; Erman/*H. Palm/A. Arnold*, § 139 BGB, Rn. 1; PWW/*Ahrens*, § 134 BGB, Rn. 26 und § 139 BGB, Rn. 21; Staudinger/*Roth*, § 139 BGB, Rn. 32, 75.

1367 BGH MedR 1991, 329; MüKo/*Busche*, § 139 BGB, Rn. 30 ff.; Staudinger/*Roth*, § 139 BGB, Rn. 75.

1368 Vgl. *Ulrici*, JuS 2005, 1076.

es bei der gesetzlichen Vermutung des § 139 BGB[1369]. Gleichwohl spielen die Vorstellungen der Parteien eine wesentliche Rolle. Die gesetzliche Vermutung kann vertraglich durch eine sog. salvatorische Klausel ausgeschlossen werden, indem vereinbart wird, dass bei Teilnichtigkeit im Zweifel anzunehmen ist, dass das Rechtsgeschäft im übrigen Bestand haben soll[1370]. Diese Vereinbarung kehrt die gesetzliche Vermutung zulässigerweise um[1371].

2. *Korea*

a) Die Zweckmäßigkeit des Rechtsgeschäfts im Sinne des § 103 KBGB

Im KBGB gibt es noch keinen Paragraphen wie § 134 BGB. § 103 KBGB sieht die Nichtigkeit des Rechtsgeschäfts wegen Verstoßes gegen die guten Sitten und gegen die soziale Ordnung vor. In §§ 105, 106 KBGB wird das nicht gegen die guten Sitten sowie die soziale Ordnung verstoßende Rechtsgeschäft festgeschrieben. Es geht daher um das nachgiebige Recht[1372]. In Bezug auf den Zweck des Rechtsgeschäfts wird das Verhältnis zwischen sozialer Richtigkeit und Rechtmäßigkeit diskutiert. Nach einer in Rechtsprechung und Schrifttum vertretenen Ansicht werden das gegen das zwingende Recht verstoßende Rechtsgeschäft und das sittenwidrige sowie das sozial ordnungswidrige Rechtsgeschäft gesondert voneinander berücksichtigt[1373]. Daher betrifft das erstgenannte Rechtsgeschäft die Rechtmäßigkeit, das letztgenannte hingegen die soziale Richtigkeit. Nach diesem Argument darf die Zwecksetzung des Rechtsgeschäfts nicht gegen das zwingende Recht und zugleich gegen die guten Sitten sowie die soziale Ordnung verstoßen, wenn das Rechtsgeschäfts gültig sein soll[1374]. Nach einer

---

1369 Vgl. BGH NJW 1996, 2088; *Deutsch/Spickhoff*, Medizinrecht, Rn. 637.

1370 Vgl. BGH BB 1995, 2549 m. w. N.; *Berger*, NJW 1995, 1587; *Bamberger/Roth/Spindler*, § 823 BGB, Rn. 642; *Ulrici*, JuS 2005, 1074, 1076.

1371 Vgl. BGH NJW 1996, 774; OLG Köln VersR 1997, 623; AG Neuss NJW 1990, 2938; *Bork*, AT des BGB, Rn. 1111; *Coester-Waltjen*, Jura 2003, 26 f.; Erman/*H. Palm/A. Arnold*, § 134 BGB, Rn. 43; *Larenz/Wolf*, AT des BGB, § 45, Rn. 35 ff.; *Medicus*, AT des BGB, Rn. 515 f.; MüKo/*Armbrüster* (2006), § 134 BGB, Rn. 108 ff. m. w. N.

1372 *Lee, Young June*, AT des BGB, S. 179.

1373 KOGH, Urteil vom 30. 11. 1965, 65Da1837; Urteil vom 27. 11. 2003, 2003Da41772; *Beck, Tae Seng* (2006), AT des BGB, S. 336; *Guak, Eyun Jik* (2007), AT des BGB, S. 210; *Kim, Jun Ho* (2003), AT des BGB, S. 313; *Kim, Sang Yong*, AT des BGB (2007), S. 385; *Kim, Yong Han* (1993), AT des BGB, S. 252; *Kim/Kim* (1995), AT des BGB, S. 281; *Ko, Sang Yong* (2002), AT des BGB, S. 340; *Lee, Eun Young*, AT des BGB (2005), S. 357.

1374 KOGH, a. a. O.

anderen Ansicht weist gem. § 105 KBGB das zwingende Recht auf die Vorschrift über die guten Sitten sowie die soziale Ordnung hin. Daher gehöre dieses Recht zu einer Art dieser Sitten sowie dieser Ordnung[1375], das heißt, die soziale Richtigkeit bestehe nicht als eigenständige Voraussetzung für die Gültigkeit des Rechtsgeschäfts, sondern es gehe um die Rechtmäßigkeit und die Unrechtmäßigkeit[1376]. Nach der erstgenannten Meinung müssen alle Rechtsgeschäfte die Voraussetzung für die soziale Richtigkeit und ferner für die Rechtmäßigkeit des Rechtsgeschäfts erfüllen[1377]. Daraus ergebe sich, dass in Deutschland § 134 BGB als eigenständiger Paragraph außer dem § 138 BGB bestehe[1378]. Fehlt dem Rechtsgeschäft die soziale Richtigkeit gem. § 103 KBGB, dann sei es rechtswidrig und daher nichtig, obwohl im zwingenden Recht eine Lücke bestehe[1379]. Es handele sich um eine Rechtswidrigkeit[1380]. Der von der erstgenannten Meinung angeführte Grund entspricht nicht dem Wortlaut der §§ 103, 105, 106 KBGB[1381]. Daher kann der letztgenannten Meinung zugestimmt werden.

b) Sittenwidrigkeit oder Sozialordnungswidrigkeit

Die Diskussion bezüglich der Rechtmäßigkeit schließt sich an das Verhältnis zwischen den guten Sitten und der sozialen Ordnung an. Eine Ansicht besagt, dass die guten Sitten zu einer Art der sozialen Ordnung gehörten[1382], das heißt, die soziale Ordnung habe Vorrang vor den guten Sitten und bilde daher den Kern von § 103 KBGB[1383]. Mittlerweile besagt eine andere Ansicht, dass zwischen den guten Sitten und der sozialen Ordnung wegen der Unbestimmtheit dieser beiden Begriffe kein Unterschied bestehe und diese beide Begriffe eine in der Gesellschaft erforderliche Mindestnorm bezeichneten[1384]. Folglich fielen sie beide unter die soziale Richtigkeit[1385]. Dagegen wendet eine Ansicht ein, dass die

---

1375 *Kang, Tae Sung*, AT des BGB, S. 463; *Lee, Young June*, AT des BGB, S. 178, 192; *Myeong, Sun Gu* (2007), AT des BGB, S. 379; *Park/Youn*, AT des BGB (2), S. 419 ff.

1376 *Lee, Young June*, AT des BGB, S. 178; vgl. *Beck, Tae Seng*, AT des BGB, S. 336; *Lee, Eun Young*, AT des BGB, S. 361.

1377 *Kim, Sang Yong*, AT des BGB, S. 385; *Lee, Young June*, AT des BGB, S. 179.

1378 *Park/Youn*, AT des BGB (2), S. 421.

1379 Vgl. zur deutschen Ansicht *Beater*, AcP 1997, 519 ff.; Staudinger/*Sack*/*Fischinger*, § 138 BGB, Rn. 172 ff.

1380 *Lee, Young June*, AT des BGB, S. 192.

1381 *Lee, Young June*, a. a. O.

1382 *Guak, Eyun Jik* (2007), AT des BGB, S. 215.

1383 *Guak, Eyun Jik*, a. a. O.

1384 *Ko, Sang Yong*, AT des BGB, S. 370; Lee, *Eun Young*, AT des BGB, S. 367.

1385 *Beck, Tae Seng*, AT des BGB, S. 348.

guten Sitten als ethischer Begriff und die soziale Ordnung als öffentliche Ordnung in der historischen juristischen Entwicklung voneinander zu unterscheiden seien[1386]. Der Gesetzgeber habe den amerikanischen Begriff *public order* nicht übernommen[1387], in dem auch die Sittenwidrigkeit enthalten sei[1388]. An das Rechtsgeschäft als Objekt der Regelung müsse der Maßstab der Sittenwidrigkeit angelegt werden[1389]. In Bezug auf den Anwendungsbereich des § 103 KBGB werden[1390]. Als Konsequenz solle in der Formulierung „die guten Sitte *sowie* die soziale Ordnung“ das Wort „*sowie*“ durch „*oder*“ ersetzt werden[1391].

c) Tatbestand des § 103 KBGB

Die rechtliche Qualifikation der zwingenden Normen muss im Einzelfall geprüft werden, das heißt, zu prüfen ist, ob sich eine solche Norm auf die guten Sitten sowie die soziale Ordnung bezieht. Diese Qualifikation ist freilich von der Zwecksetzung der zwingenden Bestimmungen abhängig[1392]. Die Verletzung eines Strafgesetzes führt nach einer Ansicht nicht ohne weiteres zur Nichtigkeit des Rechtsgeschäfts[1393]. In der Regel müssen bestimmte subjektive Voraussetzungen erfüllt sein, etwa die Kenntnis der die Verletzung eines Strafrechts auslösenden Tatsache. Dieses Erfordernis der Kenntnis bestehe für alle Beteiligten[1394]. Sofern sich die Verwirklichung des objektiven Straftatbestandes nur gegen eine Partei richtet, genüge es, dass die subjektive Voraussetzung erfüllt sei[1395]. Daraus ergebe sich, dass die Sittenwidrigkeit generell eine verwerfliche Gesinnung voraussetze. Daher sei die Kenntnis der Sittenwidrigkeit erforderlich[1396]. Nach einer anderen Ansicht ist die Erfüllung des subjektiven Tatbestandes keine Voraussetzung für die Anwendung des § 103 KBGB, weil dieser Paragraph allein auf

1386 *Kim, Cheng Han*, AT des BGB, S. 234; *Kim, Joo Su*, AT des BGB, S. 246; *Kim, Sang Yong*, AT des BGB, S. 398; *Lee, Young June*, AT des BGB, S. 196;

1387 *Lee, Young June*, AT des BGB, S. 195 ff.

1388 *Lee, Young June*, AT des BGB, S. 197.

1389 *Lee, Young June*, AT des BGB, S. 214; vgl. zur deutschen Auffassung *Deutsch/Spickhoff*, Medizinrecht, Rn. 638.

1390 Dazu näher *Lee, Young June*, AT des BGB, S. 199 ff.

1391 *Lee, Young June*, a. a. O.

1392 *Lee, Young June*, AT des BGB, S. 179.

1393 *Beck, Tae Seng*, AT des BGB, S. 341; *Lee, Young June*, AT des BGB, S. 188

1394 *Lee, Young June*, a. a. O.

1395 *Lee, Young June*, AT des BGB, S. 215.

1396 *Lee, Young June*, a. a. O.; vgl. KOGH, Urteil vom 11.10.1996, 95Da1460; Urteil vom 09.11.2001, 2001Da44987.

die Erfüllung des objektiven Tatbestands laute[1397] und weil diese subjektive Voraussetzung jedenfalls nicht auf das Rechtsgeschäft Willensunfähiger angewendet werden könne[1398]. Nach dieser Meinung ergibt sich die Nichtigkeit des Rechtsgeschäfts i. d. R. aus einem rechtspolitischen Postulat, nicht aus dem subjektiven Tatbestand, um einen Erfolg der unerlaubten Handlung abzuwenden[1399]. Diese Meinung kann nicht überzeugen, weil ein Rechtsgeschäft Willensunfähiger von Anfang an nicht als Rechtsgeschäft im Sinne des § 103 KBGB gelten kann[1400]. Da die guten Sitten sowie die soziale Ordnung sich auf eine gemeinsame Wertung beriefen, könne es nicht denkbar sein, dass Beteiligte eine solche soziale Ordnungswidrigkeit in der Praxis nicht erkannt hätten[1401].

d) Nichtigkeit gem. § 103 KBGB

Bei Erfüllung der angeführten Voraussetzungen ist im Prinzip das Rechtsgeschäft bei einem Verstoß gegen § 103 KBGB absolut und gesamt nichtig[1402]. Verstößt der Zweck des Rechtsgeschäfts gegen ein zwingendes Recht, das durch den Willen des Betroffenen nicht ausgeschlossen oder nicht geändert werden kann, so ist das Rechtsgeschäft nichtig[1403]. Bislang gibt es weder Rechtsprechung noch Literatur zu den Rechtsfolgen der Schweigepflichtverletzung. Es finden sich nur Urteile über die Zeugnisverweigerung. Nach diesen Urteilen ist eine Vereinbarung über Gegenleistungen zum Zwecke der Nichtpreisgabe, der Ausübung des Zeugnisverweigerungsrechts oder der Erzielung einer bestimmten Aussage als Verletzung des Gerechtigkeitssinns nichtig[1404]. Nach einer im Schrifttum vertretenen Ansicht kommt es nicht darauf an, ob jemand wegen eines Vertrages über Übermittlung von Unternehmenskundendaten zu einer Strafe verurteilt wird. Ein solcher Vertrag ist aber deswegen nichtig, weil er gegen ethische Grundsätze verstößt[1405]. Dieser Grund wird aber in Frage gestellt, weil sich die Nichtigkeit im Sinne des § 103 KBGB allein auf den Begriff des unbestimmten und unklaren

---

1397 *Ko, Sang Yong*, AT des BGB, S. 358; *Lee, Eun Young*, AT des BGB, S. 364.

1398 *Myeong, Sun Gu*, AT des BGB, S. 384.

1399 *Lee, Eun Young*, a. a. O.

1400 *Lee, Young June*, AT des BGB (2007), S. 253.

1401 *Lee, Young June* (2007), a. a. O.

1402 *Kim, Sang Yong*, AT des BGB, S. 668; *Ko, Sang Yong*, AT des BGB, S. 357; dazu näher *Lee, Young June*, AT des BGB, S. 223, 229, 601 ff.

1403 *Lee, Young June*, AT des BGB, S. 178; vgl. *Lee, Eun Young*, AT des BGB, Rn. 384.

1404 KOGH, Urteil vom 13.4.1999, 98Da52483; Urteil vom 24.4.2001. 2000Da71999; vgl. KOGH, Urteil vom 11.3.1994, 93Da40522.

1405 *Lee, Eun Young*, AT des BGB, S. 372.

Anstandsgefühls bezieht. In diesem Zusammenhang sollte man in § 103 KBGB eine Begründung dafür finden, dass sich der von dieser Ansicht genannte Fall als eine von dem Gerechtigkeitssinne abweichende Vereinbarung und als Gegenleistung z. B. mit dem Interesse oder mit Nachteilen Dritter verbindet[1406]. Ferner ist der genannte Fall bereits wegen zwingender Rechtswidrigkeit i. V. mit einem Verstoß gegen die Sozialordnung insgesamt nichtig[1407]. Daher wird die ethische Begründung von vornherein ausgeschlossen.

Bei Nichtigkeit der einzelnen Bestimmung in den allgemeinen Geschäftsbedingungen kommt nach einer Ansicht die Teilnichtigkeit im Sinne der §§ 103, 137 KBGB von Anfang an nicht in Betracht. Diese Teilnichtigkeit beziehe sich nämlich auf den Wucher im Sinne des § 104 KBGB[1408]. Diese Meinung geht davon aus, dass § 103 KBGB und § 104 KBGB als eigenständige Paragraphen voneinander getrennt betrachtet werden müssten[1409]. Der Grund dafür sei, dass bei einem Verstoß gegen die soziale Ordnung im Sinne des § 103 KBGB die Erfüllung des objektiven Tatbestands erforderlich sei[1410]. Das wucherische Rechtsgeschäft im Sinne des § 104 KBGB habe den Wucherbegriff aus § 138 II BGB übernommen[1411]. Daher sei das wucherische Geschäft eine von den guten Sitten abweichende besondere Geschäftsform, und es könne § 103 KBGB Anwendung finden, wenn in § 104 KBGB eine Lücke besteht. Auch aus einem Verstoß gegen § 103 KBGB folge eine Teilnichtigkeit wie bei der Nichtigkeit der einzelnen Bestimmungen in der Generalklausel, die relative Nichtigkeit in § 104 KBGB komme aber nicht in Betracht[1412]. Ungeachtet dieses Meinungsstreits herrscht Einigkeit darüber, dass die Ermittlung des hypothetischen Parteiwillens und die ergänzende Auslegung für die Bestimmung der Teilnichtigkeit entscheidend seien[1413]. Und die durch diese Ermittlung festgestellte Teilnichtigkeit folge auch aus dem von der salvatorischen Klausel abweichenden Rechtsgeschäft[1414]. Die

---

1406 Vgl. *Lee, Young June*, AT des BGB, S. 206.

1407 Vgl. *Lee, Young June*, AT des BGB, S. 200.

1408 *Ko, Sang Yong*, AT des BGB, S. 358.

1409 *Ko, Sang Yong*, AT des BGB, S. 357.

1410 *Ko, Sang Yong*, AT des BGB, a. a. O.

1411 Vgl. zum Verhältnis zwischen § 134 und § 138 BGB *Beater*, AcP 1997, 519 ff.; zu § 138 II BGB MüKo/*Armbrüster*, § 138 BGB, Rn. 140.

1412 *Lee, Young June*, AT des BGB, S. 229, andererseits S. 400; vgl. MüKo/*Armbrüster*, § 138 BGB, Rn. 141 ff.

1413 *Ko, Sang Yong*, AT des BGB, S. 608; *Lee, Young June*, AT des BGB, S. 223, 616; im Ergebnis ebenso KOGH, Urteil vom 26.12.1967, 67Da2045; Urteil vom 17.9.1970, 70Da1250.

1414 Dazu näher *Lee, Young June*, AT des BGB, S. 617 f.

koreanische Auffassung gleicht insoweit der deutschen und könnte daher auch bei dem oben erwähnten Fall der Datenweitergabe zu dem gleichen Ergebnis wie die deutsche Rechtsprechung führen[1415].

III. Rückforderung aufgrund ungerechtfertigter Bereicherung

1. Deutschland

Folge der Nichtigkeit der Abtretung ist, dass der Zessionar nicht Inhaber der Forderung geworden ist. Der Verrechnungsstelle oder dem Factoringunternehmen fehlt für die Zahlungsklage gegen den Patienten ein Forderungsanspruch[1416]. Der Patient ist nicht verpflichtet, an die Verrechnungsstelle zu zahlen[1417]. Er kann die Honorarforderung durch direkte Zahlung an den Arzt oder an die Verrechnungsstelle erfüllen. Dem letzten Fall liegt nicht ein Rechtsverhältnis zwischen Patient und Verrechnungsstelle zugrunde, sondern eine absprachegemäße Verkürzung des Zahlungswegs. Der Patient erfüllt mit der Zahlung die Honorarforderung des Arztes, und gleichzeitig wird damit eine Verbindlichkeit zwischen dem Arzt und der Verrechnungsstelle aus dem Forderungskaufvertrag erfüllt[1418]. Die gegen § 203 StGB i. V. m. § 134 BGB verstoßende übermittelte Forderung bezieht sich auf eine rechtliche unmögliche Leistung[1419]. Trotz Nichtigkeit der Abtretung muss der Arzt die Zahlung des Patienten an die Verrechnungsstelle gem. § 409 BGB als Erfüllung seiner Honorarforderung gelten lassen[1420]. Die Leistung an den Scheingläubiger hat befreiende Wirkung[1421]. Damit trägt der Arzt auch das Risiko der Insolvenz der Verrechnungsstelle[1422]. Demgegenüber hat der Patient nach Zahlung an die Verrechnungsstelle aufgrund der Erfüllungswirkung der Zahlung im Verhältnis zum Arzt keinen Zahlungsanspruch gegen die Verrechnungsstelle aus ungerechtfertigter Bereicherung[1423]. Die Nichtigkeit des Kausalgeschäfts zwischen Arzt und Verrechnungsstelle ist für den Patienten ohne Belang, weil er sich gegenüber der Verrechnungsstelle jeweils

---

1415 Vgl. zu § 138 BGB RGRK/*Krüger-Nieland/Zöller*, § 138 BGB, Rn. 214; zu § 826 BGB *Deutsch/Spickhoff*, Medizinrecht, Rn. 638.

1416 OLG Hamm NJW 1993, 793.

1417 *Gramberg-Danielsen/Kern*, NJW 1998, 2710.

1418 *Wolf*, Externer Honorareinzug und ärztliche Schweigepflicht, S. 210.

1419 Vgl. BGH NJW 1995, 2027.

1420 Vgl. *Deutsch/Spickhoff*, Medizinrecht, Rn. 340.

1421 BGHZ 145, 352, 355.

1422 Vgl. MüKo/*Lieb* (2004), § 812 BGB, Rn. 40.

1423 Vgl. BGHZ 56, 345.

auf deren fehlende Aktivlegitimation berufen kann[1424]. Grundlage der Rechtsbeziehung zwischen dem Arzt und der Verrechnungsstelle oder vergleichbaren Dienstleistern ist ein Factoringvertrag. Es ist selbstverständlich, dass der Verrechnungsstelle kein vertraglicher Anspruch zusteht, wenn der mit dem Arzt abgeschlossene, gegen § 203 StGB verstoßende Abtretungsvertrag (Kausal- und Erfüllungsgeschäft) nichtig ist. In diesem Zusammenhang stellt sich die Frage, ob der Verrechnungsstelle ein Anspruch gegen den Arzt aus ungerechtfertigter Bereicherung gem. § 812 BGB zusteht. Da das Factoringunternehmen als Gegenleistung für die Abtretung der Forderung den vereinbarten Forderungskaufpreis an den Arzt gezahlt hat, hat dieser mit dem Geldzufluss „etwas" i. S. von § 812 Abs. 1 BGB erlangt[1425]. Die Bereicherung ist auf eine Leistung des Factoringunternehmens zurückzuführen. Der Arzt kann dem Anspruch des Factoringunternehmens nicht § 817 S. 2 BGB entgegenhalten, da das Factoringunternehmen mit der Entgegennahme der Abtretung und der Zahlung des Forderungskaufpreises nicht gegen ein gesetzliches Verbot oder die guten Sitten verstoßen hat. § 203 StGB betrifft nur den Arzt, nicht das Factoringunternehmen[1426]. Auch wenn die Verrechnungsstelle gegen ein gesetzliches Verbot verstoßen hätte, könnte sie die verschärfte, das Bewusstsein der Gesetzeswidrigkeit voraussetzende Haftung[1427] gem. § 817 S. 1 und § 819 S. 2 BGB nicht treffen[1428]. Daher kann die Verrechnungsstelle gegen den Arzt Rückforderungsansprüche wegen an sie abgetretener und von ihr bezahlter Forderungen geltend machen. Bei unwirksamer Abtretung wird die Abrechnungsstelle durch die Leistung an den „Alt" gläubiger befreit[1429]. Für diese Leistung gibt es auch einen Rechtsgrund, nämlich den Behandlungsvertrag[1430]. Zahlt der Patient trotz Nichtigkeit der Abtretung und des dieser zugrundeliegenden Forderungsvertrages an die Verrechnungsstelle, steht dem Arzt gegenüber der Verrechnungsstelle ein Anspruch auf Herausgabe des Honorars an sie zu[1431], da die Verrechnungsstelle die Zahlung

1424 BGHZ 115, 123, 130.

1425 Vgl. OLG Hamm NJW 1993, 793; OLG Köln VersR 1997, 623, 624; *Coester-Waltjen*, Jura 2003, 24.

1426 Vgl. OLG Hamm a. a. O.

1427 Erman/*H. Palm*/*A. Arnold*, § 134 BGB, Rn. 16; MüKo/*Armbrüster*, § 134 BGB, Rn. 113; Soergel/*Hefermehl*, § 134 BGB, Rn. 36; dazu näher *Peters*, JZ 1983, 922.

1428 Vgl. OLG Köln a. a. O.; Erman/*H. Palm*/*A. Arnold*, a. a. O.; MüKo/*Armbrüster*, a. a. O.; vgl. bei Preisverstoß BGH NJW 1958, 1725.

1429 Vgl. *Coester-Waltjen*, Jura 2003, 25, 26.

1430 Vgl. *Berger*, NJW 1995, 1588.

1431 OLG Hamm a. a. O.

des Patienten ohne Rechtsgrund erhalten hat. Da mit der Zahlung des Patienten an die Verrechnungsstelle eine Leistungsverpflichtung des Arztes erfüllt werden soll, kann der Arzt von der Verrechnungsstelle das von dieser vereinnahmte Honorar nach den Grundsätzen der Leistungskondiktion zurückfordern. Diese Forderung kann durch § 814 BGB ausgeschlossen sein. Dazu ist aber beim Arzt die positive Kenntnis der Nichtschuld, also die Kenntnis der Nichtigkeit der Forderungsabtretung erforderlich[1432]. Falsche Annahmen, ein Irrtum, sogar schon Zweifel an der Rechtslage schließen die notwendige positive Kenntnis aus[1433]. Der Anspruch des Arztes könnte aber gem. § 817 BGB ausgeschlossen sein. Die Anwendung dieses Paragraphen wird durch § 814 BGB nicht ausgeschlossen. Es handelt sich um einen Sonderfall der Leistungskondiktion[1434]. Voraussetzung ist jedoch ein bewusster[1435], mindestens aber ein leichtfertiger Verstoß gegen das gesetzliche Verbot[1436].

2. Korea

In Korea befürworten die meisten in Rechtsprechung und Schrifttum vertretenen Ansichten die Einheitslehre[1437]. Mittlerweile unterstützt aber eine andere Ansicht die Trennungslehre[1438]. Über das Dreiecksverhältnis ist jedoch noch nicht intensiv diskutiert worden. Für den ungerechtfertigten Bereicherungsanspruch wird gem. § 741 KBGB keine unmittelbare Kausalität zwischen der Leistung und der Bereicherung vorausgestzt. Vielmehr genügt für das Vorliegen eines solchen Anspruchs eine zwischen Leistung und Bereicherung bestehende soziale Wechselbeziehung, d. h. eine Kausalität im sozialen Sinne[1439]. Im Hinblick auf die Voraussetzung für den Bereicherungsanspruch gem. § 742 KBGB – ähnlich wie gem. § 814 BGB – ist das Zustandekommen eines solchen Anspruchs nach

1432 Vgl. MüKo/*Armbrüster*, § 134 BGB, Rn. 110.

1433 MüKo/*Schwab*, § 814 BGB, Rn. 12; vgl. Palandt/*Heinrichs*, § 409 BGB, Rn. 5.

1434 Vgl. MüKo/*Lieb* (2004), § 817 BGB, Rn. 15.

1435 Vgl. BGH NJW 2000, 1562, bei Steuerberater.

1436 Vgl. BGH NJW 1993, 2109, bei Darlehensvermittlung.

1437 *Guak, Eyun Jik*, Schuldrecht BT, S. 422; *Kim, Hyun Tae*, Schuldrecht BT, S. 327; *Kim, Jang Woo*, Schuldrecht BT, S. 452; *Lee, Tae Jae*, Schuldrecht BT, S. 414; *Kim/Ahn*, Schuldrecht BT, S. 682; vgl. *Lee, Young June*, AT des BGB, S. 238 ff.

1438 *Kim, Ki Sun*, Schuldrecht BT, S. 432; Kim, *Sang Yong*, Schuldrecht BT (Ha), S. 32, 40; vgl. *Lee, Eun Young*, Schuldrecht BT, S. 680.

1439 *Guak, Eyun Jik*, Schuldrecht BT, S. 422; *Kim, Hyun Tae*, Schuldrecht BT, S. 331; *Kim, Sang Yong*, Schuldrecht BT (Ha), S. 35; *Kim/Ahn*, Schuldrecht BT, S. 697; *Lee, Eun Young*, Schuldrecht BT, S. 693; *Lee, Tae Jae*, Schuldrecht BT, S. 420.

einer Ansicht davon unabhängig, ob beim Schuldner Gutgläubigkeit, Fahrlässigkeit, Irrtum über die Nichtschuld oder der gesetzliche Irrtum vorliegt[1440]. Nach diesem Argument kann dem Arzt der Bereicherungsanspruch allemal zustehen. Nach einer anderen Ansicht wird der Anspruch des Schuldners gem. diesem Paragraphen abgelehnt, wenn beim Schuldner grobe Fahrlässigkeit vorliegt[1441]. Diese Ansicht gleicht der deutschen, d. h., es reicht grobe Fahrlässigkeit aus[1442]. Zwar könnte der Anspruch des Leistenden gem. § 746 S. 1 KBGB ausgeschlossen werden, aber dieser könnte das Geleistete gem. § 746 S. 2 KBGB zurückverlangen, wenn der Empfänger einseitig eine unerlaubte Handlung begangen hat[1443]. Gem. § 744 BGB kann die bereits erbrachte Leistung noch nicht zurückgefordert werden, soweit der Leistende die Schuld aus Irrtum über deren Bestehen beglichen hat, die Schuld aber objektiv nicht besteht und die Leistungserbringung dem Anstandsgefühl entsprochen hat. Daher kann der Bereicherungsanspruch dem Arzt oder der Verrechnungsstelle kaum zustehen, weil dafür strenge Voraussetzungen erfüllt sein müssen.

1440 *Guak, Eyun Jik*, Schuldrecht BT, S. 441.
1441 *Kim, Cheng Han*, Schuldrecht III, S. 242.
1442 *Kim, Sang Yong*, Schuldrecht BT (Ha), S. 48.
1443 *Kim, Sang Yong*, Schuldrecht BT (Ha), S. 51.

Teil 5: Vergleichende Schlussbetrachtung

Die ärztliche Schweigepflicht gründet in Deutschland auf Art. 2 I GG i. V. m. Art. 1 I GG, während sie in Korea als *privacy right* gem. Art. 17 KV i. V. m. Art. 10 KV gewährleistet wird. Zwar werden die Grundrechte durch Art. 37 II KV beschränkt, jedoch ist die Menschenwürde im Sinne des Art. 10 KV unantastbar. Die ärztliche Schweigepflicht wird in § 203 StGB geregelt und verbindet sich mit dem Zeugnisverweigerungsrecht gem. §§ 53, 53a, 97 StPO und BDSG. Diese Vorschriften bezwecken das Individualinteresse und zugleich den Vertrauensschutz des Patienten. Im Hinblick auf den Normzweck gleicht die koreanische Auffassung der deutschen. In Korea haben KDSG und KPISG wegen des § 5 KDSG und der §§ 2 ff., 6 KPISG zwar ergänzende Wirkung gegenüber § 317 KStGB, aber die Rechtsprechung urteilt bei Verletzung der ärztlichen Schweigepflicht nur gem. §§ 19, 88 KMG. Daher gilt KMG als Spezialrecht.

Der Geheimnisbegriff umfasst Tatsachen und Umstände, die nur einem begrenzten Personenkreis bekannt sind. Wegen der Abgrenzung zwischen § 164 StGB und §§ 185 ff. StGB müssen die vom Geheimnis erfassten Tatsachen wahr sein. Tatsachen und Umstände sind durch ein objektiv-normatives Geheimhaltungsinteresse bzw. Vernünftigkeitskontrolle bedingt. Es ist nicht erforderlich, dass sich das schutzwürdige Interesse mit dem berechtigten Interesse oder mit der Sensibilität der Daten verbindet. Die koreanische Rechtsprechung betrachtet auch das soziale und das persönliche Interesse des Verletzten und dessen Angehöriger im Verhältnis zu Dritten. Zwar wird das Geheimnis Verstorbener durch § 203 IV StGB geschützt, in diesem Paragraphen fehlt aber eine Schutzfrist. In § 317 KStGB wird der Geheimnisschutz Verstorbener nicht geregelt, und so haben wir es hier mit einer gesetzlichen Lücke zu tun. Daher wäre es unter dem Gesichtspunkt der Rechtsklarheit und der Beweislast i. V. m. der Dokumentationspflicht des Arztes besser, wenn in ein einfaches Gesetz oder in die MBO-Ä eine feste Schutzzeit eingeführt würde.

Mittels erschöpfender Aufzählung der beruflich Schweigepflichtigen wird der Kreis der Täterschaft im Sinne des § 203 StGB begrenzt. Daher sind Personen, z. B. Tierärzte, ausdrücklich Geheimnisträger im Sinne dieses Paragraphen, soweit sie in diesem Paragraphen aufgezählt werden. Wegen der modernen komplexen Medizintechnik ist die nach Funktionseinheiten differenzierte Arbeitsteilung als Kriterium zur Abgrenzung zwischen § 203 I und III BGB maßgeblich. Aus dem Gehilfenbegriff wird im Prinzip selbständig tätiges Personal ausgeschlossen, etwa Outsourcing, Verrechnungsstelle, Zahntechniker und ggf. Krankentransporteur. In diesem Zusammenhang wird die nichtanonyme Mitteilung von

Anfang an als unbefugte Offenbarung angesehen. Im Gegensatz zum § 203 StGB werden Tierärzte nicht als Geheimnisträger in § 317 KStGB festgeschrieben. Die koreanische strafrechtliche Auffassung erweitert eine erschöpfende Aufzählung mittels des offenen Rechtsbegriffs der Schweigepflichtigen, weil eine solche Aufzählung der Berufsangehörigen in § 317 KStGB mit dem beschleunigten Sozialwandel nicht Schritt halten könnte.

Zwar ist auch die Offenbarung durch Unterlassen strafbar, aber das bloße Herumliegenlassen wird nicht als strafbares Tun im Sinne des § 203 StGB angesehen. Eine solche Offenbarung setzt das Unbefugtsein voraus, bei dem es sich im Einzelfall um den Tatbestandausschuss oder um die Rechtswidrigkeit handelt. Gem. § 20 I KMG ist der Arzt bei der Schweigepflichtverletzung auch dann strafbar, wenn er ohne Vorsatz gehandelt hat. Daher bezieht sich nach strafrechtlicher Ansicht § 317 KStGB ggf. auf das Gefährdungsdelikt.

Die Offenbarung des Arztes wird durch einfachgesetzliche Regelungen gerechtfertigt. Diese Rechtfertigungsgründe bedeuten auch, dass das informationelle Selbstbestimmungsrecht i. V. m. der Schweigepflicht des Arztes nicht mehr vorbehaltlos gewährleistet wird und zugleich in verschiedenen Bereichen an Bedeutung verliert. Gem. Art. § 37 II KV können die Grundrechte durch bestimmte Gesetze eingeschränkt werden. Die Offenbarungspflicht des Arztes sollte in einfachgesetzlichen Regelungen unter strikten Voraussetzungen in irgendeiner Weise detailliert und klar festschrieben werden. In Korea folgt die Offenbarungspflicht des Arztes zwar aus verschiedenen besonderen Gesetzen, jedoch gibt es in Rechtsprechung und Gesetzgebung eine Tendenz, alle Regelungen über die Offenbarungspflicht des Arztes in das KMG aufzunehmen. Während die Erfüllung von Offenbarungspflichten auch gegen den Willen des Schweigepflichtigen durchgesetzt werden kann, ist im Falle einer Offenbarungsbefugnis die Offenbarung ausschließlich zur Disposition des Schweigepflichtigen gestellt. Diese Offenbarungsbefugnis des Arztes kann nicht einfach mittels analoger Anwendung und Auslegung des strafrechtlichen Paragraphen, z. B. § 193 StGB, abgeleitet werden. Im KStGB sind zwar § 20 KStGB (rechtmäßige Handlung) und § 23 KStGB (Selbsthilfe) enthalten, jedoch können diese Paragraphen i. d. R. nicht als Rechtfertigungsgrund für die Befugnis des Arztes zur Offenbarung angesehen werden. Bei Erfüllung der Voraussetzungen für den rechtfertigenden Notstand in § 34 StGB erhält der Arzt eine Befugnis zur Offenbarung, die sich von der gesetzlich gegebenen Befugnis und der dem Arzt gesetzlich auferlegten Pflicht unterscheidet. In § 22 StGB (Notstand) fehlt die Angemessenheit der Notstandshandlung. In diesem Zusammenhang wird intensiv das Verhältnis zwischen § 22 KStGB und § 20 KStGB diskutiert. Trotzdem sind der Anwendungsbereich dieser Paragraphen und daher die Befugnis des Arztes zur Offenbarung ohnedies weiter gefasst als in Deutschland.

Außer durch die gesetzliche Offenbarungsbefugnis kann die ärztliche Schweigepflicht mit Einwilligung des Patienten gebrochen werden. Die Einwilligung gilt als tatbestandausschließender Grund oder als Rechtfertigungsgrund. Im Gegensatz dazu wird die Einwilligung als allgemeiner Rechtfertigungsgrund in § 24 KStGB geregelt. In Deutschland wird die Einwilligung als Realhandlung angesehen, in Korea hingegen als rechtsgeschäftsähnliche Handlung. Daher wird KBGB im Hinblick auf die Anwendbarkeit der auf die Willenserklärung bezogenen zivilrechtlichen Vorschriften elastischer gehandhabt als in Deutschland. Allerdings muss der Einwilligende die Einwilligungsfähigkeit besitzen und können Minderjährige insoweit den Arzt von dessen Schweigepflicht befreien. Jedoch hebt eine koreanische Ansicht die Kooperation zwischen dem Arzt und dem gesetzlichen Vertreter im Hinblick auf die Aufklärung und die Einwilligung besonders hervor. Der Einwilligende kann im Prinzip formlos einwilligen. In Deutschland werden bei der vorformulierten Einwilligungserklärung die §§ 305 ff. BGB angewendet. Vorschriften über die allgemeinen Geschäftsbedingungen, wie sie die §§ 305 ff. BGB enthalten, fehlen im KBGB. Daher werden bei der vorformulierten Einwilligungserklärung die in §§ 5 bis 7 KAGB festgeschriebenen Prinzipien analog angewendet. Die wirksame Einwilligung setzt die vorherige Aufklärung durch den behandelnden Arzt voraus. Nach der koreanischen Rechtsprechung kann aber auch ein nichtbehandelnder Arzt oder eine im nichtmedizinischen Bereich tätige Person den Patienten aufklären. Während es in Deutschland um die rechtliche Qualifikation und Anerkennung als eigenständigen Rechtfertigungsgrund geht, handelt es sich in Korea außerdem um das Verhältnis zwischen dem § 20 KStGB (Einwilligung) und dem § 24 KStGB (rechtmäßige Handlung). Aus dieser unterschiedlichen Diskussionslage wird erkennbar, dass sich der koreanische Meinungsstreit auf strafrechtliche Paragraphen beruft. Im Hinblick auf die Voraussetzung für die Wirksamkeit der Einwilligung besteht aber zwischen Deutschland und Korea kein Unterschied.

Die Schweigepflicht wird in Deutschland und in Korea als gesetzliche und vertragliche (Neben)Pflicht angesehen. Die Schweigepflichtverletzung fällt in den Anwendungsbereich von § 823 I BGB. Das Geheimnis des Patienten wird als *privacy right* i. V. m. § 751 KBGB geschützt, und die Verletzung der Schweigepflicht wird gem. § 750 (unerlaubte Handlung) oder gem. § 751 (Ersatzanspruch wegen des immateriellen Schadens) KBGB beurteilt.

Der Bruch der Schweigepflicht ergibt sich auch aus zivilrechtlichen Vorschriften, soweit die in den einzelnen Regelungen geforderten Voraussetzungen, die zur Geltendmachung der Forderung notwendigen Auskünfte und der in

§§ 677 ff. BGB festgeschriebene einzelne Tatbestand erfüllt sind. Außerdem darf ein Dritter nicht ohne weiteres in einen vertraglichen Schutzbereich einbezogen werden. Das Subrogationsrecht gem. §§ 401, 404, 405 KBGB verbindet sich nicht mit dem Gestaltungsrecht bezüglich der Verletzung des informationellen Selbstbestimmungsrechts. Daher werden diese Paragraphen als Begründung für die Befugnis zur Offenbarung des Arztes von vornherein ausgeschlossen. Der Anwendungsbereich der KGoA ist nach der in ihr festgeschriebenen Tatbestandsauslegung weiter als die GoA in Deutschland. Das heißt, § 734 III KBGB ist auf den Fall des Schutzes des öffentlichen Interesses anwendbar und § 735 KBGB auf den Fall der Suizidgefahr. Das Selbstbestimmungsrecht des Patienten und Minderjähriger darf aufgrund der Offenbarungsbefugnis der Angehörigen oder Dritter nicht ohne weiteres vernachlässigt werden. Daher kann die Einwilligungserklärung zur Befreiung des Arztes von der Schweigepflicht durch den gewillkürten Vertreter bei Erfüllung strikter Voraussetzungen gem. §§ 1626, 1631 ff. BGB und §§ 1922 ff. BGB zulässig sein.

In Korea wird die Einwilligung zum einen als rechtsgeschäftsähnliche Handlung angesehen und werden zum anderen die zivilrechtlichen Vorschriften über die Stellvertretung detaillierter als im BGB geregelt. Zwar richten sich diese Vorschriften auf den Verkehrsschutz, aber im Prinzip ist bei der Willensmitteilung und der Vorstellungsmitteilung die Einwilligungserklärung durch einen Stellvertreter zulässig, und das Selbstbestimmungsrecht der Patienten und Minderjähriger wird ungeachtet der elterlichen Fürsorge gem. § 913 KBGB nicht ohne weiteres außer Acht gelassen. Das Einsichtsrecht der Angehörigen und Dritter wird durch §§ 21 ff. KMG i. V. m. besonderen Gesetzen weitgehend gewährleistet. Bei der Vererblichkeit der Befugnis zur Geheimnisoffenbarung geht es allerdings um den Schadensersatzanspruch.

Aus der Schweigepflichtverletzung folgt der Schadensersatzanspruch gem. § 823 BGB und ggf. gem. § 253 II BGB. Bei unbefugter Offenbarung ergeben sich der Unterlassungs- und der Beseitigungsanspruch aus §§ 823 I, 1004 (analog) BGB und aus einfachgesetzlichen Regelungen i. V. m. dem § 823 II BGB. Der Schadensersatzanspruch stützt sich auf die Verletzung gegenüber den in § 823 I BGB geschützten Rechtsgütern i. V. m. dem allgemeinen Persönlichkeitsrechtsschutz. Da § 750 KBGB in Form einer General-klausel besteht, kommt es im Hinblick auf den Schadensersatzanspruch nicht auf das Verhältnis zwischen diesem Paragraphen und §§ 751, 752 KBGB an. In diesem Zusammenhang geht es vielmehr darum, wie die Abgrenzung zwischen dem besonderen und dem allgemeinen Persönlichkeitsrecht bestimmt werden kann, sowie darum, ob das allgemeine Persönlichkeitsrecht akzeptiert werden kann. Daraus könnte der Schmerzensgeldanspruch des Verletzten bei Verletzung der Schweigepflicht und des Persönlichkeitsrechts vermutlich zwar weiter akzeptiert werden als in Deutschland, jedoch wird ein solcher Anspruch vom Gericht i. d. R. abgelehnt. Im Hinblick auf den Beseitigungs- und den Unterlassungsanspruch gem. § 214 KBGB gleicht die koreanische Auffassung der deutschen.

Ein Verstoß gegen § 203 StGB i. V. m. dem § 134 BGB zieht die Gesamt- oder die Teilnichtigkeit des Rechtsgeschäfts nach sich. Im Hinblick auf die Entscheidung über die Nichtigkeitsfolgen sollte man von der Auslegung des Wortlauts des § 134 BGB ausgehen. Bei Nichtigkeit des Rechtsgeschäfts gem. § 134 BGB geht es freilich um ungerechtfertigte Bereicherung bezüglich des Dreiecksverhältnisses. In Korea wird nicht unmittelbar das verbotswidrige Rechtsgeschäft geregelt, sondern in § 103 KBGB das gegen die guten Sitten und die Sozialordnung verstoßende Rechtsgeschäft. Die koreanische Auffassung orientiert sich am Verhältnis zwischen dem § 103 KBGB und §§ 105, 106 KBGB bezüglich der Abgrenzung zwischen dem beliebigen und dem zwingenden Recht und am Verhältnis zwischen den guten Sitten und der sozialen Ordnung. Folglich ist der Anwendungsbereich des § 103 BGB weiter als derjenige von § 134 BGB. Nach einer im Schrifttum vertretenen Ansicht bedeutet die Nichtigkeit im Sinne des § 103 KBGB zwar die absolute und gesamte Nichtigkeit, jedoch ist es nicht umstritten, dass es dabei um die ungerechtfertigte Bereicherung gem. §§ 741 bis 749 KBGB geht. Dennoch ist das Dreiecksverhältnis noch nicht intensiv diskutiert worden. Daher könnte die deutsche Auffassung dabei behilflich sein, in Korea eine Lösung zu finden.

Anhang

Ausgewählte koreanische Gesetze[1444]

ACT ON DISSECTION AND PRESERVATION OF CORPSES

(Stand: 18.1.2010/9932)

Article 11 (Measures upon Discovery of Abnormality): (1) When a person who performs a dissection of a corpse discovers an abnormality deemed to have a connection to a crime, the person shall promptly notify the chief of the competent police station thereof.

(2) When a person who performs a dissection of a corpse deems that the corpse is likely to cause a serious damage to national health, the person shall promptly notify the head of the competent Si/Gun/Gu, and the head of the competent Si/Gun/Gu thus notified shall promptly report to the Minister of Health and Welfare and the Special Metropolitan City Mayor, the Metropolitan City Mayor or Do Governor (hereinafter referred to as the „Mayor/Do Governor").

ACT ON FUNERAL SERVICES, ETC

(Stand: 31.5.2010/10331)

Article 19 (Duration of Graves): (1) The duration of a grave established in a public cemetery referred to in Article 13 or a private cemetery provided for in Article 14 shall be 15 years.

(2) If, at the expiration of the duration of a grave under paragraph (1), the relative concerned files an application for an extension of that period with the relevant Mayor/Do Governor, head of Si/Gun/Gu or person permitted to establish and manage a corporate cemetery pursuant to Article 14 (3), the said period shall be extended up to three times by another 15 years each time.

(3) In computing the duration of a grave under paragraphs (1) and (2), if two bodies or more are buried there together, the said period shall be counted from the date they are buried together.

(4) Notwithstanding the provisions of paragraph (2), the Mayor/Do Governor or the head of a Si/Gun/Gu may, if deemed necessary for the supply-demand adjustment of cemeteries within his/her jurisdictional area, reduce the duration

1444 Quelle: http://elaw.klri.re.kr/kor_mobile/main.do.

of graves extended under paragraph (2) to not less than five years but less than 15 years, as proscribed by Municipal Ordinance.

(5) Necessary matters regarding application for extension of the duration of graves under paragraph (2) shall be prescribed by Ordinance of the Ministry of Health and Welfare.

ACT ON GUARANTEE OF COMPENSATION FOR LOSS CAUSED BY AUTOMOBILE

(Stand: 7.2.2010/9450)

Article 12 (Claim and Payment of Medical Fee Covered by Automobile Insurance): (1) When an insurance company, etc. becomes aware of the occurrence of an automobile accident through a claim for loss by either a subscriber, etc. or a victim of an automobile accident under the provisions of the latter part of Article 10 (1), or by other reasons, the insurance company, etc. shall, without delay, notify the medical institution treating the victim of whether or not the insurance company, etc. has intention to pay the medical fee covered by automobile insurance and of the limit of such payment.

(2) When the medical institution has been notified of whether or not the insurance company, etc. has intention to pay the medical fee covered by automobile insurance and of the limit of such payment under the provisions of section (1), it may claim the payment of the said fee in accordance with the standards publicly notified by the Minister as provided in Article 15.

(3) When the medical institution claims the payment of the medical fee covered by automobile insurance in accordance with section (2), such claim shall be made in accordance with the clinical records of the patient's medical record card referred to in Article 22 of the Medical Service Act.

(4) In the case where the medical institution has claimed the payment of the medical fee covered by automobile insurance in accordance with section (2), the insurance company, etc. shall pay the amount claimed within 30 days: Provided, that this shall not apply in the case where a request for examination is made in accordance with Article 15 (1).

(5) In the case where the medical institution can claim the payment for medical fee covered by automobile insurance to the insurance company, etc. under the provisions of section (2), it shall not make claims on the victim of the automobile accident (including his/her guardian) to pay such medical fee: Provided, that it may make claims on the victim of the automobile accident to pay the relevant medical fees in any of the following cases:

1. Where the insurance company, etc. has notified that it has no intention to pay the medical fee or cancelled the intention of payment of the medical fee;
2. In the case of expenses which are not to be paid by the insurance company, etc.;
3. In the case of medical fee in excess of the limit of payment notified by the insurance company, etc. under section (1);
4. Where the victim has made claims to the insurance company, etc. to pay the medical fee directly to himself/herself as prescribed in Article 10 (1) or Article 11 (1); and
5. In other cases applicable to reasons prescribed by the Ordinance of the Ministry of Land, Transport and Maritime Affairs.

Article 14 (Perusal of Medical Record): (1) In the event that an insurance company, etc. has received a claim for medical fee from a medical institution under Article 12 (2), the insurance company, etc. may request the medical institution for the perusal of the relevant medical records. In this case, the medical institution shall comply with such request unless there are any justifiable reasons not to.

(2) Any person who is engaged or was formerly engaged in insurance business, etc. shall not disclose the secrets of other persons which he/she came to learn in the course of his/her perusal of medical record under section (1).

ACT ON PROMOTION OF INFORMATION AND COMMUNICATION NETWORK UTILIZATION AND INFORMATION PROTECTION, ETC (Stand: 23.9.2010/10166)

Article 1 (Purpose): The purpose of this Act is to contribute to the improvement of citizen's lives and the enhancement of public welfare by facilitating utilization of information and communications networks, protecting personal information of people using information and communications services, and developing an environment in which people can utilize information and communications networks in a sounder and safer way.

5. Article 5 (Relations to Other Acts): Except as otherwise provided for in any other Act, the promotion of utilization of information and communications networks, the protection of information, or other related matters shall be governed by the provisions of this Act: Provided, That this Act shall take precedence over the Electronic Financial Transaction Act, in cases where a provision of this Act and a provision of the Electronic Financial Transaction Act are applicable to the telecommunications billing service under Chapter VII.

ACT ON THE PROTECTION AND SUPPORT OF MISSING CHILDREN, ETC. (**Stand:** 15.9.2011/11048)

Article 6 (Duty to Report, etc.): (1) When realizing that a child, etc. went missing in the process of performing his/her duty, any of the following person shall report such child, etc. without delay through the reporting system built and operated by the Commissioner General of the National Police Agency (hereinafter referred to as „police reporting system") pursuant to Article 3 (2) 1:

1. The head or employee of a protective facility;
2. A public official who take exclusive charge of child welfare under Article 13 of the Child Welfare Act;
3. The head or employee of a juvenile protection and rehabilitation center Article 35 of the Juvenile Protection Act;
4. A public official in exclusive charge of a social welfare under Article 14 of the Social Welfare Act;
5. The head or medical person of a medical institution under Article 3 of the Medical Service Act;
6. A person who substantially protects and supervises children, etc. on the basis of business, employment relationship etc.

ACT ON THE PREVENTION OF AND COMPENSATION FOR ACCIDENTS AT SCHOOL
(**Stand:** 29.02.2008/8852)

Article 42: (1) Where deemed necessary for the decision on whether or not to pay the mutual-aid benefits, the Mutual-Aid Association may make investigations such as having its staff visit the place of the relevant school accident and investigate the details of the accident, or having the persons related to the accident submit the necessary documents, etc.

(2) Where deemed necessary for the decision on whether or not to pay the mutual-aid benefits, the Mutual-Aid Association may request the medical treatment institution pursuant to the provisions of Article 40 of the National Health Insurance Act (hereinafter referred to as the "medical treatment institution") for perusal of the related medical records or submission of the necessary data.

(3) In the event of intending to investigate pursuant to the provisions of paragraph (1), the Mutual-Aid Association shall inform the purpose and contents, etc. of the investigation to the manager of the place in which the relevant school accident occurred, the mutual-aid member, the relevant beneficiary, and other persons related to the accident in advance, and the staff member of the Mutual-Aid Association visiting the place of accident shall produce his/her identification card.

(4) The manager of the place in which the relevant school accident occurred, the mutual-aid member, the relevant beneficiary, the medical treatment institution, or other persons related to the accident shall not interfere with the investigation or refuse to submit the related data pursuant to the provisions of paragraph (1) or (2) without justifiable reasons.

Building ACT
(Stand: 31.5.2010/10331)

Article 2 (Definition): (2) The uses of building shall be classified into the following categories, and the subcategories of the uses of building in each such category shall be prescribed by Presidential Decree:

9. Medical facilities;

CHILD WELFARE ACT
(Stand: 01.01.2012/10582)

Article 26 (Duties to Report on Child Abuse and Procedures Therefor): (1) Any person may, when he/she finds a child abuse, report it to a specialized agency for child protection or a criminal investigation agency.

(2) Any person falling under any of the following subparagraphs shall, in cases where he/she finds a child abuse while on duty, report it to a specialized agency for child protection or a criminal investigation agency:

2. Medical persons who practice medicine in a medical institution under the provisions of Article 3 of the Medical Service Act;

CIVIL ACT
(Stand: 08.05.2009/9650)

Article 1 (Source of Law): If no provisions applicable to certain civil affairs exist in Acts, customary law shall apply, and if no applicable customary law exists, sound reasoning shall apply.

Article 2 (Trust and Good Faith): (1) The exercise of rights and the performance of duties shall be in accordance with the principle of trust and good faith.
(2) No abuse of rights shall be permitted.

Article 4 (Majority): Majority is attained upon the completion of twenty full years of age.

Article 5 (Capacity of Minor): (1) A minor shall obtain the consent of his agent by law to perform any juristic act: Provided, That exceptions shall be made in a case where the juristic act concerned is one merely to acquire rights or to be relieved from obligations. (2) Any act done in violation of the provision of the preceding paragraph is voidable.

Article 6 (Property Permitted to Dispose of): A minor, in regard to property of which he has been permitted by his agent by law to dispose of within the scope specified by the latter, may dispose of it at his will.

Article 7 (Cancellation of Consent and Permission): Before a minor performs any juristic act, his agent by law may cancel the consent and permission given under the preceding two Articles.

Article 8 (Permission on Business): (1) A minor who has been permitted to carry on a specific business by his agent by law shall have in relation to such a specific business the same capacity as a person of full age.

(2) A agent by law may cancel or qualify the permission under the preceding paragraph: Provided, That the cancellation or qualification cannot be set up against a third person acting in good faith.

Article 10 (Capacity of Quasi-Incompetent Person): The provisions of Articles 5 through 5 through 8 above shall apply mutatis mutandis to the quasi-incompetent persons.

Article 13 (Capacity of an Incompetent): Juristic acts done by incompetents are voidable.

Article 23 (Replacement of Administrator): In a case where the absentee has appointed an administrator, and it is unknown whether the absentee is alive or dead, a court may, on the application of the administrator, any person interested, or of a public prosecutor, appoint another administrator in his stead.

Articles 103 (Juristic Acts Contrary to Social Order): A juristic act which has for its object such matters as are contrary to good morals and other social order shall be null and void.

Article 104 (Unfair Juristic Act): A juristic act which has conspicuously lost fairness through strained circumstances, rashness, or inexperience of the parties shall be null and void.

Article 105 (Optional Provisions): If the parties to a juristic act have declared an intention which differs from any provisions of Acts or subordinate statutes, which are not concerned with good morals or other social order, such intention shall prevail.

Article 106 (De Facto Custom): If there is a custom which differs from any provisions of Acts or subordinate statutes which are not concerned with good morals or other social order, and if the intention of the parties to a juristic act is not clear, such custom shall prevail.

Article 109 (Declaration of Intention under Mistake): (1) A declaration of intention may be voidable if made under a mistake in regard to any essential elements of the juristic act: Provided, That if there has been gross negligence on the part of declarant, he shall not claim it to be voidable.

(2) The voidance of a declaration of intention as mentioned in the preceding paragraph cannot be set up against a third person acting in good faith.

Article 114 (Effect of Acts by Agent): (1) A declaration of intention made by an agent, within the scope of his authority while disclosing the fact that he is acting for a principal, shall be effective directly against the principal.

(2) The provisions of the preceding paragraph shall apply mutatis mutandis to a declaration of intention made by a third person to an agent.

Article 118 (Scope of Agent's Authority): An agent whose authority is not specified has the authority to do only the following acts:

1. Acts of preservation; and
2. Acts of making use of, or improving the thing or the right which is the object of agency, but only in so far as the nature of such thing or right is not altered thereby.

Article 120 (Power of Appointment of Subagent by Agent in Fact): An agent created by a juristic act shall not appoint a subagent, except in a case where he has obtained the consent of his principal or an unavoidable reason exists.

Article 122 (Power of Appointment of Subagent by Agent by Law and Responsibility thereof): An agent created by law may, on his own responsibility, appoint a subagent: Provided, That he shall incur only the responsibility specified in paragraph (1) of the preceding Article, in case an unavoidable reason exists.

Article 123 (Authority of Subagent): (1) A subagent shall represent the principal in respect of acts within the scope of his authority.

(2) A subagent has the same rights and duties as the agent towards the principal or third persons.

Article 126 (Apparent Representation in Excess of Authority): If an agent has performed a juristic act in excess of his authority, and if a third person had justifiable reason to believe that the agent had authority to do such an act, the principal shall be responsible for the act.

Article 127 (Cause for Lapse of Power of Representation): The power of representation shall Lapse for the following causes:

1. Death of the principal; and
2. Death, adjudication of incompetency, or bankruptcy of the agent.

Article 129 (Apparent Representation after Lapse of Power of Representation): The lapse of power of representation cannot be set up against a third person acting in good faith, unless such third person was negligent in not knowing such lapse.

Article 130 (Unauthorized Representation): If a person without power of representation concludes a contract as an agent of another, such contract shall not be effective against the principal, unless it is ratified by the principal.

Article 131 (Right of Peremptory Notice of Other Party): In the case of a person without power of representation concluding a contract as an agent of another, the other party may give peremptory notice to the principal demanding a definite answer as to whether he ratifies the contract or not, within a period reasonably fixed by the other party. If the principal does not send a definite answer within such period, he is deemed to have refused to ratify.

Article 132 (Other Party of Ratification or Refusal): The declaration of intention of a ratification or refusal cannot be set up against the other party, unless it is made to him: Provided, That this shall not apply in a case where the other party was aware of the fact.

Article 133 (Effect of Ratification): In the absence of any declaration of intention to the contrary, ratification shall be effective retroactively as from the time the contract was entered: Provided, That the right of a third person shall not be prejudiced thereby.

Article 134 (Right of Withdrawal of Other Party): A contract made by a person without power of representation may be withdrawn in respect to the principal or his agent by the other party, so long as it has not been ratified by the principal: Provided, That this shall not apply in a case where the other party was aware of the fact that such person had no such power when the contract was entered.

Article 135 (Responsibility of Unauthorized Agent to Other Party): (1) If a person who has made a contract as an agent of another can neither prove his authority nor get the principal to ratify the contract, he shall be liable to the other party, at the latter's option, either for the performance of the contract or for damages.

(2) The provisions the preceding paragraph shall not apply if the other party was aware, or should have been aware, that such person had no power of representation, or if the person who made the contract as an agent had no capacity for entering into such contract.

Article 137 (Partial Nullity of Juristic Act): In a case where a part of a juristic act is null, the entire part of the juristic act shall be made null: Provided, That in a case where it is deemed that the juristic act would have been done if the null part had not existed, then the rest of the act shall not become null.

Article 138 (Conversion of Null Act): In a case where a null juristic act possesses requirements for another juristic act, and it is deemed that if the parties had known the nullity, they would have intended to do the other juristic act, such a null act shall have the effect as the other juristic act.

Article 139 (Ratification of Null Act): A null juristic act shall not become effective by ratification: *Provided*, That if the party has ratified it with the knowledge of its nullity, he shall be deemed to have performed a new juristic act.

Article 140 (Person Voiding Juristic Act): A voidable juristic act may be voided only by a person under disability, a person who has made a defective declaration of intention, or the agent or successor in title of such person.

Article 141 (Effect of Voidance): A juristic act which has been voided shall be deemed to have been void from the beginning, but a person under disability shall be liable to make reparation only to the extent that he is still enriched by reason of such act.

Article 142 (Other Party in Voidance): In a case where the other party to a voidable juristic act is an identified person, the voidance shall be effected by declaring intention to the other party.

Article 143 (Method and Effect of Ratification): (1) A voidable juristic act may be ratified by the persons mentioned in Article 140. After the ratification it shall not be voided.

(2) The preceding Article shall apply mutatis mutandis to the preceding paragraph.

Article 144 (Requirements for Ratification): (1) Ratification shall not become effective unless it is made after causes for voidance have ceased to exist.

(2) The provisions of the preceding paragraph shall not apply in a case where a ratification is made by a representative by law.

Article 145 (Legal Ratification): If any of the following events takes place with regard to a voidable act after it has become possible to ratify in accordance with the provisions of the preceding Article, the act shall be deemed to have been ratified; Provided, That this shall not apply where any objection is reserved.

1. Performance in full or part;
2. Demand for performance;
3. Novation;
4. Furnishing of security;
5. Assignment, in whole or in part, of the rights acquired by the voidable act; and
6. Compulsory execution.

Article 146 (Lapse of Right of Voidance): The right to declare an act voidable shall be exercised within three years from the time when it becomes possible to ratify, or within ten years from the time of performing the juristic act.

Article 214 (Claim for Removal and Prevention of Disturbance against Article Owned): An owner may demand the cessation of disturbance from a person who disturbs ownership, and may demand either prevention of the disturbance or security for damages from the person who might disturb ownership.

Article 249 (bona fide Acquisition): If a person who peaceably and openly was assigned a movable, had possession of it in good faith and without negligence, he shall acquire its ownership immediately even if the assigner is not a legal owner.

Article 391 (Intention or Negligence of Performance Assistant): Where an Agent by law for the obligor effects performance in lieu of the latter or the obligor effects performance through the other person as an employee, the intention or negligence of the agent by law or the other person shall be deemed as that of the obligor.

Article 393 (Scope of Compensation for Damages): (1) The compensation for damages arising from the non-performance of an obligation shall be limited to ordinary damages.

(2) The obligor is responsible for reparation for damages that have arisen through special circumstances, only if he had foreseen or could have foreseen such circumstances.

Article 394 (Method of Compensation for Damages): Unless otherwise agreed by the parties, the damages shall be recovered in money.

Article 396 (Contributory Negligence): If there has been any negligence on the part of the obligee in regard to the non-performance of the obligation, the court shall take it into account in determining the liability for and assessing the amount of the damages.

Article 399 (Obligor's Subrogation to Obligee owing to Compensation for Damages): If an obligee has received by way of damages the full value of the thing or right which forms the subject of the claim, the obligor shall ipso jure be subrogated to the position of the obligee in respect of such thing or right.

Article 401 (Mora Creditoris and Responsibility of Obligor): If the obligor has no intention or gross negligence in respect of non-performance, such obligor shall, during the obligee's delay of acceptance, be free of all responsibility arising as a result of non-performance.

Article 404 (Obligee's Right of Subrogation to Obligor): (1) An obligee may, in order to preserve his claim, exercise the rights belonging to the obligor: Provided, That this shall not apply to such rights as are strictly personal to the obligor.

(2) Before a claim becomes due, the obligee cannot exercise the rights mentioned in the preceding paragraph without the court's permission: Provided, That this shall not apply to an act of preservation.

Article 405 (Notice as to Exercise of Obligee's Rights of Subrogation to Obligor): (1) If the obligee, according to the provisions of the paragraph (1) of the preceding Article, has exercised the rights, except the act of preservation, he is bound to give notice to the obligor.

(2) After the obligor has received the notice under the preceding paragraph, even though he has disposed of his rights, this shall not be so set up against the obligee.

Article 680 (Definition of Mandate): A mandate shall become effective when one of the parties has entrusted the other party with the management of affairs and the other party has consented thereto.

Article 683 (Mandatary's Duty to Report): A mandatary shall upon demand by the mandator report on the status of the management of the entrusted affairs, and upon the termination of the mandate he shall make a full report on the entire developments with respect to the management of the entrusted affairs without delay.

Article 734 (Definition of Management of Affairs): (1) A person who manages affairs on behalf of another without being bound to do so shall conduct that management in the manner most advantageous to the principal according to the nature of such affairs.

(2) If a manager knows or should have known the intention of the principal, he shall conduct the management in conformity with the intention of the principal.

(3) If a manager has managed the affairs in violation of paragraphs (1) and (2), he shall be liable for the damages caused thereby even if he was not guilty of negligence: Provided, That if his act of management conforms to the public interest, he shall not be liable for damages unless he was grossly negligent.

Article 735 (Management of Affairs in Urgency): If a manager has managed the affairs in order to protect the principal against an imminent danger to the latter's life, person, reputation or property, he shall not be liable for any damages caused thereby, unless he acted wilfully or with gross negligence.

Article 741 (Definition of Unjust Enrichment): A person who without any legal ground derives a benefit from the property or services of another and thereby causes loss to the latter shall be bound to return such benefit.

Article 742 (Discharge without Obligation): If a person has discharged an obligation with the knowledge that no such obligation has ever existed, he may not demand the return of the subject matter.

Article 746 (Performance for Illegal Cause): If a person granted property or rendered service for an illegal cause, he may not demand the return of benefits resulting therefrom: Provided, That this shall not be the case if such illegal cause exists only on the part of the person enriched.

Article 750 (Definition of Torts): Any person who causes losses to or inflicts injuries on another person by an unlawful act, wilfully or negligently, shall be bound to make compensation for damages arising therefrom.

Article 751 (Compensation for Non-Economic Damages): (1) A person who has injured the person, liberty or fame of another or has inflicted any mental anguish to another person shall be liable to make compensation for damages arising therefrom.

(2) The court may order the guilty party to discharge the compensation mentioned in paragraph (1) by periodical payments, and may order such guilty parties to offer reasonable security in order to insure his performance of such obligations.

Article 752 (Consolation Money in a case where of Violation of Life): A person who has caused the death of another person shall be liable for damages to the lineal ascendants, lineal descendants and the spouse, even where no economic damages exist as a result thereof.

Article 753 (Minor's Competency): In the event that a minor has caused damage to another, if he was not in possession of sufficient intelligence to understand his responsibility for the act, he shall not be liable for damages resulting therefrom.

Article 756 (Employer's Liability for Damages): (1) A person who employs another to carry out an undertaking shall be bound to make compensation for damages done to a third person by the employee in the course of the execution of the undertaking: Provided, That this shall not be the case, if the employer has exercised due care in the appointment of the employee, and the supervision of the undertaking, or if the damage would have resulted even if due care had been exercised.

(2) A person who supervises the undertaking in place of the employer shall also assume the same liability as set forth in paragraph (1).

(3) In cases of paragraphs (1) and (2), the employer or the supervisor may exercise the right to obtain reimbursement from the employee.

Article 761 (Self-Defense and Act of Necessity): (1) A person who, in order to protect his own interest or that of a third person against an unlawful act of another, unavoidably causes damages to another person shall not be liable for such damages: Provided, That the injured party may claim for damages in respect of the unlawful act.

(2) The provisions of paragraph (1) shall apply mutatis mutandis where a person unavoidably caused damages to another person in order to avert an imminent danger.

Article 763 (Applicable Provisions to be Applied mutatis mutandis): The provisions of Articles 393, 394, 396 and 399 shall apply mutatis mutandis to torts claims.

Article 807 (Marriageable Age): A man who has completed his full eighteen years of age, and a woman who has completed her full sixteen years of age, may enter into matrimony.

Article 826–2 (Attaining Majority by Marriage): If a minor enters into marriage, he shall be deemed to have attained majority.

Article 911 (Agent by Law of Minor Child): The parent who exercises parental authority shall become the agent by law of his or her minor child.

Article 913 (Rights and Duties to Protect and Educate Child): A person of parental authority shall have rights and duties to protect and educate his or her child.

Article 928 (Commencement of Guardianship over Minor): If there is no person of parental authority over a minor or if a person of parental authority is unable to exercise the right of representation with respect to the juristic acts or the right of management of property of a minor, a guardian shall be appointed for said minor.

Article 931 (Designation of Guardian by Will): A parent who exercises parental authority over a minor may designate by will a guardian over a minor: Provided, That a person of parental authority who has no right of representation on juristic acts or of management of property may not designate a guardian.

Article 932 (Order in Guardianship of Minor): If no guardian is designated under Article 931, a guardian shall be appointed in the order of the lineal blood relatives and collateral blood relatives within the third degree of relationship of the minor.

Article 936 (Appointment of Guardian by Court): (1) If there is no person to become guardian in accordance with provisions of Articles 932 through 935, the court shall appoint a guardian upon the application of the ward's relatives pursuant to the provisions of Article 777 or of any other interested parties.

(2) The same shall apply as provided in the preceding paragraph in a case where there is no person to become a guardian in accordance with the provisions of Articles 932 through 936, if any vacancy in the position of guardian occurs due to the death, ineligibility or any other reason of the guardian.

Article 1005 (Inheritance and Succession of Blanket Rights and Duties): An inheritor succeeds, from the time of the commencement of the inheritance, to the blanket rights and duties pertaining to the property of the inheritee: Provided, That this shall not apply to the property which is entirely personal to the inheritee.

Article 1023 (Disposition Necessary for Preservation of Inherited Property): (1) The court may, upon the application of any party interested or of a public prosecutor, at any time, order a disposition as may be necessary for the preservation of the inherited property.

(2) Where the court appoints an administrator for property, the provisions of Articles 24 through 26 shall apply mutatis mutandis.

Article 1053 (Administrator of Property of which Inheritor does not Exist): (1) If it is unknown whether an inheritor exists, the court shall, upon the application of any relative of the inheritee pursuant to the provisions of Article 777 or any other interested person or the public prosecutor, appoint an administrator of the inherited property, and shall publicly announce the matter without delay.

(2) The provisions of Articles 24 through 26 shall apply mutatis mutandis to the administrator of property mentioned in paragraph (1).

Article 1096 (Appointment of Executor by Court): (1) If there exists no executor, or if no executor remains due to death, ineligibility, or any other cause, the court shall appoint an executor upon the application of an interested person.

(2) If the court appoints an executor, the court may order said executor to effect the necessary dispositions with respect to his performance.

CIVIL EXECUTION ACT
(Stand: 23.7.2010/10376)

Article 61 (Request for Specification of Property): (1) A creditor, who is entitled to commence a compulsory execution based upon the executive titles aiming at paying the money, may file a request for specification of the debtor s property with the court in the location of the debtor s general forum: Provided, That the same shall not apply to the case of a judgment with a declaration of a provisional execution under Article 213 of the Civil Procedure Act, or that of the executive titles with executive force by virtue of a declaration of provisional execution attached thereto under a mutatis mutandis application of the same Article.

(1) The request under paragraph (1) shall be accompanied by an executor exemplification and the documents required for commencing a compulsory execution.

Article 62 (Trial on Request for Specification of Property): (1) When the request for a specification of property is justifiably well grounded, a court may order a debtor to submit a property catalog which specifies his status of property.

(2) When the request for a specification of property is not justifiably well-grounded, or if deemed that the property of the debtor may be easily detected, the court shall reject it by its ruling.

(3) The trial under paragraphs (1) and (2) shall proceed without hearing the debtor.

(4) The ruling under paragraph (1) shall be served on the creditor who made such request and on the debtor, and in extending a service on the debtor; it shall be concurrently notified that, if he fails to comply with the ruling, he may be subjected to a sanction as stipulated in Article 68.

(5) A service on the debtor pursuant to paragraph (4) shall not be affected by means as stipulated in Articles 187 and 194 of the Civil Procedure Act.

(6) When the ruling under paragraph (1) is not served on the debtor, the court shall order the creditor, with fixing a proper period, to revise the debtor s address within such period.

(7) When the creditor has failed to comply with the order under paragraph (6) in spite of having received it, the court shall revoke the ruling under paragraph (1), and dismiss the request for a specification of property.

(8) An immediate appeal may be raised against the ruling under paragraphs (2) and (7).

(9) The debtor shall, when he has altered the place to receive a service after receipt of the service of a ruling under paragraph (1), promptly file a report on such purport with the court, and in case where he fails to file such report, the provisions of Articles 185 (2) and 189 of the Civil Procedure Act shall apply mutatis mutandis.

Article 223 (Seizure Order against Claims): A compulsory execution against a debtor s monetary claim against a third party and his other claims aiming at a transfer of rights for, or a delivery of, securities or other corporeal articles against a third party, shall be commenced by an order for seizure issued by the court of execution.

Article 227 KZVG (Seizure of Monetary Claim): (1) In effecting a seizure of a monetary claim, the court shall prohibit the garnishee from making any payment

to the debtor, and the debtor from disposing of the claims and from receiving the payment.
(2) An order of seizure shall be served on the garnishee and the debtor.
(3) An order of seizure shall take effect upon a service on the garnishee.
(4) An immediate appeal may be raised against a judgment on a request for issuance of an order of seizure.

CIVIL PROCEDURE ACT
(Stand: 23.7.2010/10373)

Article 315 (Right to Refuse Testimony): (1) A witness may refuse to testify if it falls under any of the following subparagraphs:

1. When a lawyer, patent attorney, notary public, certified public accountant, certified tax consultant, persons engaged in medical care, pharmacist, or a holder of other post liable for keeping secrets under Acts and subordinate statutes, or of a religious post, or a person who used to be in such post, is examined on matters falling under the secrets of his official functions; and
2. When he is examined on matters falling under his technical or professional secrets.

Article 344 (Obligation to Submit Document): (1) In den cases falling under any of the following subparagraphs, the holder of a document shall not refuse to submit it:

1. When the party holds the document quoted in a lawsuit;
2. When the applicant holds a judicial right to ask the holder of the document to transfer or show it to him; and
3. When the document has been prepared for the benefit of the applicant, or prepared as to a legal relationship between the applicant and the holder of document: Provided, That the same shall not apply to the case falling under any one of the following causes:

(a) A document in which matters listed in Articles 304 through 306 are entered, and for which a consent stipulated in the same Articles has not been obtained;
(b) A document in Which matters listed in Articles 314 are entered as to the person holding the document or a person in any such relation with him as falling under any subparagraph of the same Article; and
(c) A document in which matters stipulates in anyone among those listed in each subparagraph of Article 315 (1) are entered, and for which an obligation to keep secrets has not been exempted.

Article 346 (Submission of Document's Catalogue): A court may, if deemed necessary for a request under Article 345, and pursuant to a request by the party that has generally indicated the purport of documents subject to such a request or the facts to be proved by such documents, order the other party to submit a written statement of the indication and purport concerning the documents held by him in relation to the contents of request for those to the submitted as a documentary evidence in relation to the contents of request.

Article 347 (Judgment on Whether or not to Admit Request for Submission of Document): (1) A court may, if deemed that a request for submission of documents is justifiable, order the holder of documents to submit them, by its ruling.
(2) If deemed that a request for submission of documents is well-grounded only as to part of such documents, the shall order to submit such part only.
(3) In case where a third person is ordered to submit a document, the court shall examine the said person or a person designated bay him.
(4) The court may, if deemed necessary for judging on whether a document corresponds to Article 344, order its holder to produce such document. In this case, the court shall not make such document open to other persons.

CONSTITUTION OF THE REPUBLIC OF KOREA
(Stand: 29.10.1987/10)

Article 10: All citizens shall be assured of their human worth and dignity and shall have the right to pursue happiness. It shall be the duty of the State to confirm and guarantee the fundamental and inviolable human rights of individuals.

Article 15: All citizens shall enjoy freedom of occupation.

Article 17: The right to privacy of all citizens shall not be infringed.

Article 37: (1) Freedoms and rights of citizens shall not be neglected on the ground that they are not enumerated in the Constitution.

(2) The freedoms and rights of citizens may be restricted by Act only when necessary for national security, the maintenance of law and order, or for public welfare. Even when such restriction is imposed, no essential aspect of the freedom or right shall be violated.

Copyright ACT
(Stand: 2.12.2011/11110)

Article 39 (Principles of Protection Period): (1) The author's right to a work shall continue to exist during the lifetime of an author and until the end of a period of 70 years after the death of the author, unless otherwise provided in this Sub-section.

(2) The author's property right to a joint work shall continue to exist for a period of 70 ears after the death of the last surviving author.

Article 40 (Protection Period of Anonymous and Pseudonymous Works): (1) The author's property right to a work that is unnamed or bears the second name which is not widely known shall continue to exist for a period of 50 years after it has been made public: Provided, That within such period, if there are reasonable grounds for recognizing that 50 years pass after the death of the author, such property right shall be deemed to be extinguished at the time when it deems that 50 years pass after the death of the author.

(2) The provisions of paragraph (1) shall not apply to either of the following cases:

1. Where the real name or the well-known second name of an author is revealed during the period referred to in paragraph (1),
2. Where the real name of an author is registered under Article 53 (1) during the referred to in paragraph (1).

CRIMINAL ACT

(**Stand:** 15.4.2010/10259)

Article 18 (Crime Committed through Omission): When a person who, having a duty to prevent the occurrence of danger, or having caused the occurrence of danger, does not prevent the occurrence of danger, that person shall be punished in accordance with the results of such danger.

Article 20 (Justifiable Act): An act which is conducted in accordance with Acts and subordinate statutes, or in pursuance of accepted business practices, or other action which does not violate the social rules shall not be punishable.

Article 21 (Self-defense): (1) An act which is performed in order to prevent impending and unjust infringement of one's own or another person's legal interest shall not be punishable if there are reasonable grounds for that act.

(2) When a preventive act has exceeded normal limits, the punishment may be mitigated or remitted according to the extenuating circumstances.

(3) In the case of the preceding paragraph, an act performed through fear, surprise, excitement, or confusion in the night or under other extraordinary circumstances shall not be punishable.

Article 22 (Necessity): (1) An act which is performed in order to avoid impending danger against the one's own or another person's legal interest shall not be punishable when there are reasonable grounds.

(2) The provisions of the preceding paragraph shall not apply to a person charged with duties not to avoid the danger.

(3) The provisions of paragraphs (2) and (3) of the preceding Article shall apply mutatis mutandis to this Article.

Article 23 (Self-help): (1) When it is impossible to preserve a claim by legal procedure, the action taken in order to avoid the impassibility or Significant difficulties of its execution shall not be punishable when there are reasonable grounds.

(2) When the action defined in the preceding paragraph has exceeded reasonable limits, the punishment may be mitigated or remitted according to the circumstances.

Article 24 (Consent of Victim): An act which infringes a legal interest with consent of one who is authorized to dispose of such interest shall not be punishable except as otherwise provided by Acts.

Article 250 (Murder, Killing Ascendant): (1) A person who kills another shall be punished by death, or imprisonment for life or for not less than five years.

(2) A person who kills one's own or ones spouse's lineal ascendant shall be punished by death, imprisonment for life or for not less seven years.

Article 252 (Murder upon Request or with Consent): (1) A person who kills another upon ones request or with one's consent shall be punished by imprisonment for not less than one year nor more than ten years.

(2) The preceding paragraph shall apply to a person who instigates or aids and abets another to commit suicide.

Article 316 (Violation of Secrecy): (1) A person who opens a sealed or other secretly composed letter, document, or drawing shall be punished by imprisonment or imprisonment without prison labor for not more than three years or by fine not exceeding five million won.

(2) Any person who detects the contents of another person's sealed or secretly designed letter, document, drawing, picture, or special media records, such as electromagnetic records, using any technical means, shall be subject to the same punishment as referred to in paragraph.

Article 317 (Occupational Disclosure of Other's Secrets): (1) A doctor, dentist, herb doctor, pharmacist, druggist, midwife, lawyer, patent attorney, certified public accountant, notary, scrivener or his assistant or any person formerly discloses another's secret which has come to his knowledge in the course of the practice of his profession, shall be punished by imprisonment or imprisonment without prison labor for not more than three years, suspension of qualifications for not more than ten years or a fine not exceeding seven million won.

(2)The preceding paragraph shall apply to a person of a religious profession who discloses another's secret which he has learned in the performance of his duties.

CRIMINAL PROCEDURE ACT

(Stand: 06.9.2009/9765)

Article 31 (Qualifications for Defense Counsel and Special Defense Counsel): A counsel shall be appointed from among attorneys-at-law: Provided, That in special circumstances, any court, other than the Supreme Court, may permit the appointment as a counsel, who is not an attorney-at-law.

Article 112 (Professional Secrets and Seizure): A person who is or was a licensed advocate, patent attorney, notary public, certified public accountant, licensed tax accountant, public scrivener, doctor, herb doctor, dentist, pharmacist, druggist, midwife, nurse, or a religious functionary may resist seizure of articles held in his custody or possession in consequence of mandate he has received in the course of his profession and which relates to secrets of other persons: Provided, That this shall not apply if the principal has consented to such seizure, or if it is necessary for important public interests.

Article 147 (Public Secrets and Qualification of Witness): (1) If, in respect to facts of which a person who is or was a public official has obtained knowledge in the course of his duties, either such person himself, or the public office to which he belongs or belonged, declares that they relate to official secrets, he shall not be examined as a witness without the consent of the competent public office or supervisory office.

(2) Such office may not refuse to give such consent, except where compliance would be prejudicial to important interests of the State.

Article 149 (Secrets in Professional Line and Refusal of Witness): A person who is or was an attorney-at-law, patent, attorney, notary public, certified public accountant, certified tax accountant, public scrivener, doctor, herb doctor, dentist, pharmacist, druggist, midwife, nurse, or religious functionary may refuse to testify in respect to facts of which he has obtained knowledge in consequence of a mandate he has received in the course of his profession and which relate to secrets of other persons: Provided, That this shall not apply if the principal has consented, or if the testimony is deemed necessary for the important public interest.

Article 218 (Seizure without Warrant): A public prosecutor or judicial police officer may seize an article which has been discarded by a suspect or any other person, or those which have been voluntarily produced by their owner, possessor, or custodian without a warrant.

DEBTOR REHABILITATION AND BANKRUPTCY ACT

(Stand: 21.10.2009/9804)

Article 36(Written Application): An application for commencement of rehabilitation procedures shall be filed in the form of a written application in which the matters falling under each of the following subparagraphs are entered:

1. The names and domiciles of the applicant and the legal representative;
2. Where the debtor is an individual, the name, the resident registration number (referring to the foreigner registration number or the domestic residence number in the case of anyone who has no resident registration number hereinafter the same shall apply) and the domicile of such debtor;
3. Where the debtor is not an individual, the firm name, the location of the principal office or place of business (when the principal office or place of business is located overseas, refers to the principal office or place of business that is location in the Republic of Korea) and the name of the representative of the debtor (when the principal office or place of business is located overseas, this refers to the representative who resides in the Republic of Korea, hereinafter the same shall apply);
4. The purposes of the application;
5. The cause of commencing rehabilitation procedures;
6. The business objectives and the current business of the debtor;
7. The total number shares or the total number of equity shares issued by the debtor, the debtor, the amount of his/her capital, assets obligations and current property;
8. Other procedures or any disposition involving the debtor's property, which is known to the applicant;
9. When the applicant holds an opining on the rehabilitation plan, his/her opinion;
10. When any creditor files an application for commencement of rehabilitation procedures, the amount and the basis of the claim that he/she holds; and
11. When any shareholder or any equity right holder files an application for commencement of rehabilitation procedures, the number or the amount of the shares or the equity shares that is held by him/her.

INDUSTRIAL ACCIDENT COMPENSATION INSURANCE ACT

(Stand: 04.6.2010/10339)

Article 118: (1) If it is deemed necessary in relation to insurance benefits, the Corporation may demand the industrial accident insurance-related medical institution (including doctors; hereinafter in this Act the same shall apply) which has given medical treatment to a worker who receives insurance benefits to make a report on the results of the medical treatment or submit related documents or things, or may have its employees ask related persons questions or investigate related documents or things, under the conditions prescribed by the Presidential Decree.

(2) The provisions of Article 117 (2) shall apply mutatis mutandis with respect to the investigation referred to in paragraph (1).

INFECTIOUS DISEASE CONTROL AND PREVENTION
(Stand: 23.5.2012/11439**)**
Article 2 (Definition): The definitions of terms used in this Act shall be as follows

1. The term „infectious disease" means any infectious disease classified in Group 1 infectious diseases, Group 2 infectious diseases, Group 3 infectious diseases, Group 4 infectious diseases, Group 5 infectious, designated infectious diseases, infectious diseases under surveillance by the World Health Organization, infectious diseases spread through bioterrorism, sexually transmitted infectious diseases, zoonoses, and nosocomial infectious diseases;
4. The term „Group 3 infectious diseases" means the following infectious diseases which require continuous surveillance and the establishment of control measures against the thereof as they might prevail intermittently:
   (a) Malaria; (b) Tuberculosis; (c) Hansen's disease (Leprosy); (d) Scarlet fever; (e) Meningococcal meningitis; (f) Legionellosis; (g) Vibrio vulnificus sepsis; (h) Epidemic typhus; (i) Murine typhus; (j) Scrub typhus; (k) Leptospirosis; (l) Brucellosis; (m) Anthrax; (n) Rabies; (o) Hemorrhagic; (p) Influenza; (q) Acquired immunodeficiency syndrome (AIDS); (r) Syphilis; (s) Creutafeld-Jakob diseases (vCJD);

Article 11 (Notification by Medical Doctors, etc.): (1) Where any of the following cases (excluding cases due to an infectious disease subject to sentinel surveillance under Article 16 (5)) occurs, a medical doctor or oriental doctor shall report such to the head of the medical institution to which he/she belongs, and shall instruct the relevant patient and his/she cohabitants to prevent infectious in the manner determined by the Minister of Health and Welfare: Provided, That a medical doctor or oriental medical doctor who does not belong to a medical institution shall notify the head of the competent public health clinic of such fact:

1. Where he/she diagnoses a patient, etc. infected by an infectious disease, or examines the corpse of such patient;
2. Where he/she diagnoses a person showing an abnormal response to a vaccination, or examines the corpse of such person;

3. Where patients, etc. infected by an infectious diseases dies of one of Groups 1 through 4 infectious diseases.

(2) The head of a medical institution in receipt of a report under paragraph (1) shall immediately notify the head of the competent public health clinic of such fact in cases of Groups 1 through 4 infectious diseases, and do so within seven days in cases of Group 5 infectious diseases and designated infectious diseases.

(3) Where any cases (excluding cases due to an infectious disease subject to sentinel surveillance under Article 16 (5)) determined under paragraph (1) occurs, a military doctor belonging to the Army, Navy, Air Force or a unit under direct control of the Ministry of National Defense shall report to the commander of the competent unit, and the commander of the competent unit in receipt of such report shall, in turn, immediately notify the head of the competent public health clinic of such fact.

(4) Where any case falling under paragraph (1) 1 through 3 occurs due to infectious diseases subject to sentinel surveillance pursuant to Article 16 (5), an institution of sentinel surveillance of infectious diseases under Article 16 (1) shall notify the Minister of Health and Welfare or the head of the of the competent public health clinic such fact, as prescribed by Ordinance of the Ministry of Health and Welfare.

(5) Matters necessary for standards for diagnosis of patients, etc. infected diseases, methods of and procedures for notification of such fact, under paragraphs (1) through (4), and other relevant matters shall be determined by Ordinance of the Ministry of Health and Welfare.

INTERNAL ORGANS, ETC. TRANSPLANT ACT
(Stand: 29.2.2008/8852)

Article 31 (Reporting and Notifying Closure of Organization and Transfer of Data): (1) When a registration organization, a transplant hospital, or a special organization for management of suspected brain dead patients intends to close the organization or intends to discontinue registration of organ donors, etc. and potential transplant recipients, recovery or transplantation or organs, etc., or management of suspected brain-dead patients, such organization shall report to the head of the National Organ Transplant Management Agency, as prescribed by Ordinance of the Ministry for Health, Welfare and Family Affairs.

(2) When an institution making determinations for brain death intends to discontinue making determinations for brain death, it shall notify the head of the National Organ Transplant Management Agency.

(3) The head of a registration organization, a transplant hospital, an institution making determinations for brain death, or a special organization for management of suspected brain-dead patients, which intends to close the organization or intends to discontinue its activities under paragraph (1) or (2) or which receives a suspension order, or whose designation is revoked, under Article 30, shall transfer relevant data to the head of the National Organ Transplant Management Agency, as prescribed by Presidential Decree.

MEDICAL SERVICE ACT

(Stand: 23.6.2010/10387**)**

Article 2 (Medical Persons): (1) The term „medical person" as used in this Act refers to a medical doctor, a dentist, an oriental doctor, a midwife or a nurse who holds a license granted by the Minister of Health and Welfare holds a license granted by the Minister of Health and Welfare

(2) By type, a medical person has the mission to seek the improvement of public health and contribute to help citizens enjoy health lives by performing his/her mission specified in the following subparagraphs, respectively:

1. A medical doctor's mission is to administer medical treatment and to provide guidance for health;
2. A dentist's mission is to administer dental treatment and provide guidance for oral hygiene;
3. An oriental medical doctor's mission is to administer oriental medical treatment and provide guidance for health based on oriental medicine;
4. A midwife's mission is to assist childbirth, to takes care of pregnant women, women at childbirth, women in puerperium and newborn babies and to provide guidance for health;
5. A nurse's mission is to nurse injured or sick people, or postnatal women, to assist in medical treatment and to conduct health activities as prescribed by Presidential Decree.

Article 3 (Medical Institution): (1) The term „medical Institution" as used in this Act means a place where a medical person practices medical service or midwifery service (hereinafter referred to as „medical service") for the general public or multiple specific people.

(2) Medical institution shall be classified as described in following subparagraphs:

1. A clinic-level medical institution: A medical institution in which a doctor, dentist or oriental medical doctor provides his/her medical services primarily to outpatients, and the kinds of which are as listed below:

(a) A medical clinic;
(b) A dental clinic;
(c) An oriental medical clinic;

2. A midwifery clinic: A medical institution in which a midwife assists childbirth and provides health activities, education and consultation to pregnant women, women at childbirth, women in puerperium and newborn babies;
3. A hospital-level medical institution: A medical institution in which a doctor, dentist or oriental medical doctor provides his/her medical services primarily to inpatients, and the kinds of which are as listed below:

(a) A hospital
(b) A dental hospital
(c) An oriental medical hospital
(d) Convalescent hospital (including a special hospital for the aged pursuant to Article 34 (1) 3 of the Welfare of the Aged Act, a mental hospital among mental institutions pursuant to subparagraph 3 of Article 3 of the Mental Health Act, and medical rehabilitation facilities pursuant to Article 58 (1) 2 of the Welfare of Disabled Persons Act which meets requirements under Article 3–2; hereinafter the same shall apply.);
(e) A general hospital.

(3) The Minister of Health and Welfare may, if deemed necessary for health and medical policies, prescribe and public notify the standard services to be rendered by each kind of medical institutions as set for in paragraph (2) 1 through 3.

Article 5 (Licenses for Medical Doctors or Oriental Medical Doctors): (1) A person who intends to become a medical doctors, dentist or oriental medical doctors shall meet qualifications set forth in any of the following subparagraphs, and be licensed by the Minister of Health and Welfare after passing the relevant national examination under Article 9:

1. A bachelor's degree holder who has graduated from a university or college, with a major in medical science, dentistry or oriental medical science;
2. A master's or a doctor's degree holder who has graduated from a professional graduate school, such as medical school, dental school or oriental medical school;
3. A person who has graduated from a foreign school, which is equivalent to any one set forth in subparagraph 1 or 2 and is recognized by the Minister of Health and Welfare, has been licensed as a medical doctor, dentist or oriental medical doctor by the competent foreign authority and has passed the relevant preliminary exam under Article 9.

(2) A person who is expected to receive the relevant degree within six months from a university, college or professional graduate school with a major in medical science, dentistry or oriental medical science, shall be deemed qualified, as prescribed by paragraph (1) 1 and 2: Provided, That a license shall be granted only after graduating and receiving such degree at the expected date of graduation.

Article 6 (Licenses for Midwives): A person who intends to become a midwife shall meet the qualification set forth in any of the following subparagraphs, and shall be licensed by the Minister of Health and Welfare after passing the national examination for midwife under Article 9:

1. A holder of nurse license, who has finished one-year midwifery training course at a medical institution recognized by the Minister of Health and Welfare;
2. A person who holds a midwife license issued by the competent foreign authority recognized by the Minister of Health and Welfare.

Article 12 (Protection of Medical Techniques, etc.): (1) Except as otherwise provided for in this Act or any other Acts and subordinate statues, no one may interfere with medical practices, including medical treatment, midwifery and nursing (hereinafter referred to as „medical practice").

(2) No person may destroy or damage, or aid or abet any other person to destroy or damage any medical facility, instrument, medicine or any other equipment in a medical institution, or occupy a medical institution to interfere with its medical services.

Article 19 (Prohibition of Disclosure of Confidential Information): Except otherwise as provided by this or other Acts and subordinate statutes, a medical person shall not divulge or disclose any person's confidential information he/she becomes aware of in the course of performing medical treatment, assistance in childbirth, or nursing.

Article 20 (Prohibition of Fetal Gender Prediction, etc.): (1) Any medical person shall not conduct a diagnose or examination of a pregnant women for the purpose of predicting the gender of a baby, or help any other person to commit such act for the same purpose.

(2) any medical person shall not inform any pregnant women, her family member or any other person of the gender of a fetus he/she becomes aware of in the course of performing a diagnose or examination of the fetus or pregnant women before 32 weeks of pregnancy.

Article 21 (Inspection of Records, etc.): (1) No medical person or any person working for a medical institution may release the details of a patient's records or make them accessible, such as providing a copy thereof, to any person, other than the patient

(2) Notwithstanding paragraph (1), each medical person or any person working for a medical institution shall release the details of a patient's records or make them accessible, such as providing a copy thereof, in any of the following cases: Provided, That where a medical doctor, dentist or oriental medical doctor deems it necessary to treat the patient, this shall not apply:

1. Were a spouse, lineal ascendant or descendant of a patient, or a lineal ascendant of the spouse makes a request meeting the requirements prescribed by Ordinance of the Ministry of Health and Welfare, such as accompanying the consent of the patient in question, a certificate proving kinship and other documents;
2. Where the agent designated by a patient makes a request meeting the requirements prescribed by Ordinance of the Ministry of Health and Welfare, such as accompanying the consent of the patient in question and a certificate proving that the agent has representative power;
3. Where a spouse, lineal ascendant or descendant of a patient or a lineal ascendant of the spouse makes a request meeting the requirements prescribed by Ordinance of the Ministry of Health and Welfare, such as accompanying a certificate proving that each individual has kinship with the patient as it becomes impossible to obtain the patient's consent due to his/her death, unconsciousness, etc.
4. Where the details of a patient's record are provided to the National Health Insurance Corporation or the Health Insurance Review and Assessment Service for the purposes of the assessment, payment, confirmation of entitlement to and post-management of benefit costs, the evaluation of the appropriateness of and increased/reduced payment, etc. of medical care benefits, pursuant to Article 13, 43, 43–2 and 56 of the National Health Insurance Act;
5. Where the details of a patient's record are provided to an assisting agency (each Si/Gun/Gu), the National Health Insurance Corporation or the Health Insurance Review and Assessment Service for the affairs concerning medical care benefits, such as the confirmation of the beneficiaries of medical care benefits, the assessment, payment, post-management, etc. of benefit costs, pursuant to Article 5, 11, 11–3 and 33 of the Medical Care Assistance Act;
6. Cases prescribed by Article 106, 215 or 218 of the Criminal Procedure Act;
7. Where the presentation of a document is ordered, pursuant to Article 347 of the Civil Procedure Act;

8. Where the Korea Worker's Compensation and Welfare Service requests a medical institution (including a doctor), which is specialized in industrial accidents which has examined and treated a worker to whom insurance benefits are paid, to report an or to submit documents concerning the treatment of the worker, or conducts an investigation thereof, pursuant to Article 118 of the Industrial Accident Compensation Insurance Act;
9. Where an insurance company, etc., which has received a claim for medical fees covered by car insurance pursuant to Articles 12 (2) and (14) of the Guarantee of Automobile Accident Compensation Act, requests for the perusal of relevant medical records to the medical institution;
10. Where the director of a regional military manpower office makes requests for the presentation of the medical records and records on medical treatment of a person subject to the draft physical, to the head of a medical institution, as he/she deems it necessary for confirming illness or a mental or physical disability in respect of the draft physical, pursuant to Article 11-2 of the Military Service Act;
11. Where an mutual-aid association requests for the perusal of relevant medical records or the presentation of necessary data to a medical care institution prescribed by Article 40 of the National Health Insurance Act, as it deems it necessary to decide whether to pay the mutual-aid benefits pursuant to Article 42 of the Act on the Prevention of and Compensation for Accidents at school;
12. Where a head of a medical institution sends medical records and clinical opinion to the head of a veterans hospital, pursuant to Article 7 (3) of the Act on Assistance, etc. to Patients Suffering from Actual or Potential Aftereffects of Defoliants.

(3) When a medical person is requested, by another medical person, to check the details of medical records or send his/her opinion, etc, on the treatment progress of a patient pursuant to Article 22 or 23, he/she do so with patient: Provided, That the medical person may do so without the consent of the patient or guardian of the patient, if the patient in question is unconscious or in urgent to the absence of a guardian.

(4) Each medical doctor, dentist or oriental medical doctor working at a medical institution keeping medical records or at a public health clinic to which the medical records are transferred shall verify the fact based on the medical records, when he/she is requested to verify the details of the past medical treatment of a patient not examined or treated by himself herself.

(5) When a medical person transfers an emergency patient to any other medical institution, he/she shall transfer, without delay, the copies, etc. of medical records prepared at the time of a hospital visit by the patient.

Article 22 (Medical Records, etc.): (1) A medical person shall not prepare the records of medical treatment, assistance in childbirth, or nursing or other records concerning medical treatment (hereinafter referred to as „medical records, etc") and keep records in details of and sign the matters and opinions relating to his/her medical practice.

(2) Each medical person and founder of each medical institution shall preserve medical records, etc. (including electronic medical records under Article 23 (1); hereinafter the same shall apply in Article 40 (2)) as proscribed by Ordinance of the Ministry of Health and Welfare.

Article 23 (Electronic Medical Records): (1) A medical person and the founder of each medical institution may, not withstanding Article 22, prepare and keep medical records, etc. in the form of an electronic document with a digital signature therein under the Digital Signature Act (hereinafter referred to as „electronic medical records").

(2) A medical person and the founder of each medical institution shall have facilities and equipment required for managing, controlling and preserving electronic medical records safely in compliance with Ordinance of the Ministry of Health and Welfare.

(3) No one may leak, alter or destroy any personal information stated in an electronic medical record without any justifiable reason.

Article 26 (Report an Unnatural Death): A medical doctor, dentist, oriental medical or midwife, who is suspicious of unnatural death upon a postmortem examination on a dead body, shall report to the chief of police station having jurisdiction over the place where the dead body was found or location.

Article 27 (Prohibition of Unlicensed Medical Practice, etc.): (1) Any non-medical person shall not perform medical practice, and even a medical person shall not perform any medical practice other than those licensed: Provided, That a person falling under any of the following subparagraphs may perform medical practice without the extent set by Ordinance of the Ministry of Health and Welfare.

1. A person who holds a foreign medical license and stays in Korea for a certain period of time;
2. A person who performs medical practice at a medical college, dental college, college of oriental medicine, graduate medical school. Graduate school for

dentistry, graduate school for oriental medicine, general hospital, or foreign medical aid institution for voluntary medical service or a research or pilot project;

3. A student majoring in medical science, dentistry, oriental medical science or nursing.

(2) A non-medical person may not use a title of medical doctor, dentist, oriental medical doctor, midwife, nurse, or any other title similar thereto.

(3) No one may introduce, make a referral of or solicit a patient to a medical institution or a medical for profit, such as exempting or discounting medical expenses to be levied on a patient under the National Health Insurance Act or the Medical Care Assistance Act, offering money, etc. or such or providing transportation to the general public, or instigate any person to do so: Provided, That it is allowed to conduct an act falling under any of the following subparagraphs:

1. An act to attract a patient by individually obtaining prior approval from the head of the competent Si/Gun/Gu for reasons of economic conditions, etc. of the patient, such as the economic condition of the patient;
2. An act to attract a foreign patient who is neither a policyholder nor dependent pursuant to Article 93 of the National Health Insurance Act (excluding a foreigner who sojourns in the Republic of Korea, as prescribed by Ordinance of the Ministry of Health and Welfare)

(4) Not withstanding paragraph (3) 2, an insurance company, mutual company, insurance solicitor, insurance agency or certified insurance broker pursuant to Article 2 of the Insurance Business Act shall not conduct an act to attract foreign patient.

Article 33 (Establishment): (1) A medical person may not engage in medical service, unless and until he/she establishes a medical institution in accordance with this Act, and shall practice his/her medical service within the medical institution, except for any of the following cases:

1. When he/she gives medical treatment to an emergency patient under subparagraph 1 of Article 2 of the Emergency Medical Service Act;
2. When he/she gives medical treatment upon request from a patient or the guardian of such patient;
3. When the State or the head of a local government requests to do so, as deemed necessary for public interests;
4. When home nursing service is provided, as prescribed by Ordinance of the Ministry of Health and Welfare;

5. When a case specifically prescribed by this or any other Acts and subordinate statutes occurs, or when inevitable circumstances to give medical treatment by the place where a patient is located occurs.

(2) A person, other than those falling and any of the following subparagraphs may not establish a medical institution. In such cases, a medical doctor may establish a general hospital, hospital, convalescent hospital or medical clinic, a dentist may establish a dental hospital or dental clinic, an oriental medical doctor may establish an oriental medical hospital, convalescent hospital or oriental medical clinic, and a midwife may establish a midwifery clinic, respectively:

1. A medical doctor, a dentist, an oriental medical doctor, or a midwife
2. The State or a local government;
3. A legal entity established for the purpose of rendering medical service (hereinafter referred to as a „medical corporation");
4. A nonprofit corporation established pursuant to the Civil Act or any special Act;
5. A quasi-government agency under the Act on the Management of Public Institution, a local medical center under the Act on the Establishment and Management of Local Medical Centers, of the Korea Veterans Welfare and Health Care Corporation under the Korea Veterans Welfare and Health Care Corporation Act.

(3) Any person, who intends to establish a medical clinic, dental clinic, oriental medical clinic or midwifery clinic under paragraph (2), shall report to the head of a Si/Gun/Gu, as prescribed by Ordinance of the Ministry of Health and Welfare.

(4) Any person, who intends to establish a general hospital, hospital, dental hospital, oriental medical hospital or convalescent hospital under paragraph (2), shall obtain permission from a relevant Mayor/Do Government, as prescribed by Ordinance of the Ministry of Health and Welfare. In such cases, the Mayer/Do governor may not grant permission for establishment to a medical institution that fails to meet standards for facilities set forth in Article 36.

(5) Paragraphs (3) and (4) shall apply when a medical institution established pursuant to paragraphs (3) or (4) intends to change its place of business or an important matter prescribed by Ordinance of the Ministry of Health and Welfare from among those reported or permitted as to its establishment.

(6) A person who intends to establish a midwifery clinic shall appoint a medical doctor as an adviser with no exception.

(7) No medical institution may be established at a place that falls under any to the following subparagraphs:

1. Within the premises of a pharmacy or its facility;
2. Where part a pharmacy's facility or premises is partitioned, altered or repaired to establish a medical institution;
3. Where there is a passage between a medical institution and a pharmacy, such as an exclusive hallway, stairway, elevator or overpass, or where such facility is built to establish a medical institution.

(8) A medical person under paragraph (2) 1 may open only one medical institution: Provide, That where a person having not less than two medical licenses intends to establish a clinic-level medical institution, he/she may open medical institutions together at one location only by type of his/her licenses.

Article 67 (Disposition of Penalty Surcharge): (1) The Minister of Health and Welfare or the head of a relevant Si/Gun/Gu may impose a penalty surcharge not exceeding 50 million won on a medical institution, if it falls under any of subparagraphs of Article 64 (1), in lieu of the disposition of suspension of medical service, as prescribed by Presidential Decree. In such cases, such penalty surcharge shall not be imposed more than three times.

(2) The amount of the penalty surcharge under paragraph (1) to be imposed depending upon the type, degree, etc. of an offense and other necessary matters shall be prescribed by Presidential Decree.

(3) If any penalty surcharge under paragraph (1) is not paid within the time limit, the Minister of Health and Welfare or head of a Si/Gun/Gu shall collect it in the same manner as delinquent national or local taxes are collected.

Article 88 (Penal Provisions): Any person, who violates Article 19, 21 (1), 27 (3) and (4), 27-2 (1) and (2), 33 (4), the proviso to Article 35 (1), 59 (3), 64 (2) (including cases to which said paragraph shall apply mutatis mutandis pursuant to Article 82 (3)) or 69 (3) or who performs massage for profit without qualification as a massagist accredited pursuant to Article 82 (1), shall be sentenced to imprisonment for not more than three years or a fine not exceeding ten million won: Provided, That the public prosecution against any person who violates Article 19, 21 (1), or 69 (3) requires a criminal complaint filed by a victim.

MOTHER AND CHILD HEALTH ACT

(Stand: 18.1.2010/9932)

Article 14: (1) A medical doctor may perform an induced abortion operation with the consent of the pregnant woman herself and her spouse (including persons in a de facto marital relationship; hereinafter the same shall apply) only in the following cases:

1. Where she or her spouse suffers from any eugenic or genetic mental disability or physical disease prescribed by Presidential Decree;
2. Where she or her spouse suffers from any contagious disease prescribed by Presidential Decree;
3. Where she is impregnated by rape or quasi-rap;
4. Where pregnancy is taken place between blood relatives or matrimonial relatives who are legally to marry;
5. Where the maintenance of pregnancy severely injures or might injure the health of the pregnant woman for the health or medical reasons.

(2) In cases under paragraph (1), if it is impossible to obtain the spouse's consent due to his/her death or disappearance, unknown whereabouts or other extenuating circumstances, the operation may be performed only with the principal's consent.

(3) In cases under paragraph (1), if the woman or her spouse is unable to express her or his/her intention by any mental or physical disability, the consent by a person with parental authority or guardian may be substituted for than, and if there is no person with parental authority or guardian, the consent by a person who is liable to support her or him may be substituted for that.

PERSONAL INFORMATION PROTECTION ACT

(Stand: 29.3.2011/10465)

Article 1 (Purpose): The purpose of this Act is to prescribe matters concerning the management of personal information in order to protect the rights and interests of all citizens and further realize the dignity and value of each individual by protecting personal privacy, etc. from collection, leakage, misuse and abuse of individual information.

Article 2 (Definitions): The terms used in this Act shall be defined as follows:

1. The term „personal information" means information that pertains to a living person, including the full name, resident registration number, images, etc., by which the individual in question can be identified, (including information by which the individual in question cannot be identified but can be identified through simple combination with other information);
2. The term „management" means to collect, create, record, save, hold, process, edit, search, output, recover, use, provide, disclose, destroy personal information, and other acts similar thereto;

3. The term „subject of information" means a person who can be identified by the managed information and therefore is the subject of the given piece of information;
4. The term „personal information file" means an aggregate of personal information systematically arranged or organized according to a specific rule in other for the personal information to be reading retrievable;
5. The term „personal information manager" means a public institution, corporate body, organization, individual, etc. who manages personal information directly or via another person to administer personal information files as part of his/her duties;
6. The term „public institution" means any of the following institutions:
   (a) The National Assembly, courts, institutions that deal with administrative affairs of the National Election Commission, central administrative agencies (including agencies respectively under the direct jurisdiction of the President and the Prime Minister) and its affiliated agencies, and local governments;
   (b) Other national agencies and public associations prescribed by Presidential Decree;
7. The term „image data processing equipment" means equipment prescribed by Presidential Decree that is permanently installed in a certain space to photograph the images, etc. of a person or object, or to transmit such images via wired or wireless network.

Article 6 (Relationship with other Acts): Unless otherwise provided for in other Acts including the Act on Promotion of Information and Communications Network Utilization and Information Protection, etc., and the Use and Protection of Credit Information Act, the protection of personal information shall be governed by this Act.

Article 26 (Restrictions on Management of Personal Information Following Entrustment of Affairs): (1) When a personal information manager entrusts a third with the management affairs of personal information, he/she shall do so in writing stating the following matters:

1. Matters concerning prohibiting a third person from managing personal information for any purpose other than for performance of entrusted affairs;
2. Matters concerning technical and administrative protection measures for personal information.
3. Other matters prescribed by Presidential Decree for the safe administration of personal information.

(2) A personal information manager who entrusts the management affairs of personal information pursuant paragraph (1) (hereinafter referred to as „truster") shall disclose the details of entrusted affairs and the identity of a person who performs the management affairs of personal information upon entrustment (hereinafter referred to as „trustee"), as prescribed by Presidential Decree, so that a subject of information can readily use them at any time.

(3) Where a truster entrusts the affairs of publicizing or soliciting the sale of goods or service, he/she shall inform a subject of information of the details of entrusted affairs and a trustee, as prescribed by Presidential Decree. The same also apply when the details of entrusted affairs or a trustee is changed.

(4) A truster shall educate a trustee to prevent the personal information of a subject of information from loss, theft, leakage alteration or corruption, due to the entrustment of affairs, and supervise whether the trustee safely manages the personal information, by inspecting management status, etc., as prescribed by Presidential Decree.

(5) No trustee shall use personal information or provide a third person with such information beyond the scope of relevant affairs entrusted by a personal information manager.

(6) When liability to pay compensation arises as a trustee violates this Act in the course of managing personal information in connection with the entrusted affairs, the trustee shall be deemed an employee of a personal information manager.

(7) Articles 15 through 25, 27 through 31, 33 through 38 and 59 shall apply mutatis mutandis to a trustee.

Article 59 (Prohibited Acts): No person who has ever managed or manages personal information shall perform any of the following acts:

1. Acquiring personal information or obtaining consent to the management thereof by false or other unlawful means;
2. Revealing personal information that comes to his/her knowledge in the course of business or providing any third person with such information for his/her use without due authority.
3. Corrupting, destroying, altering, fabricating or leaking any third person's personal information without due authority or beyond granted authority.

Article 71 (Penal Provisions): A person who falls under any of the following cases shall be punished by imprisonment for not more than five years or by a fine not exceeding 50 million won:

1. Any person who provides a third person with personal with information without obtaining the consent of a subject of information in violation of Article 17 (1) 1 although he/she is not applicable under subparagraph 2 of the same paragraph, and a person who knowingly receives such personal information;
2. A person who uses personal information or provides a third person with personal information, in violation of Articles 18 (1) and (2), 19, 26 (5) or 27 (3), and a person who knowingly receives personal information for profit or an unjust purpose;
3. A. person who manages sensitive information, in violation of Article 23;
4. A person manages unique identifying information, in violation of Article 24 (1);
5. A person who reveals personal information that comes to his/her knowledge in the course of business of provides any third person with such information without due authority, in violation of subparagraph 2 of Article 59, and a person who knowingly receives personal information for profit or unjust purpose;
6. A person who corrupts, destroys, alters, fabricates or leaks any third person's personal information, in violation of subparagraph 3 of Article 59.

PREVENTION OF ACQUIRED IMMUNODEFICIENCY SYNDROME ACT (Stand: 18.1.2010/9932)

Article 3 (Duty of State, Local Governments and Citizens): (1) The State and local governments shall devise and take measures for the prevention and control of AIDS and the protection of and support to infected persons, and conduct education and publicity campaign for the prevention of discrimination and prejudice with respect to infected persons and for the prevention of AIDS.

(2) The State and local government shall contribute to activities for the prevention and treatment of AIDS in cooperation with the international community.

(3) Citizens shall pay attention to prevention with correct knowledge on AIDS, and actively cooperate in measures taken by the State or local government under this Act.

(4) In cases of paragraphs (1) through (3), the State, local governments and citizens shall respect human dignity and value infected persons, protect their fundamental rights and may not impose a disadvantage or treat with discrimination except that prescribed by this Act.

(5) Any employer may not put a worker at a disadvantage or treat him/her with discrimination in labor relationship except that prescribed by the Act on the grounds that such worker such worker is an infected person.

Article 5 (Reports by Doctor or Medical Institution, etc.): (1) Any doctor or any medical institution that has diagnosed an infected person or performed an autopsy of the dead body of an infected person shall immediately report the fact of such diagnosis or autopsy to the head of the competent public health center as prescribed by Ordinance of the Ministry of Health and Welfare, inform such infected person, his/her spouse (including a de facto partner) and sexual partner on matters necessary for preventing the spread of AIDS and guide them to observe such matters. In such cases, such doctor or medical institution shall refer to the opinion of the infected person as much as possible.

(2) Any person who has found an infected person through a scientific or a test of blood products under Article 9 or the head of an institution which has conducted the said study or test shall immediately report to the Minister of Health and Welfare.

(3) Where an infected person died, a doctor or medical institution that has administered such case shall immediately report to the of the competent public health center thereon as prescribed by Ordinance of the Ministry of Health and Welfare.

(4) The head of the public health center shall, upon receiving a report under paragraphs (1) and (3), report through governor of the Special Self-Governing Province or the head of a Si/Gun/Gu (referring to the head of an autonomous Gu, hereinafter the same shall apply), and the governor of the Special Self-Governing Province who has received such report shall report to the Minister of Health and Welfare thereon while the head of Si/Gun/Gu shall report thereon to the Minister of Health and Welfare via the Special Metropolitan City Mayer, a Metropolitan City Mayer, or a Do Governor.

Article 7 (Obligation of Confidentiality): No person falling under any one of the following subparagraphs shall, except cases as prescribed by this Act, an order issued under this Act or any other Act or subordinate statute or cases where the person himself/herself has given consent, divulge any secret which he/she has learnt with respect to such infected person in the course of performing his/her duty not only during his/her term of office but after his/her retirement:

1. Persons who engage in business in regard of prevention and control of AIDS and the protection of and support to infected persons in the State or local governments;
2. Persons who have participated in the diagnosis, autopsy, medical treatment and nursing of infected persons;

3. Persons who keep and manage records in regard of infected persons.

Article 8 (Medical Examination): (1) The Minister of Health and Welfare, the Special Metropolitan City, a metropolitan city mayor, a Do Governor or the governor of the Special Self-Governing Province (hereinafter referred to as the „Mayor/Do Governor") or the head of a Si/Gun/Gu shall conduct medical examinations for AIDS regularly or at any time with respect to any person who works at business establishments having frequent contacts with the public and is required to take a medical under paragraph (2).

(2) The Minister of Health and Welfare, Mayor/Do Governor, or the head of a Si/Gun/Gu may conduct medical examinations for AIDS with respect to a person with good grounds to be judged as have been infected with AIDS or is an environment vulnerable to AIDS infection and who falls under any one of the following subparagraphs:

1. The spouse (including a de factor partner) or sexual partner of the infected person;
2. Other persons deemed by the Minister of Health and Welfare as necessary for the prevention of AIDS;

(3) Any long-term sojourner prescribed by Presidential Decree among foreigners entering Korea from abroad shall present to the Minister of Health and Welfare AIDS-negative certificate issued within one month before entering Korea. Where he/she falls to present such certificate, he/she shall take a medical examination within seventy two hours after entering Korea.

(4) Any person conducting medical examination for AIDS shall notify a person undergoing a medical examination that the latter may not disclose his/her name, resident registration number, address, etc. or may take a medical examination by using a false name (hereinafter referred to as an „anonymous medical examination"), and conduct a medical examination even when an anonymous examination is applied for.

(5) Any person who conducts medical examinations under paragraph (4) shall, where a person is proved to be an infected person as a result of a medical examination, report to the head of the competent public health center as prescribed by Ordinance of the Ministry of Health and Welfare. In such cases, information on such affected person shall be managed anonymously.

Article 8-2 (Notification of Results of Medical Examination): (1) Any person who has conducted a medical examination for AIDS shall not notify the results of such medical examination to any person other than the person subject to a medical examination himself/herself: Provided, That such notification shall be made to the head of the relevant agency for persons in communal living, such as military and correctional institutions, while notification shall be made to the relevant legal representative in cases of minors, weak-minded persons and persons of non compus mentis.

(2) Notification to a person determined as a infected person as a result a medical examination under paragraph (1) shall be made in a way in which secrecy of such medical examination results is kept, such as notification through an interview.

(3) No employer may demand a worker to submit written medical examination results in regard of AIDS.

Article 10 (Epidemiological investigation): The Minister of Health and Welfare, Mayor/Do Governor, or the head of a Si/Gun/Gu may conduct medical examinations for AIDS or epidemiological investigations to grasp, etc. transmission routes with respect to infected persons and persons with good grounds to be suspected of infection.

Article 12 (Issuance or Certificates): With respect to any person who has been subject to a medical examination under Article and an epidemiological investigation under Article 10, a certificate showing the results thereof shall be issued as prescribed by Ordinance or the Ministry of Health and Welfare.

Article 14 (Advice on Mental Treatment): The Minister of Health and Welfare, Mayor/Do Governor or the Head of a Si/Gun/Gu may advise persons determined by any of the following subparagraphs, including persons who are worried to infect others among infected persona, to receive medical treatment or to take a rest and recuperation at a specialized medical institution under Article 13 or a sanatorium under Article 16:

1. An infected person who is proved to be such an infected person as a result of a medical examination and works or has high possibility to work at an establishment requiring to take medical examinations;
2. An infected person who is deemed a person worried to infect others taking account of the ability of his/her attention, surrounding environment, etc;
3. An infected person who has no ability to maintain his/her and is not supported or protected by others.

Article 15 (Measures, etc. for Medical Treatment and Protection): (1) When any person is deemed a person high risks to infect others taking of the ability of his/her attention, surrounding environment, etc., the Minister of Health; and Welfare, Mayor/Do Governor or the head of a Si/Gun/Gu may force measures for medical treatment and protection.

(2) In cases of forcing such measures under paragraph (1), the relevant enforcing officer shall carry with him/her a certificate verifying his/her authority and show it to the relevant persons.

Article 26 (Penal Provisions): Any person who falls under any of the following subparagraphs shall be punished by imprisonment for not more than three years or a fine not exceeding ten million won:

1. A person who has divulged any secret in contravention of Article 7;
2. A person who fails to conduct an examination under Article 9 (1) or (2);
3. A person who has an infected person work at the relevant establishment in contravention of Article 18 (2).

Article 27 (Penal Provisions): Any person who falls under following subparagraphs shall be punished by imprisonment for not more than one year or by a fine not exceeding three million won:

1. A person who fails to report under Article 5, or makes a false report;
2. A person who fails to comply with a medical examination under Article 8, or an epidemiological investigation under Article 10;
3. A person who has notified the results of a medical examination in violation of Article 8–2 (1) and (2) or who has required to submit written results of a medical examination in violation of paragraph (3) of the same Article;

(4) A person who has failed to company with measures for medical treatment and protection under Article 15 (1);

(5) A person who works at a business place where employment is restricted in contravention of Article 18 (1), or a person who has an unexamined person work at this business place in contravention of Article 18 (2).

REGULATION OF STANDARDIZED CONTRACTS ACT
(Stand: 17.5.2010/10303**)**

Article 5 (Interpretation of Standardized Contracts): (1) A standardized contract shall be construed impartially in accordance with the principle of trust and good faith, and shall not be construed differently depending on customers.

(2) If the meaning of a standardized contract is not clear, it shall be construed in favor of the customer.

Article 6 (General Principles): (1) Any clause in a standardized contract which is not fair or is contrary to the principle of trust and good faith shall be null and void.

(2) Any of the following clauses in a standardized contract shall be presumed to be unfair:

1. A clause which is unreasonably unfavorable to customers;
2. A clause which customers would have difficulty anticipating in light of various circumstances, such as the type of transaction of contract;
3. A clause which is so restrictive of essential rights under a contract that the purpose of the contract may not be achieved.

Article 7 (Prohibition of Exemption Clause): Any clause of a standardized contract concerning the liability of contraction parties that falls under any of the following subparagraphs shall be null and void:

1. A clause which exempts an enterpriser from liability for international or gross negligence on the part of the enterpriser his/her agents, or his/her employees;
2. A clause which limits, without a substantial reason, the extent of damages payable by an enterpriser, or which passes a risk borne by an enterprise to customer;
3. A clause which, without a substantial reason, excludes or limits the warranty liability of an enterpriser tightens requirements that customers must meet to exercise their rights under the warranty thereof;
4. A clause which excludes or limits the warranty for the object of a contract for which an enterpriser has provided a sample, or has indicated the quality, performance, etc.

ROAD TRAFFIC ACT

(**Stand:** 23.7.2010/10382)

Article 44: (1) While intoxicated, no one shall drive any motor vehicle, etc. (including construction machinery other than construction machinery provided for in the proviso to Article 26(1) of the Construction Machinery Management Act, hereafter the same shall apply in this Article and in Articles 45, 47, 93 (1) 1 through 4, and 148–2).

(2) When it is deemed necessary to ensure the safety of traffic and prevent danger and anyone is evidently deemed to be driving a motor vehicle, etc. while intoxicated in violation of paragraph (1), police officers (excluding any autonomous police officers; hereafter the same shall apply in this paragraph) may require him/her to take a breath test in order to determine whether the person is intoxicated. In such cases, the driver shall comply with the breath test, as required by any police officer.

(3) With respect to any driver who refuses to accept the result of a breath test to so conducted to determine whether he/she is drunk pursuant to paragraph (2), another test may be conducted using the driver`s blood collected after obtaining the driver`s consent therefor.

(4) The threshold for the state of intoxication at which anyone is prohibited from driving a motor vehicle, etc. pursuant to paragraph (1) shall be not less than 0.05 percent of blood-alcohol concentration.

Schrifttum

Deutsches Schrifttum

***Adelmann**, Nina*, Schmerzensgeld wegen des Miterlebens der schweren Verletzung oder Tötung eines anderen im Straßenverkehr, VersR 2009, 449.

Ahrens, Hans-Jürgen, Anmerkung zu LG Göttingen, Urt. v. 16.11.1978, NJW 1979, 602.

–, Ärztliche Aufzeichnungen und Patienteninformation – Wegmarken des BGH, NJW 1983, 2609.

Amelung, Knut, Die Einwilligung zwischen medizinischer Erfahrung, amerikanischer Ethik und kuturellem Gedächtnisverlust, MedR 2000, 520.

–, Grenzen der Beschlagnahme notarieller Unterlagen, DNotZ 1984, 195.

–, Über die Einwilligungsfähigkeit, ZStW 1992, 525.

–, Willensmängel bei der Einwilligung als Tatzurechnungsproblem, ZStW 1997, 490.

Amelung, Knut/Eymann, Frieder, Die Einwilligung des Verletzten im Strafrecht, JuS 2001, 937.

Arzt, Gunther, Einwilligung zur Heilbehandlung untergebrachter Kranker?, NJW 1967, 668.

Arzt, Gunther/ Weber, Ulrich/Heinrich, Bernd/Hilgendorf, Eric, Strafrecht Besonderer Teil, 2. Auflage, Bern/Tübingen/Berlin/Würzburg, 2009.

Au, Ingolf, Namen und Anschriften von Patienten in steuerlichen Fahrtenbüchern, NJW 1999, 340.

Auernhammer, Herbert, Bundesdatenschutzgesetz, 3. Auflage, Köln [u. a.], 1993.

–, Das Bundesdatenschutzgesetz, BB 1977, 205.

Ayasse, Horst, Die Grenzen des Datenschutzes im Bereich der privaten Versicherungswirtschaft, VersR 1987, 536.

Bachmann, *Walter*, HIV-Infektion und Seuchenrecht, MedR 1987, 275.

Baier, Helmut, Verfassungsunmittelbare Zeugnisverweigerungsrechte bestimmter Berufsgruppen als Gebot des Persönlichkeitsschutzes?, JR 1999, 495.

Bamberger, Georg/Roth, Herbert, Kommentar zum Bürgerlichen Gesetzbuch, Band 1, 3. Auflage, 2012; Band 2, 3. Auflage, 2012; Band 3, 3. Auflage, München, 2012.

Bandisch, Günter, Mandant und Patient, schutzlos bei Durchsuchung von Kanzlei und Praxis?, NJW 1987, 2200.

Barnikel, Wilhelm, Anmerkung zu BGH, Urt. V. 9.12.1974 – VII ZR 182/73 (Koblenz), NJW 1975, 592.

Bartsch, Herbert, Die postmortale Schweigepflicht des Arztes beim Streit um die Testierfähigkeit des Patienten, NJW 2001, 861.

Bartsch, Ursula Sybille, Ärztliche Schweigepflicht und Zeugnisverweigerungsrecht im Strafprozess, Diss., Universität München, 1971.

Baumbach, Adolf/Lauterbach, Wolfgang/Albers, Jan/Hartmann, Peter, Kommentar zur Zivilprozessordnung, 71. Auflage, München, 2013.

Bäune, Stefan/Dahm, Franz-Josef, Auswirkungen der Schuldrechtsreform auf den ärztlichen Bereich, MedR 2004, 645.

Baur, Ulrich/Hess, Rainer, Arzthaftpflicht und ärztliches Handeln, Basel, Wiesbaden, 1982.

Bayer, Walter, Vertraglicher Drittschutz, JuS 1996, 473.

Beater, Axel, Der Gesetzesbegriff von § 134 BGB, AcP 1997, 505.

Becker, Walter, Schutz des Privat-Geheimnisses im neuen Strafrecht, MDR 1974, 888.

Bemmann, Kai, Die tierärztliche Dokumentationspflicht und das Einsichtsrecht in tierärztliche Behandlungsunterlagen, VersR 2005, 760.

Bender, Albrecht W., Zeugen Jehovas und Bluttransfusionen, MedR 1999, 260.

–, Anmerkung zu OLG Frankfurt/M., Besch. V. 8.7.1999 (8 U 67/99), VersR 2000, 322.

Bender, Denise, Grenzen der Schweigepflicht des Arztes bei Kenntnis von Misshandlungen oder entwürdigenden Behandlungen durch Eltern, MedR 2002, 626.

Bender, Reinhard, Rechtsfragen im Zusammenhang mit Aids und Schule, NJW 1987, 2903.

Berg, Hans, Hauptprobleme der Geschäftsführung ohne Auftrag, JuS 1975, 681.

Berger, Christian, Die Abtretung ärztlicher Honorarforderungen, NJW 1995, 1584.

Bergmann, Lutz/Möhrle, Roland/Herb, Armin, Band I, Datenschutzrecht, Stuttgart/München, 2008, 2009.

Bichlmeier, Gerd, Die Wirksamkeit der Einwilligung in einen medizinisch nicht indizierten ärztlichen Eingriff, JZ 1980, 53.

Bindokat, Heinz, Anmerkung zu OLG Köln, Beschl. v. 19.10.1961 - Zs 859/60, NJW 1962, 686.

Bizer, Johann, Postmortaler Persönlichkeitsschutz? - Rechtsgrund und Länge der Schutzfristen für personenenbezogenen Daten Verstorbener nach den Archivgesetzen des Bundes und der Länder, NVwZ 1993, 653.

Blau, Günter, Schweigepflicht und Schweigerecht der Fachpsychologen, NJW 1973, 2234.

Boehmer, Gustav, Zum Problem der „Teilmündikeit" Minderjähriger - Bemerkungen zu dem Urt. Des IV. ZS des BGH v. 5.12.1958, MDR 1959, 383, MDR 1959, 705.

Bohnert, Joachim, Der beschuldigte Amtsträger zwschen Aussagefreiheit und Verschwiegenheitspflicht, NStZ 2004, 301.

Boll, Matthias, Rettungsdienstliche Kompetenzgrenzen und das Strafrecht, MedR 2002, 232.

Bongen, Wolfgang/Kremer, Ralf, Probleme der Abwicklung ärztlicher Privatliquidationen durch externe Verrechnungsstellen, NJW 1990, 2911.

–, Ärztliche Schweigepflicht und Honorareinzug durch Dritte, MDR 1991, 1031.

Bork, Reinhard, Allgemeiner Teil des Bürgerlichen Gesetzbuchs, 3. Auflage, Tübingen, 2011.

Bosch, F. W., Anmerkung zu BGH, Urteil v. 31.5.1983 - VI ZR 259/81, FamRZ 1983, 1100.

Bringewat, Peter, Zeugnisverweigerungsrecht und Beschlagnahmeprivileg des Verteidigers, NJW 1974, 1740.

Britz, Gabriele, Freie Entfaltung durch Selbstdarstellung: eine Rekonstruktion des allgemeinen Persönlichkeitsrechts aus Art. 2 I GG, Tübingen, 2007.

Brox, Hans, Allgemeiner Teil des BGB, München, 2002.

Bruns, Manfred, Aids, Alltag und Recht, MDR 1987, 353.

–, AIDS, Jugendhilferecht und angrenzende Rechtsbereiche, MDR 1989, 297.

–, AIDS, Prostitution und das Strafrecht, NJW 1987, 693.

Buchborn, Eberhard, Ärztliche Erfahrungen und rechtliche Fragen bei AIDS, MedR 1987, 260.

Bull, Hans Perter, Datenschutz als Informationsrecht und Gefahrenabwehr, NJW 1979, 1177.

–, Zweifelsfragen um die informationelle Selbstbestimmun – Datenschutz als Datenaskese?, NJW 2006, 1617.

Buschmann, Arno, Zur Fortwirkung des Persönlichkeitsrechts nach dem Tode, NJW 1970, 2081.

Büser, Frank, Rechtliche Probleme im Rahmen der Datenübermittlung beim Franchising, BB 1997, 213.

Büsken, Rainer/Klüglich, Gabriele, Die Krankenhausbehandlung: Haftungssystem und innerbetrieblicher Schadensausgleich, VersR 1994, 1141.

***Canaris**, Claus-Wilhelm*, Grunsrechte und Privatrecht, AcP 1984, 201.

–, Grundrechtswirkungen und Verhältnismäßigkeitsprinzip in der richterlichen Anwendung und Fortbildung des Privatrecht, JuS 1989, 161.

–, Ansprüche wegen „positiver Vertragsverletzung“ und „Schutzwirkung für Dritte“ bei nichtigen Verträgen, JZ 1965, 475.

–, Die Reform des Rechts der Leistungsstörungen, JZ 2001, 499.

Coester-Waltjen, Dagmar, Die Abtretung, Jura 2003, 23.

Costa, H. L., Die gerichtsverfassungsrechtlichen und verfahrensrechtlichen Vorschriften des Dritten Strafrechtsänderungsgesetz, MDR 1953, 577.

***Dahm**, Henning*, Vorvertraglicher Drittschutz, JZ 1992, 1167.

Dallinger, Wilhelm, Gerichtsverfassung und Strafverfahren, JZ 1953, 432.

Damm, Reinhard, Gesetzgebungsprojekt Gentestgesetz – Regelungsprinzipien und Regelungsmaterien, MedR 2004, 1.

Daniels, Jürgen, Die Ansprüche hinsichtlich der Krankenunterlagen des Arztes, NJW 1976, 345.

Däubler, Wolfgang, Die Reform des Schadensersatzrechts, JuS 2002, 625.

Däubler, Wolfgang/Klebe, Thomas/Wedde, Peter/Weichert, Thilo, Basiskommentar zum Bundesdatenschutzgesetz, 2. Auflage, Frankfurt am Main, 2007.

Dauner-Lieb, Barbara/Heidel, Thomas/Ring, Gerhard, Anwaltkommentar BGB, Band 1, 2005; Band 2, Bonn, 2005.

Degenhart, Christoph, Das allgemeine Persönlichkeitsrecht, Art. 2 I i.V. mit Art. 1 I GG, JuS 1992, 361.

Deutsch, Erwin, Das Persönlichkeitsrecht des Patienten, AcP 1992, 161.

–, Entwicklung und Entwicklungsfunktion der Deliktstatbestände, JZ 1963, 385.

–, Die Medizinhaftung nach dem neuen Schuldrecht und dem neuen Schadensrecht, JZ 2002, 588.

–, Das therapeutische Privileg des Arztes: Nichtaufklärung zugunsten des Patienten, NJW 1980, 1303.

–, Neue Aufklärungsprobleme im Arztrecht, NJW 1982, 2585.

–, AIDS und Blutspende, NJW 1985, 2746.

–, Die Infektion als Zurechnungsgrund, NJW 1986, 757.

–, Das Organisatonsverschulden des Krankenhausträgers, NJW 2000, 1745.

–, Anmerkung zu BGH, Urt. V. 7.2.1984 – VI ZR 174/82 (Frankfurt), NJW 1984, 1399.

–, Das „allgemeine Lebensrisiko" als negativer Zurechnungsgrund, VersR 1993, 1041.

–, Schweigepflicht und Infektiosität, VersR 2001, 1471.

–, Schutzgesetze aus dem Strafrecht in § 823 Abs. 2 BGB, VersR 2004, 137.

–, Vertrauen und Misstrauen in der horizontal arbeitsteiligen Medizin, VersR 2007, 40.

–, Schmerzensgeld für Vertragsverletzungen und bei Gefährdungshaftung, ZRP 2001, 351.

Deutsch, Erwin/Spickhoff, Andreas, Medizinrecht, 6. Auflage, Berlin/Heidelberg, 2008.

Diederichsen, Angela, Der deliktisrechtliche Schutz des Persönlichkeitsrechts, Jura 2008, 1.

–, Neues Schadensersatzrecht: Fragen der Bemessung des Schmerzensgeldes und seiner prozessualen Durchsetzung,VersR 2005, 433.

Dieopold, Hugo, Sind Honorarforderungen von Anwälten, Ärzten und Zahnärzten pfändbar?, MDR 1993, 835.

Dörner, Hinrich, Keine ärztlichen Honorarvereinbarungen in AGB, NJW 1987, 699.

Dreher, Anmerkung zu OLG Köln, Beschl. v. 19.10.1961 – Zs 859/60, MDR 1962, 591.

Dreier, Horst, Grundgesetz-Kommentar, Band I, 2. Auflage, Tübingen, 2004.

***Eberbach**, Wolfram H.*, Juristische Probleme der HTLV-III-Infektion (AIDS) – Unter besonderer Berücksichtigung arztrechtlicher Fragen –, JR 1986, 230.

–, AIDS und Strafrecht, MedR 1987, 267.

–, Heimliche Aids-Tests, NJW 1987, 1470.

–, Anmerkung zu LG Bonn, Beschl. v. 15.5.1986–52 Vollz 190 u. 231/85, NStZ 1987, 141.

Eckebrecht, Marc, Vertrag mit Schutzwirkung für Dritte – Sie Auswirkungen der Schuldrechtsreform, MDR 2002, 425.

Edenfeld, Stefan, Die anwaltliche und notarielle Schweigepflicht nach dem Tod des Erblassers, ZEV 1997, 391.

Ehmann, Eugen, Anmerkung zu OLG Düsseldorf, Urteil v. 20.8.1996 - 20U 139/95 (LG Kleve), CR 1997, 538.

Ehmann, Horst, Informationsschutz und Informationsverkehr im Zivilrecht, AcP 1988, 230.

–, Die Zweckbindung privater Datennutzung, RDV 1988, 169.

Engländer, Armin, Anmerkung zu OLG Frankfurt a. M., Urt. v. 5.10.1999 - 8 U 67/99, MedR 2001, 143.

Erb, Volker, Der Rehtfertigende Notstand, JuS 2010, 17.

Erdsiek, Gerhard, Umwelt und Recht, NJW 1963, 632.

Erman Bürgerliches Gesetzbuch, Band I, 13. Auflage, 2011; Band II, 13. Auflage, 2011, Köln.

Eser, Albin, Wahrnehmung berechtigter Interessen als allgemeiner Rechtfertigungsgrund, Berlin/Zürich 1969.

–, Medizin und Strafrecht: Eine schutzgutorientierte Problemübersicht, ZStW 1985, 1.

Everts, Arne, Sicherung anwaltlicher Honorarforderungen durch Arrest?, NJW 2002, 3136.

***Faber**, Cornelia*, Ökonomische Analyse der ärztlichen Aufklärungspflicht, Diss., Universität Bonn, 2005.

Fischer, Thomas, Kommentar zu Strafgesetzbuch und Nebengesetze, 60. Auflage, München, 2013.

Fischer, Klaus/Uthoff, Rolf, Das Recht der formularmäßigen Einwilligung des Privatpatienten bei externer Abrechnung, MedR 1996, 115.

Flor, Georg, Beruf und Schweigepflicht – Eine Gegenüberstellung, JR 1953, 368.

Franki, Harald, Verhalten des Arztes im Konfliktfall, MedR 2000, 464.

Fricke, Hans-Joachim, Die Erhebung personenbezogener Gesundheitsdaten bei Dritten, VersR 2009, 297.

Fuchs, M. Grundlagen und Probleme einer privatrechtlich gestalteten Arzthaftung, ArztR 1996, 321.

***Galen**, Margarete Gräfin G.,* Der Verteidiger – Garant eines rechtsstaatlichen Verfahrens oder Mittel zu Inquisition? Der Beschuldigte – verteidigt oder verkauft?, StV 2000, 575.

Gallwas, Hans-Ullrich, Der allgemeine Konflikt zwischen dem Recht auf informationelle Selbstbestimmung und der Informationsfreiheit, NJW 1992, 2785.

Gehrlein, Markus, Kein Anspruch des Patienten auf Ablichtung seiner Krankenunterlagen, NJW 2001, 2773.

Geiger, Andreas, Die Einwilligung in die Verarbeitung von persönlichen Daten als Ausübung des Rechts auf informationelle Selbstbestimmung, NVwZ 1989, 35.

Geiger, Michael, Anmerkung zu BGH, Urteil v. 26.10.1982 – 1 StR 413/82 (LG Rottweil), JZ 1983, 153.

Geis, Max-Emanuel, Der Kernbereich des Persönlichkeitsrechts, JZ 1991, 112.

Geiß, Karlmann/Greiner, Hans-Peter, Arzthaftpflichtrecht, 5. Auflage, München, 2006.

Geppert, Klaus, Rechtfertigende „Einwilligung" des verletzten Mitfahrers bei Fahrlässigkeitstraftaten im Straßenverkehr?, ZStW 1971, 947.

–, Anmerkung zu BGH, Beschl. v. 25.3.1988 – 2 StR 93/88 (LG Aachen), JZ 1988, 1024.

Gernhuber, Joachim, Elterliche Gewalt heute, FamRZ 1962, 89.

–, Gläubiger, Schuldner und Dritte, JZ 1962, 553.

Giebel, Gerald D/Wienke, Albrecht/Edelmann, Martin/Mennigen, Rudolf/Dievenich, Anne, Das Aufklärungsgespräch zwischen Wollen, Können und Müssen, NJW 2001, 863.

Giesen, Dieter, Das Recht der fremdnützigen Geschäftsbesorgung, Jura 1996, 288.

–, Anmerkung zu BGH, Urteil v. 31.5.1983 – VI ZR 259/81 (OLG Frankfurt a. M.), JZ 1984, 281.

–, Anmerkung zu BGH, Beschl. v. 25.3.1988 – 2 StR 93/88 (LG Aachen), JZ 1988, 1030.

–, Anmerkung zu BGH, Urteil v. 6.12.1988 – VI ZR 76/88 (OLG Düsseldorf), JZ 1989, 442.

Giesen, Dieter/Poll, Jens, Anmerkung zu Urteil des BGH v. 25.3.1993 – IX ZR 192/92, JR 1994, 29.

Gola, Peter, Die Entwicklung des Datenschutzrechts im Jahre 1994/95, NJW 1995, 3283.

Gola, Peter/Klug, Christoph, Neuregelungen zur Bestellung betrieblicher Datenschutzbeauftragter, NJW 2007, 118.

Gola, Peter/Schomerus, Rudolf, Kommentar zum Bundesdatenschutzgesetz, 10. Auflage, München, 2010.

Göppinger, Hans, Die Entbindung von der Schweigepflicht und die Herausgabe oder Beschlagnahme von Krankenblättern, NJW 1958, 241.

Grabsch, Winfried, Die Strafbarkeit der Offenbarung höchstpersönlicher Daten des ungeborenen Menschen, Diss., Universität Tübingen, 1993.

Gramm, Christof, Rechtsfragen der staatlichen Aids-Aufklärung, NJW 1989, 2917.

Gramberg-Danielsen, Berndt/Kern, Bernd-Rüdiger, Die Schweigepflicht des Arztes gegenüber privaten Verrechnungsstellen, NJW 1998, 2708.

Grömig, Ursula, Schweigepflicht der Ärzte untereinander, NJW 1970, 1209.

Gropp, Walter, Anmerkung zu Urteil des BayObLG v. 8.11.1994 – 2 St RR 157/94, JR 1996, 478.

Gülzow, Hagen, Beschlagnahme von Unterlagen der Mandaten bei deren Rechtsanwälten, Wirtschaftsprüfern oder Steuerberatern, NJW 1981, 265.

Haffke, *Bernhard*, Schweigepflicht, Verfahrensrevision und Beweisverbot, GA 1973, 65.

Hanack, E. W. Anmerkung zu Urteil des BGH v. 20.2.1985 – 2 StR 561/84 (BGHSt. 33, 148), JR 1986, 35.

Harenne, Nicola von, Das Zeugnisverweigerungsrecht der Berufshelfer nach § 53a StPO, Diss., Universität Münster, 2002.

Haas, Lothar, Die Zulässigkeit klinischer Sektionen, NJW 1988, 2929.

Heberer, Jörg/Mößbauer, Annette, Schweigepflicht bei infektiösen Patienten – Persönlichkeitsschutz des Patienten vor Schutz des Personals im Krankenhaus?, MedR 2004, 138.

Heghmanns, Michael/Niehaus, Holger, Outsourcing im Versicherungswesen und der Gehilfenbegriff des § 203 III 2 StGB, NStZ 2008, 57.

Heinemann, Gustav G., Ärztliche Verrechnungsstellen, JW 1930, 1554.

Heintzen, Markus/Lilie, Hans, Patientenakten und Rechnungshofkontrolle, NJW 1997, 1601.

Heiseke, Jürgen, Zur Schutzwirkung eines Schuldvertrages gegenüber dritten Personen I, NJW 1960, 77.

Hemming, Thorsten, Moral und Recht, JuS 1992, 984.

Henssler, Martin, Das anwaltliche Berufsgeheimnis, NJW 1994, 1817.

Herzberg, Rolf Dietrich, Bedingter Vorsatz und objektive Zurechnung beim Geschlechtsverkehr des Aids-Infizierten – AG München, NJW 1987, 2314, JuS 1987, 777.

–, Die Strafdrohung als Waffe im Kampf gegen Aids?, NJW 1987, 1461.

Hess, Marco, Das Einsichtsrecht der Erben und Angehörigen in Krankenunterlagen des Erblassers, ZEV 2006, 479.

Hiendl, Hans, Darf bei Alkoholverkehrsdelikten der die Blutprobe entnehmende Arzt vor dem Gericht die Aussage über den klinischen Befund verweigern?, NJW 1958, 2100.

Hinne, Dirk, Das Einsichtsrecht in Patientenakten, NJW 2005, 2270.

Hirsch, Günter E., Gesetzesinitiativen gegen AIDS, MedR 1987, 278.

Hoffmann-Riem, Wolfgang, Der grundrechtliche Schutz der Vertraulichkeit und Integrität eigengenutzer informationstechnischer System, JZ 2008, 1009.

Hohloch, Gerhard, Ersatz von Vermögensschäden Dritter aus Vertrag, FamRZ 1977, 530.

–, Ärztliche Dokumentation und Patientenvertrauen, NJW 1982, 2577.

Hollmann, Angela, Formularmäßige Erklärung über die Entbindung von der Schweigepflicht gegenüber Versicherungsunternehmer, NJW 1978, 2332.

–, Aus der Rechtsprechung des Bundesgerichtshofs in Strafsachen, MDR 1980, 812.

Honsell, Heinrich, Anmerkung zu BGH, Urteil v. 23.1.1985 – IV a ZR 66/83, JZ 1985, 952.

Hoppe, Jürgen F., Der Zeitpunkt der Aufklärung des Patienten – Konsequenzen der neuen Rechtsprechung, NJW 1998, 782.

Hopt, Klaus J., Dritthaftung für Testate, NJW 1987, 1745.

Hubmann, Heinrich, Grundsätze der Interessenabwägung, AcP 1956, 85.

Huffer, Henning, Schweigepflicht im Umbruch, NJW 2002, 1382.

Hümmerich, Klaus/Kniffka, Rolf, Die Entwicklung des Datenschutzrechts im Jahre 1978, NJW 1979, 1182.

***Ignor**, Alexander*, Der rechtliche Schutz des Vertrauensverhältnisses zwischen Rechtsanwalt und Mandant im Visier des Gesetzgebers, NJW 2007, 3403.

***Jäger**, Christian*, Informationsschutz im Wirtschaftsstrafrecht, JZ 2003, 1048.

Jakobs, Horst Heinrich, Über die Notwendigkeit einer Reform der Geschäftsherrnhaftung, VersR 1969, 1061.

–, Die ärztliche Heilbehandlung als Werkvertrag, NJW 1975, 1437.

Jakobs, Michal Ch., Ermittlungsverfahren wegen Verstoßes gegen das Betäubungsmittelgesetz, JR 1982, 359.

Janker, Helmut, Heimliche HIV-Antikörpertests – strafbare Körperverletzung?, NJW 1987, 2897.

Jarass, Hans D., Das allgemeine Persönlichkeitsrecht im Grundgesetz, NJW 1989, 857.

Jarass, Hans D/Pieroth, Bodo, Grundgesetz für die Bundesrepublik Deutschland, 12. Auflage, München, 2012.

Jauernig, Othmar, Bürgerliches Gesetzbuch, 14. Auflage, München, 2011.

Jescheck, Hans-Heinrich/Weigend, Thomas, Lehrbuch des Strafrechts Allgemeiner Teil, 5. Auflage, Berlin, 1996.

Jipp, P., Zur Ätiopathogenese und Klinik des erworbenen Immundefektsyndroms (AIDS), MedR 1987, 257.

Jungbecker, Rolf, Die formularmäßige Operationsaufklärung und -einwilligung, MedR 1990, 173.

***Kamanabrou**, Sudabeh*, Grenzen der Haftung für Schutzpflichtverletzung Dritter, NJW 2001, 1187.

Kamps, Hans, Datenschutz und ärztliche Schweigepflicht in Psychiatrischen Landeskrankenhäusern, MedR 1985, 200.

–, Der Einsatz infektiöser Ärzte und medizinischer Arbeitskräfte im Gesundheitsdienst, MedR 2005, 1.

–, Der Verkauf der Patientenkartei und die ärztliche Schweigepflicht, NJW 1992, 1545.

Karlsruher Kommentar zur Strafprozessordnung, 5. Auflage, München, 2003.

Katzenmeier, Christian, Die Neuregelung des Anspruchs auf Schmerzensgeld, JZ 2002, 1029.

–, Anmerkung zu BGH, Urteil v. 7.11.2006 – VI ZR 206/05, JZ 2007, 642.

Kaufmann, Arthur, Anmerkung zu OLG Nürnberg, Beschl. v. 17.8.1956 – Ws 267/56, NJW 1958, 272.

Kern, Bernd-Rüdiger, Der postmortale Geheimnisschut, MedR 2006, 205.

–, Fremdbestimmung bei der Einwilligung in ärztliche Eingriffe, NJW 1994, 753.

Kern, Eduard, Grade der Rechtswidrigkeit, ZStW 1952, 255.

Kilian, Matthias, Der Begutachtungsvertrag nach der Schuldrechtsreform, NZV 2004, 489.

Kilian, Wolfgang, Rechtliche Aspekte der digitalen medizinischen Archivierung von Röntgenunterlagen, NJW 1987, 695.

–, Medizinische Forschung und Datenschutzrecht, NJW 1998, 787.

Klass, Nadine, Die zivilrechtliche Einwilligung als Instrument zur Disposition über Persönlichkeitsrechte, AfP 2005, 507.

Kleinewefers, Herbert, Die Aufklärungspflicht des Arztes unter Berücksichtigung der Rechtsprechung des Bundesgerichtshofs, VersR 1962, 197.

Kleinewefers, Herbert/Wilts, Walter, Die ärztliche Schweigepflicht gegenüber Auskunftsersuchen der Haftpflichtversicherer, VersR 1963, 989.

–, Schadensersatzansprüche bei Verletzung der ärztlichen Schweigepflicht, NJW 1963, 2345.

–, Die Schweigepflicht der Krankenhausleitung, NJW 1964, 428.

Klippel, Diethelm, Deliktische Probleme des Datenschutzes, BB 1983, 407.

Klose, Henning F., Die richterliche Kontrolle des Zeugnisverweigerungsrechts der Berufsgeheimnisträger am Beispiel des Arztes, Diss., Universität Marburg, 1977.

KMR Kommentar zur Strafprozessordnung, Band 1, §§ 1–93, Köln, 2012.

Knauf, Christian, Mutmaßliche Einwilligung und Stellvertretung bei ärztlichen Eingriffen an Einwilligungsunfähigen, Diss., Universität Düsseldorf, 2005.

Knapp, Nero, Der Rechtfertigungsgrund der berechtigten Geschäftsführung ohne Auftrag, JuS 1992, 984.

Kohlhaas, Max, Strafrechtliche Schweigepflicht und prozessuales Schweigerecht, GA 1958, 65.

–, Rotes Kreuz und Schweigepflicht?, NJW 1967, 666.

–, Folgen aus dem Einbruch der Technik in die Medizin bei Verkleinerung von Röntgenbildern, NJW 1972, 1120.

–, Die Schweigepflicht der in der Medizin technisch tätigen Personen, NJW 1972, 1502.

Kohte, Wolfhard, Die rechtfertigende Einwilligung, AcP 1985, 105.

Kollhosser, Helmut/Kubillus, Manfred, Grundfragen des Arztrechtes, JA 1996, 339.

König, Michael, Anmerkung zu OLG Köln, Urt. v. 29.8.1990 – 27 U 76/90, NJW 1991, 755.

Könning, Angela, Zur Rechtsnatur des Zahnarztvertrages, VersR 1989, 223.

Körner-Dammann, Marita, Weitergabe von Patientendaten an ärztliche Verrechnungsstellen, NJW 1992, 729.

–, Datenschutzprobleme beim Praxisverkauf, NJW 1992, 1543.

Krauß, Detlef, Schweigepflicht und Schweigerecht des ärztlichen Sachverständigen im Strafprozess, ZStW 1985, 81.

Krekeler, Wilhelm/Schonard, Marcus, Der Berufshelfer im Sinn des § 53a StPO, wistra 1998, 137.

Kreuzer, Arthur, Die Schweigepflicht von Krankenhausärzten gegenüber Aufsichtsbehörden, NJW 1975, 2232.

–, Anmerkung zu Urteil des BGH v. 26.10.1982 – 1 StR 413/82, JR 1984, 294.

Kuhla, Wolfgang, Liquidation des Chefarztes für Vertreterleistungen, NJW 2000, 841.

Kuhlmann, Goetz-Joachim, Übertragung einer Arztpraxis und ärztliche Schweigepflicht, JZ 1974, 670.

–, Zur ärztlichen Aufklärungspflicht, NJW 1973, 2239.

Kühne, Hans-Heiner, Zeugnisverweigerungsrecht im Strafprozess – neue Wege für die Anwendung von Grundrechten? – BVerfGE 33, 367, JuS 1973, 685.

–, Die strafrechtliche Relevanz eines auf Fehlvorstellungen gegründeten Rechtsgutsverzichts, JZ 1979, 241.

–, Innerbehördliche Schweigepflicht von Psychologen, NJW 1977, 1478.

–, Die begrenzte Aussagepflicht des ärztlichen Sachverständigen vor Gericht nach §§ 53 I Nr. 3 StPO, 203 I Nr. 1 StGB, JZ 1981, 647.

Kühnl, Ulrike, Zivilprozessuale Problem der ärztlichen Schweigepflicht nach dem Tode des Patienten, JA 1995, 328.

Kunig, Philip, Der Grundsatz informationeller Selbstbestimmung, Jura 1993, 595.

Lackner, *Karl/Kühl, Kristian*, Kommentar zum Strafgesetzbuch, 27. Auflage, München, 2011.

Lange, Heinrich/Kuchinke, Kurt, Erbrecht, 5. Auflage, München, 2001.

Langkeit, Jochen, Umfang und Grenzen der ärztlichen Schweigepflicht gemäß § 203 I Nr. 1 StGB, NStZ 1994, 6.

Larenz, Karl, Lehrbuch des Schuldrechts I, 13. Auflage, München, 1982.

–, Lehrbuch des Schuldrechts II/1, 13. Auflage, München, 1986.

–, Anmerkung zu BGH, Urt. v. 25.4.1956 – VI ZR 34/55 (Düsseldorf), NJW 1956, 1193.

–, Zur Schutzwirkung eines Schuldvertrages gegenüber dritten Personen II, NJW 1960, 78.

Larenz, Karl/Wolf, Manfred, Allgemeiner Teil des BGB, 9. Auflage, München, 2004.

Laufs, Adolf, Arztrecht (NJW-Schriftenreihe), 5. Auflage, München, 2005.

–, Krankenpapiere und Persönlichkeitsschutz, NJW 1975, 1433.

–, Die Entwicklung des Arztrechts 1978/79, NJW 1979, 1230.

–, Die Entwicklung des Arztrechts 1979/80, NJW 1980, 1315.

–, Die Entwicklung des Arztrechts 1982/83, NJW 1983, 1345.

–, Die Entwicklung des Arztrechts 1983/84, NJW 1984, 1383.

–, Die Entwicklung des Arztrechts 1990/91, NJW 1991, 1516.

–, Die Entwicklung des Arztrechts 1991/92, NJW 1992, 1529.

–, Die Entwicklung des Arztrechts 1993/94, NJW 1994, 1562.

–, Arzt und Recht im Umbruch der Zeit, NJW 1995, 1590.

–, Medizinrecht im Wandel, NJW 1996, 1571.

–, Nicht der Arzt allein muss bereit sein, das Notwendige zu tun, NJW 2000, 1757.

Laufs, *Adolf/Narr*, *Helmut*, AIDS – Antworten auf Rechtsfragen aus der Praxis, MedR 1987, 282.

Laufs, *Adolf/Uhlenbruck*, *Wilhelm*, Handbuch des Arztrechts, 3. Auflage, München, 2002.

Laufs, *Rainer/Laufs*, *Adolf*, Aids und Arztrecht, NJW 1987, 2257.

Leipziger Kommentar zum Strafgesetzbuch, Band 2, 12. Auflage, 2006; Band 6, 12. Auflage, Berlin, 2009.

Lenckner, *Theodor*, Die Einwilligung Minderjähriger und deren gesetzlicher Vertreter, ZStW 1960, 446.

–, Anmerkung zu LG Augsburg, Beschl. V. 21.11.1963 – 5 T 109/63, NJW 1964, 1186.

–, Aussagepflicht, Schweigepflicht und Zeugnisverweigerungsrecht, NJW 1965, 321.

Lesch, *Heiko*, *H.*, Die strafrechtliche Einwilligung beim HIV-Antikörpertest an Minderjährigen, NJW 1989, 2309.

Lilie, *Hans*, Zur Zukunft der Organ- und Gewebespende, Festschrift für *Adolf Laufs* zum 70. Geburtstag, 959.

–, Garantenstellungen für nahestehende Personen, JZ 1991, 541.

–, Anmerkung zu BGH, Urt. v. 26.10.1982 – 1 StR 413/82 (LG Rottweil), NStZ 1983, 314.

Lips, *Jörg/Schönberger*, *Katja*, Unechtes Factoring im Gesundheitswesen: Ein Geschäftsmodell vor dem Aus?, NJW 2007, 1567.

Lorenz, *Frank Lucien*, Beschlagnahme von Krankenunterlagen – Prozessuale Anmerkungen zur Memmingen-Entscheidungen des BGH, MDR 1992, 313.

Lorenz, *Werner*, Anmerkung zu BGH, Urteil v. 6.7.1965 – VI ZR 47/64 (OLG Hamm), JZ 1966, 143.

Loschelder, Wolfgang, Gesundheitsrechtliche Aspekte des Aids-Problems, NJW 1987, 1467.

Löwe-Rosenberg Großkommentar zur Strafprozessordnung und dem Gerichtsverfassungsgesetz, Band 2, §§ 72–136a, 25. Auflage, 2004; Band 2, §§ 48–93, 26. Auflage, Berlin [u. a.], 2008.

Lux, Jochen, Kommt dem Arztvertrag Geschäftsbesorgungscharakter zu? – Auskunfts-, Einsichtnahme- und Herausgabepflichten des Arztes, GesR 2004, 6.

Maaßen, Anmerkung zu OLG Celle, Beschluss vom 18.1.1952 – Ws 502/51, MDR 1952, 377.

Mand, Elmar, Datenschutz in Medizinnetzen, MedR 2003, 393.

Mankowski, Peter, Anmerkung zu BGH, Urteil v. 25.3.1993 – IX ZR 192/92 (OLG Bamberg), JZ 1994, 48.

Martinek, Michael/Theobald, Uwe, Grundfälle zum Recht der Geschäftsführung ohne Auftrag, JuS 1997, 612.

Marx, Michael, Schweigepflicht und Schweigerecht der Angehörigen des Behandlungsstabs im Straf- und Maßregelvollzug, GA 1983, 160.

Maunz, Theodor/Dürig, Günter, Kommentar zum Grundgesetz, Band I, München, 2008.

Maurach, Reinhart/Zipf, Heinz, Strafrecht Allgemeiner Teil, Teilband 1, 7. Auflage, Heidelberg, 1987.

Maurach, Reinhart/Schroeder, Friedrich-Christian/Maiwald, Manfred, Strafrecht Besonderer Teil I, 10. Auflage, Heidelberg [u. a.], 2009.

May, Erich, Zum Schutz der Persönlichkeit nach dem Tode, NJW 1958, 2101.

Mayenburg, David, Nur Bagatellen? – Einige Bemerkungen zur Einführung von Schmerzensgeld bei Gefährdungshaftung im Regierungsentwurf eines Zweiten Gesetzes zur Änderung schadensersatzrechtlicher Vorschriften, VersR 2002, 278.

Mayer, Markus, Anmerkung zu OLG Celle, Beschluss v. 14.3.1989 – 1 Ss 41/89, JZ 1989, 908.

Medicus, Dieter, Allgemeiner Teil des BGB, 10. Auflage, Heidelberg [u. a.], 2010.

Medicus, Dieter/Lorenz, Stephan, Schuldrecht BT II, 16. Auflage, München, 2012.

Meister, Herbert, Datenschutz und Privatrechtsordnung, BB 1976, 1584.

Mennicke, Petra/Radtke, Henning, Die Abtretung von Honorarforderungen aus strafrechtlicher Sicht, MDR 1993, 400.

Meyer-Goßner, Lutz, Kommentar zur Strafprozessordnung, 55. Auflage, München, 2012.

Mezger, Edmund, Anmerkung zu BGH, Beschluss v. 25.9.1957 – 4 StR 354/57, JZ 1958, 281.

Michalski, Lutz, (Zahn-)Ärztliche Aufklärungspflicht über die Ersatzfähigkeit von Heilbehandlungskosten, VersR 1997, 137.

Michalski, Luth/Römermann, Volker, Interprofessionelle Zusammenarbeit von Rechtsanwälten, NJW 1996, 3233.

Michalowski, Sabine, Schutz der Vertraulichkeit strafrechtlich relevanter Patienteninformationen, ZStW 1997, 519.

Mitsch, Wolfgang, Trunkenheitsfahrt und Notstand – OLG Koblenz, NJW 1988, 2316, JuS 1989, 964.

–, Die „hypothetische Einwilligung" im Arztstrafrecht, JZ 2005, 279.

Mittelbach, Anmerkung zu OLG München, Beschluß vom 26.4.1956 – Ws 208/56, MDR 1956, 565.

Mrozynski, Peter, Zum Schutz von Sozialdaten im Recht der Leistungserbringer, NZS 1996, 545.

Müller, Claus, Weitergabe amtsärztlicher Gutachten an den Dienstherrn, NJW 1966, 1152.

Müller, Klaus, Die Schweigepflicht im ärztlichen Standesrecht, MDR 1971, 965.

Münchener Kommentar zum Bürgerlichen Gesetzbuch, München, Band 1, 6. Auflage, 2012; Band 2, 6. Auflage, 2012; Band 4, 6. Auflage, 2012; Band 5, 5. Auflage, 2009; Band 8, 6. Auflage, 2012; Band 9, 5. Auflage, München, 2010.

Münchener Kommentar zum Strafgesetzbuch, Band 1, §§ 1–37, 2. Auflage, 2011; Band 4, §§ 185–262, 2. Auflage, 2012, München.

Münchener Kommentar zur Zivilprozessordnung, Band 2, §§ 511–945, 3. Auflage, München, 2007.

Muscheler, Karlheinz, Erbrecht, Band II, Tübingen, 2010.

Musielak, Hans-Joachim, Kommentar zur Zivilprozessordnung, 9. Auflage, München, 2012.

***Nedopil**, Norbert,* Grenzziehung zwischen Patient und Straftäter, NJW 2000, 837.

Niebling, Jürgen, Ärztliche Formaufklärung und AGB-Gesetz, MDR 1982, 193.

NoMosKommentar zum Bundesdatenschutzgesetz, 6. Auflage, Baden-Baden, 2006.

NoMosKommentar zum Strafgesetzbuch, Kindhäuser/Neumann/Paeffgen (Hrsg.), Band 1, 4. Auflage, 2013; Band 2, 4. Auflage, 2013, Baden-Baden, 2010.

NoMosHandKommentar zum Gesamten Strafrecht zu Strafgesetz/Strafprozessordnung-/Nebengesetze, Dölling/Duttge/Rössner(Hrsg.), 2. Auflage, Baden-Baden, 2011.

***Ostendorf**, Heribert*, Der strafrechtliche Schutz von Drittgeheimnissen, JR 1981, 444.

Otto, Harro, Grundkurs Strafrecht, 7. Auflage, Berlin, 2005.

–, Einwilligung, mutmaßliche, gemutmaßte und hypothetische Einwilligung, Jura 2004, 679.

–, Strafrechtliche Konsequenzen aus der Ermöglichung der Kenntnisnahme von Bankgeheimnissen in einem öffentlich-rechtlichen Kreditinstitut durch Wartungs- und Servicepersonal eines Computer-Netzwerkes, wistra 1999, 201.

Otto, Harro/Brammsen, Joerg, Die Grundlagen de strafrechtlichen Haftung des Garanten wegen Unterlassens (I), Jura 1985, 530.

Palandt Kommentar zum Bürgerlichen Gesetzbuch, 71. Auflage, München, 2013.

Peter, Jürgen, „Schlüsselgewalt“ bei Arzt- und Krankenhausverträgen, NJW 1993, 1949.

Peters, Frank, Zur Gesetzestechnik des § 823 II BGB, JZ 1983, 913.

Petersen, Jens, Postmortaler Persönlichkeitsschutz, Jura 2008, 271.

–, Gesetzliches Verbot und Rechtsgeschäft, Jura 2003, 532.

Pfeiffer, Gerd, Kommentar zur Strafprozessordnung, 5. Auflage, München, 2005.

Pickel, Harald, Geheimhaltung und Offenbarung von Daten im Sozialrecht, MDR 1984, 885.

Picker, Eduard, Positive Forderungsverletzung und culpa in contrahendo – zur Problematik der Haftungen „zwischen“ Vertrag und Delikt, AcP 1983, 369.

–, Vertragliche und deliktische Schadenshaftung, JZ 1987, 1041.

Prütting, Hanns/Wegen, Gerhard/Weinreich, Gerd, Kommentar zum Bürgerlichen Gesetzbuch, 6. Auflage, Köln, 2011.

Puppe, Ingeborg, Die strafrechtliche Verantwortlichkeit des Arztes bei mangelnder Aufklärung über eine Behandlungsalternative, GA 2003, 764.

***Ratzel,** Rudolf*, Ärztliches Standesrecht, Frankfurt am Main [u. a.], 1990.

Rehborn, Martin, Aktuelle Entwicklungen im Arzthaftungsrecht, MDR 1999, 1169.

–, Aktuelle Entwicklungen im Arzthaftungsrecht, MDR 2000, 1101.

Rein, Detlev B., Der Schutz der Geheimnisse Verstorbener und Dritter in der Privatleben Personenversicherung, VersR 1977, 121.

Rengier, Rudolf, Zum strafprozessualen Zeugnisverweigerungsrecht des Betriebs- und Personalrats, BB 1980, 321.

–, AIDS und Strafrecht, Jura 1989, 225.

Reuter, Dieter, Elterliche Sorge und Verfassungsrecht, AcP 1992, 108.

RGRK Kommentar zum Bürgerlichen Gesetzbuch, Band I., 12. Auflage; Band II., 4. Teil, 12. Auflage; Band II., 5. Teil, 12. Auflage, Berlin [u. a.].

Rieger, Hans-Jürgen, Herausgabe von Röntgenaufnahmen an Patienten, NJW 1975, 2239.

Risse, Jörg/Reichert, Maximilian, Offenlegung eines vertraulichen Vergleichsangebots – Kavaliersdelikt oder strafbarer Geheimnisverrat?, NJW 2008, 3680.

Rogall, Klaus, Die Verletzung von Privatgeheimnissen (§ 203 StGB), NStZ 1983, 1.

–, Anmerkung zu OLG Köln, Beschl. v. 30.11.1982 – 3 Zs 126/82, NStZ 1983, 413.

–, Anmerkung zu BGH, Urt. v. 20.2.1985 – 2 StR 561/84 (LG Wiesbaden), NStZ 1985, 374.

Roßnagel, Alexander, Handbuch Datenschutzrecht, München, 2003.

–, Datenschutz bei Praxisübergabe, NJW 1989, 2303.

Roßnagel, Alexander/Pfitzmann, Andereas/Garstka, Hansjürgen, Modernisierung des Datenschutzrechts, DuD 2001, 253.

Roßnagel, Alexander/Schnabel, Christoph, Das Grundrecht auf Gewährleistung der Vertraulichkeit und Integrität informationstechnischer Systeme und sein Einfluss auf das Privatrecht, NJW 2008, 3534.

Roßner, Hans-Jürgen, Verzicht des Patienten auf eine Aufklärung durch den Arzt, NJW 1990, 2291.

Roxin, Claus, Strafrecht Allgemeiner Teil I, 4. Auflage, München, 2006.

Roxin, Claus/Schroth, Ulrich, Handbuch des Medizinstrafrechts, 4. Auflage, Stuttgart [u. a.], 2010.

Rumler-Detzel, Pia, Arbeitsteilung und Zusammenarbeit in der Chirurgie - Rechtliche Verantwort –, VersR 1994, 254.

Rüpke, Giselher, Datenschutz, Mandatsgeheimnis und anwaltliche Kommunikationsfreiheit, NJW 2008, 1121.

***Saliger**, Frank*, Anmerkung zu BGH, Urteil v. 13.11.2003 – 5 StR 327/03, JZ 2004, 977.

Samson, Erich, Im Irrgarten von Zeugnisverweigerungsrecht und Beschlagnahmefreiheit, StV 2000, 55.

Schack, Haimo, Anmerkung zu OLG Schleswig, Urteil v. 13.5.1987 – 4 U 227/85, JZ 1987, 776.

–, Anmerkung zu BGH, Urteil v. 8.6.1989 – I ZR 135/87 (OLG Schleswig), JZ 1990, 40.

Schäcker, Hanns, Zur Schweigepflicht der Angehörigen werksärztlicher Abteilungen, BB 1964, 968.

Schäfer, Ulrike A., Sicherungsabtretung von Hinirarforderungen und Schweigepflicht, wistra 1993, 281.

Schaffland, Hans-Jürgen/ Wiltfang, Noeme, Kommentar zum BDSG, Berlin, 2008.

Schafft, Thomas/Ruoff, Andreas, Nutzung personenbezogener Daten für Werbezwecke zwischen Einwilligung und Vertragserfüllung, CR 2006, 499.

Schalast, Christoph/Safran, Robert/Sassenberg, Thomas, Strafbarkeit von Sparkassenvorständen beim Verkauf notleidender Kredite, NJW 2008, 1486.

Schenkel, Harald, Keine berufsbezogene Schweigepflicht hauptamtlicher Bewährungshelfer nach § 203 I Nr. 5 StGB, NStZ 1995, 67.

Scherer, Inge, Schwangerschaftsabbruch bei Minderjährigen und elterliche Zustimmung, FamRZ 1997, 589.

Schlund, Gerhard H., Zu Fragen der ärztlichen Schweigepflicht, JR 1977, 265.

–, Anmerkung zu Beschl. des OLG Hamm v. 16.7.1998 – 15 W 274/98, JR 1999, 334.

–, Anmerkung zu Urt. des OLG Frankfurt a. M. v. 5.10.1999 – 8 U 67/99–59, JR 2000, 376.

Schmid, Hugo, Über den notwendigen Inhalt ärztlicher Dokumentation, NJW 1987, 681.

Schmid, Karlheinz, Eignungsuntersuchungen und ärztliche Schweigepflicht im Rahmen des werksärztlichen Dienstes, BB 1968, 954.

Schmidhäuser, Eberhard, Strafrecht Allgemeiner Teil, 2. Auflage, Tübingen, 1975.

Schmidt, Eberhard, Ärztliche Schweigepflicht und Zeugnisverweigerungsrecht im Bereiche der der Sozialgerichtsbarkeit, NJW 1962, 1745.

Schmidt, Eike, Zur Dogmatik des § 278 BGB, AcP 1970, 502.

Schmidt, Gerhard, Zur Problematik des Indiskretionsdelikts, ZStW 1967, 741.

Schmidt-Beck, Jürgen, Rechtliche Aspekte der EDV-geschützten ärztlichen Dokumentation, NJW 1991, 2335.

Smith, Lesley Jane, Neuere Entwicklungen in der Haftung für Persönlichkeitsrechtsverletzungen nach deutschem und englischem Recht, ZEuP 1999, 303.

Schmitz, Roland, Verletzung von (Privat)geheimnisen – Der Tatbestand des § 203 StGB, JA 1996, 772.

–, Verletzung von (Privat)geheimnissen – Qualifikationen und ausgewählte Probleme der Rechtfertigung, JA 1996, 949.

–, Der Beginn der Verjährungsfrist nach § 78a StGB bei der Hinterziehung von Einkommensteuer durch Unterlassen, wistra 1993, 248.

Scholz, Thomas, Schweigepflicht der Berufspsychologen und Mitbestimmung des Betriebsrates bei psychologischen Einstellungsuntersuchungen, NJW 1981, 1987.

Schönke, Adolf/Schröder, Horst, Kommentar zum Strafgesetzbuch, 27., 28. Auflage, München, 2006, 2010.

Schroth, Ulrich, Die berechtigte Geschäftsführung ohne Auftrag als Rechtfertigungsgrund im Strafrecht, JuS 1992, 476.

Schubert, Werner, Der Tatbestand der Geschäftsführung ohne Auftrag, AcP 1978, 425.

Schünemann, Bernd, Zur Stellung des Opfers im System der Strafrechtspflege, NStZ 1986, 439.

–, Der strafrechtliche Schutz von Privatgeheimnissen, ZStW 1978, 11.

Schuster, Michael/Simson, Jürgen, Anmerkung zu OLG Celle, Urt. v. 14.11.1979 – 3 U 92/79, NJW 1980, 1287.

Schütte, Heinz, Die Schweigepflchtentbindung in Versicherungsanträgen, NJW 1979, 592.

Schwerdtner, Eberhard, Mehr Rechte für das Kind – Fluch oder Segen für die elterliche Sorge?, NJW 1999, 1525.

Schwerdtner, Peter, Geschäftsführung ohne Auftrag, Jura 1982, 593.

Seibl, Maximilian, Haftung des Krankenhausträgers bei HIV-Infektion, JA 2006, 5.

Seifert, Fedor, Postmortaler Schutz des Persönlichkeitsrechts und Schadensersatz – Zugleich ein Streifzug durch die Geschichte des allgemeinen Persönlichkeitsrechts, NJW 1999, 1889.

Soergel Kommentar zum Bürgerlichen Gesetzbuch, Band 2, 13. Auflage 1999; Band 3/3, 13. Auflage, 2010; Band 4/1, 12. Auflage, 1997; Band 10, 13. Auflage; Band 12, 13. Auflage, 2005; Band 21, 13. Auflage, Stuttgart, 2002.

Solbach, Günter, Kann der Arzt von seiner Schweigepflicht entbunden werden, wenn ein Patient verstorben oder willensunfähig ist?, DRiZ 1978, 204.

Spickhoff, Andreas, Medizinrecht, München, 2011

–, Autonomie und Heteronomie im Alter, AcP 2008, 345.

–, Anmerkung zu 17. Kammer für Handelssachen, Urteil v. 22.5.2003 – 17 HKO 344/03, FamRZ 2003, 1581.

–, Anmerkung zu 1. Kleine Strafkammer, Urteil v. 7.5.2012 – 151 Ns 169/11, FamRZ 2012, 1423.

–, Anmerkung zu BGH, Urteil v. 20.12.2007 – III ZR 144/07 (LG Hamburg), JZ 2008, 687.

–, Anmerkung zu BGH, Urteil v. 14.1.2010 – III ZR 188/09 (Brandenburgisches OLG), JZ 2010, 470.

–, Erfolgszurechnung und „Pflicht zum Bruch der Schweigepflicht“, NJW 2000, 848.

–, Die Patientenautonomie am Lebensende: Ende der Patientenautonomie?, NJW 2000, 2297.

–, Medizin und Recht zu Beginn des neuen Jahrhunderts, NJW 2001, 1757.

–, Die Entwicklung des Arztrechts 2001/2002, NJW 2002, 1758.

–, Das System der Arzthaftung im reformierten Schuldrecht, NJW 2002, 2530.

–, Die Entwicklung des Arztrechts 2002/2003, NJW 2003, 1701.

–, Die Entwicklung des Arztrechts 2003/2004, NJW 2004, 1710.

–, Die Entwicklung des Arztrechts 2004/2005, NJW 2005, 1694.

–, Postmortaler Persönlichkeitsschutz und ärztliche Schweigepflicht, NJW 2005, 1982.

–, Die Entwicklung des Arztrechts 2005/2006, NJW 2006, 1630.

–, Die ärztliche Aufklärung vor der altruistisch motivierten Einwilligung in medizinische Eingriffe, NJW 2006, 2075.

–, Die Entwicklung des Arztrechts 2006/2007, NJW 2007, 1628.

–, Die Entwicklung des Arztrechts 2008/2009, NJW 2009, 1716.

–, Die Entwicklung des Arztrechts 2009/2010, NJW 2010, 1718.

–, Die Entwicklung des Arztrechts 2010/2011, NJW 2011, 1651.

–, Die Entwicklung des Arztrechts 2011/2012, NJW 2012, 1773

–, Haftungsrechtliche Fragen der Biomedizin, VersR 2006, 1569.

–, Ärztliche Aufklärungsfehler, haftungsrechtliche Zurechnung und hypothetische Einwilligung, ZEuP 2006, 404.

Spickhoff/Seibl, Haftungsrechtliche Aspekte der Delegation ärztlicher Leistungen an nichtärztliches Medizinpersonal, MedR 2008, 463.

–, Die Erstattungsfähigkeit ärztlicher Leistungen bei Delegation an nichtärztliches Personal, NZS 2008, 57.

Spindler, Gerald/Rieckers, Oliver, Die Auswirkungen der Schuld- und Schadensrechtsreform auf die Arzthaftung, JuS 2004, 272.

Staudinger Kommentar zum Bürgerlichen Gesetzbuch mit Einführungsgesetz und Nebengesetzen, Buch 1, §§ 90–133, 2012; §§ 134–138, 2011; §§ 139–163, 2010; §§ 164–240, 2009; Buch 2, Recht der Schuldverhältnisse: §§ 255–304, 2009; §§ 305–310, 2006; §§ 611–613, 2005, 2011; §§ 657–704, 2006; §§ 779–811, 2009; §§ 823–825, 1999, 2009; §§ 830–838, 2012; Buch 4, Familienrecht: §§ 1626–1631, 2007; Buch 5, Erbrecht: §§ 1922–1966, 2008; Eckpfeiler des Zivilrechts, München, 2012/2013.

Stein, Axel, Der Schutz von Ansehen und Geheimsphäre Verstorbener, FamRZ 1986, 7.

Stein, Friedrich/Jonas, Martin, Kommentar zur Zivilprozessordnung, Band 5, 22. Auflage, 2006; Band 7, 2002; Band 8, 2004, Tübingen.

Steinberg-Copek, Jutta, Berufsgeheimnis und Aufzeichnungen des Arztes im Strafverfahren, Diss., Universität Berlin, 1969.

Stree, Walter, Garantenstellung kraft Übernahme, in Geerds F, Naucke W (Hrsg.), Beiträge zur gesamten Strafrechtswissenschaft – Festschrift *Hellmuth Mayer*, Berlin 1966, 145.

Stucki-Gallwoszus, Angelika, Pflichtenkollision von Schweigepflicht und Aufklärungspflicht des Arztes, Diss., Universität Düsseldorf, 1981.

Stürner, Rolf, Strafrechtliche Selbstbelastung und verfahrensförmige Wahrheitsermittlung, NJW 1981, 1757.

Systematischer Kommentar zum Strafgesetz, §§ 1–46a; §§ 123–211, 8. Auflage, Köln, 2012.

Systematischer Kommentar zur Strafprozessordnung, Band I, §§ 1–81a, 4. Auflage, München/Unterschleißheim, 2010; Band II, §§ 94–136a, Köln, 2010.

Szwarc, Andrzei J., AIDS und Strafrecht, Berlin, 1996.

***Taupitz**, Jochen*, Anmerkung zu BGH, Urt. v. 10.7.1991 – VIII ZR 296/90 (Köln), MedR 1991, 330.

–, Die ärztliche Schweigepflicht in der aktuellen Rechtsprechung des BGH, MDR 1992, 421.

–, Aufklärung über Behandlungsfehler: Rechtspflicht gegenüber dem Patienten oder ärztliche Ehrenpflicht?, NJW 1992, 713.

–, Zur Verfassungswidrigkeit des Verbots, ärztliche Praxis in Form einer juristischen Person des Privatrechts zu führen, NJW 1996, 3033.

–, Die Bedeutung des Patientenschweigens für die verschwiegene Gemeinschaft von Arzt und Inkassobüro, VersR 1991, 1213.

Taupitz, Jochen/Pitz, Andreas/Wicklein, Marco, Postmortale Gewebeentnahme: Verbietet das Datenschutzrecht den Kontakt zwischen Arzt und Angehörigen?, MedR 2005, 262.

Teichner, Matthias, Nochmals: AIDS und Blutspende, NJW 1986, 761.

Tempel, Otto, Inhalt, Grenzen und Durchführung der ärztlichen Aufklärungspflicht unter Zugrundelegung der höchstrichterlichen Rechtsprechung, NJW 1980, 609.

Terbille, Michael, Münchener Anwalts Handbuch, Medizinrecht, München, 2009.

Terbille, Michael/Schmitz-Herscheidt, Stephan, Zur Offenbarungspflicht bei ärztlichen Behandlungsfehlern, NJW 2000, 1749.

Tiedemann, Klaus, Datenübermittlung als Straftatbestand, NJW 1981, 945.

Tiedemann, Inge Karin, Aids – Familienrechtliche Probleme, NJW 1988, 729.

Timm, Manfred, Grenzen der ärztlichen Schweigepflicht, Diss., Universität Düsseldorf, 1987.

Tinnefeld, Marie-Theres, Menschenwürde, Biomedizin und Datenschutz, ZRP 2000, 10.

Tinnefeld, Marie-Theres/Ehmann, Eugen/Gerling, Rainer W, Einführung in das Datenschutzrecht, 4. Auflage, München, 2005.

Trockel, Horst, Die Rechtfertigung ärztlicher Eigenmacht, NJW 1970, 489.

Ulrici, *Bernhard*, Verbotsgesetz und zwingendes Gesetz, JuS 2005, 1073.

Ulsenheimer, Klaus, Arztstrafrecht in der Praxis, Heidelberg, 2008.

v. Lewinski, *Kai*, Schweigepflicht von Arzt und Apotheker, Datenschutzrecht und aufsichtsrechtliche Kontrolle, MedR 2004, 95.

v. *Mangoldt, Hermann/Klein, Friedrich/Starck, Christian*, Kommentar zum Grundgesetz, Band 1, 6 . Auflage, München 2010.

Vogel, Florian/Glas, Vera, Datenschutzrechtliche Probleme unternehmeninterner Ermittlungen, DB 2009, 1747.

Vogels, Tim O., Anmerkung zu OLG Frankfurt/M., Beschl. v. 8.7.1999 – 8 U 67/99, MDR 1999, 1445.

Wachsmuth, *Werner/Schreiber, Hans-Ludwig*, Anmerkung zu BGH, Urteil v. 23.11.1982–VI ZR 177/81 (KG Berlin), JZ 1983, 307.

Wagner, Gerhard, Absolute Wirkung vertragölicher Abtretungsverbote gleich absolute Unwirksamkeit verbotswidriger Abtretung?, JZ 1994, 227.

–, Das Zweite Schadensersatzrechtsänderungsgesetz, NJW 2002, 2049.

Wanckel, Endress, Anmerkung zu BGH, Urt. v. 5.10.2006 – I ZR 277/03 (LG Berlin), NJW 2007, 686.

Wasmuth, Johannes, Beschlagnahme von Patientenkarteien und Krankenscheinen im Strafverfahren wegen Abrechnungsbetrugs des Arztes, NJW 1989, 2297.

Wasserburg, Klaus, Die ärztliche Dokumentationspflicht im Interesse des Patienten, NJW 1980, 617.

–, Rechtsprechungsübersicht zum Arztstrafrecht – Januar 1997 bis Mai 2002, NStZ 2003, 353.

–, Die Krux mit der ärztlichen Schweigepflichtentbindung für Versicherungen, NJW 2004, 1695.

Weise, Stefan, Persönlichkeitsschutz durch Nebenpflichten dargestellt an Beispielen des Arbeits- und Arztvertrages, München, 1987.

Welp, Jürgen, Anmerkung zu Urteil des BGH v. 7.3.1996 – 4 StR 737/95 (BGHSt. 42, 73), JR 1997, 35.

Welzel, Hans, Der Allgemeine Teil des deutschen Strafrechts, Berlin,1940.

–, Studien zum System des Strafrechts, ZStW 1939, 491.

Wessels, Johannes/Beulke, Werner, Strafrecht Allgemeiner Teil, 42. Auflage, Heidelberg [u. a.], 2012.

Wessels, Johannes/Hettinger, Michael, Strafrecht Besonderer Teil 1, 36. Auflage, Heidelberg [u. a.], 2012.

Westermann, Harm Peter, Das allgemeine Persönlichkeitsrecht nach dem Tode seines Trägers, FamRZ 1969, 561.

Weyand, Raimund, Arzt- und Steuergeheimnis als Hindernis für die Strafverfolgung?, wistra 1990, 4.

Wienke, Albrecht/Sauerborn, Jürgen, EDV-geschützte Patientendokumentation und Datenschutz in der Praxis, MedR 2000, 517.

Wilde, Peter/Ehmann, Eugen/Niese, Markus/Knoblauch, Anton, Kommentar zum Bayerischen Datenschutzgesetz, München, Stand: 1998–2007.

Wilhelms, F., Anmerkung zu LG Bochum, Urt. v. 25.11.1991 – 10 S 42/92, NJW 1993, 1537.

Wilts, Walter, Anzeigepflichten des Arztes aus vorangegangenem Tun?, NJW 1966, 1837.

Woesner, Horst, Fragen ärztlicher Geheimhaltungspflicht, NJW 1957, 692.

Wolf, Christian, Externer Honorareinzug und ärztliche Schweigepflicht, Diss., Universität Leipzig, 2002.

Wolfslast, Gabriele, Anmerkung zu OLG Frankfurt a.M., Besch. V. 8.7.1999 – 8 U 67/99, NStZ 2001, 150.

Wuermeling, H. – B., Ärztlich-ethische Fragen zu AIDS, MedR 1987, 265.

Würtenberger, Thomas, Anmerkung zu BVerfG, Beschluss v. 19.7.1972, JZ 1973, 784.

You, *Ching*, Der zivilrechtliche Schutz der Persönlichkeit bei der Verletzung der ärztlichen Schweigepflicht, Diss., Universität Heidelberg, 1978.

Zimmermann, *Reinhard*, Der Selbstmord als Gefährdungssachverhalt, FamRZ 1979, 103.

–, Die heterologe künstliche Insemination und das geltende Zivilrecht, FamRZ 1981, 929.

Zitelmann, *Ernst*, Ausschluss der Widerrechtlichkeit, AcP 1906, S. 1.

Koreanische Literatur

Ahn, *Dong Jun*, Strafrecht AT, Hakhyunsa, 1998.

Bae, *Jong Dae*, Strafrecht Allgemeiner Teil, Hongmoonsa, 2004.

–, Strafrecht Besonderer Teil, Hongmoonsa, 2003, 2007.

Bang, *Soon Won*, Allgemeiner Teil des BGB, Hanilmoonwhwasa, 1959.

Bae, *Jong Dae*/*Lee*, *Sang Don*/*Jeong*, *Seng Hwan*, Lehrbuch des Strafprozessrechts, Hongmoonsa, 2009.

Beck, *Hyung Ku*, Strafrecht Besonderer Teil, Cheonlimsa, 1999.

–, Das Recht und die Pflicht des Zeugen, Wolgangoschi, 07.1985, 32.

Beck, *Tae Seng*, Allgemeiner Teil des BGB, Bopmoonsa, 2000.

Cha, *Yong Seok*, Strafrecht Allgemeiner Teil, Goschiyeungusa, 1998.

–, Lehrbuch des Strafprozessrechts, Seyoungsa, 1997.

Chang, *Jae Ok*, Postmortale Persönlichkeit und Schutz der Hinterbliebenen, gesammelte Abhandlungen in Jura an der Universität Chung Ang, 24. Auflage, Nr. 1. 1.

Chang, *Kyung Hack*, Allgemeiner Teil des BGB, Bopmoonsa, 1983.

–, Schuldrecht Allgemeiner Teil, Kyoyookgwahaksa, 1994.

Chang, *Young Min*, Die Einwilligung des Geschädigten, Goschige 11.1994, 64.

Cho, *Gyu Chang*, Die Verletzung des Eigentums und der Anspruch auf den Schadensersatz, 4. Vergleichende Untersuchung, Korea Universität, 1987.

Cho, *Jun Hyun*, Strafrecht Allgemeiner Teil, Bopwonsa, 2004.

–, Strafrecht Besonderer Teil, Bopwonsa, 2005.

Choi, *Seung jae*, Die Studie über right of publicity (Ha), Press Arbitration Commission, 30. Auflage, 71.

Choi, Jae Cheon/Park, Young Ho, Behandlungsfehler und Medizinprozess, Ryukbopsa, 2001.

–, Das besondere Delikt, Sabopyeunsoowon, 2007.

Guak, *Eyun Jik*, Allgemeiner Teil des BGB, Parkyoungsa, 2002.

–, Schuldrecht Allgemeiner Teil, Parkyoungsa, 1999.

–, Schuldrecht Besonderer Teil, Parkyoungsa, 2002.

–, Kommentar zum BGB: Schuldrecht 12, Parkyoungsa, 2005.

Han, *Young Su*, Blutentnahme und Beschlagnahme für den Alkoholtest ohne die Einwilligung, Hyungsapanleeyunku (Koran Association of Criminal Casse Studie), 07.08.2000.

Hong, Chunui, study on the protection of personality rights, Universität Chonbuk, 1990.

Hoosengshinbo (Zeitung für die soziale Fürsorge) 21.07.1997.

Hong, So-Yoen, Willensfähigkeit und Einwilligung des Minderjährigen, Korean J Med Ethics Educ 8(2), 12.2005, 155.

Hwang, San Duck, Strafrecht Besonderer Teil, Baemoonsa, 1989.

Jeong, *Hyeon Mi*, Der Schwangerschaftsabbruch: de lege ferenda, Journal of Criminal Law, Korea Criminal Law Association 2004, 687.

Jeong, Kyu Won, Genuntersuchung gegenüber Minderjährigen, ELSI-Studie 2005, 117.

Jeong, Sung Geun, Strafrecht Besonderer Teil, Bopjisa, 1996.

Jeong, Sung Geun/Park, Kwang Min, Strafrecht Allgemeiner Teil, Samjiwon, 2005.

–, Strafrecht Besonderer Teil, Samjiwon, 2006.

Jeong, Young Il, Strafrecht Allgemeiner Teil, Parkyoungsa, 2005.

–, Strafrecht Besonderer Teil, Parkyoungsa, 2006.

Jeong, Young Seok, Strafrecht Allgemeiner Teil, Bopmoonss, 1984.

–, Strafrecht Besonderer Teil, Bopmoonsa, 1983.

Jeong, Young Seok/Lee, Hyung Guk, Lehrbuch des Strafprozessrechts, Bopmoonsa, 1994.

Jin, Ge Ho, Strafrecht Allgemeiner Teil, Daewangsa, 2000.

–, Rechtliche Bedeutung der mutmaßlichen Einwilligung, Goshiyeunku 07. 1998.

Jin, Ge Ho/Lee, John Gril, Strafrecht Besonderer Teil, Daewangsa, 2008.

Joo, Ho No, Die Pflicht des Arztes im Medizingesetz, in: Journal of the Korean Medical Association 45. Auflage, Nr. 2.

Kang, *Ku Jin*, Strafrecht Besonderer Teil (I), Parkyoungsa, 1983.

Kang, Tae Sung, Allgemeiner Teil des BGB, Daemyeongsa, 2008.

Kim, Cheng Han, Allgemeiner Teil des BGB, Parkyoungsa, 1986.

–, Schuldrecht Allgemeiner Teil, Parkyoungsa, 1988.

–, Schuldrecht Besonderer Teil, Parkyoungsa, 1988.

–, Kommentar zum Schuldrecht (III), The Korean Association for Civil Law Public Administration 1986.

Kim, Cheng Han/Ahn, Iseop, Schuldrecht BT (Ha), Parkyoungsa, 1965.

Kim, Cheng Han/Kim, Hack Dong, Schuldrecht Allgemeiner Teil, Parkyoungsa, 1998.

Kim, Hack Dong, Rechtsquelle des Zivilrechts, Goshiyeunku 12.1993, 96.

Kim, Hyun Tae, Allgemeiner Teil des BGB, Kyumoonsa, 1973.

–, Deliktsrecht, Iljogak, 1982.

Kim, Hyung Bae, Schuldrecht Allgemeiner Teil, Parkyoungsa, 1998.

–, Schuldrecht (Vertragsrecht), Parkyoungsa, 1997.

–, Arbeitsrecht, Parkyoungsa, 1998.

–, Begriff der Fahrlässigkeit und System der Haftung im Delikt, Minsabophack 1985.

Kim, Il Soon, Neue medizinische Ethik. Hyunamsa, 1993.

Kim, Il Su, Strafrecht AT I, Parkyoungsa, 1996.

Kim, Jae Hyung, Die Aufklärungspflicht des Koreas traditionellen Arztes, Minsabophack 26. Auflage, 241.

–, Model-Roman und Persönlichkeitsrecht, Menschenrecht und Gerechtigkeit 11.1997, 44.

Kim, Jang Woo, Schuldrecht Besonderer Teil, Parkyoungsa, 1978.

Kim, Jong Se, Abortion and Fundamental Value in the Constitutional Law, Gender and Culture 2010, Institut for Women's Studies, Keimyung University, 77.

Kim, Jong Won, Strafrecht Besonderer Teil (Sang), Bopmoonsa, 1973.

Kim, Joo Su, Allgemeiner Teil des BGB, Samyoungsa, 1995.

–, Schuldrecht Allgemeiner Teil, Samyoungsa, 1996.

–, Schuldrecht Besonderer Teil, Samyoungsa, 1997.

Kim, Jun Ho, Allgemeiner Teil des BGB, Bopmoonsa, 2003.

Kim, Ki Sun, Allgemeiner Teil des BGB, Bopmoonsa, 1981.

–, Schuldrecht Allgemeiner Teil, Bopjisa, 1987.

–, Korea Schuldrecht Besonderer Teil, Bopmoonsa, 1982.

Kim, Min Joong, Die rechtliche Maßnahme gegenüber AIDS, Bopyulshinmun (Die Zeitung für das Recht) 14.06.1990.

–, Das logische und rechtliche Problem über AIDS, Bopyulshinmun 17.08.1992.

–, Behandlungsvertrag, in: Sabop Haengjeong (Legal Administrative Journal) 01.1991.

–, Vertrag und Dritte, Festschrift zu 30. Jahren des KBGB, 1993, 486.

–, Strafrecht Besonderer Teil, Pakyoungsa, 2007.

Kim, Sang Yong, Allgemeiner Teil des BGB, Bopmoonsa, 1998, 2003.

–, Schuldrecht Allgemeiner Teil, Bopmoonsa, 2000.

–, Schuldrecht Besonderer Teil (Sang), Bopmoonsa, 1998.

–, Schuldrecht Besonderer Teil (Ha), Bopmoonsa, 1998.

Kim, Sung Don, Strafrecht Allgemeiner Teil, Hyeonamsa, 2006.

Kim, Il-Su/Sub, Bo-Hack, Strafrecht Allgemeiner Teil, Parkyoungsa, 2006.

Kim, Sung Chon/Kim, Hyung June, Strafrecht Allgemeiner Teil, Donghyensa, 2005.

–, Strafrecht Besonderer Teil, Donghyensa, 2000.

Kim, Sung Gil, Die gesetzliche Haftung für den Behandlungsfehler des Arztes, in: Sabop Haengjeong (Legal Administrative Journal) 1972.

Kim, Yong Han, Schuldrecht Allgemeiner Teil, Parkyoungsa, 1983.

–, Die Behandlungshaftung, in: Sabop Haengjeong 1983, Nr. 3.

Kim, Young Hwan, Die kritische Untersuchung über die rechtmäßige Handlung nach § 20 KStGB, Festschrift für Kim, Jong Won, zum 70. Geburtstag, Bopmunsa 1991, 129.

Ko, Sang Yong, Allgemeiner Teil des BGB, Bopmoonsa, 1999.

–, Das Verschulden des Erfüllungsgehilfen, Yeundaebopryulyeunku, 1983, 55.

Ku, Young Mo, Aufklärung und Einwilligung – Schutz für das medizinische Geheimnis des Patienten, Korea medizinische Zeitung, 44. Auflage, 1052.

Kwon, Ogeol, Strafrecht Allgemeiner Teil, Hyungseul, 2005.

Kwon, Tae-Sang, A Study on the right of publicity from the perspective of personality rights, (The) Korean journal of civil law 6.2012, 43.

Kwon, Yong Woo, Deliktsrecht, Kosiwon 1990.

Kwon, Young Sung, Lehrbuch des Grundrechts, Bopmoonsa, 1994.

Lee, Bo Hwan, Rechtliche Struktur der zivilrechtlichen Haftung infolge des Behandlungsfehlers, in: Bopwon Haenjeong (die Verwaltungsbehörde für Gericht), 27. Auflage, 9.

Lee, Bong-Rim, A Study on Jurisprudential Aspects in the Right of Privacy and Publicity as the of Personality, Journal of Wonkwang Law research 09.2008, 193.

Lee, Eun Young, Allgemeiner Teil des BGB, Parkyoungssa, 1996, 2005.

–, Schuldrecht Allgemeiner Teil, Parkyoungssa, 2006.

–, Schuldrecht Besonderer Teil, Parkyoungsa, 1999.

–, Die Maßregel für den Schutz der personenbezogenen Information, 02.02.2005.

Lee, Gun Ho, Strafrecht Besonderer Teil, Ilshinsa, 1976.

Lee, Hyung Guk, Strafrecht Allgemeiner Teil, Bopmoonsa, 2001.

–, Strafrecht Besonderer Teil (I), Bopmoonsa, 1997.

Lee, Jae Sang, Strafrecht Allgemeiner Teil, Parkyoungsa, 2005.

–, Strafrecht Besonderer Teil, Parkyoungssa, 2006.

–, Die Übung des Strafrechts, Shinchosa, 2001.

–, Lehrbuch der Strafprozessrechts, Parkyoungsa, 2009.

Lee, June Sang, Die Studie über die Behandlungsfehler, Universität Danguk, 1983.

Lee, Jung Won, Strafrecht Allgemeiner Teil, Bopjisa, 2004.

–, Strafrecht Besonderer Teil, Bopjisa, 2003.

Lee, Ki Hean, Mutmaßliche Einwilligung, Hyungsapanreyeunku 1998, 123.

Lee, Sang Don, Die Übung für das Strafprozessrecht, Bopmoonsa, 2004.

Lee, Tae Jae, Schuldrecht Besonderer Teil, Jinmengmunhwasa, 1985.

Lee, Young June, Die Studie über die rechtliche Natur der im Vertragsabschluß fahrlässige Haftung, Festschrift für Hyun, Seng Jong zum 70. Geburtstag, 1979, 321.

–, Richtung der Novellierung für den Allgemeinen Teil des Bürgerlichen Gesetzbuch, in: Minsabophack 12.1988, 1.

–, Privatautonomie als das leitende Prinzip, in: Bopcho 08.2000, 1.

–, Richtung der Novellierung für das Zivilrecht, in: Menschenrechte und Gerechtigkeit 02.2001, 15.

–, Allgemeiner Teil des BGB, Parkyoungsa, 2004.

Lee, Young Hyi, Die Studie über die rechtliche Qualifikation des Arbeitsvertrages und die Grenzstruktur, Universität Seoul, 1987.

Lee, Young Sub, Allgemeiner Teil des BGB, Parkyoungsa, 1959.

Mun, *Jung Du*, Medizinprozess – Mittelpunkt des Behandlungsvertrages –, in: Bupjomunhwasa, 1982.

Myeong, Sun Gu, Allgemeiner Teil des BGB, Bopmunsa, 2005.

Nam, *Hyeng Woo*, Strafrecht Besonderer Teil, Korea Universität, 1965.

Oh, Young Geun, Strafrecht Allgemeiner Teil, Parkyoungsa, 2005.

–, Strafrecht Besonderer Teil, Daemengsa, 2002.

Park, *Hye Ho*, Die Haftung gegenüber Dritten – pro für die Annahme des Vertrages mit Schutzwirkung zugunsten Dritten –, Minsabophack, 30. Auflage, 12.2005, 385.

Park Jun Soo, Kommentar zum allgemeinen Teil (2), The Korean Association for Civil Law Public Administration 2001.

Pak, Sang Ki, Strafrecht Allgemeiner Teil, Parkyoungsa, 2004.

–, Strafrecht Besonderer Teil, Pakyoungsa, 2002.

Park, Sung Jin, Die Rechtspflicht des Arztes, Studie über die Kriminale Politik 1999.

Park, Young Ho, The Law of Medical Malpractice, Bopryuljungbo Center, 2005.

Ryoo, *Hwa-Shin*, Legal Issues Concerning the Competence of Minors in Clinical Investigation, Korean J Med Ethics 12 (2), 06.2009, 165.

Ryoo, In Mo, Die Pflichtenkollision und die Handlungsmöglichkeit des Unterlassens, Hyungsabopyunku 11.1999.96.

Seok, *Hyi Tae*, Behandlungsvertrag (Sang), Sabop Haengjeong, 1988.

–, Die Studie über zivilrechtliche Haftung für den Behandlungsfehler, Universität Yeunse, 1988.

–, Die grundlegende Rechtsverhältnis zwischen dem Arzt und dem Patienten, in: Yeunsedaebopryulmunjeyeunguso 1983.

–, Die Analyse des Rechtsverhältnisses zwischen dem Arzt und dem Patienten, in: Panrewealbo, 08.1988.

Shin, *Dong Woon*, Strafrecht Allgemeiner Teil, Bopmoonsa, 2001.

–, Lehrbuch des Strafprozessrechts, Parkyoungsa, 2002.

–, Lehrbuch des Strafprozessrechts, Bopmoonsa, 2008.

Shin, *Hyun Ho*, Allgemeiner Medizinprozess – Medizinische Behandlung und gesetzliche Haftung für den Arzt –, Yukbopsa, 1997.

Son, *Dong Kwan*, Strafrecht Allgemeiner Teil, Yulgokco, 2005.

–, Strafrecht Besonderer Teil, Yulgokco, 2006.

Song, *Deok Su*, Vertrag mit Schutzwirkung zugunsten Dritten, Festschrift für Guak, Eyun Jik zum 70. Geburtstag 1985, 454.

Sub, *Il Kyeo*, Strafrecht Besonderer Teil, Parkyoungsa, 1982.

Sub, *Kwang Min*, Theoretische Struktur der Zurechnung bei der außervertraglichen Haftung, Universität Korea, 1987.

–, Studie über die Struktur der Zurechnung im Delikt, Kangwon Universität, 1988.

–, Die rechtliche Struktur über die Haftung für den Behandlungsfehler, Minsabophack 1990.

–, Rechtverhältnis des Behandlungsvertrages, in: Goshige 09.1999.

–, Die Schutzpflicht auf dem Schuldrecht, in: Subgangbopyeunku 04.2001, 95.

Yang, *Hyun Ah*, Necessity of Women's Abortion Right and Its Implications, Korean Journal of Women's Studies 2005, 5.

Yang, *Chug Mo*/*Park*, *Yoon-Hyung*/*Jang*, *Wonki*/Lee, *Miyoung*, Research Regarding the Human Rights Violations of Infected Persons in AIDS Prevention Law and Human Rights Improvement Plans, Korean Journal of Medicine and Law 06.2006, 64.

Yim, *Dong Kyu*, Lehrbuch des Strafprozessrechts, Bopmoonsa, 2008.

Yim, *Woong*, Strafrecht Allgemeiner Teil, Bopmoonsa, 2003.

–, Strafrecht Besonderer Teil, Bopmoonsa, 2005.

You, *Ki Cheon*, Strafrecht Allgemeiner Teil, Ilchogak, 1980.

–, Strafrechtswissenschaft (Strafrecht Besonderer Teil (Sang)), Ilchogak, 1983.

You, *Taeck Hyung*, Die Frage der Rechtsschutz nach dem Behandlungsfehler, Juristische Zeitung 18.11.1974.

Won, *Sang Chol*, Verhältnis zwischen vertragliche- und deliktische Haftung – Vergleichendes Zivilrecht –, 21. Auflage, 157.

Die Reihe RECHT UND MEDIZIN wird von den Professoren Deutsch (Göttingen), Kern (Leipzig), Laufs (†) (Heidelberg), Lilie (Halle a.d. Saale), Schreiber (Göttingen) und Spickhoff (Göttingen) herausgegeben. Ihre Aufgabe ist es, Monographien und Dissertationen auf dem Gebiet des Medizinrechts zu veröffentlichen. Dieses Gebiet, das an Bedeutung noch zunehmen wird, umfaßt auf der juristischen Seite sowohl zivilrechtliche als auch straf- und öffentlich-rechtliche Fragestellungen. Die Fragen können von der juristischen oder von der medizinischen Seite aus untersucht werden. Übergreifendes Ziel ist es, den medizinrechtlichen Fragen nicht etwa ein gängiges juristisches Denkschema überzuwerfen, sondern die besonderen Probleme der Regelung medizinischer Sachverhalte eigenständig aufzufassen und darzustellen.

Manuskriptzusendungen an die Herausgeber bitte per Brief- bzw. Paketpost. Die Adressen der Herausgeber sind:

Prof. Dr. Dr. h.c. Erwin Deutsch (Zivilrecht und Rechtsvergleichung)
Höltystraße 8
37085 Göttingen

Prof. Dr. Bernd-Rüdiger Kern (Zivilrecht, Rechtsgeschichte und Arztrecht)
Universität Leipzig
Juristenfakultät / Lehrstuhl für Bürgerliches Recht, Rechtsgeschichte
und Arztrecht
Burgstraße 27
04109 Leipzig

Prof. Dr. Hans Lilie (Strafrecht, Strafprozessrecht und Medizinrecht;
federführender Reihenherausgeber)
Martin-Luther-Universität Halle-Wittenberg
Juristische Fakultät: Strafrecht
Universitätsplatz 6
06108 Halle a.d. Saale
hans.lilie@jura.uni-halle.de

Prof. Dr. Dr. h.c. Hans-Ludwig Schreiber (Strafrecht und Rechtstheorie)
Grazer Str. 14
30519 Hannover

Prof. Dr. Andreas Spickhoff (Zivil- und Zivilprozessrecht, Internationales und
Vergleichendes Medizinrecht)
Georg-August Universität Göttingen
Juristische Fakultät
Platz der Göttinger Sieben 6
37073 Göttingen

RECHT UND MEDIZIN

Band 1 Erwin Deutsch: Das Recht der klinischen Forschung am Menschen. Zulässigkeit und Folgen der Versuche am Menschen, dargestellt im Vergleich zu dem amerikanischen Beispiel und den internationalen Regelungen. 1979.

Band 2 Thomas Carstens: Das Recht der Organtransplantation. Stand und Tendenzen des deutschen Rechts im Vergleich zu ausländischen Gesetzen. 1979.

Band 3 Moritz Linzbach: Informed Consent. Die Aufklärungspflicht des Arztes im amerikanischen und im deutschen Recht. 1980.

Band 4 Volker Henschel: Aufgabe und Tätigkeit der Schlichtungs- und Gutachterstellen für Arzthaftpflichtstreitigkeiten. 1980.

Band 5 Hans Lilie: Ärztliche Dokumentation und Informationsrechte des Patienten. Eine arztrechtliche Studie zum deutschen und amerikanischen Recht. 1980.

Band 6 Peter Mengert: Rechtsmedizinische Probleme in der Psychotherapie. 1981.

Band 7 Hazel G.S. Marinero: Arzneimittelhaftung in den USA und Deutschland. 1982.

Band 8 Wolfram Eberbach. Die zivilrechtliche Beurteilung der *Humanforschung*. 1982.

Band 9 Wolfgang Deuchler: Die Haftung des Arztes für die unerwünschte Geburt eines Kindes ("wrongful birth"). Eine rechtsvergleichende Darstellung des amerikanischen und deutschen Rechts. 1984.

Band 10 Hermann Schünemann: Die Rechte am menschlichen Körper. 1985.

Band 11 Joachim Sick: Beweisrecht im Arzthaftpflichtprozeß. 1986.

Band 12 Michael Pap: Extrakorporale Befruchtung und Embryotransfer aus arztrechtlicher Sicht; insbesondere: Der Schutz des werdenden Lebens in vitro. 1987.

Band 13 Sabine Rickmann: Zur Wirksamkeit von Patiententestamenten im Bereich des Strafrechts. 1987.

Band 14 Joachim Czwalinna: Ethik-Kommissionen - Forschungslegitimation durch Verfahren. 1987.

Band 15 Günter Schirmer: Status und Schutz des frühen Embryos bei der *In-vitro*-Fertilisation. Rechtslage und Diskussionsstand in Deutschland im Vergleich zu den Ländern des angloamerikanischen Rechtskreises. 1987.

Band 16 Sabine Dönicke: Strafrechtliche Aspekte der Katastrophenmedizin. 1987.

Band 17 Erwin Bernat: Rechtsfragen medizinisch assistierter Zeugung. 1989.

Band 18 Hartmut Schulz: Haftung für Infektionen. 1988.

Band 19 Herbert Harrer: Zivilrechtliche Haftung bei durchkreuzter Familienplanung. 1989.

Band 20 Reiner Füllmich: Der Tod im Krankenhaus und das Selbstbestimmungsrecht des Patienten. Über das Recht des nicht entscheidungsfähigen Patienten, künstlich lebensverlängernde Maßnahmen abzulehnen. 1990.

Band 21 Franziska Knothe: Staatshaftung bei der Zulassung von Arzneimitteln. 1990.

Band 22 Bettina Merz: Die medizinische, ethische und juristische Problematik artifizieller menschlicher Fortpflanzung. Artifizielle Insemination, In-vitro-Fertilisation mit Embryotransfer und die Forschung an frühen menschlichen Embryonen. 1991.

Band 23 Ferdinand van Oosten: The Doctrine of Informed Consent in Medical Law. 1991.

Band 24 Stephan Cramer: Genom- und Genanalyse. Rechtliche Implikationen einer "Prädiktiven Medizin". 1991.

Band 25 Knut Schulte: Das standesrechtliche Werbeverbot für Ärzte unter Berücksichtigung wettbewerbs- und kartellrechtlicher Bestimmungen. 1992.

Band 26 Young-Kyu Park: Das System des Arzthaftungsrechts. Zur dogmatischen Klarstellung und sachgerechten Verteilung des Haftungsrisikos. 1992.

Band 27 Angela Könning-Feil: Das Internationale Arzthaftungsrecht. Eine kollisionsrechtliche Darstellung auf sachrechtsvergleichender Grundlage. 1992.

Band 28 Jutta Krüger: Der Hamburger Barmbek/Bernbeck-Fall. Rechtstatsächliche Abwicklung und haftungsrechtliche Aspekte eines medizinischen Serienschadens. 1993.

Band 29 Alexandra Goeldel: Leihmutterschaft – eine rechtsvergleichende Studie. 1994.

Band 30 Thomas Brandes: Die Haftung für Organisationspflichtverletzung. 1994.

Band 31 Winfried Grabsch: Die Strafbarkeit der Offenbarung höchstpersönlicher Daten des ungeborenen Menschen. 1994.

Band 32 Jochen Markus: Die Einwilligungsfähigkeit im amerikanischen Recht. Mit einem einleitenden Überblick über den deutschen Diskussionsstand. 1995.

Band 33 Meltem Göben: Arzneimittelhaftung und Gentechnikhaftung als Beispiele modernen Risikoausgleichs mit rechtsvergleichenden Ausblicken zum türkischen und schweizerischen Recht. 1995.

Band 34 Regine Kiesecker: Die Schwangerschaft einer Toten. Strafrecht an der Grenze von Leben und Tod – Der Erlanger und der Stuttgarter Baby-Fall. 1996.

Band 35 Doris Voll: Die Einwilligung im Arztrecht. Eine Untersuchung zu den straf-, zivil- und verfassungsrechtlichen Grundlagen, insbesondere bei Sterilisation und Transplantation unter Berücksichtigung des Betreuungsgesetzes. 1996.

Band 36 Jens-M. Kuhlmann: Einwilligung in die Heilbehandlung alter Menschen. 1996.

Band 37 Hans-Jürgen Grambow: Die Haftung bei Gesundheitsschäden infolge medizinischer Betreuung in der DDR. 1997.

Band 38 Julia Röver: Einflußmöglichkeiten des Patienten im Vorfeld einer medizinischen Behandlung. Antezipierte Erklärung und Stellvertretung in Gesundheitsangelegenheiten. 1997.

Band 39 Jens Göben: Das Mitverschulden des Patienten im Arzthaftungsrecht. 1998.

Band 40 Hans-Jürgen Roßner: Begrenzung der Aufklärungspflicht des Arztes bei Kollision mit anderen ärztlichen Pflichten. Eine medizinrechtliche Studie mit vergleichenden Betrachtungen des nordamerikanischen Rechts. 1998.

Band 41 Meike Stock: Der Probandenschutz bei der medizinischen Forschung am Menschen. Unter besonderer Berücksichtigung der gesetzlich nicht geregelten Bereiche. 1998.

Band 42 Susanne Marian: Die Rechtsstellung des Samenspenders bei der Insemination / IVF. 1998.

Band 43 Maria Kasche: Verlust von Heilungschancen. Eine rechtsvergleichende Untersuchung. 1999.

Band 44 Almut Wilkening: Der Hamburger Sonderweg im System der öffentlich-rechtlichen Ethik-Kommissionen Deutschlands. 2000.

Band 45 Jonela Hoxhaj: Quo vadis Medizintechnikhaftung? Arzt-, Krankenhaus- und Herstellerhaftung für den Einsatz von Medizinprodukten. 2000.

Band 46 Birgit Reuter: Die gesetzliche Regelung der aktiven ärztlichen Sterbehilfe des Königreichs der Niederlande – ein Modell für die Bundesrepublik Deutschland? 2001. 2. durchgesehene Auflage 2002.

Band 47 Klaus Vosteen: Rationierung im Gesundheitswesen und Patientenschutz. Zu den rechtlichen Grenzen von Rationierungsmaßnahmen und den rechtlichen Anforderungen an staatliche Vorhaltung und Steuerung im Gesundheitswesen. 2001.

Band 48 Bong-Seok Kang: Haftungsprobleme in der Gentechnologie. Zum sachgerechten Schadensausgleich. 2001.

Band 49 Heike Wachenhausen: Medizinische Versuche und klinische Prüfung an Einwilligungsunfähigen. 2001.

Band 50 Thomas Hasenbein: Einziehung privatärztlicher Honorarforderungen durch Inkassounternehmen. 2002.

Band 51 Oliver Nowak: Leitlinien in der Medizin. Eine haftungsrechtliche Betrachtung. 2002.

Band 52 Christina Herrig: Die Gewebetransplantation nach dem Transplantationsgesetz. Entnahme – Lagerung – Verwendung unter besonderer Berücksichtigung der Hornhauttransplantation. 2002.

Band 53 Matthias Nagel: Passive Euthanasie. Probleme beim Behandlungsabbruch bei Patienten mit apallischem Syndrom. 2002.

Band 54 Miriam Ina Saati: Früheuthanasie. 2002.

Band 55 Susanne Schneider: Rechtliche Aspekte der Präimplantations- und Präfertilisationsdiagnostik. 2002.

Band 56 Uta Oelert: Allokation von Organen in der Transplantationsmedizin. 2002.

Band 57 Jens Muschner: Die haftungsrechtliche Stellung ausländischer Patienten und Medizinalpersonen in Fällen sprachbedingter Mißverständnisse. 2002.

Band 58 Rüdiger Wolfrum / Peter-Tobias Stoll / Stephanie Franck: Die Gewährleistung freier Forschung an und mit Genen und das Interesse an der wirtschaftlichen Nutzung ihrer Ergebnisse. 2002.

Band 59 Frank Hiersche: Die rechtliche Position der Hebamme bei der Geburt. Vertikale oder horizontale Arbeitsteilung. 2003.

Band 60 Hartmut Schädlich: Grenzüberschreitende Telemedizin-Anwendungen: Ärztliche Berufserlaubnis und Internationales Arzthaftungsrecht. Eine vergleichende Darstellung des deutschen und US-amerikanischen Rechts. 2003.

Band 61 Stefanie Diettrich: Organentnahme und Rechtfertigung durch Notstand? Zugleich eine Untersuchung zum Konkurrenzverhältnis von speziellen Rechtfertigungsgründen und rechtfertigendem Notstand gem. § 34 StGB. 2003.

Band 62 Anne Elisabeth Stange: Gibt es psychiatrische Diagnostikansätze, um den Begriff der schweren anderen seelischen Abartigkeit in §§ 20, 21 StGB auszufüllen? 2003.

Band 63 Christiane Schief: Die Zulässigkeit postnataler prädiktiver Gentests. Die Biomedizin-Konvention des Europarats und die deutsche Rechtslage. 2003.

Band 64 Maike C. Erbsen: Praxisnetze und das Berufsrecht der Ärzte. Der Praxisverbund als neue Kooperationsform in der ärztlichen Berufsordnung. 2003.

Band 65 Markus Schreiber: Die gesetzliche Regelung der Lebendspende von Organen in der Bundesrepublik Deutschland. 2004.

Band 66 Thela Wernstedt: Sterbehilfe in Europa. 2002.

Band 67 Axel Thias: Möglichkeiten und Grenzen eines selbstbestimmten Sterbens durch Einschränkung und Abbruch medizinischer Behandlung. Eine Untersuchung aus straf- und betreuungsrechtlicher Perspektive unter besonderer Berücksichtigung der Problematik des apallischen Syndroms. 2004.

Band 68 Jutta Müller: Ärzte und Pflegende, die keine Organe spenden wollen. Transplantatmangel muss nicht sein. 2004.

Band 69 Ihna Link: Schwangerschaftsabbruch bei Minderjährigen. Eine vergleichende Untersuchung des deutschen und englischen Rechts. 2004.

Band 70 Susann Tiebe: Strafrechtlicher Patientenschutz. Die Bedeutung des Strafrechts für die individuellen Patientenrechte. 2005.

Band 71 Jörg Gstöttner: Der Schutz von Patientenrechten durch verfahrensmäßige und institutionelle Vorkehrungen sowie den Erlass einer Charta der Patientenrechte. 2005.

Band 72 Oliver Jürgens: Die Beschränkung der strafrechtlichen Haftung für ärztliche Behandlungsfehler. 2005.

Band 73 Stephanie Gropp: Schutzkonzepte des werdenden Lebens. 2005.

Band 74 Clemens Winter: Robotik in der Medizin. Eine strafrechtliche Untersuchung. 2005.

Band 75 Barbara Eck: Die Zulässigkeit medizinischer Forschung mit einwilligungsunfähigen Personen und ihre verfassungsrechtlichen Grenzen. Eine Untersuchung der Rechtslage in Deutschland und rechtsvergleichenden Elementen. 2005.

Band 76 Anastassios Kantianis: Palliativmedizin als Sterbebegleitung nach deutschem und griechischem Recht. 2005.

Band 77 Ulrike Morr: Zulässigkeit von Biobanken aus verfassungsrechtlicher Sicht. 2005.

Band 78 Nora Markus: Die Zulässigkeit der Sectio auf Wunsch. Eine medizinische, ethische und rechtliche Betrachtung. 2006.

Band 79 Michael Benedikt Nagel: Die ärztliche Behandlung Neugeborener – Früheuthanasie. 2006.

Band 80 Regina Leitner: Sterbehilfe im deutsch-spanischen Rechtsvergleich. 2006.

Band 81 Martin Berger: Embryonenschutz und Klonen beim Menschen – Neuartige Therapiekonzepte zwischen Ethik und Recht. Ansätze zur Entwicklung eines neuen Regelungsmodells für die Bundesrepublik Deutschland. 2007.

Band 82 Amelia Kuschel: Der ärztlich assistierte Suizid. Straftat oder Akt der Nächstenliebe? 2007.

Band 83 Hans-Ludwig Schreiber / Hans Lilie / Henning Rosenau / Makoto Tadaki / Un Jong Pak (Hrsg.): Globalisierung der Biopolitik, des Biorechts und der Bioethik? Das Leben an seinem Anfang und an seinem Ende. 2007.

Band 84 Ralf Clement: Der Rechtsschutz der potentiellen Organempfänger nach dem Transplantationsgesetz. Zur rechtlichen Einordnung der verteilungsrelevanten Regelungen zwischen öffentlichem und privatem Recht. 2007.

Band 85 Sabine Lebert: Humanes Überschußgewebe – Möglichkeit der Verwendung für die Forschung? Analyse der rechtlichen, ethischen und biomedizinischen Voraussetzungen im Ländervergleich. 2007.

Band 86 Dietrich Wagner: Der gentechnische Eingriff in die menschliche Keimbahn. Rechtlich-ethische Bewertung. Nationale und internationale Regelungen im Vergleich. 2007.

Band 87 Britta Vogt: Methoden der künstlichen Befruchtung: „Dreierregel" versus „Single Embryo Transfer". Konflikt zwischen Rechtslage und Fortschritt der Reproduktionsmedizin in Deutschland im Vergleich mit sieben europäischen Ländern. 2008.

Band 88 Sebastian Rosenberg: Die postmortale Organtransplantation. Eine „gemeinschaftliche Aufgabe" nach § 11 Abs. 1 S. 1 Transplantationsgesetz. Kompetenzen und Haftungsrisiken im Rahmen der Organspende. 2008.

Band 89 Julia Susanne Sundmacher: Die unterlassene Befunderhebung des Arztes. Eine Auseinandersetzung mit der Rechtsprechung des BGH. 2008.

Band 90 Martin Schwee: Die zulassungsüberschreitende Verordnung von Fertigarzneimitteln (Off-Label-Use). Eine Untersuchung vorwiegend im Bereich des Rechts der Gesetzlichen Krankenversicherung unter besonderer Berücksichtigung der sozialgerichtlichen Rechtsprechung. 2008.

Band 91 Jorge Guerra González: Xenotransplantation: Prävention des xenogenen Infektionsrisikos. Eine Untersuchung zum deutschen und spanischen Recht. 2008.

Band 92 Ulrike Beitz: Zur Reformbedürftigkeit des Embryonenschutzgesetzes. Eine medizinisch-ethisch-rechtliche Analyse anhand moderner Fortpflanzungstechniken. 2009.

Band 93 Dunja Lautenschläger: Der Status ausländischer Personen im deutschen Transplantationssystem. 2009.

Band 94 Annekatrin Habicht: Sterbehilfe – Wandel in der Terminologie. Eine integrative Betrachtung aus der Sicht von Medizin, Ethik und Recht. 2009.

Band 95 Ann-Kathrin Hirschmüller: Internationales Verbot des Humanklonens. Die Verhandlungen in der UNO. 2009.

Band 96 Henrike John: Die genetische Veränderung des Erbgutes menschlicher Embryonen. Chancen und Grenzen im deutschen und amerikanischen Recht. 2009.

Band 97 Christof Stock: Die Indikation in der Wunschmedizin. Ein medizinrechtlicher Beitrag zur ethischen Diskussion über „Enhancement". 2009.

Band 98 Jochen Böning: Kontrolle im Transplantationsgesetz. Aufgaben und Grenzen der Überwachungs- und der Prüfungskommission nach den §§ 11 und 12 TPG. 2009.

Band 99 Stefanie Schulte: Die Rechtsgüter des strafbewehrten Organhandelsverbotes. Zum Spannungsfeld von Selbstbestimmungsrecht und staatlichem Paternalismus. 2009.

Band 100 Dorothea Maria Tachezy: Mutmaßliche Einwilligung und Notkompetenz in der präklinischen Notfallmedizin. Rechtfertigungsfragen und Haftungsfolgen im Notarzt- und Rettungsdienst. 2009.

Band 101 Annette Hergeth: Rechtliche Anforderungen an das IT-Outsourcing im Gesundheitswesen. 2009.

Band 102 Jussi Raafael Mameghani: Der mutmaßliche Wille als Kriterium für den ärztlichen Behandlungsabbruch bei entscheidungsunfähigen Patienten und sein Verhältnis zum Betreuungsrecht. 2009.

Band 103 Ocka Anna Böhnke: Die Kommerzialisierung der Gewebespende. Eine Erörterung des Resourcenmangels in der Transplantationsmedizin unter besonderer Berücksichtigung der Widerspruchslösung. 2010.

Band 104 Bernd-Rüdiger Kern / Hans Lilie (Hrsg.): Jurisprudenz zwischen Medizin und Kultur. Festschrift zum 70. Geburtstag von Gerfried Fischer. 2010.

Band 105 Ehsan Mohammadi-Kangarani: Die Richtlinien der Organverteilung im Transplantationsgesetz – verfassungsgemäß? 2011.

Band 106 Leonie Hübner: Umfang und Grenzen des strafrechtlichen Schutzes des Arztgeheimnisses nach § 203 StGB. 2011.

Band 107 Dörte Busch: Eigentum und Verfügungsbefugnisse am menschlichen Körper und seinen Teilen. 2012.

Band 108 Kathrin Decker: Der Abbruch intensivmedizinischer Maßnahmen in den Ländern Österreich und Deutschland. 2012.

Band 109 Sung-Ku Yoon: Der Unterhalt für ein Kind als Schaden. Eine rechtsvergleichende Darstellung zur deutschen und südkoreanischen Rechtslage hinsichtlich der Arzthaftung für neugeborenes Leben. 2012.

Band 110 Kerstin Bohne: Delegation ärztlicher Tätigkeiten. 2012.

Band 111 Moritz Ulrich: Durchbrechungen der Allokationskriterien des § 12 Abs. 3 TPG. Das „old for old"-Programm. 2012.

Band 112 Chonghan Oh: Die Strafbarkeit der Erforschung des menschlichen Embryos durch Klontechniken. 2013.

Band 113 Sebastian T. Vogel: Organentnahmen bei hirntoten Schwangeren. Oder: Sterbehilfe am Lebensanfang? 2013.

Band 114 Jung-Ho Lee: Die aktuellen juristischen Entwicklungen in der PID und Stammzellforschung in Deutschland. Eine Analyse der BGH-Entscheidung zur PID, Gesetzesnovellierung des ESchG und EuGH-Entscheidung zur Grundrechtsfähigkeit des Embryo in vitro. 2013.

Band 115 Claudia Beetz: Stellvertretung als Instrument der Sicherung und Stärkung der Patientenautonomie. Ein Beitrag zur Komplementarität von Zivil- und Sozialrecht. 2013.

Band 116 Hans-Ludwig Schreiber: Schriften zur Rechtsphilosophie, zum Strafrecht und zum Medizin- und Biorecht. Herausgegeben von Hans Lilie und Henning Rosenau. 2013.

Band 117 Sebastian Müller: Die Aufklärung des Organspendeempfängers über Herkunft und Qualität des zu transplantierenden Organs. Ärztliche Pflichten im Spannungsfeld zwischen Standardbehandlung und Neulandmedizin. 2013.

Band 118 Bernd-Rüdiger Kern (Hrsg.): Das Gendiagnostikgesetz – Rechtsfragen der Humangenetik. 2013.

Band 119 Martina Resch: Die empfängergerichtete Organspende. Im Kontext der bedingten Einwilligung in die Organentnahme. 2014.

Band 120 Anja Houben: Die Rechtsformen des Universitätsklinikums. 2014.

Band 121 Nina Gott: Schnittstellen zwischen Organ- und Gewebespende. 2014.

Band 122 Hyung Sun Kim: Haftung wegen Bruchs der ärztlichen Schweigepflicht in Deutschland und in Korea. Eine vergleichende Untersuchung. 2015.

www.peterlang.com